KB043235

나이듦을 배우다

나이 듦을 배우다
젠더, 문화, 노화

초판 1쇄 펴낸날 2016년 12월 10일
초판 2쇄 펴낸날 2017년 7월 25일

지은이 마거릿 크룩섕크
옮긴이 이경미
펴낸이 이건복
펴낸곳 도서출판 동녘

전무 정낙윤
주간 곽종구
책임편집 최미혜
편집 구형민 이환희 사공영 김은우
미술 조정윤
영업 김진규 조현수
관리 서숙희 장하나

인쇄·제본 영신사 **라미네이팅** 북웨어 **종이** 한서지업사

등록 제311-1980-01호 1980년 3월 25일
주소 (10881) 경기도 파주시 회동길 77-26
전화 영업 031-955-3000 편집 031-955-3005 **전송** 031-955-3009
블로그 www.dongnyok.com **전자우편** editor@dongnyok.com

ISBN 978-89-7297-848-0 93330

• 잘못 만들어진 책은 바꿔 드립니다.
• 책값은 뒤표지에 쓰여 있습니다.
• 이 도서의 국립중앙도서관 출판시도서목록(CIP)은 e-CIP홈페이지(http://www.nl.go.kr/ecip)와 국가자료공동목록시스템(http://www.nl.go.kr/kolisnet)에서 이용하실 수 있습니다. (CIP제어번호: CIP2016026413)

나이듦을 배우다

LEARNING TO BE OLD

젠더, 문화, 노화

Gender, Culture, and Aging

마거릿 크룩섕크 Margaret Cruikshank 지음 | 이경미 옮김

동녘

일러두기

1 맞춤법과 띄어쓰기는 〈한글 맞춤법〉에 따랐다.
   (단, 고유명사나 전문용어, 합성어로 굳어진 용어는 가독성을 위해 붙이는 것으로 통일했다.)
2 외국 인명이나 지명, 작품명은 되도록 국립국어원의 〈외래어 표기법〉을 따르되, 필요에 따라서는
   원어에 가깝게 표기하는 것을 원칙으로 삼았다. 단, 굳어진 용례는 관행을 따라 표기했다.
3 본문에 등장하는 외서는 국내에 번역된 도서명을 따랐다.
4 본문의 인명은 혼동을 주는 경우를 제외하고 한글 표기를 성으로 통일했다.
5 본문에 사용한 기호의 쓰임새는 다음과 같다.
   《 》: 단행본, 잡지
   〈 〉: 단편, 논문, 시 등

도나에게

"《나이 듦을 배우다》는 노화라는 주제에 페미니스트 관점을 부여한다는 점에서 노년사회학이나 여성학부에서 대학원 과정의 교재로 활용하기에 좋은 책이다."―《노년학자 The Gerontologist》

―――――――――――――――――――――――――

"저자는 인종, 젠더, 사회 계층, 경제학 등을 넘나들며 방대한 정보를 압축해 노년학의 전반적인 주제를 다루는 필독서를 탄생시켰다. 크룩섕크가 집대성한 현재의 연구와 이론, 수행은 모든 연령층에게 '나이 듦 배우기'를 통찰하게 한다. 더 심도 깊은 연구를 위해 광범위한 참고자료도 제공되었다. 반드시 읽어야 할 책이다."―《초이스 CHOICE》

―――――――――――――――――――――――――

"급증하는 미국 노인 인구를 학문적으로 다루는 연구에 태생적으로 내재된 편향된 시각을 조명하고, 어째서 인종, 젠더, 성적 지향과 달리(이 정체성은 모두 사회적으로 구성된 현상이라고 해석된다) 노화가 아직도 오로지 개인의 신체에서 일어나는 일로 간주되는지 질문한다."―《투손 위클리 Tucson Weekly》

―――――――――――――――――――――――――

"노화에 관한 귀중한 책이다. 학술적으로 잘 정리된 자료다."―《시니어 타임스 The Senior Times》

마거릿 크룩섕크는 메인대학교 대학원 교수로 재직하면서 여성학 프로그램을 진행하다가 지금은 은퇴했으며, 노화연구센터의 객원교수로 일하고 있다. 샌프란시스코 시티대학교에서 수년 동안 영어를 가르치기도 했다.

그녀의 책《현실과 치열하게: 노화에 관한 문학 선집Fierce with Re-ality: An Anthology of Literature on Aging》은 샌프란시스코 주립대학교 대학원에서 노년학을 연구하면서 학문적으로 발전시킨 결과물이기도 하다.《나이 듦을 배우다》제1판은 보스턴에 있는 '구스타프 마이어스 인권센터Gustavus Myers Center for Human Rights'에서 선정한 '올해 최고의 책' 목록에 이름을 올렸다. 그녀는 역사, 문학, 여성학, 성소수자 연구 등 다양한 주제와 관련해 여러 글을 쓰고 편집하기도 했다.

크룩섕크는 현재 메인 동부 작은 해안가 마을에서 살고 있다.

차례

《나이 듦을 배우다》는 북미와 유럽의 여러 학자들이 광범위하게 수행한 연구를 요약하고 비판적 노년학과 페미니스트 노년학의 영향을 받아 주관적 평가를 더했다는 점에서 다른 노년 관련 책들과는 변별된다. 나는 분석을 통해 노화와 관련한 통념들에 도전하기도 하고 어떨 때는 대안을 제안하기도 했다. 연구를 요약한 부분은 노화 관련 전문가들에게 가이드가 될 것이다. 하지만 이 책의 기획은 학자를 위한 것이기도 하고 일반 독자를 위한 것이기도 하다.

마샤 홀스테인을 비롯한 여러 학자들이 주류 학계의 '성공적인 노화' 개념을 페미니스트 관점으로 설득력 있게 비평하지만 여전히 그 뿌리는 단단하다. 《노년학자》 저널은 '성공적 노화'라는 제하의 특집호를 내기도 했다.(2015년 2월 Vol.55, No 1) 열여덟 개의 논문 가운데 세 개만 이 개념이 그저 '건강한 노화'를 의미할 뿐이라고 한계를 지적한다. 학생들과 학자들은 주류 의견뿐 아니라 미국 내 다양한 관점에 주목해야 할 것이다.

성공적인 노화는 노화에 실패할 수 있다는 매몰찬 가설이다. 이것은 경쟁과 기업 모델을 차용한다. 사업에서 성공은 영리로 결정되지만 건강한 노화는 그러한 단정적 표지를 가지고 있지 않다. 중산층 백인의 관점이기도 한 성공적인 노화는 노화에서 인종, 계층, 교육, 젠더, 지리적 요소가 담당하는 심대한 역할을 감지하지 못한다. 우리의 신체적, 심리적 건강은 가변적이어서 쉽게 파악할 수 있는 것이 아니다. 그러니까 우리는 그것을 직관으로 알아볼 수밖에 없다.

성공적인 노화가 가진 다른 문제는 우리가 노화를 통제할 수 있다고 억측한다는 점이다. 그것은 미국인들의 개인주의적 가치를 반영한 통념이며 반박하기도 쉽다. 세대 간 상호의존하는 문화에서는 이러한 통제의 개념이 매력 있을 리 없다. 우리의 노화가 개인의 선택에 의한 것이기도 하지만 거대한 사회적 힘들에 의해 영향 받는다는 점을 알기 때문이다. 성공적인 노화는 차용할 가치가 없는 미국식 개념이다. 상식적으로 잠시만 생각해봐도 노화가 신비로운 과정이어서 운도 약간은 작용을 한다고 말할 수 있다. 예를 들어보자. 한국에서건 미국에서건 당신에게 심장발작이 왔다고 치자. 당신의 생존은 당신이 어디에 사는지, 응급실로 얼마나 신속하게 당신이 이송될 수 있는지에 달려 있을 것이다.

《나이 듦을 배우다》는 미국의 소수 집단들이 가진 건강 문제를 신중하게 다룬다. 가령 한국계 미국인 여성들은 백인 여성보다 팹 스미어Pap smears(자궁경부 비정상세포진 검사—옮긴이)를 받을 확률이 낮다. 한편 짜게 먹는 식사에 익숙해지면서 혈압이 높아질 수도 있겠지만 흑인들보다 심장마비로 사망할 확률은 적다. 라틴계와 마찬가지로 아시아계 미국인들의 돌봄 제공자들은 백인 돌봄 제공자들보다 현격하게 젊으며 부대 비용이 더 많이 든다. 한국에서 온 사람들 중에는 미국에서 수십 년 동안 사는 가족과 합류하기 위해 막 도착한 경우도 있다. 대도시에 사는 한국계 미국인들의 높은 스트레스와 불안 수치는 인종차별과 긴밀하게 연관 있는데 불행하게도 인종차별은 오바마 정권을 이을 차기 행정부 집권 기간 동안 상당히 증가할 것으로 보인다.

《나이 듦을 배우다》는 노화에 대한 반문화적 접근을 다루고 있기도 하다. 가령 자신의 가치를 입증하기 위해서라도 계속 바쁘게 지내라는 압력이라든가 물질적 가치가 만연하는 현상처럼 건강한 노화에 반해 작동하는 문화적 통념이 있다. 처방약에 과도하게 의존하는 것은 이미 미국 노인들의 심각한 문제가 되고 있어서 면밀하게 조사되고 있다. 사실 그 과잉 의존은 미국 의약산업이 미국 이외 지역으로 확산하고 싶어 하는 희망사항이기도 하다. 다른 주제들은 노화와 관련해 인종, 계층, 창의성, 영성 등이 있다. 가장 길게 할애한 장은 내면화된 연령차별주의를 비롯해 여러 형태의 연령차별주의를 나누어 설명한다.

한국에서는 누가 이 책을 읽을지 궁금하다. 아마 한국전쟁으로 시작된 한국에 대한 미국의 영향을 깊게 이해하고 있는 사람들일 것이다. 그들은 한국이 세계에서 가장 빠른 속도로 고령사회로 진입하는 국가 가운데 하나라는 점에 놀랄 수 있다. 독자에 따라서는 두 나라에서 노화가 어떤 차이를 보이는지 호기심을 가질 수도 있다. 아시아 문화의 노화 현상을 풍부하게 이해하는 노화 관련 학생과 학자들은 많은 한국인들의 가족들이 미국에 살고 있어서 미국의 노인 상황을 이해하고 싶어할 수도 있겠다.

미국에 있는 아시아계 공동체들의 전통적 특징은 노인 공경이었다. 그러나 최근 "효심의 쇠퇴가 그들 가족의 특징으로 자리 잡고 있다."(Yeo and Hikoyeda, 《나이 듦을 배우다》, 217쪽) 효도에 대한 기대를 변수로 한국과 미국을 비교연구 하는 것도 유용한 노화 연구가 되겠다.

아시아계 미국인들을 위한 다른 이슈는 전통 지역사회의 가치와 미국식 자립 간의 갈등이다. 미국인들이 자립을 강조하는 바람에 "그들은 타인들에게 도움 요청하기를 죽기만큼 싫어하게 되었다."(Kiyak and Hooyman, 《나이 듦을 배우다》, 251쪽) 개인차 역시 당연히 설명되어야 할 것이다. 한국인들이 이전과 비교해 혼자 버티면서 늙어가는 현상이 더 일반화될 것으로 예상하는가? 고독사의 수가 증가한다는 것은 효도라는 전통적 규범의 약화뿐 아니라 도움 청하기를 극도로 꺼리는 경향이 그만큼 증가한다는 의미일 것이다.

이 책이 노년학과 여성학을 공부하는 한국 학생과 학자들에게 어떤 영향을 미치게 될지 기대된다. 영어만 쓰는 미국인 내게 이것은 어려운 질문이다. 빈번해진 해외여행과 인터넷 덕분에 동양과 서양을 비롯한 나라들 간의 거리가 가까워지고 있는 만큼 노화와 관련한 문화 간 토론도 활성화될 것이다. 그로써 차이와 유사성이 더욱 선명해질 것이다. 특히 한국은 미국문화의 영향을 크게 받기 쉬울 테지만 노화를 연구하는 학생들은 무비판적인 미국 바라기에 저항해야 할 것이며 특히 미국인들의 노화 방식을 면밀하게 관찰해야 할 것이다. 아시아에서 이민 온 사람들은 미국에 지대한 공헌을 하고 있다. 샌프란시스코의 온록 On Lok(다양한 분야의 전문가로 구성된 팀이 노인 장기 요양을 담당하는 비영리 의료기관—옮긴이)은 탁월한 사례로 꼽힐 만하다. 여기는 노인을 위해 선구자적인 다양한 프로그램을 제공한다. 집에 가려고 하지 않는 노인은 집까지 모시는 서비스도 제공한다.

일반적으로 말하자면 미국에서는 가족의 임박한 죽음이 더 이상 금기가 아니지만 한국계 미국인 중에는 사형선고와 같은 말기 진단을 본인에게 알리는 것을 불효라고 여긴다. 젊은 세대들은 이런 점에서 다소 변화를 보이기도 한다.

많은 한국 젊은이들이 미국 대학교에서 공부하는 것을 선호하는데 이는 한국 경제가 강해지면서 가능해졌다. 한국으로 돌아가서 노년학 영역으로 진출하려는 학생도 있을 것이다. 미국에서는 사회과학과 인문학을 공부하는 노년학 전공 학생들이 거의 없다. 인문학의 역할을 강조하려는 목적으로 모인 집단은 노년학 북미네트워크 North American Network on Age Studies이다.《나이 듦을 배우다》는 인류학, 문학, 영적 전통 방식의 사례를 인용하면서 인문학적 접근을 강조한다.

미국의 페미니스트 노년학자들을 곤혹스럽게 하는 것은, 수많은 한국 여성들의 쌍꺼풀 수술이다. 수술은 이제 멋진 졸업선물이 되었다. 서울터치업이라는 사이트에 따르면 이 성형수술이 서울에서 가장 인기가 있다. 웹사이트는 "한 시간 안에 기적이 일어난다"고 부풀려 광고한다. 구직 과정에서 여성들은 이력서에 사진을 부착하는데 이는 외모가 굉장히 중요하다는 의미로 읽힌다. 전형적인 아시아인 얼굴에서 멀어지고 싶어하는 여성들이 어떤 압력에 시달리는지 충분히 이해하지 않은 채 한국에 퍼진 이러한 유럽-미국식 징후를 판단하는 것이 주저

되기도 하지만 그것이 문화적 지배를 드러내는 것은 다소 분명한 듯하다. 한국인의 직업이 쌍꺼풀 유무에 좌우된다면 수술은 백인 미국인 여성의 얼굴을 과도하게 높이 평가하는 것 이상의 것을 의미한다. 미의 기준은 여성들에게 억압적이다. 이것은 그러한 기준을 감내하면서 정신력으로 버티려는 사람들에게도 마찬가지로 억압이다.

한국인들은 예전보다 오래 살지만 고령 인구의 원인은 다른 곳에 있다. 그것은 낮은 출산율이다. 예전에는 네 명의 자녀를 낳았지만 지금은 평균 한명을 약간 넘는다. 노인은 5천 만 명 중 13퍼센트인데 1960년에는 3퍼센트에 불과하였다. 다른 나라와 비교해볼 때 기대수명은 상당히 높아서 82세에 이른다. 북한 주민의 기대수명보다 11년이 더 길다.

한국의 경제 성장과 높은 생활수준에도 불구하고 그 혜택이 골고루 돌아가는 것은 아니다. 많은 노인들은 가난을 모면하기 위해 계속 노동을 해야만 한다. 엘리스 휴Elise Hu에 따르면 한국 노인의 절반이 빈곤층인데 이는 선진국 중 최하 수준이다. 휴는 노인을 "기억에서 지워진 세대"라고 부른다(All Things Considered, National Public Radio US). 2015년 4월 10일)

시사평론가 최상훈은 한국 노인들이 높은 우울증과 자살률을 보이고 있으며 점점 더 많은 사람들이 고독사한다고 보고한다. 그는 노인의 35퍼센트만 연금을 받으며 국제은퇴지수에 있어서 25개국 중 24위라고 한다.("A Lonely End for South Koreans Who Cannot Afford to Live or Die," www.nytimes/com/2015/11/02/world/Asia)

세계화와 경제 성장의 결과, 젊은이들은 직업을 찾아 도시로 이동하고 늙은 부모는 남겨지면서 전통가족 구조가 변화되고 있다. 한국 도시 인구가 92퍼센트여서 이러한 이동의 영향이 작다 하더라도 세 명의 노인 중 한 명이 혼자 산다는 사실은 성인이 된 자녀가 늙은 부모를 부양하는 전통 아시아식 이상이 더 이상 힘을 갖지 못한다는 것을 보여준다. 이것은 중국이나 한국뿐 아니라 미국에서도 마찬가지 현상이다. 한 가지 그럴 듯한 원인은, 도시 주택이 다세대 가족이 살기에 좁다는 점이다. 오늘날 한국에서는 시골 마을이 공동화되고 초등학교가 폐교한다.

한국 노인의 상황을 "위기"라고 말한 이지현은, 직업/가정생활의 균형을 유지할 수 있도록 일하는 엄마를 지원하는 정책이 실은 부실하기 짝이 없다는 글을 썼다. 이것은 한국의 극히 저조한 출산율의 요인이다. 더 직접적 요인으로는 불임시술을 한 부부가 공공주택을 분양받을 확률이 높고 군대는 정관절제술을 한 남성에게 연간 예비군 훈련을 면제해주는 정책을 꼽을 수 있다. 이지현은, 대기업으로 하여금 직원들의 60세 은퇴를 보장하도록 의무화하는 새로운 법이 시행된다면 53세에 직장을 떠나는 너무 많은 한국인들의 문제가 다소 경감되리라고 전망한다.("Korea Comes Full Circle in One Generation as Crisis Looms," Bloomberg.com/news/articles/2015-08-16)

이런 문제가 산재해 있기는 하지만 문화적 가치로서 여전히 노인을 공경하는 것은 미국보다 한국이 훨씬 더 강하다. 샌프란시스코 시에서 운영하는, 다양한 인종의 노인들을 위한 양로원인 라구나 혼다 Laguna Honda에서 일한 아시아 출신의 학생들은 그곳에서 거주자들을 다루는 방식에 충격을 받았으며, 가족이 그곳으로 거의 방문하지 않는 이유를 이해하지 못했다.

몬트리올에서 가장 최근에 열린 전국여성학회 회의에서 '상호교차성'이라는 용어는 정체성을 흔들림 없는 단층적 실재의 표현으로 보는 것이 아니라 인종, 계층, 젠더의 영향을 동시다발적으로 받는 것으로 보는 방법을 설명하는 것이라고 논의하였다. 불행하게도 이 개념은 아직 연령을 포함하지는 않았다. 노인 여성의 경험이 상호교차에서 빠져 있다. 전국여성학회의 소규모 간부 회의에서 이러한 배제를 영민하게 언급함으로써 북미 문화에 노인 여성이 보이지 않는다는 사실이 조명 받았다. 반면 토착 문화에서는 노인 여성들의 모습이 상당히 자주 보인다. 뉴욕 시에 지부를 둔 주로 백인 여성들로 이루어진 캐나다 단체 '화난 할머니들Raging Grannies'은 정치적 행동을 주도하면서 형형색색의 복장과 재미난 도구를 사용한다. 한국의 페미니스트 노년학자들 역시 상호교차성의 보다 완성된 그림을 개발하면서 민족성을 조사 연구할 수 있을 것이다. 그들은 또한 그들 나라의 노인 인구에 대한 공포를 탐색할 수 있다. 어느 선진국에서나 급속도로 증가하는 노인 인구는 희생양이 될 위험에 처한다. 한국의 연령차별주의 특징을 조사하는 학자들은 북미의 노화 편견과 무엇이 다르고 비슷한지를 효과적으로 보여줄 것이다.

북미에서는 노화 영역에서 스토리텔링에 관심이 지대해지고 있다. 스토리텔링에는 공식적 역사를 전하는 구전 형태와 특정 사건들에 대한 비공식적 설명 형태가 있다. 노인과 더불어 글쓰기를 하는 집단은 노인들에게 기억에서 사라진 경험을 다시 끌어내 그 경험의 깊이를 들여다보라고 힘을 실어준다. 치매환자와 스토리텔링을 하면 소통이 시작되고 이야기가 점점 심오해지는 것을 알게 된다. 특히 젊은 시절 듣던 음악은 소통이 되지 않았던 노인들에게 활기를 되찾아준다.

아시아의 문화가 나라마다 다르다는 것을 강조하기 위해서 나는 노화와 관련한 내 문학선집[1]에서 젊음의 샘에 대한 두 가지 버전을 소개했다. 일본의 〈마법의 샘〉은 비극적 결말인 반면 베트남의 〈마법의 연못〉은 해피엔딩이다. 젊음을 갈망하는 원형을 담은 이런 이야기는 보편적이다. 한국 버전과 다른 아시아 문화의 버전을 비교하는 것도 재미있을 것이다.

내 책에 나오는 이야기들은 샌프란시스코 시티 대학교에서 내 영어 수업을 받는 ESL(English as a second Language) 학생들이 쓴 것이다. 그들은 노인에 대한 공경을 보여주는 이야기와 그들이 잘 아는 주제를 다루면서 편안하게 글쓰기 작업을 했다. 그때 나는 다른 영어 수업에 참여하는 아시아계 미국인들 중에는 내 가족보다 더 오래 전부터 미국에 살아왔던 가족의 자손이 있다는 것을 알게 되었다. 최근 이민자들로 하여금 아시아 문화를 존중하도록 격려하기 위해서 나는 그들이 미국 문화에 적응해 나갈 때 자신의 근원을 깎아내릴 것이 아니라 소중하게 여기라고 제안했다. 고요한 명상과 지금 이 순간에 몰입하는 것이 전통 가치로 이어져 내려오는 불교의 선禪을 나 역시 존중한다고 말해주기도 했다. 실제 내 수업은 아시아 수행법을 따라 몇 분간 침묵의 시간을 가진 후 시작한다. 영어학과의 평가 담당자가 수업을 참관하던 날 나는 학생들에게 수업을 짧으나마 고요한 시간으로 시작하는 이유를 그녀에게 설명해주라고 권했다. 한 중국인 학생이 열성을 다해 말했다, "미국식이 아니기 때문입니다."

한국과 미국의 노화를 긴 호흡으로 살펴보면서 우리는 예측하지 못한 발전이 엄청난 영향력을 미칠 수도 있다는 것을 알게 된다. 한국을 포함해 세계 시민들의 안녕에 가해지는 지금 당장의 위협은 기후변화이다. 하버드 대학교의 학자인 로버트 파알버그Robert Paarlberg의 책 《과잉의 미국 *The United States of Excess*》(Oxford, 2015)은 타당한 결론을 내고 있다. 인간이 야기한 기후 변화에 가장 큰 책무가 있는 국가인 미국이 온실가스 분출을 억제시키려는 정부 차원의 정책을 내기보다는 기후 변화에 순응하면서 자신만 보호하려고 한다면 다른 국가들에게 또다시 엄청난 해를 끼칠 것이 분명하다. 다른 나라에 미칠 악영향은 오바마 대통령에서 후임자에게로 이양되는 2017년을 기점으로 악화되기만 할 것이다. 이런 선례도 없고 예상치도 못한 극단적 후퇴가 한국과 노인에게 어떤 영향을 미치게 될지는 두고 볼 일이다.

2016년 11월

마거릿 크룩섕크

옮긴이 이경미

이화여자대학교 대학원에서 여성학을 공부한 덕분에 좀 더 자신을 사랑하게 되었다고 믿는다. 한국
성폭력상담소에서 일하면서 권력의 민낯이기도 한 성폭력의 실상, 그 안에서 일그러지는 여성의 삶,
다시 일어서는 생존자들의 저력, 어지간해서는 소멸되지 않는 인간의 왜곡된 욕망을 알게 되었다.
그 이후 오랜 기간의 경력 단절이 있었으며, 몸으로 노화의 징조를 느끼면서 비로소 늙음에 대한 관
심이 커지고 있다. 《기업과 섹슈얼리티》, 《다시: 이혼한 사람들을 위한 셀프 리빌딩》, 《코코, 네 잘못
이 아니야》, 《우리 속에 있는 지혜의 여신들》, 《아주 특별한 용기》 등을 번역했고, 《인간 하나 기다리
며》를 썼다.

이거, 남의 일이 아니다

"생각해본 적이 단 한 번도 없었어요. 앞으로 그 장면을 떠올리게 될지는…… 글쎄요."

뉴질랜드 오클랜드의 한 카페에서 일하는 23세의 여성 소피에게 60세 정도가 되면 어떤 모습일지 상상해보라고 했더니 돌아온 대답이다. 당연하다고 생각한다. 어디에 살든 그 또래 젊은이에게는 60세, 70세가 된다는 것이 남의 일일 것이므로.

여행사를 운영하다가 은퇴하고 일본인 아내와 번갈아가면서 자녀들이 사는 캐나다와 독일을 오가는 63세의 줄리앙은 2년 후부터 수혜자가 될 뉴질랜드의 노후연금제도와 의료 체계에 만족스러워했다. 2주에 한 번씩, 넉넉하지는 않지만 소박한 식사 정도는 즐길 만큼의 돈이 누구에게나 똑같이 나온다고 한다. 미국과는 달리 계층, 학력, 지역, 인종, 젠더, 성적 지향, 결혼 여부, 은퇴 이전에 무엇을 했는지 등은 아무 상관 없다. 그리고 중요한 것! 그가 은퇴 이후의 삶을 몹시 아끼고 행복해한다는 것이었다. 그런데 우리는?

격렬한 경쟁에 긴장하며 살지 않을 수 없는, 하루하루 살아가기 벅찬 것이 우리 평범한 사람들의 라이프스타일이다. 그러니 아이 키우며 생활하면서 노후까지 준비한다는 것은 '미션 임파서블'에 가깝다. 결혼율과 출산율 저하가 생존을 위한 선택이자 현명한 대응으로 보인다. 노년 준비는 곳곳의 걸림돌에 걸려 무산되기 쉽다. 연로한 부모가 병을 앓게 되면 대책이 없다. 간병인 제도나 재가 치료가 구체화되어 있지 않고, 생활비 지원, 또는 의료보험에서 제외되는 예외적 경우의 의료비 역시 제도로부터 구할 수 없다. 안전을 보장받지도 못한다.

가족의 희생을 전제로 하는 노년은 우울하다. 그래서 우리는 인생 후반기를 각자 알아서 준비해야 한다. 현재 국민연금, 개인연금, 퇴직연금 등이 편안한 노년을 약속하는 것 같지는 않다. 무슨 일이 일어날 때 어디서나 나타난다는 홍반장, 원더우먼이나 슈퍼맨은 없다. 모든 것을 개인이 알아서 해야 한다. 모든 책임이 개인에게 전가되는 사회, 구조적으로나 제도적으로 노후가 보장되기 힘든 사회, 노인층의 빈곤율이 거의 50퍼센트에 육박해 OECD 국가 중 단연 1위인 나라(한국노동연구원, 2015년 3월)가 지금 한국의 아픈 모습이다.

그럼에도 어쨌든 우리는 이 나라에서 살아야 한다. 그것도 잘! 늙음은 누구에게나 찾아오지만, 늙음과 젊음을 저울질해봤을 때 어느 쪽이 더 매력적인지 이미 마음속으로는 판단이 서 있다. 자신도 모르게 노년을 폄하하는 메시지에 세뇌당해왔는지 모른다.(1장) 미국 사회는 대놓고 노인 세대를 살벌한 전쟁터에서 대적하는 적군에 비유하고, 고령 사회가 위험하다는 메시지의 설득력을 높이기 위해 몸통이 보이지 않아 더 무시무시한 빙산을 무리하게 인용하지만(2장), 우리 사회는 고령화를 정서적으로 그렇게까지 적대시하는 것은 아닌 듯하다. 그나마 아직 어른 공경이라는 전통적 사고가 실낱같지만 연명하기는 하므로. 그러나 또 한편으로는 우리 사회가 빠르게 세계화되고 모든 것이 상품화되는 메커니즘 속에 있는지라 노인, 특히 늙은 여성을 대하는 눈길이나 태도가 언제 돌변할지는 알 수 없다. 사실 이미 늙음을 둘러싼 문화적 통념(1장)이 유통되고 있으며, 의료산업의 세력 확산을 가능케 하는 토대가 되기도 하고 그 결과물이기도 한 노인의 환자화, 노화의 의료화(4장)는 남의 얘기가 아니다.

우리는 어떤 노년을 기획할 수 있을까? 우리 사회에서 인생의 후반기를 설명하는, 특별히 귀에 꽂히는 수식어가 떠오르지 않는 것은 진실로 노년을 진지한 대화 주제로 삼지 않았기 때문이다. 굳이 꼽자면 '행복한'이거나 '건강한' 혹은 '안락한' 같은 것? 너무 추상적이어서 아무것도 건드리지 않는다는 느낌뿐이다. 또한 우리는 아닌 게 아니라 '마음만은 젊다', 혹은 '하나도 변하지 않았다'라는 말을 덕담처럼 주거니 받거니 한다. 몸과 마음의 이분법이 이처럼 선명하게 일상화되어 돌아다니는 경우도 흔치 않다. 사회구조적으로 노후를 보장하고 문화적으로 노화를 존중하고 개인적으로 늙음을 반길 수 있으려면 무엇부터 건드려야 할까? 우리도 '성공적인 노화'나 '생산적인 노화' 혹은 '편안한 노화'와 같은 개념에 착안해 논의를 시작할 수 있을 것이고, 바로 이 책에서 힌트를 얻을 수 있다고 믿는다.

노인이라 할 때 누구든 맞닥뜨리는 엇비슷한 상황이 있을 테고, 개인마다 다른 환경, 다른 입장에 노출되기도 한다. 특히 이 책에서는 오래 살았다 해서 당연히 현명하거나 지혜로울 것이라고 기대해서는 안 되며, 무조건 고집스럽고 무뚝뚝하고 완고할 것으로 예상하지도 말라고 경고한다. 우리 각자가 쌓아야 할 내공이 있을 것이고, 구조적으로 구비되어야 할 장치도 있을 것이다. 우리는 누구나 늙어가지만, 나이 듦을 제대로 상상하지도 않고 준비할 여유가 없다. 기껏해야 연금이나 보험을 들거나 일찌감치 안티에이징 마케팅에 휘둘릴 뿐이다. 그러나 노년은 훨씬 더 큰 가능성으로 온다. 사회적으로 노년을 위한 장치가 제대로 마련되어 있지 않은 우리로서 노년은 더욱 블루오션이다. 그러므로 늙음에 대해, 나이 들어감에 대해 우리는 배워야 한다. 무엇이 문제이고 무엇으로 해결의 실마리를 찾아야 할지 고민해야 한다. 무엇이 노년의 의미이고 목적인지 성찰해야 한다.

이 책은 노화, 노년의 삶이 개인에게 일어나는 긴 과정이자 현장이기는 하지만, 단지 개인의 차원으로 그치는 것이 아니라 사회적·정치적·제도적·문화적으로 디자인되고 있으며, 특히 여성 문제와 긴밀하게 연관되어 있지만, 이것이 크게 주목받지 못하고 있다는 문제의식에서 시작한다. 통계 자료로 현상을 해독하는 양적 분석과, 개개인의 삶 깊숙이 침투한 다양한 층위의 변수들을 교차하면서 읽어내는 질적 분석이 적절하게 배치되어 있다. 또한 여러 인종과 계층, 성소수자, 그리고 다양한 여성의 삶을 소중히 다루고 있다. 남성 이야기에 여성 사례를 구색 맞추듯 끼워 넣는 방식처럼 이들의 노화를 곁가지로 대하는 것이 아니라, 미국인의 노화 분석에 이런 것들이 꼭 필요한 요소임을 강조한다. 우리 사회도 다양화되고 있으므로 노화에 영향을 미치는 변수들로서 이러한 요소를 신중하게 다루어야 할 것이다.

저자의 문제의식은 책 곳곳에 연구 주제나 과제로 남겨져 있다. 노년은 개별적으로 준비하고 집단 차원에서 자신의 경험을 공유하고 조직하며 사회적으로 주목해 정책을 세워야 할 섬세하고 광대한 영역이다. 연구하는 자들은 학문적으로 많은 영감과 자극을 받을 것이고, 아직 늙지 않은 이들은 질주하는 자기 삶 속에서 더는 늙음에 대한 편견을 키우지 않을 것이다. 이미 늙은 이들은 늙음에서 오는 불편함과 그 시기만의 특혜를 기꺼이 껴안을 것이다. 그리하여 자유로워질 것이다. 무엇보다 우리는 누구든 계속 성장 중이고 계속 배우는 중이라는 말(10장)은 참으로 고무적이고 인상적인 메시지다.

잠시 와서 살고 있는 뉴질랜드에는 나이 든 사람들이 눈에 많이 띈다. 카페에서 일하는 소피는 노인들이 천천히 주문할 수 있도록 조용히 기다려준다고 한다. 버스를 타거나 내릴 때 기사, 노인, 장애인, 환자, 그 누구도 서두르지 않는다. 우리 역시 미국 사회처럼 빠른 속도에 몰두하느라 느려진 노인의 동작을 기다려주지 않기에 이런 풍경은 결코 흔치 않을 것이다. 그러나 늙음이 사회적으로 만들어지는 이상, 우리도, 우리 사회도 새롭게 거듭날 여지는 충분하다. 페미니스트 노년학의 진화가 기다려지는 까닭이다.

도움을 주신 많은 분들, 가족과 특히 남편 곽성근 씨에게 고마움을 전한다.

p.s. 트럼프 당선으로 오바마케어가 어떻게 될지 모를 일이다. 의료보건 쪽으로 그나마 조금 좋아진 상황이 후퇴하진 않을지 염려된다.

들어가기 전에

"누구나 한때는 어른이 되는 법을 배워야 했다. 아마 지금은 어떻게 늙어가야 할지를 배워야 할 시기인지도 모른다. 그것도 평생의 규범으로서." — 로널드 블라이드Ronald Blythe, 《겨울 풍경 The View in Winter》

이 책 전반에 흐르는 생각은 두 가지다. 첫째, 북미권에서는 노화가 생물학보다는 문화에 의해 만들어지고, 몸의 변화보다는 신념과 풍습, 전통에 의해 형성된다는, 즉 사회적으로 구성된다는 관점이다. 둘째, 나이 듦에 관한 여러 사회 구성물을 인식하고 그것에 저항하는 것은 여성들의 편안한 노화에 반드시 필요한 요소라는 생각이다.

늙어가는 우리의 몸은 상당히 중요하다. 노화의 사회적 요소들이 복잡하게 상호연관되었다는 것을 아무리 머리로 선명하게 이해한다 하더라도 결국 늙는 것은 우리 각자의 몸이기 때문이다. 생활연령은 중요할 때도 있고, 중요하지 않을 때도 있다.

이런 사실을 받아들이는 것은 나이 듦을 배우는 데 매우 중요한 부분이다. 우리가 부정적 통념들에서 부분적이나마 해방되고 사회 정책은 건강한 노화를 지향하는 상황에서라면, 늙어간다는 것이 지금과 얼마나 다른 모습일지 상상해보는 것도 중요하다.[1]

이 책의 제목에는 두 가지 의미가 담겨 있다. 첫째, 현대 북미권에서 노화는 다층적이고 중첩적이다. 그것을 배운다는 것 자체가 두려워하지 않고 깨어 있는 자세로 연구에 임하려는 이들에게는 의미 있는 도전이며, 당연히 필요한 작업이다. 둘째, '나이 듦을 배운다는 것'은 우리가 진실이라고 생각하는 것 중 많은 부분을 뜯어고쳐야 한다는 뜻이다. 노화에 대한 곡해(예컨대 쇠락과 상실이 노화의 핵심적 특징이라는 오해)를 비판적으로 검토할 수만 있다면 우리 경험을 지배하는 노화에 대한 문화적 편견은 상당 부분 약화될 것이다. 사회가 가장 연로한 구성원의 안녕을 배려하는 조직 구조라면 아무런 준비나 우려 없이도 인생의 세 번째(혹은 네 번째) 단계에 돌입하는 것이 그다지 위험하지 않을 수 있다. 그러나 시장 경제에서 무심코 늙어가다가는 갖가지 함정에 빠져 착취당하기 십상이다. 이것은 특히 여성이라면 맞닥뜨리기 쉬운 현실이다.

《나이 듦을 배우다》는 노화로 안내하는 실용서와 이론 작업 사이에 펼쳐진 넓은 공간 어디쯤에 있다. 나는 지금까지 별개로 다루어지던 것들, 이를테면 건강, 정치학, 인문학, 페미니스트 노년학, 문화 분석까지 같이 묶어보려고 시도했다. 동시에 여성 노화에서 중요한 주제들, 즉 주거, 교통, 메디케어, 양로원 등도 간과하지 않으려 했다.

이 책은 여성학이나 노년학이 '늙음'이 '여성'을 의미한다는 사실을 포착하지 못했다는 확신에서 시작되었다. 그러나 이 책은 눈에 띄기도 하다가 잘 띄지 않기도 하는, 여성의 긴 삶의 여정에 대한 하나의 응답일 뿐이다. 여성의 노화는 위험과 기회를 동시에 의미하는 한자어 '위기'와 같다.

영국의 철학자 헬렌 스몰Hellen Small은 이렇게 말한다.

"나이 들어가며 드는 의문점 가운데 하나는 오랜 세월 동안 노화에 대한 수많은 선언이 있었지만 진지한 철학적 사고는 거의 없었다는 사실이다."(The Long Life, 265)

그녀의 말에 동의하는 나는 《나이 듦을 배우다》를 통해 말년의 삶에 대해 진중하게 생각해보자고 조심스럽게 제안하려 한다.

제2판에서 이야기했듯이 이 책의 가설은 노인들이 매우 다양한 사람들이라는 것인 데 반해 '연장자'라는 말은 단일한 집단임을 암시하기 때문에 더 이상 사용하지 않는다.

제3판에서는 마지막 두 장이 다시 구성되었다. 인문학적 노년학과 비판적 노년학은 9장에 배치했으며, '대항문화로서의 노년학'이라는 제목을 달았다. 새로 추가된 부분은 알츠하이머와 뇌, 마음과 몸의 상관성, 서술 중심의 노년학, 그리고 상호교차성이라는 페미니스트 개념 등이다. 또한 2010년 이후 출간된 연구 자료가 전반적으로 요약되어 있다.

초기에 나는 '자연스러운 노화'라는 말을 언급했다. 그것이 약물에 의한 노화, 고령 인구에 대한 비이성적 두려움, 노년의 상실 패러다임의 수용에 반대하는 개념으로서 적합하다고 생각했기 때문이다. 지금 노화와 관련해 자연스럽게 보이는 것은 무엇이든 사회적으로 구성된 것일 수 있다. 자연스럽게 나이 들어가려면 보톡스를 맞지 말아야 하는 것은 말할 필요도 없고, 수분크림, 비타민, 혹은 크랜베리나 블루베리 주스와 같은 면역 체계를 보강하는 것들도 멀리해야 하고, 어떠한 치료요법도 거부해야 하는가? 이런 보조물들은 특정 시기와 문화의 상징이 아닌가? 만약 우리 조부모들이 50대였을 때 지금은 70대나 80대가 되어서야 겪게 되는 경직과 관절 통증으로 고통스러워했다면 누구의 노화가 더 자연스러운가?

한편 노년정신의학자 진 코헨은 시대에 따라 달라지는 노화의 모습에 초점을 두기보다는 노년의 전반적인 인상을 이렇게 요약한다.

"나이가 들면서 내면의 자유와 자신감이 충만해지고, 사회의 속박으로부터 해방되는 느낌이 든다. 그래서 대담하고 기이한 행동도 할 수 있다."("Creativity," 195)

이는 특히 여성에게 해당될 것이다.

감사의 말

제3판 작업을 위해 애쓴 세라 스탠턴Sarah Stanton, 그녀의 조수 진유Jin Yu, 예한 슈바이처Jehanne Schweitzer에게 감사한다.

노년학자이자 친구인 메리 오브라이언 티렐Mary O'Brien Tyrrell, 엘리자베스 존스Elizabeth Johns, 패멀라 그라배그느Pamela Gravagne는 그들의 논문에서 많은 정보를 나에게 제공했다.

단기 연구자로 일할 수 있는 기회를 주었던 세인트존스대학교의 '세계교회주의 문화 연구 칼리지빌 연구소Collegeville Institute for Ecumenical and Cultural Research'에도 감사한다. 연구소의 칼라 듀랜드Carla Durand는 세인트존스 앨퀸 도서관 직원으로서 특히 많은 도움을 주었다.

메인대학교 포글러 도서관 직원들, 특히 낸시 루이스Nancy Lewis에게도 감사의 말을 전하고 싶다. 메인대학교 노화센터University of Maine's Center on Aging의 탁월한 학회에 감사하고, 나를 교수로 임명한 것 또한 감사한 일이다.

90대인 특별한 친구들, 미니애폴리스의 메리 루 힐Mary Lou Hill, 덜루스의 베치 프레슬리Betsy Presley, 캘러머주의 하넬로레 에크 Hannelore Eck는 나에게 깊은 영감을 주었다. 또한 행콕 카운티 민주당 원로이기도 하며 거의 90세에 가까운 친구인 메인 주 소렌토의 루스 모스Ruth Moss의 열정에 깊은 감명을 받았다. 여름휴가 때 이웃이었던, 지금은 고인이 된 보스턴의 노마 캐너Norma Canner는 활기찬 노년의 모델이 되어주었으며, 고故 제인 에머리Jane Emery는 내가 글 쓰는 것을 수년간 격려해주었다.

무엇보다 나의 파트너 도나 머피Donna Murphy에게 가장 큰 고마움을 전한다.

마거릿 크룩섕크

머리말
멋지게 나이 들어간다는 것

늙는다는 것을 어떻게 보아야 할까? 이 문제에 대해 나는 대중문화나 주류 노년학과는 다르게 접근하려고 한다. 여성들의 나이 듦이 이 책의 주된 이야깃거리가 되겠지만, 크게 보았을 때 남성 문제이기도 한 이슈들도 짚을 것이다. 누구나 나이 든다는 것을 부정하려고 한다. 그러다 보니 노화와 관련해 뿌리내린 일상의 통념이나 편견이 우리의 사고 과정에 어떻게 작동하는지, 그리하여 노화를 어떤 좁은 틀 안으로 구겨 넣게 되는지 분별하기가 쉽지 않다. 노화는 느리게, 눈치채지 못하게, 피할 수 없이 몸으로 찾아오는 그 무엇쯤으로 인식된다. 그러므로 늙음을 배운다는 것은 첫째, 신체적·물리적 변화를 온전히 경험한다는 뜻이다. 둘째, 그러한 변화가 특정 사회의 그물망 안에서, 예컨대 민족성이나 계층, 젠더, 정치경제적 풍토 아래에서 빚어지고, 여전히 그 영향을 받고 있음을 깨닫는다는 뜻이다. 나이 들면서 동반되는 여러 상황의 변화는 때로는 유전자에 의한 것이기도 하고 때로는 젊어서부터 몸에 밴 습성이나 생활 방식의 결과물이기도 하지만, 불가항력적인 경우도 많다.

나는 많은 여성의 장수가 인구학 측면에서도 바람직하다고 믿는다. 세계화로 인해 밋밋하게 동질화되어가던 세상이 그녀들 덕분에 다양성의 균형을 다소 회복할 수 있을 테니 말이다. 또한 노인 인구로 인한 큰 시대적 파동이 전체 사회를 붕괴시킬 수도 있다는 공포에 시달리기보다는 출산율 감소로 노인 인구가 가시화되었다는 점에 주목하고자 한다. 대개 출산율 감소는 여성의 삶의 질이 향상되었기에 가능하다는 이유로 여성들에게 유리한 것으로 간주한다. 그렇다 치더라도 여성의 관점에서 나이 든다는 것은 예기치 않았던 차원으로 빠져드는 것이다. 수명 연장으로 늘그막에 자신의 잠재성을 실현할 수도 있을 것 같지만, 노화에 대한 통념이 걷히지 않는 한 그것은 요원한 꿈이다.

페미니스트들이 너무나 뜨겁게 생물학적 결정론에 반기를 들다 보니 현재는 다소 애매한 처지에 놓인 것도 사실이다. 노화의 과정이 몸에서 일어나기에 그렇다. 달리 말해, 사회구성론은 나이 들어가는 것을 비결정론적 관점으로 사고하도록 추인했으나, 거의 누구나 노화를 신체의 쇠약으로 경험한다. 우리의 어머니와 할머니들은 늙음을 이렇게 한탄했다.

"우리는 이미 끝났어. 남은 게 없어."

지금도 이 말은 깊은 울림이 있다. 그러나 우리는 이렇게도 대응할 수 있다.

"일리가 있어. 뭔가가 상실되었으니까. 하지만 대체 무슨 기준으로 내가 나이 들었다고 규정한다는 거지?"

이 책은 이 질문에 대한 응답이다.

우리는 몇 가지 강고한 패러다임들로 노화를 사고하도록 조건화되어왔다. 이 때문에 노화를 새로운 방식으로 공부할 필요가 있는 것이다. 노화는 숨 쉬는 것과 같은 자연스러운 과정인 동시에 우리가 입문해야 할 그 무엇이다. 우리는 외부로부터 받는 대우의 방식에 맞추면서 나이 들어왔다. 그러나 이제부터 '늙음을 배운다'는 것은, 나이 듦이 이 시대, 이 공간의 산물이며, 생물학적 측면보다는 문화적 측면이 더 강하고 사회제도에 의해 결정된다는 것, 낙관적으로 보자면 우리가 의도적으로 만들어갈 수 있는 일련의 삶의 경험임을 인식한다는 것이다. 그러기 위해서는 우리의 삶이 누군가에 의해 어떤 식으로 조작되는지 알아야만 한다. 즉, 늙음을 배우려면 노화가 어떻게 사회적으로 구성되는지 관찰한 후, 그 명령에 순응하지 않을 수 있는 방법을 찾아내야 한다. 마거릿 굴렛Margaret Gullette이 서술했듯이 '나이 들어감'이라는 단순한 개념이 "한참이 걸려야 실체를 드러내는 사회적 질병(오염, 빈곤, 유해한 작업에 의한)을 의미하기도 하고, 동시에 이를 흐려놓기도 하기 때문에 (……) 모든 외적 요인을 배제하고 나면 아마 노화의 과정을 설명하는 다른 요인은 거의 없을 정도다."("Age, Aging," 10)

"진화론은, 노년기가 묵직한 나름의 목적이 있으며 삶을 위한 특별한 고안물이라는 주장을 뒷받침할 만한 근거를 자연으로부터 제거해버렸다"라고 헬렌 스몰은 말한다.(271) 노년을 위한 원대한 목표가 있으리라는 미련을 떨치기는 힘들다. 그러나 냉정히 생각해보면 인생 후반기의 의미는 오로지 우리 자신으로부터 나올 수밖에 없지 않겠는가?

매체와 노년학자들 사이에 회자되는 개념의 하나로 '성공적인 노화'가 있다. 이는 맥아더 재단MacArthur Foundation이 주관하고 존 로John W. Rowe와 로버트 칸Robert L. Kahn이 편집한 《성공적인 노화Successful Aging》라는 10여 년에 걸친 노화 연구 보고서에 등장한다. 저자들은 노년을 질병의 시기로 일반화하는 설명틀에 도전장을 내면서, 노년의 다양한 잠재성에 관심을 기울여야 한다고 주장한다. 그들의 제안에는 긍정적인 측면이 분명 존재한다. 그러나 '성공'이 노화의 모델에 이식되면 혹독한 경쟁에서 최후까지 살아남은 자에게 붙여지는 수식어로서의 잣대가 복잡다단한 인생 여정을 측량하는 데 적용된다. 동시에 백인 중산층 전문직 남성의 시점이 당연시되는 문제 역시 대두한다. 사업에서야 이윤의 무게로 성공 여부가 저울질되지만, 늙어가는 과정을 수치로 서열화해 단정 지을 수는 없다. 운동에서도 성공은 치열한 경쟁에서 이겼을 때나 쓰이는 말이므로 더더구나 노화와는 무관해 보인다. '성공적인 노화'라는 말의 또 다른 맹점은 계층의 중요한 역할을 포착하지 못한다는 데 있다. 계층은 우리가 얼마나 건강한 노년기를 보내게 될지, 심지어 늙었다고 명명될지 아닐지까지 규정하는 결정적 범주다.

성공이라는 개념을 적용하기가 쉽지 않다는 것을 건강을 예로 들어 설명해보자. 신체적 범주로서는 '건강하다, 아니다'라고 규정할 수 있다. 그러나 사실 건강은 심리적인 측면과 엮여 있기 때문에 이는 오직 직관으로만 알아볼 수 있는, 때로는 변화무쌍하거나 모습을 감출수도 있는 요소들에 달려 있다. 다시 말해, 실증주의 방식으로는 이를 감지할 수 없다. 가난하고 병든 늙은 여성은 물질적 기준으로 보면 성공적인 노화를 달성했다고 할 수 없지만, 두 명의 손자를 키우고 자신보다 더 가난하고 아픈 이웃을 도와준다면 이것이 곧 '성공'의 구성 요소가 될 것이다.

'성공적인 노화'와 함께 제안되는 '생산적인 노화'라는 개념에도 함정이 있다. 이 개념은 나이 들어가는 것이 개인의 노력 여하에 달려 있다고 선언하는 것이나 다름없다. 예를 들어, 로와 칸은 저서 여러 곳에서 노화의 책임은 개인에게 있다고 서술한다. 그러나 부와 권력을 가진 남성에게조차 이것은 명백하게 사실과는 동떨어진 명제다. 노화를 이런 식으로 이해하는 것은 오늘날의 '단호한 개인주의'가 낳은 문화적 소산이자 보잘것없는 기념비에 불과하다. 즉, '성공적인 노화'라는 말은 "인간을 자신의 운명을 비현실적·독자적으로 지배하는 존재로 상정하므로 사회적·정치적 행위자라는 전제를 심각하게 훼손한다."(Jolanki, 263)

또한 노화를 성공 모델로 이해하면, 나이 들어가면서 조우하는 행운과 신비로움은 암매장당한다. 말년에도 사회 활동을 활발하게 해야 한다고 권장함으로써 부실한 건강, 짓누르는 양육의 책임 등은 무시되고, 계층과 젠더로 인한 불평등 때문에 선택의 폭이 협소해지는 현상도 간과된다.(Rozanova, Keating, and Eales, 26~32) 돌봄 노동은 그 자체가 사회적 참여의 형식으로 간주되어야 하지만, 이 모델에서는 그렇지도 못하다.(Netting, 244)

개인이 자기 삶의 질을 상당 부분 책임져야 하는 것이 사실이라 하더라도 백인 중산층 자체가 말년의 건강과 복지를 보장하는 백지수표나 다름없다는 것 또한 부정할 수 없다. 노동계층이나 유색 인종이 아무리 노력하고 강인하게 자기무장을 하더라도 백인 중산층, 특히 남성이 누리는 혜택을 나누어 갖지는 못한다. 노동계층이나 유색 인종이 이 간극을 좁혀보겠다고 나름 최선의 선택을 하더라도 인종, 계층, 젠더로 인한 실질적 격차를 극복하기가 여간 어려운 게 아닐뿐더러 이 격차는 '성공적인 노화'라는 두루뭉술한 개념에 가려져 보이지 않는다. 이 개념은 두 가지 측면을 은폐하기도 한다. 하나는 '무한정 중년으로 살고자' 하는 소망이고, 또 하나는 연구자들의 백인 중산층 서구 중심적 가치인데, 이는 생산성, 효율성, 독립성의 숨은 동력이다.(Tornstam, 3; 22) '안티에이징' 치료법을 판매하는 외판원들이 그 자체가 하나의 상품인 '성공적인 노화'를 선전한다.(Hadler, 2)

《글로브 앤드 메일Globe & Mail》(캐나다의 대표적 일간지로, 국제 뉴스에 강한 고급지—옮긴이)에서 유통되는 성공적인 노화 담론을 분석한 토론토의 한 연구는 이 주제를 세 가지로 요약했다. 첫째, 성공적으로 나이 든다는 것은 개인의 선택이다. 둘째, 성공적으로 나이 들지 못하는 책임 역시 개인의 몫이다. 셋째, 성공적인 노화는 현역을 유지함으로써 달성된다.(Rozanova, 217)[1] 소비주의 혹은 상품 소비는 성공적인 노화에 한껏 힘을 실어주고 있으며, 이상적 시민이란 가능한 한 오래도록 젊게 사는 사람이라는 메시지를 "도덕의 이름으로" 유포한다.(218; 220) 이러한 가설은 공적 지원을 최소화하고 개인의 노력을 최대화하는 신자유주의 원칙을 구현한 것이다.(220) 그 결과, 이 무해하게 들리는 '성공적인 노화'는 정치적 어젠다로 확장된다.

게다가 이 표현에는 서구 문화의 약한 고리를 숨기려는 의도가 반영되었을 수도 있다.(Tornstam, 12)

"생산성을 따질 것 같지 않은, 그리고 노년의 이미지가 재구성될 경우 가장 많은 수혜를 볼 여성들에게 늙어서까지 노동이 지속되어야 한다는 사회적 동의는 치명타가 될 것이다."(Holstein, "Women," 364)

다시 말해, '생산적'으로 나이 든다는 것은 노년을 경제적 유용성으로 파악할 뿐 아니라 사회적 순응의 대상물로 간주한다는 뜻이다.(Estes, Biggs, and Phillipson, 70) 나이 많은 시민으로 명명되더라도 인종, 소득, 관심사, 신체적 건강 등의 영역에서 너무나 다양한 스펙트럼을 보이기 때문에 '생산적인 노화'와 같은 협소한 개념으로 한꺼번에 그들을 다 끌어안기는 불가능하다.

특정 신체 기능의 상실이나 배우자 사망과 같은 열악한 상황에서도 창의적으로 살아남고 적응해나간다는 뜻으로 '성공적인 노화'가 해석된다면, 이 개념은 분명 바람직하다. 그러나 이것으로는 나이 들면서 처하게 되는 복잡다단한 상황을 적절하게 설명하지 못한다. 그 개념으로는 워싱턴 정가에서 노년을 위한 로비 활동이 잘 진행되는지 아닌지, 슈퍼마켓 음식이 설탕이나 소금 범벅은 아닌지 우리에게 알려주지 못한다. 또한 만연한 노인 학대에 대해서도 함구하거니와 미디어에서 전하는 전형적인 노인 이미지의 막강한 파급력에도 무관심하며, 언론인들이 사회보장연금을 민영화하라는 기사를 휘갈길 때, 그것이 여성과 유색 인종에게 끼칠 유해한 영향을 세심하게 따져주리라는 보장은 더더욱 없다. '성공적인 노화' 개념에 분명 긍정적인 함의가 있다 보니 노년학자들 사이에서 인기도 꽤 높지만, 이는 지독히도 단순한 논리이며, 장밋빛 공약을 남발할 뿐이다.

차라리 '편안한 노화'가 낫다. 가시적 평가보다는 마음의 평온을 강조하고 있으며, 우리의 평온 여부는 우리가 판단하기 때문이다. '성공적인 노화'가 실패를 전제로 하는 것이라면 '편안한 노화'는 좀 더 중립적이고 판단을 유보할 수 있는 여지가 있다. '편안한 노화'는 애매하지만 뭔가 여유가 있는 쾌락을 지향하기도 한다. 젊은이나 중년들은 쾌락을 누릴 시간적 여유가 없다. 사실 그 어느 연령대에서도 누리기가 힘든 것이 쾌락이다. 여기서 말하는 '쾌락'은 깊은 심호흡과 평온한 상태로 고요하게 있는 것까지 아우르는 개념이다.

또 하나의 노화 모델은 노인을 식민화된 자들로 비유한다. '연령차별주의'는 나이 때문에 받는 부정적인 태도, 부당한 대우를 의미하지만, 이보다 더 심각한 것은 노인의 비인간화 현상이다. 사실 노인 여성을 식민화된 자로 환치할 경우, 실제 식민 지배하에서 살아가는 희생자들의 신산한 삶을 그만큼 희석할 위험도 있다. 그러므로 이 비유는 적절하지 않다. 식민화 과정에서 흔히 보이는 살인적 강제노역이 노인 여성들에게 강요되는 것은 아니며, 정치적 권리가 박탈당하는 경우도 없다. 일부 신체적·심리적 학대를 받기도 하지만, 나이가 많다고 무조건 구타나 구속의 대상이 되는 것은 아니다. 물론 식민지 희생자와 공통점도 있다. 지배 집단보다 지적으로 열등한 존재로 비하되고, 오로지 겉모습으로 판단되며, 지배 집단을 모방하라고 강요받는다. 놀림감이요, 희생양으로 전락한다. 그 과정에서 그들은 열등감을 내면화하고, 행위는 조종당한다. 노인들의 행동반경은 지극히 협소한 공간으로 제한된다.

나이 든 여성들이 늙어빠진 몸으로 간주되는 만큼 신체적 외양이 그들의 존재 자체를 압도한다. 식민지 피지배자가 검은 피부라면 그들이 오직 검은색으로 통하는 것과 마찬가지로 나이 든 사람들은 노쇠한 몸뚱이로 등치될 뿐이다. 지배 집단과 신체적으로 다르다는 것이 열등한 지위를 단정 짓는 단 하나의 열쇠다. 어느 한 집단이 '내면적 식민화' 과정을 이용해 다른 집단을 지배하고 광범위한 불평등을 초래할 뿐만 아니라 종속 집단에서만 발병하는 '질환'을 생산한다.[2] 노인들을 위한 교육의 필요성은 가뿐하게 무시된다. 의사들은 노인들에게 맞춤형 치료를 제공할 의도나 능력은 없이 신경안정제만 과잉 처방한다.(Green, 138)

게다가 피지배자들은 지배자들에 의해 조종당한다. 지배자들이 피지배자들을 자기관리가 안 되서 통제를 당해야 그나마 작게라도 이득을 챙기는 존재들이라고 생각하기 때문이다.(139) 나이 든 여성들은 '식민화된 인성'을 취하거나 스스로 유순하게 행동함으로써 체계적인 가치 저하에 대응한다.(Franz Fanon 인용) 나이 든 사람들은 "자신에 대해 강박적으로 신경 쓰는 증세, 수동성, 광대짓, 노화에 대한 두려움, 자신이 노인임을 받아들이지 않으려는 태도 등을 통해 자신이 억압당하고 있음을 주장한다."(Green, 141) 이 설명에 의하면, 이러한 특성은 보통 개인의 성격으로 오해받기 쉽지만, 사실은 무력감의 반영이다. 가족이나 주변 사람들은 내면적 식민화를 이해하지 못하기에 부모나 조부모가 자신에게만 몰입하거나 지나치게 유순하거나 노화를 두려워하는 듯한 행동을 보이면 이를 참지 못한다. 나이 든 사람들이 '늙었다'는 평가에 거부 반응을 보인다고 조롱하느라 그 이면의 연유를 간파하지 못하는 것이다.

노인 여성들은 동네나 지역 특정 장소로 행동반경이 한정되던 남부 아프리카 흑인 여성들과는 다른 양상으로 통제된다. 그들은 양로원에 감금되고, 하루 평균 여덟 차례 투약을 통해 조종당한다. 이런 식으로 기관에 갇힌 노인들은 의료적 필요성을 앞세운 거대한 사회적 통제 아래 배치된다. 정도가 다소 약한 두 가지 신체적 통제가 더 있다. 보호기관에 속하지 않은 노인들에게 질병을 자연스러운 상태라고 생각하도록 유도하는 것이 그 하나요, 그들에게 약물을 과다 처방하는 것이 두 번째다. 약물로 인한 행동의 둔화나 정신착란이 정상적 노화로 곡해될 때마다, 혹은 낙상을 유발해 심각한 부상으로 연결될 때마다 의약산업은 늙은 여성들을 식민화하는 데 지대한 역할을 한다. 때로 가족조차 연로한 부모에게 활동이나 여행을 계속하지 못하게 압력을 넣고, 아무런 위험이 없는데도 성관계를 금하도록 유도한다. 이는 신체적·심리적으로 교묘하게 통제를 가하는 것이다.

지배 집단은 '타자'가 된 늙은 여성과 자신들 사이의 차이를 부풀리고, 공통된 특성에는 눈을 감은 채 그녀와 정서적 거리를 둔다. 나이든 여성은 괴팍한 이방인이며, 그녀의 현재의 삶은 젊은 시절이나 중년 시절이 성숙된 단계가 아니라 앞선 시절과 철저하게 단절된 것으로 각인된다. 나이 70에 바바 코퍼Baba Copper는 "마치 내게 전염성 질병이 있기나 한 것처럼" 사회적으로 격리되는 느낌이었다고 썼다.(80) 흑인을 '타자화하는' 백인이 흑인이 될 가능성은 제로지만, 75세가 넘는 누군가를 '타자화하는' 서른 된 젊은이는 지금은 전혀 상관없는 사람으로 보이는 노인이라는 집단에 언젠가 100퍼센트 편입된다. 그러므로 우리가 '타자'로 대상화된다는 사실을 인식하고, 그 '타자성'이 우리에게 덧씌워지는 것을 거부할 때 비로소 우리는 개념 있게 나이 들어갈 수 있다.

　나이 든 여성들이 식민화되었다는 관점은 '성공적' 혹은 '생산적으로' 나이 들어간다는 관점보다 더 많은 측면을 반영하기도 하지만, 나이 든 사람들을 단일한 집단으로 볼 가능성도 있음을 부인할 수 없다. 이들은 호박 안에 갇힌 화석이 아니다. 나이 든 사람을 총합적 범주로 묶어버린다면 '조악한 동질성'을 그들에게 강요하는 것과 같다.(Hazan, 81) 물론 그들의 특징적 표식인 쇠잔함이 그들 사이에 공존한다. 그들은 노년학자들이나 사회복지사들이 도와주고 싶어 하는 집단이다. 이 범주는, 사회보장연금과 메디케어 대상자들에게 공통된 특징이 있다거나, 공통된 편견이나 차별이 가해진다는 점에서는 유의미하다. 그러나 '노년'은 그저 삶의 주기 중 일부다. 70세가 넘은 누군가가 섬에서 혼자 산다면 나이가 무슨 문제가 되겠는가? 어떤 상황에서도 나이로 인한 사회적 문제가 발생하지는 않는다. 인종이라는 개념이 '인종적 우월성'이라는 관념과 얽히고설켜 있듯 '늙음'에는 의존과 상실이 함축되어 있다. 이 말은 상대적으로 누가 힘이 더 약한지, 누가 더 존중받지 못하는지를 전한다.

　"늙는다는 것 자체가 권력의 상실이다."(Calassanti, "Theorizing Feminist Gerontology," 474)

　'늙음'이 내부가 아니라 외부로부터 오는, 유동적으로 변하는 정체성이라고 가정해보라. 특히 65세가 넘는 사람들이 보여줄 엄청난 다양성을 전제한다면 축적된 시간의 양으로 사람들을 재배치한다는 것은 상당히 자의적으로 보일 것이 분명하다. '늙음'은 우리 몸 안의 변화가 아니라 그 변화에 부여하는 의미에 의해 정의된다. 우리 문화가 그 변화를 수치스러울 정도로 꾀죄죄한 것으로 해석하지만, 우리는 그것을 오히려 도전으로 읽음으로써 '늙음'의 축을 전환할 수 있다. 반면, '늙음'이 여성 정체성의 대표 자리를 꿰찬다면, 자신을 위해 행동하거나 전형적인 연령차별주의에 대항할 수 있는 능력은 고갈되어버린다.

'노년기'는, 다른 인생 단계와 비교해보면 적확하지 않음이 여실히 드러난다. 아동기는 고작 18년이지만, 영아기, 유아기, 취학기, 사춘기 이전, 사춘기 등 선명하게 구분되는 몇 개의 기간으로 나뉜다. 60대 초반의 누군가는 60~100세 집단에 속하고 싶지 않을 것이다. 노년학자들이 사용하는 '젊은 노년'이라는 용어는 모순되어 보이긴 하지만, 적어도 70세와 90세의 차이를 인정한다.

노년을 특정한 시기가 아니라 연속적 삶의 일부로 보라고 제안하는 학자도 있다. 즉, 노년에 생기는 문제나 상태가 훨씬 이른 시기부터 시작되었다고 보는 것이다. 가령, 젊어서 저임금의 직업을 갖는다면 훗날 초라한 사회보장연금의 수혜자가 될 개연성이 크다. 이런 식으로 노화의 연속성이 설명된다. 그러나 삶의 과정을 이렇게 해석하는 것은 나이 듦에 대해 우리 사회가 가진 편견, 그리고 그 편견으로 인한 온갖 만행 등을 전혀 부각하지 못한다. 마치 피부색은 그리 중요하지 않다는 백인의 말에, 피부색이 어떤 차별을 초래하는지 보지 못하기 때문에 그렇게 말할 뿐이라고 주장하는 흑인의 대응처럼, '늙음'이 인간 발달 과정의 한 단계라고 말하는 것은 젊음이 환호받는 반면 늙음은 그렇지 않은 현실을 전혀 진단하지 못하는 말장난이라고 볼 수 있다.

그러므로 노화의 정치학과 개인의 노화를 반드시 동시에 살펴보아야 한다. 그러면 말년의 빈곤이 부당하다는 것이 드러나는 동시에 빈곤에 대한 체감 온도는 사람마다 다르다는 것이 인정될 것이다. 예컨대 늙은 흑인 여성 집단과 백인 여성 집단이 똑같이 가난하더라도 이들이 경험하는 가난은 제각각 "심하기도 하고 참을 만하기도 하다."(Black and Rubinstein, 20) 사회적 불평등이 노화의 특징이지만, 말년에나 있음직한 영적 성숙 또한 동일하게 주목받을 만한 노화의 특징이다. 나이 든 유대인 여성들을 대상으로 한 연구에서, 그들은 나이 들면서 총명했던 안목이 흐릿해지고 기동성이 약화되는 것을 몹시 안타까워했다. 그러나 이러한 통절함은 다른 것으로 상쇄되고 있었는데, 이 여성들은 스스로 더 깊어지고 쾌활해졌으며, 의무는 줄어들어서 좋고 과거 자신들이 이룩한 것들은 존중할 만한 것이며 정서적으로나 심리적으로 성숙해졌다고 여겼다.(Furman, 97~102)

노화에 관한 일화를 바탕으로 한 자서전적 책에서 폴 투르니에 Paul Tournier는 한 스위스 의사 이야기를 한다. 그는 정신병원에서 늙은 중환자 대여섯 명에게 운동, 게임, 집단요법, 스토리텔링을 사용해 "뜻밖에 자신의 옛 성격이 되살아나는" 경험을 유도했다.(38) 이 네 가지 활동은 병원 아닌 다른 곳에 있는 노인들에게 적용했을 때도 상당히 유의미한 결과를 낳는다. 특히 집단요법은 중산층을 위한 활동으로 알려져 있기도 하다. 미국인의 삶을 집약할 만한 특징인 고속화, 파편화, 소음 등에 심신이 피폐해진 노인들은 노년 시기를 거치면서 회복과 치유의 혜택을 얻는다. 어쩌면 젊은 시절 분주하던 발걸음과 부산함에서 차분함으로 돌아오는 것이 말년의 속내 깊은 목적일지도 모르겠다. 다이어트, 운동, 명상, 관계, 활동 등에서 건강한 선택을 하겠다고 결심한 상태라면 물질주의, 중독성 강한 탐욕에 쉽사리 굴복하지는 않는다. 파괴적인 욕망으로 얼룩진 사회에서 심리적으로 건강하게 늙는다는 것은 든든한 내공으로 균형감각과 조화를 지켜낸다는 것이다. 나이 든 여성들은 지지 집단 안에서 느릿느릿 움직이는 것을 부끄러운 퇴행이 아니라 고속화되고 파편화되면서 부자연스럽게 억압되어온 생명의 힘을 되찾아 그 원기 안으로 도약하는 기회로 여길 수도 있다. 시간을 내어 자신이 살아온 여정을 돌이켜보고 다른 사람들과 그 이야기를 공유하는 노인들은 여러 문화가 고대로부터 각각의 시대를 거치면서 지켜온 초시간적 의례에 참여하는 것이나 진배없다.

노화는 사회 문제로 대두되는 중이다. 노화를 주제로 한 공개 토론에서는 정치와 경제만 중심이 될 뿐, 더 광범위한 관련 주제는 흔히 관심 밖으로 밀려난다. 노인은 잠재성보다는 경제적 비용이라는 실용적 관점으로 조명된다. 그들이 어떤 존재가 될 수 있을지는 질문 목록에 오르지 않는다. 그들은 과연 착취당하지 않으면서 사회적으로 쓸모 있는 존재로 부상할 수 있을까? 노인의 해(1999)를 설명하면서 코피 아난Kofi Annan은 "모든 연령을 배려하는 사회는 나이 든 사람들의 캐리커처를 환자나 연금 수혜자로 그리지 않는다. 대신 의존성을 지지하는 것과 평생 성장에 투자하는 것 사이에서 균형점을 찾아나간다"라고 말한다.(P5)

늙음을 배우는 것은 우리가 동의할 수 있는 마지막 정서적·영적 과제일 수 있다. 노화가 부인이나 수치심의 수의를 입고 있는 한 그저 패배로만 비칠 것이다. 경제적으로나 심리적으로 노후 생활을 계획하지 못하고, 그 많은 복잡한 측면을 냉철하게 응시하지 못한다면 깨어 있는 노화는 물 건너간 것과 마찬가지다. 그런 사람들은 노쇠한 몸을 앞에 두고 금욕적으로 체념하거나 절망할 뿐이다. 그러나 노화에 대한 새로운 접근은 즐거운 노후를 약속한다. 말년이란 충분히 자기 자신일 수 있는 시간, 생존자 DNA를 강화하는 시간이라고 상상하라. 무엇보다 "인간은 훼손되지 않은 상태로 머물도록 생물학적으로 프로그램되었다."(C. Fry, 513) 특히 여성들이 "젊은이 코스프레의 욕망을 뛰어넘을 수 있다면" 자연스러운 노화를 충분히 만끽할 수 있을 것이다.(LaBouvie-Vief, "Women's Creativity," 163~164) 다음 장에서 나는 이러한 변화를 만끽하기 위한 몇 가지 방법을 제안하려 한다.

1

문화적 통념과 늙음

LEARNING
TO BE OLD

늘음을 배운다는 것은 사는 장소에 따라 노화 방식이 달라진다는 것을 안다는 말이다. 페루의 산자락이라면 나이 80에도 고된 노동을 해야 하고, 일본이라면 자손들이 효심으로 당신을 모시고는 있지만 혼자 살 아주었으면 하고 은근히 바랄 수도 있다. 킬리만자로 차가Chagga 부족 의 연로한 여인에게는 함께 살면서 허드렛일을 도와줄 손자를 지목할 권리가 있는데, 이 관습은 미국 남서부 나바호Navajo 부족에게서도 볼 수 있다. 반면, 당신이 손자를 돌보고 음식 준비하는 일을 담당할 때 비 로소 당신을 집단의 일원으로 인정해주는 사회도 많다. "그 어디에도 쇠잔함을 귀하게 여기는 곳은 없기"(Nydegger, 76)에 당신의 지위는 노 쇠함과 더불어 추락한다. 그러나 당신이 바티칸에서 빨간 모자를 쓰고 살아간다면, 당신이 거머쥔 권력 덕분에 사람들은 당신의 노쇠함에 대 해 무심해진다.

　북미에서는 노인들이 제대로 대접받지 못하고 다른 문화에서는 존중받는다는 낯익은 등식은 사실 지나치게 단순하다. 산업화를 거치지 않은 사회에서도 노인들은 부, 성별, 정치적 역할, 종교적 기능에 따라 대우가 달라진다.(Fonder, 390~395) 그들에 대한 공인된 태도가 실제 태도를 반드시 반영하는 것도 아니며, 소수 힘 있는 노인들에 대한 존중을 일반 노인에 대한 존중으로 확대해석하는 경우도 있다.(Nydegger, 74~75) 과거에서 현재에 이르기까지 많은 문화에서 노인들에게 주어진 높은 지위는 미국의 경우와는 확연히 대조된다. 예를 들어, 남아프리카 유목 집단인 나마Nama 부족의 노인들은 의료적 지식, 문화적 전통에 대한 지식을 갖추었기에 높은 지위에 있다. 젊은이들은 과거에도 그랬듯이 지금도 사회적·정치적 상황, 토지 분쟁에 대해 그들의 조언과 자문을 구한다.(Oakley, 49~59)[1]

스스로 주체로서 늙어가려면 비판적인 사고 능력이 필수적이다. 그것이 있어야 자신이 몸담은 공간의 문화적 구속력을 똑바로 파악하고, 입 다물고 있었다면 우리 내부에서 당연시되었을 차별적 태도나 문제성 많은 가설들에 문제의식을 갖고 도전할 수 있기 때문이다. 나이 50에 미국퇴직자협회American Association of Retired Persons, AARP로부터 받는 편지 안에도, 조금 더 나이가 든 후 도착하는 노인의료카드 봉투 안에도, 오래도록 변하지 않는 문화적 통념 때문에 우리의 노화 방식이 심각하게 영향받고 있음을 부연설명하는 단 한 줄의 배려도 동봉되지 않는 것이 현실이다.

혼자 버티면서 살아내기

가장 눈에 띄면서도 널리 퍼진 미국다운 개념 중 하나는 혼자 버티면서 살아내기, 즉 자립인데, 이는 '단호한 개인주의'라는 말로도 표현된다. 이 개념은 노인들에게 유용할까, 아니면 폐기되거나 적어도 재고되어야 할까? 미국 문화의 극단적 개인주의를 가장 잘 보여주는 세대는 젊고 강한 자들이다. 개인주의의 구현 정도로 가치를 매긴다면, 중년은 비교적 좋은 성적을 받겠지만 노년은 나쁜 평가를 받을 확률이 높다. 단언컨대 노인 중 일부는 충분히 자립적이고 자율적으로 살아갈 만큼 신체적으로나 정신적으로 건강한 에너지를 가지고 있다. 그러나 그러한 사람들보다는 도움을 필요로 하는 노인층이 더 많을 것이다.(적어도 80이 넘으면 더욱 그럴 것이다.) 달리 말하자면, 완벽한 독립이 더 이상 가능하지 않다는 말이다. 미국에서 이를 인정한다는 것은 굴욕감과 분노를 견뎌야 한다는 말과 같다. 반면, 생존을 위해서는 평생 서로 밀접한 관계를 맺으면서 살아야 한다는 인식이 지배적인 문화에서라면 노년기의 의존이 인생의 다른 단계에도 있어온 의존과 유별나게 다르지는 않을 것이다.

우리 문화의 자립 개념에는 장벽과 걸림돌을 걷어낼 만한 집요한 인내심과 패기, 좌뇌의 논리 등에 대한 기대와 애착이 곳곳에 포진하고 있다. 이는 경쟁, 행동, 개인으로서의 자유를 최상위 가치라 여긴다는 뜻이다. 자기선택에 의해서건 관습에 의해서건 여성은 타인과의 관계 안에서만 존재하는 이미지로 고착되다 보니 자립은 남성들이 지향해야 할, 남성에게 더 적합한 가치로 부각된다. 자율적 삶을 위해서는 삶의 환경에 대한 통제권이 필수적이지만, 빈곤층, 장애인, 소수자 집단과 여성들의 경우 이 전제조건은 결핍되었다. 자립은 다양한 문화 출신의 집단보다는 앵글로 미국인들에게 더 잘 맞아떨어지는 가치다. 이런 태생적 한계에도 불구하고 자립은 마치 노인층이 단일한 집단인 양 일률적으로 그들에게 강권되고 있다.

랠프 윌도 에머슨Ralph Waldo Emerson의 에세이 《자기신뢰Self-Reliance》(1841)는 미국 사회가 지닌 미덕을 살펴보는 고전적 글이다. 에머슨은 '자기신뢰'라는 용어를 통해 타인에게 의존하지 않고 혼자 버티면서 살아내는 능력을 칭송한 것이 아니라 독립된 사고에 주안점을 두었다. 초월주의자로 알려진 그는 인간에 내재한 빛, 즉 자신의 각성과 직관을 믿으며, 또한 불순응 정신을 귀중하게 여긴다.

65세를 넘긴 이들 중 노인센터를 조롱하는 사람들은 '그런 늙은 이들' 주변에 가고 싶지 않다고 말한다. 그러나 사실은 나이 들어가면서 완전히 자주적일 수는 없다는 유쾌하지 않은 진실을 자기도 모르게 외면하려는 것일 수 있다. 노인센터와 의도적으로 거리를 두려는 노인들은 노년의 의존성을 상징하는 것들, 즉 지팡이, 휠체어, 보행기 등을 쳐다보려고도 하지 않는다. 나이 든 사람들을 일부러 피하는 사람들의 심리를 들여다보면, 자율성 상실로 인해 저급한 집단으로 강등되는 일은 자신과는 무관하다고 굳게 믿는다. 그러나 노인센터에서는 공동의 목적을 위한 여러 사람의 연대가 종종 목격된다. 이는 특히 말년으로 갈수록 개인주의로는 살아갈 수 없음을 암시하는 듯하다.

노년학 연구에는 이상한 패턴이 있다. 나이와 관련해 건강 상태를 질문하면, 피연구자들은 노인들이 전반적으로 건강하지 않다는 의견을 우울하게 피력한 다음, 스스로는 운 좋게도 예외라고 강조한다. 이 패턴은 우리 문화가 개인주의에 얼마나 방점을 두고 있는지를 잘 보여준다. 많은 노인이 자기 또래의 대다수가 자신만큼이나 건강하다는 생각을 하지 못한다. 건강하다고 자처하는 노인들은 스스로를 다른 사람들과는 다르다고 봄으로써 그 집단과의 분리를 강조한다. 부인의 한 형태인 거리 두기 전략은 질병이나 쇠약함을 매몰차게 보는 시선을 모면하려는 방편이라는 점에서 연령차별에 합리적으로 대응하는 전략이 될 수도 있다. 그러나 그러한 태도는 노인의 집단 연대를 훼방하는 주범이다. 자신을 예외적 인물로, 나이가 들어도 여전히 '여왕벌'이라고 간주한다면 '늙음'의 범주를 구성하는 커다란 사회적·문화적 요소를 인식하기가 어렵다.

점점 쇠잔해지는 '전형적인' 노인과 나는 다르다고 강조하는 까닭은 그들에게 덧씌워지는 조롱을 피하고 싶기 때문이다. 약자라고 인식되는 의존적 늙은이와는 달리 나는 강한 한 개인으로 존재한다. 내가 차이를 더 많이 강조할수록 나 자신이 더 근사해 보인다. 백인으로 오인 받을 정도로 밝은 색을 타고나서 검은 피부의 오명을 피할 수 있는 흑인처럼, 자신이 다른 노인과 비슷하다는 것을 부인하는 노인들은 자기 자신이 아닌 다른 누군가로 간주되려고 노력한다. 그들은 의존성과 자립이 완벽하게 정반대라고 생각한다.

많은 노인이 운전할 권리를 강력하게 주장하는 이유는, 운전도 못할 정도로 늙은 사람은 변명의 여지 없이 늙은 것으로 통하기 때문이다. 운전 능력의 상실은 인생의 다음 단계로 가는 비공식적 통과의례로, 그 단계가 되면 자율성이나 자립, 간섭받지 않을 자유가 모두 침해당한다. 이 중요한 변화는 노인들의 심리 상태와 사회생활에 어떤 의미를 가질까? 여성들보다 남성들에게 더 깊은 외상을 남길까? 운전자는 자신의 하루 동선과 스케줄을 결정한다. 남성이든 여성이든 운전을 더 이상 하지 못하고 다른 사람에게 부탁해야만 하는 입장이라면 그 사람은 종속적인 위치에 있다. 이것은 나이 때문이 아니라 미국이라는 나라의 지리적 조건 때문에 만들어지는 또 하나의 굴종적 상황이기도 하다.

우리 지역사회의 54퍼센트가 노인 우대 공적 교통자금의 대상으로 책정되어 있지 않으며, 대상자라 하더라도 제한적 지원에 그치는 정도다.(Freund) 대부분의 지역, 특히 대중교통이 부족한 시골 지역에서는 노인들의 칩거가 일반적이다. 다른 사람에게 도움을 청해서는 안 된다고 생각하는 것 역시 그들을 집에만 머물게 하는 이유다.(Nelson, 89) 사실 운전하지 않고 살아가는 것이 어렵다 보니 교통 전문가들은 전국적인 의식 교육에 매진하면서 다음과 같은 메시지를 전달한다. "설령 운전을 그만둔다 하더라도 여전히 당신은 고귀한 사람이다."(Freund) 그러나 그 말은 자립의 대세를 따를 수 없을 경우 자존감이 낮아진다는 자립의 어두운 이면을 숨기고 있다.

자동차의 기능이 탁월하기는 하지만 환경에 큰 위협이 된다는 공감대가 이미 널리 형성되어 있다. 그러나 운전을 더 이상 하지 못하는 사람들, 특히 여성 집단을 식민화하는 요소가 또한 자동차다. 자동차가 없으면 기동력이 떨어지고, 따라서 신체적 약화가 발생한다. 이런 문제의 근원은 노인의 사회적 지위에 있다. 노인이 진실로 정치적 영향력을 발휘하고 정치인과 매체가 그들을 공경의 대상으로 대우한다면, 모든 지역사회가 그들을 위한 교통 기반을 마련할 것이다. 심지어 그러한 시스템은 특정 이익 집단에게 베푸는 선심용 혜택이 아니라 포장 도로처럼 당연히 갖추어야 할 기반 구조로 받아들여질 것이다. 그러나 현실에서 그러한 정책은 비용의 문제뿐 아니라 자립의 통념에 가로막혀 시행되지 못한다. 또한 신체의 정상적 변화조차도 지독한 결함으로 낙인찍는다.

자립의 논리에 따르면, 궁극적 실패는 양로원에 감금되는 것이다. 75세 이상의 노인들은 종종 "거기 가느니 차라리 죽겠다"라고 말한다. 충분히 이해할 수 있듯이, 그들은 자신의 자립성이 훼손될까 두려워한다. 몇몇 양로원의 억압적인 환경이 알려지면서 양로원에 대한 두려움은 더욱 극대화된다. 심리학자 엘런 랭어Ellen Langer는, 양로원에 살면서 의존성이 커졌어도 일상생활에서 사소한 것이라도 직접 선택한다면 얼마든지 반전이 가능하다는 것을 보여준다. 독립성을 권장하는 활동과 마음 다스리기 훈련을 통해 기억력이 되살아나고 수명도 길어진다.(81~89) 양로원에 거주하는 노인들의 말에 귀를 기울인 이스라엘 연구자들은 그러한 환경에 있는 노인들이 다 비슷비슷하고 수동적이라는 고정관념에 반기를 들었다. 오히려 연구자들은 그들에게서 "다양성과 적응의 잠재력"을 발굴해냈다.(Gamliel and Hazan, 367)

윌리엄 토머스William Thomas는 '이든 대안 양로원 모델Eden Alternative Nursing Home Model'을 개발했다. 양로원을 개혁하려는 자들은 양로원 거주자들이 의료적 상황보다는 권태와 외로움 같은 정서적 상황 때문에 더 많은 고통을 받는다고 믿는다.(Power, 14) 이든 대안 전략에는 의사결정을 공유하는 돌봄 전담팀, 애완동물과 자녀 방문, 자유로운 이동에 대한 강조 등이 포함된다.(Deaton et al., 196) 최근에 토머스는 '그린 하우스 프로젝트Green House Project'를 실시했다. 리처드 맥카티 Richard McCarty가 고안한 첫 모델은 미시시피 주 투펠로에서 시도되었다. 주방은 공동으로 쓰되 8~10명이 각자의 방에서 기거하는 것이 특징이며, 햇볕이 잘 드는 야외 공간으로 자유롭게 드나들 수 있고, 의료적 지원보다는 인간관계를 중시한다는 특징도 있다. 미국의 많은 양로원이 그린 하우스 프로젝트로 전환하는 중이다.

양로원 하면 학대와 불필요한 규제가 심하다는 나쁜 이미지가 떠오르지만, 터무니없이 두려워만 한다면 양로원으로부터 여러 순기능적 가능성을 창의적으로 유도해낼 수 있는 기회마저 차단하는 셈이다. 양로원이 당면한 가장 큰 문제는 낮은 임금과 잦은 이직이다. 더러는 1년 이직률이 100퍼센트인 곳도 있다. 많은 보조원이 최근에 이민한 사람들이다. 합리적인 양로원 지원 계획이 마련된다면, 노동자들에게 영어를 제2언어로 공부할 기회를 제공해, 거주자들과 이야기를 나누고 그들의 이야기를 기록하면서 훈련할 수 있도록 할 것이다. 그러면 노동자들은 거주자 한 사람 한 사람에게 관심을 기울이고, 적어도 그 영어 수업이 끝날 때까지는 자기 직업에 충실해야겠다는 동기가 생길 것이다. 양로원으로 이주하는 것이 끔찍한 사건으로 각인되는 이유 중에는 개인주의도 있다. 노년을 의존과 연관 짓고, 다시 의존은 양로원과 관련 있는 것으로 조건화되다 보니 우리는 늙음에 대해 생각하고 싶지 않다.

로잘리 케인Rosalie Kane은 양로원의 수가 감소하는 것에 주목하면서, 양로원이 장기 돌봄이 필요한 노인들을 위한 무조건적 의지처가 아님을 알아야 한다고 주장한다.(Kane, 10) 사실, 가정이나 지역사회를 기반으로 한 서비스가 첫 고려 대상이 되어야 하며, 비록 개선을 위한 노력을 기울이고는 있지만 양로원 같은 기관들이 마지막 선택지가 되어야 한다.(Kane and Kane, 131)

수치심, 우울, 쓸모없다는 느낌 등은 개인주의라는 문화적 이상에 자신을 끼워 맞추려다 보니 어쩔 수 없이 생기는 감정들이다. 기능을 하나씩 잃을 때마다 수치스럽다. 많은 노인이 도움을 요청해야만 하는 상황을 허약함으로 인식한다. '누구에게도 짐이 되고 싶지 않다'는, 노인들로부터 가장 많이 듣는 말에는 숨겨진 의미가 있다.

"가능한 한 오래 치열하게 나의 독립성을 붙들고 있겠어. 내가 어쩔 수 없이 도움을 요청해야만 할 때가 오면 부탁할 테니, 그때까지는 나를 믿어다오."

이런 식의 태도가 노인들에게 요구되고 있다. 도움을 받아야겠다고 말하는 자체가 체면을 구기는 일로 인식된다. 말년일수록 상호 의존성이 필요하다는 데 주목한 시애틀의 의사 크리스토퍼 베일리 Christopher Bailey는 "자립이라는 날조된 은폐물"을 맹공격한다.(*New York Times*의 편지 섹션 "Health Times," 2012. 4. 3. D4)

"'나는 할 수 있다'는 주장이 개인주의 경쟁 문화의 지배적 메시지로 굳어져서 평생 우리의 귓가를 맴돈다."(Ruddick, 59)

시골 노인 여성들은 특히 자립을 귀하게 여긴다. 그들은 자신의 "세계관이 어디까지 도움을 받을 수 있는지 그 범위를 조건화한다."(Kivett, 361) 그들에게 무엇을 원하는지 물으면 강렬한 자립에의 욕망을 이야기한다. "딸의 금전적·정서적 지원에 상당 부분 의존하면서도 그런 사실을 강경하게 무시하는" 노인 여성이 독립적으로 살고 싶다고 말하면서 양로원에 가려고 하지 않는 경우도 있다.(Nelson, 87) 그럴 경우, 그것이 스스로 살아내야 한다는 강력한 사회적 압력 탓인지, 아니면 개인의 소망인지 구별해내기가 힘들다.

미국에서 노화가 걸어온 역사를 문화적으로 검토한 책《삶의 여정 The Journey of Life》의 서문에서 토머스 콜 Thomas R. Cole은 이렇게 말한다.

"우리 문화는 신체적 쇠락과 정신적 붕괴를 지독하게 혐오하며, 악랄하게도 늙은 여성들에게 그 책임을 다 뒤집어씌운다. 그들이 감당해야 할 수치심과 역겨움에는 노화에 대한 과학적 조작의 그림자도 반영되어 있다."(xxiv)

사람은 자신의 몸을 통해 상대방에게 인식된다. 샐리 개도 Sally Gadow가 말하다시피 "몸을 한물간 물건, 심지어 적으로 상정해 이를 거부한다면 세상과 인간을 연결하는 유일한 고리가 위태로워진다."("Frailty and Strength," 45) 노쇠한 미국 여성이 자신의 몸을 사랑하려면, 혹은 아직 늙지 않은 여성이 늙은 다른 여성의 몸을 보면서 그저 늙었을 뿐 흉한 것은 아니라는 자각을 하려면 일단 의식에 커다란 변화가 일어나야만 한다. 재클린 헤이든 Jacqueline Hayden이 찍은 노인의 실물 크기 누드 사진이 놀라움을 주는 까닭은 그 모습들이 우리 문화가 승인한 아름다움의 개념을 어지럽게 흩뜨려놓기 때문이다. 누구의 몸이 재현할 만한 가치가 있는가?[2]

몸은 점점 쇠약해지고 이에 반비례하듯 자립에의 욕망은 점점 커져서 특히 치매 초기 즈음에는 치명적 수준에 이를 수도 있다. 사실 '초기'는 정확하게 정의 내리기가 쉽지 않아서 쟁점이 될 수도 있다. 내 친구의 조카딸이 내 친구, 그러니까 그녀의 이모를 샌프란시스코에 있는 유대인 양로원으로 입원시키려 했을 때 나는 이를 통절히 경험했다. 내 친구 프리다 월터Frieda Walter는 치매를 앓고 있었으나 증세가 가벼워 매일 혼자 걸어서 가까운 동네 노인센터까지 갈 수 있었다. 요일이 생각나지 않을 때는 근처에 있는 아동센터로 전화를 걸었다고 했다. 내가 보기에 이것은 아직 그녀 혼자 잘 버틸 수 있다는 증거였다. 조카딸이 프리다에게 양로원 지원서를 작성하라고 요구하자 프리다는 거부했다. 조카딸은 이것을 치매 증세로 해석했으나, 내게는 자유를 포기할 준비가 되어 있지 않은 사람이 합리적으로 선택할 수 있는 모습으로 비쳤다. 프리다의 담당 사회복지사는 그녀가 86세나 되었는데도 지난 4년 동안 의사의 진료를 받지 않았다는 사실에 놀라움을 금치 못했다. 프리다가 진료를 받지 않은 것은 진료로 얻을 것보다는 잃을 것이 더 많다는 현명한 계산에서 선택한 것일 수도 있다. 그러나 사회복지사는 프리다에게 그럴 만한 능력이 없다고 단정 짓고, 즉시 약을 처방받게끔 조치했다. 그녀는 그 후 얼마 지나지 않아 낙상해 발목이 심하게 부었으며, 손목이 부러지는 일까지 발생했다. 치매 병동으로 보내지자 예상대로 그녀의 정신 상태는 빠르게 황폐해져 갔다. 그녀는 약물에 의존할 수밖에 없는 처지에 놓였다. 앞으로 특히 85세 이상의 여성 수가 급증할 텐데, 분명 프리다와 비슷한 이야기가 종종 반복될 것이다.[3]

어느 세대인들 질병이나 장애에 취약하지 않고, 친구를 잃는 경험을 피하겠으며, 어느 누가 성질을 고약하게 부려도 존중을 받겠는가?

그러나 이러한 상황과 조건에 특히 취약한 것이 노인이다. 자립을 모든 세대에 적용할 하나의 이상으로 떠받드는 것은 매우 부적절하다. 자립에 이토록 과도한 가치를 주입하면 "독신가족 단위로 살아야 한다는 규범, 노인들은 스스로를 돌봐야만 한다는 신념, 그들의 문제는 그들의 것일 뿐 다른 사람들이 신경 쓸 일은 아니라는 통념이 더욱 강고해진다."(Tronto, 273)

그러한 태도는 아메리칸 인디언의 삶의 전형보다는 백인 중산층의 삶을 훨씬 더 정확하게 반영한다. 아메리칸 인디언의 상당수는 평생에 걸친 상호의존과 상호연계성에 익숙해 있어 "노년의 의존성과 요구를 그리 심하게 폄하하지 않는다."(John, Blanchard, and Hennessy, 309) 라틴계 사람들 역시 마찬가지다. 그들은 어른이 된 자녀에게 자신들을 돌볼 책임을 양도하는 데 익숙하다. 백인 중산층의 삶에 더 적합한 개인의 자율성 개념은 중국계 미국인들도 낯설어한다. 병원에서 중국계 미국인들은 연로한 윗세대를 대신해 결정을 내리다 보니 때로는 부모에게 불치병에 걸렸다는 사실을 알리지 않는 경우도 있는 반면, 미국의 병원 정책은 모든 정보를 알리고 동의를 구하는 방식이다.(Yeo, 77) 한국계 미국인들도 불치병에 걸렸다는 사실을 노인 당사자에게 전하는 것을 적절하지 않은 것으로 인식한다.

인생 후반기의 허약함과 의존을 속속들이 들여다볼수록 자립이 주류 문화의 완고한 가치라는 것을 실감하게 되고, 그만큼 여기에 항거하려는 마음이 약해질 수도 있다. 그러나 완벽한 자율이 끝났다고 여기면서 느끼는 수치심은 어느 정도 극복할 수 있다. 의존은 여러 형태를 취한다. 일부는 무기력과 무관하며, 당연히 무능력과도 다르다.(M. Baltes, 11) 이러한 변별은 통찰로 이어져 노화에서 기인하는 수치심을 완화해준다. 허약함은 인간의 여러 차원 가운데 하나일 뿐이며, 환경에 따라 적절하게 설명되어야 할 개념이다. 중요한 것은, 허약함이 다른 강점과 공존할 수도 있다는 점이다. 걷기가 어려운 사람이 강단 있는 목소리, 강렬한 의지, 굳센 자존감을 가질 수도 있다.[4]

몇 년 전, 허약함과 강렬함이 공존한다는 사실을 극적으로 실감한 적이 있다. 게오르그 솔티 경Sir Georg Solti이 마지막 미국 방문 때 샌프란시스코 교향악단을 지휘했다. 무대의 문이 열리자 무척이나 늙고 병약한 한 남자가 뻣뻣한 자세로 천천히 걸어 나왔다. 나는 과연 그가 악단 앞 지휘대에 무사히 잘 도착할지 조바심을 내면서 지켜보았다. 그러나 지휘봉을 들어 올리자마자 그는 강렬한 모습으로 거듭났다. 오케스트라는 자신들의 역량 이상의 연주를 보여주었다. 연주가 끝나고 연주자들이 솔티에게 뜨거운 박수를 보냈다. 관객 역시 그 순간의 강렬함에 모두 하나가 되었다. 지휘자는 지휘대를 떠났고, 다시 노쇠한 노인이 되어 조심스레 걸어 들어갔다. 연주자들과 관객은 허약함이 이 대지휘자를 더욱 위대하게 만들었다는 사실을 직관적으로 깨달았다.

"허약함은 완전히 상반된 두 가지 특성을 지녔다. 하나는 신생, 즉 새로운 생명이고, 또 다른 하나는 강렬함이다"라고 샐리 개도는 쓰고 있다. 그녀는 "세상과 소통하느라 바쁠 때"는 그러지 못하지만 쇠잔해져서 허약해질 때는 생명의 힘이 전력 질주하므로 이때 "맹렬한 에너지"가 허약함을 관통한다는 플로리다 스콧 맥스웰Florida Scott Maxwell의 글을 인용한다.("Frailty and Strength," 146) 생명의 힘은 신체의 에너지에 의존하지 않는다는 이러한 발상은 흡인력이 강하다. 허약함은 고정된 성질이라기보다는 상대적이고 우연적이다. 게다가 개도의 관점에 따르면, 허약함은 "자아를 형성하는 데 필수적"(146)이다. '성공적인 노화'나 '생산적인 노화'라는 관점보다는 그녀의 이러한 관점이 인생 후반기의 삶에 더 어울린다. 하지만 현재 '허약함'이라는 개념은 환자를 원활하게 분류하기 위해 돌봄 종사자들이 사용할 뿐이다.(Bytheway, *Unmasking*, 138)

화가이자 저술가인 메리 메이그스Mary Meigs는 말년에 돌봄 종사자들의 강압적이고 무신경한 대우에 좌절했던 경험을 글로 썼다. 누군가가 그녀에게 "날 잘 쳐다봐요!"라고 퉁명스럽게 말해서 그녀는 무척 화가 났다.

"나이 든 사람이 훈계받을 사람으로 비친다. 당신은 훈계의 대상이 아니라 위엄 있는 존재로서 대우받는 법을 배워야만 한다."(*Beyond Recall*, 104)

달리 말하자면, 나이 든 사람들은 통제당하지 않으려고 저항하는 사람으로서 존중받아야만 한다.[5]

개인주의를 낭만화하는 이미지를 보면, 노인은 유능하고 명예로운 사람이다. 이는 얼핏 연령차별주의자의 고정관념에 반기를 드는 듯하지만, 통상적 의미에서의 자립을 가장 우월한 가치라고 치켜세우고 있다. 이러한 경향은 팻 바커Pat Barker의 《유니언 거리Union Street》 마지막에 실린 강렬한 이야기인 〈앨리스 벨Alice Bell〉에서도 나타난다. 이야기에 등장하는 괴짜 노인 여성은 가히 영웅이 가질 법한 강한 자립심으로 무장되어 있다. 그녀는 남에게 의존하지 않고 자신의 장례식 경비를 벌려고 굶다가 결국 죽음에 이른다. 자살은 그녀의 특이한 자아를 고상하게 표현한 것이다. 비슷한 예로 메이 사턴May Sarton의 소설 《지금 우리 그대로As We Are Now》에서 양로원에 있는 사람들을 죽이고 자살하는 주인공 카로 스펜서는 억압적이면서 비인간적인 환경에 대한 개인주의의 승리를 상징한다. 난폭한 자립이 스스럼없이 등장하고, 살인이 난무하는 형식을 띠면서도 하나의 초월적인 미덕처럼 그려진다.

페미니스트 철학자인 마거릿 어번 워커Margaret Urban Walker는 이렇게 말한다.

"개인주의의 패러다임을 여성에게 적용하려는 것은 인생 후반기의 삶을 사회문화적 덫으로 유인해 허망한 공간으로 추락시키는 것과 같다."(*Moral Contexts*, 197)

늙음이 의존을 우아하게 받아들일 능력을 갖춘다는 뜻이라면 늙음을 배운다는 것은 지난한 과정이다. 특히 충분히 자급자족이 가능한 백인 중산층 환경에서 온전한 인간으로서의 존재감을 얻으려고 분투하면서 살아온 여성이라면 개인주의를 내려놓는 것이 수치스럽고 힘겨울 것이 분명하다. 그러나 도움을 기꺼이 청하겠다는 마음, 어느 누구도 온전히 자기충족적일 수는 없다는 자각은 사회적으로 만들어진 노화의 덫에서 해방됨을 의미한다. 자율성을 노화의 다른 요소들과 양립 불가능한 것으로 보면서 드높은 이상으로 숭앙하는 한, 실망을 피할 길은 없다.(Moody, "Age," 418)

《85세 이후의 삶: 생존정신의 아우라Life beyond 85 Years: The Aura of Survivorship》에서 콜린 존슨Colleen Johnson과 바버라 베어러Barbara Barer 는, 연구 대상자들 스스로 타인의 도움이 절실하다고 인지하는 시점에 이르면 스스로를 '재구성'하며, 그것도 상당히 개별적으로 적응하고 있음을 밝혀냈다.(192) 그래서 어떤 이들은 장애가 점점 심해지는 상황에서도 평정심을 유지할 수 있었다.(219) 70~84세 집단과 85세 이상 집단을 비교해보면, 후자가 의존을 더 수월하게 받아들이고, 자기 삶의 어떤 측면들, 가령 안정감을 훼손하지 않는 한도 내에서 변화를 수용하고 통제권을 내려놓았음을 알 수 있다.(224) 이런 결과들은 이 연구 대상자들의 의식 수준이 자립에 대한 문화적 규준을 앞선다는 것을 보여준다. 그들은 예외적인 사람들이었을까? 그러니까 우리는 개인주의를 실천하지 못할 지경에 이르렀어도 가치 체계의 중심에서 여전히 개인주의가 작동하기를 바란단 말인가?

여성은 자립에 대한 욕구가 남성에 비해 강하지 않은 듯하다. 아마 여성은 다른 사람들과 관계를 맺고 그들의 욕구를 살필 것이라는 기대를 받기 때문일 것이다. 그런데 말년에 이르면 대부분의 남성은 그들을 도와줄 배우자가 아직 곁에 있는 반면, 대부분의 여성은 배우자를 먼저 보내고 혼자 버티면서 살아간다. 이맘때 자립성을 드러낼 기회가 더 많아진다. 한편, 여성이 전통적 사회화를 거치며 의존에 대한 거부감이 크지 않다면, 노년이 되었을 때 그 이점을 활용할 수도 있다. 그러나 막상 현실에서는 그런 것 같지 않다. 다른 사람을 돌보다가 자신도 때가 되면 돌봄을 받는 것이 바람직하다는 메시지보다는 자기 발로 일어서라고 권유하는 문화의 힘이 더 강력하다. 한편, 자율적 삶을 사는 남성과 비슷한 방식으로 살아온 여성이 나이가 들면 종속적 역할로 살아온 여성보다 더 고통스러운 시련에 노출된다.

사회역사가인 스테퍼니 쿤츠Stephanie Coontz는, 미국 서부 지역에 정착한 개척자 가족들은 스스로를 자립적이라고 생각했을지 모르지만, 사실 그들은 연방 정부, 혹은 인디언으로부터 땅을 몰수했거나 멕시코의 절반을 점유한 군대의 보조를 받고 있었다고 지적한다. 그녀는 "미국 역사를 돌아보면, 가족 이외의 사람 혹은 기관으로부터 받는 지원금에 의존해 살아가는 것이 예외적인 것이 아니라 하나의 법칙이었다"(214)라고 말한다. 개인(남성)들은 실질적 부양자들(대개 여성)들이 제공하는 식사, 옷, 거주지, 양육 등을 토대로 자신의 자율성을 확보하지만 막상 이 부양자들의 지지체계에는 무관심하다.(15) 그러나 서부 개척시대 미국인들이 그랬던 것처럼 현재 많은 남성들 역시 자신들은 모르지만 상당한 지원을 받고 있다. 이러한 지지망은 더 이상 혼자서 살지 못하는 나이 든 사람들에게 더 절박하다. 현실적으로 매우 연로한 사람들은 "겉치레로도 독립성과 자립심을 흉내 낼 수 없기 때문이다."(Holstein, Parks, and Waymack, 14) 상호연계성을 지지해줄 큰 울타리도 없고 단호한 개인주의에 대한 비판도 없다면 노인들은 자립 능력을 차츰 잃어가면서 자신을 실패자로 간주할 가능성이 더욱 농후해진다. 자립이 필요하다고 주장하는 구시대 정책은 평생 여성들이 중요시해 온 타인과의 관계 맺음을 무시하거나 평가 절하한다.(Rodeheaver, 745) 그 정책들이 놓치는 것이 또 있다. 우리의 개별적 선택은 "우리가 개별적으로 거치는 대부분의 단계에서 일어나기보다는 우리의 노화 방식에 영향을 미치는 세계적 체계 안에서 발생한다."(Fishman, 69)

그런데도 자립이라는 미국 문화의 지배적 가치는 "모든 사회 정책의 기저에 있어야 할 핵심 가치로 미화·강조되고, 최고의 것으로 옹호되어왔다."(Olson, *Not-So-Golden*, 245) 이것은 베이비부머들의 노화에 나쁜 징조다. 그들이 말년에 접어들 즈음, 건강은 부모들보다는 양호하겠지만, 그들에게 유리할 것이 없는 통념을 기반으로 한 노화 정책의 대상이 될 것이기 때문이다. 그들 앞에 펼쳐진 근본적 문제는 이러하다.

나이 든 사람들이 자존감을 독립성, 즉 자율성과 자립이라는 문화적 가치와 긴밀하게 연관되었다고 생각하지만, 실제로 말년에는 많은 사람이 "생존을 위해 도움과 지원을 받아야만 한다."(M. Clark and Anderson, 290)

자립이 노인들이 구현할 최고의 이상으로 과대평가되면서 많은 사람이 학습된 무기력으로 고통당한다.

"나이 든 사람들은 종종 이러지도 저러지도 못하는 진퇴양난의 상황으로 내몰린다. 자립이라는 사회적 윤리와 타인에게 의존하도록 유도하는 서비스 윤리 사이에서 꼼짝달싹 못 한다."(Robertson, 82)

노인들과 그들의 가족은 그들이 나이가 많으니 활동을 그만두거나 새로운 무언가를 시도하지 말아야 한다고 생각한다.

"노년에 대한 사고방식은 노인을 곧 무능함으로 귀착시킨다." (Langer, *Mindfulness*, 87)

대개 의사는 보호자로 동행한 젊은 사람에게 노인 환자의 증세를 질문한다. 중년 간호사는 진료를 받으려고 앉아 있는 어머니의 상태에 대해 의사가 자신에게 질문하자 단호하게 대답했다.

"어머니가 여기 계시니 직접 물어보시는 게 좋겠습니다."

이런 식의 경험을 몇 번 하고 나면 나이 든 여성들은 침묵한다. 좋은 의도로 보호를 자처하더라도 나이 든 사람들, 특히 병원이나 양로원 등에서 지내는 노인들은 자율성이 손상될 수 있다.

거듭나기

노화 과정에 자립보다 더 필요하고 적합한 가치는 스스로 거듭날 수 있다는 신념이다. 본래 유럽 왕의 백성이었던 백인 미국인들은 반역자로 변신했다. 처음 정착해 생활하던 동부가 협소해지자 일부가 서부로 떠났다. 서부에 도착할 즈음, 그 누구도 가족의 지위나 직업적·경제적 상태에 개의치 않았다. 유전자 안에 이동 성향을 물려받은 미국인들은 지금 있는 곳의 상황이 제대로 풀리지 않고 열악해질 때, 혹은 경제적 여유가 될 때 다른 곳으로 이동하는 것이 거의 본능이다. 힘든 시기에는 이동성이 줄어들기도 하지만, 또 어떤 사람들은 그것을 계기로 자신이 몸담던 곳에서 빠져나간다.

"미국인들은 항상 인생의 2막을 열어왔다. 그들은 완전히 새로 시작하는 이민자들이었다. 그들은 친지들을 뒤로한 채 집 벽에 '텍사스로 간다'라고 휘갈기고는 떠났다. 재혼이나 세 번째 결혼도 예사다. 심지어 가장 고리타분하게 살아온 사람들도 은퇴 후에는 익숙한 세상을 등지고 플로리다 태양을 향해 떠난다."(Applebome, 1)

마음 내키는 대로 살아가는 것은 젊은이들의 특권이지만, 오늘날 65세를 넘은 수많은 미국인이 자녀들을 키웠던 곳에서 멀리 떨어진 곳으로 이주한다. 플로리다, 애리조나, 캘리포니아에서 살다가 다시 귀향하는 사람들 숫자도 만만찮다.

골드러시 이후, 특히 제2차 세계대전 종전 이후 캘리포니아는 제2의 인생을 시작할 최적의 장소였다. 주디 갈랜드Judy Garland는 미네소타 그랜드래피즈를 떠나 할리우드로 갔다. 중서부 지역에서 웨이터와

점원으로 일하던 젊은이들은 캘리포니아로 이주한 후 비슷한 직업을 찾으면서 스스로를 작가 혹은 예술가라고 불렀다. 다른 지역에서 질식할 것 같은 삶을 살던 사람들은 유쾌하게 살아갈 자유를 찾아 캘리포니아로 갔다. 특히 1960년대 이후 캘리포니아는 이혼 후 찾아가는 장소가 되었다. 그곳의 높은 생활비 때문에 이주를 망설이는 이들도 있고, 그곳의 기후 때문에 이주를 앞당기는 이들도 있다.

요즘 거듭나기 경향이 이민자 사회에서도 성행한다. 예를 들어, 중국, 베트남, 필리핀 출신 대학생들의 부모는 저임금으로 장시간 일하지만, 이 학생들의 손위 형제들은 전문직에서 일하는 것이 일반적이다. 1980년대 미국 중부에 정치적 대격변이 일어나면서 라틴계 가족을 포함한 많은 사람이 나이 든 부모와 함께 캘리포니아로 이주했다. 러시아계 유대인들 역시 이 당시 샌프란시스코와 로스앤젤레스에 새로운 터전을 마련했다. 교외 지역에 살던 노인들의 시내 재진입으로 몇몇 도시는 활기를 되찾기도 했다.

새로운 삶으로 거듭날 때 흥미로운 측면은 그것이 지리적인 이동에 국한되는 것이 아니라 내적 변화로 연결된다는 점이다. 새로운 장소로 이주하면서 젊어서는 시도해보지 않았던 자신의 다른 자질을 발굴하고자 한다. 새로운 활동, 새로운 친구, 새로운 지역사회가 가능성으로 다가온다. 물론 이러한 가능성은 다른 선택의 여지가 없어서 '같은 곳에서 나이 들어가는' 사람들보다는 이주를 감행한 백인 중산층에게 더 열려 있다. 다른 방식의 가능성도 있다. 적성에 맞지 않는 일을 오래도록 견뎌온 사람들이 다른 것에서 참신한 즐거움을 발견하고 빠져들 수도 있을 것이다. 교회를 그만 다닌다거나 처음으로 종교에 귀의할 수도 있다. 대학에서 자기계발을 위해 강의를 수강하기도 한다. 대학 공부를 할 수 있는 능력이 있다는 것을 깨닫는 것만으로도 기쁨이 될 수 있다. 이렇게 재입학하는 유능한 학생 중에는 18세 당시에 고등교육을 받을 형편이 되지 못했던 노동계층의 여성들도 있다.

새로운 자아로 거듭난다는 것은 예전에는 흔히 남성 세계, 가령 사기나 기타 전과로부터 갱생한다는 의미를 포함했다. 윌라 캐더Willa Cather의 단편소설 〈폴 이야기Paul's Case〉에는 새로운 삶을 시작하는 과정이 아름답게 묘사되고 있다. 폴은 숨 막힐 듯한 부르주아 가족과 멍청한 선생님들, 지루한 직업을 털어버리고 심미적 즐거움을 만끽하기 위해 뉴욕으로 떠난다. 비록 제2의 삶이 비극적인 종말로 끝나버리기는 하지만, 심리적 만족감과 대담한 표현 덕분에 새로운 시작의 가능성이 폴의 죽음으로 완전히 부인되는 것 같아 보이지는 않는다.[6]

노년에 삶을 새롭게 디자인한다는 전망은 여성과 특히 관련 있다. 여성들은 보통 젊었을 때 자신의 개성을 온전히 표현할 수 없었을 것이다. 가족을 책임지고 일의 중압감에 시달리고 성차별로 인한 여러 제재에 막히지만, 불평할 겨를도 없이 한꺼번에 많은 일을 수행해야만 하기에 자아를 계발할 여지가 없었다. 그러다 70세가 넘으면서 예상치 못한 기회를 만나기도 한다. 때로 그들은 자신의 선택이 사회적으로 용납되지 않는다 하더라도 이를 기꺼이 감행한다. 주어진 모든 요구를 만족시켜야 한다고 조건화된 사람들에게는 싫다고 말하는 간단한 행위 자체가 해방이다. 남편의 죽음을 계기로 예상치 않았던 변화가 시작될 수도 있다. 많은 여성이 65세를 전후해 과부가 되면서 자신의 정체성을 다시 정의해야 하는 시점에 부딪힌다. 백인보다는 흑인 여성들 사이에 과부가 더 많다. 새로운 자신으로 거듭나는 계기로 노인 여성이 연하 남자와 결혼하는 경우를 들 수 있는데, 이는 말년에도 관계를 유지할 수 있는 배우자가 있다는 점에서 대단히 좋은 전략이기는 하지만, 누구나 해볼 수 있는 흔한 일은 아니다.[7] 새로운 자신으로 거듭나기의 좋은 사례는 '부라노바 바부슈카스Buranova Babushkas'라는 집단이다. 이들은 모스크바에서 동쪽으로 950킬로미터 정도 떨어진 가난한 마을의 과부들인데, 합창단을 결성해 러시아 전역을 다니며 공연도 하고 여행도 한다. 그들은 록 음악을 하고, 비틀스 노래를 주로 부른다.

"노인들 중에는 자신을 변화시키려면 소비사회에서 여성의 본성이라 일컫는 모든 것을 버려야만 하는 것은 아닐까 하고 염려하는 사람들도 있습니다"(4)라고 캐럴린 헤이브런Carolyn Heibrun이 말한다. 이를테면, 복종, 순종, 고분고분함 등이다.

분노를 표현해본 적 없는 여성이 말년에 이르러 자기 내부에 불같이 타오르는 화가 많다는 사실을 깨닫는 경우도 있다. 가족의 입장에서는 갑작스러운 변화에 어떻게 대처해야 할지 난감할 수 있다. 그녀가 느닷없이 분노를 보인다면 가족은 그녀의 흥분을 가라앉히기 위해 약제가 필요하다고 판단한다. 그러나 이러한 예상치 못한 분노를 다르게 바라보는 시선도 가능하다.[8] 그것이 성장의 징조일 수도 있고, 새롭게 발견한 그녀 내면의 힘일 수도 있다.

늙은 여성이 분노를 참지 않으면 마치 고집불통인 것처럼 비친다. 메리 윌킨스 프리먼Mary Wilkins Freeman의 〈어느 동네 가수A Village Singer〉에서 캔대이스 위트콤은 교회 성가대 수석 소프라노 자리에서 쫓겨난다. 나이가 많고 목소리가 예전 같지 않다는 이유에서다. 그녀는 버럭 화를 내면서 복수를 계획한다. 목사에게 강력하게 분노를 토로하지만, 그저 같이 기도하자는 대답만 돌아온다. 그녀는 자신을 침묵하게 하려는 목사의 권위에 항거하고 이를 거부한다. 그 시대 여성으로서는 극단적인 반역의 행위다. 때로 상실과 굴욕감 때문에 화를 내는 것이 정상인데도 주변 사람들은 분노의 표출을 막으려고 애쓴다.

79세에 제넷 피카드Jeannette Picard는 주교단 여성 사제로 임명되기에는 나이가 너무 많다는 이야기를 들었다. 그녀와 그녀의 자매들은 극적인 과정을 거쳐 평신도에서 사제로 거듭났다. 이모진 커닝햄Imogene Cunningham은 자신의 인생 후반기의 발전을 "쉼 없이 자신에게 집중 또 집중하는 과정"(M. Mitchell, 17)으로 인식했다. 미니애폴리스의 니나 드랙스턴Nina Draxten은 80세가 되자 은퇴한 교수라는 역할을 벗어던지고 배우가 되어 영화〈북극Far North〉에 출연했다. 존 헨드릭스Jon Hendricks는 은퇴 후 자신의 악기를 램프로 만들어버린 한 클라리넷 연주자의 사례를 들면서 "이것은 그가 새로운 도전을 원했기 때문"이었다고 설명한다.("Creativity," 105)

때론 적응하는 것이 새롭게 거듭나는 것만큼의 의미를 가지기도 한다. 시몬 드 보부아르Simone de Beauvoir는 60대의 르누아르Renoir를 설명한다. 르누아르는 손이 마비되어 붓을 쥘 수 없게 되자 손목에 테이프를 칭칭 감아 붓을 고정하고 78세가 될 때까지 계속 그림을 그렸다.(313) 앞서 인용한 연구에서 85세 이상의 연구 대상자들은 "자신의 생존을 설명하는 방식으로 자아 개념을 재창조"했다.(Johnson and Barer, 163) 예를 들어, 도움을 받아들이는 것은 결코 트라우마가 아니다. 매우 적극적으로 사회 활동에 참여해온 사람들은 이제 "평화로운 고적함

을 소중하게 품을 수 있으니" 외롭다고 느끼지 않는다.(156)

　최근 노년학자들은 '자아'가 사실은 '여러 모습의 자아들'이며, 이 자아들은 사회적 상호작용을 통해 형성된다고 주장한다.(Hendricks, "Practical Consciousness," 200; Ray, *Beyond Nostalgia*, 22) 바바 코퍼는 자신의 노화를 "지금도 성장 중인 자아를 불러오는 익숙한 과정"(91)이라고 설명하면서 '자기재창조'의 '자기'는 진화한다고 말한다. 내면의 자아와 전시용 자아 사이에서 불거지는 갈등은 늙어가는 얼굴과 늙어가는 자아를 소중하게 여길 때 해소될 수 있다.(Meyers, 32) 젊은 여성들은 상상하기 어려운 일일 것이다. 이런 관점으로 보자면, 거듭나기는 하나의 사건이라기보다는 과정에 가깝고, 자기 내부와의 교류인 동시에 다른 사람들과의 소통이다. 인생 후반기의 거듭나기 과정은 허세로 주목받기보다는 평범함에 그 근거를 둔다.

　사회 계층은 자아 개념에 막강한 영향력을 발휘한다. "사회 계층은 직업, 교육 정도, 재정적 자원 등을 한데 모아놓은 그저 그런 총합이 아니라 삶의 모든 측면에 전횡을 휘두르는 핵심"으로서, 우리에게 의미 있는 것, 나이 들어가는 방식 등도 그것의 표적이 된다.(Hendricks, "Practical Consciousness," 203~204) 노인들에게서 목격되는 거대한 변주는 흔히 개인의 특성이 발현된 것으로 여겨지지만, "평생에 걸쳐 축적된 사회 계층적 경험"으로 설명될 수도 있다.(207) 특정 계층에게만 허용된 특권 덕분에 말년의 삶을 창의적으로 시작하기가 수월한 사람도 있지만, 사실 삶을 탈바꿈하는 것은 계층에 상관없이 누구에게나 가능하다. 예를 들어, 아들과 남편이 사라져버린 아르헨티나 빈곤층 여성들을 생각해보라. 통상적인 방식으로는 항의할 수조차 없던 이들은 지역

사회에서 소규모 집단을 결성해 '아필레라스arpilleras', 즉 작은 그림을 그리거나 직조물을 짜서 그들에게 벌어졌던 참담한 일들을 표현하면서, 군부독재 정치에 희생된 가족을 추모한다. 그들은 더 이상 침묵하지 않고 자신들만의 독창성을 바탕으로 세상과의 소통에 나선다.

새로운 자신으로 거듭난다는 것은 자존감을 유지하기 위한 전략이기도 하다. 보통은 다른 사람들에게 영향력을 미치거나 권력을 행사하거나 자신의 삶을 통제·관리할 수 있는 힘이 있다면 아마 존중의 대상이 될 것이다. 운전을 하고 계단을 오르내리고 컴퓨터를 사용하고 식료품 가방을 나르고 도구를 다루고 내게 필요한 서비스를 정하고 내게 맞지 않는 것들은 거부한다면, 나는 주변 환경을 장악하면서 사는 것이다. 타인들은 내 판단이나 행동에 개입하지 않음으로써 내 능력을 인정한다. 내가 더 이상 운전도 못 하고 계단도 오르내리지 못하고 기타 등등 대부분을 하지 못한다면 어떻게 될까? 나의 자존감은 다른 능력에 좌우될 것이다. 나의 삶을 지켜주던 독립성이 없어진다면 무엇으로 나의 가치를 확인할 수 있을까? 누군가가 나에게 건네는 말에 '이 사람 불쌍하다'라는 뉘앙스가 담겨 있을 때 과연 나는 나 자신을 존중할 수 있을까? 내 행동반경이 점점 좁아지는데 어떻게 내가 아직 능력이 있다고 여길 수 있을까? 만약 건강한 자존감과 반전의 매력이 있는 나와 같은 사람이 어딘가 살아 숨 쉰다는 걸 알게 된다면 어떻게 될까? 아마 나는 좀 더 수월하게 내 가치의 근거를 내면의 특성들에서 찾을 수 있을 것이며, 신체적 능력이 약화되면서 동반되는 수치심을 모면해볼 수도 있을 것이다. 더 이상 완벽하게 혼자서 살아내는 존재가 아니고, 더 이상 자신의 의지를 행사하며 살던 내가 아니라 하더라도 나는 이러한 변화를 담담하게 수용할 수 있을까? 나의 존엄성을 앗아간 그러한 변화를 포용할 만한 아량이 생길까? 이전에 하던 활동을 못 하게 되더라도 이를 인정하고, 이제는 그 활동이 예전만큼 중요하지는 않다고 생각하게 될까? 더 이상 자유롭게 움직이지 못하더라도 내가 힘이 있음을 내비친다면 다른 사람들이 나를 능력자로 대우해줄까? 사람들이 나를 한물간 존재로 보더라도 그 편파적인 진실에 주눅들지 않고, 나에 대한 다른 진실들을 대등하게 받아들일 수 있을까?

사람들은 조깅과 테니스를 즐기는 80세 여성을 대단하다고 여긴다. 이때의 감탄에는 지배적인 문화 가치가 묻어 있다. 반면, 철저한 대항문화적 태도는, 돌이킬 수 없는 신체적인 쇠락에 직면하면서 자신의 가치를 선언하는 것이다. 그러려면 노화가 명예로움에서 추락하는 것이라는 신념을 받아들이지 말아야 한다.[9] 노화를 부인하려는 유혹을 피하고 기존의 문화적 가치에 도전함으로써 노화의 상대성에 대한 인식을 첨예하게 키울 수 있다. 타인들은 나를 동정할 만한 난파선으로 간주할 수도 있겠지만, 다른 사회에서라면 내가 의미 있는 업무를 수행할 수도 있고, 내 의견이 소중하게 취급될 수도 있으며, 나의 외모에 당혹해하는 사람이 전혀 없을 수도 있다는 것을 나는 안다.

'안티에이징' 상품의 인기는 문화적 유행으로서의 거듭나기가 매력적임을 시사한다. 장수하려는 욕망은 단순한 나르시시즘이 아니라 자연세계와 타인에 대한 사랑에 기반을 둔 소중한 열망이다. (Meilaender, 43) 그러나 안티에이징 의술은 인간의 건강과 관련된 혁명이 아니라 불로장생의 희망을 과도하게 품은 자들이 만들어낸 기분전환용 고안물들의 총합으로 묘사되어왔다.(Rose, 121) 노년학자 레너드 헤이플릭Leonard Hayflick이 관찰했듯이 '안티에이징'이라는 말 자체는 모순이다. 물질의 본성에 반하는 것은 애초에 불가능하기 때문이다.(6)[10] 안티에이징 의료사업은 노화 그 자체에 대한 연구라기보다는 '노약자용으로 가장한 약'이다. 나이와 관련된 질병은 노화 과정 자체와 변별되어야만 한다.(3~4) 사실 "안티에이징 의술은 이로움보다 유해한 점이 더 많다."(Holstein, Parks, and Waymack, xvi)

그런데도 신체적 노화에 대한 두려움을 이용해 노화를 지연시키겠다고 약속하는 수많은 책과 상품이 큰 시장을 형성하고 있다. 심지어 노화와 질병이 다르다는 것을 이해하는 사람들조차도 입증되지 않는 그들의 주장에 흔들린다.

결론

앞에서 우리는 개인주의를 노년기까지 안고 가기에는 초라한 가치라고 평가한 바 있지만, 지속적으로 자존감을 지키기에 가장 적합한 사람들은 강고한 개인주의로 무장한 노인들일 수도 있다. 그러니 우리는 이 지나치게 웃자란 가치에서 거품을 빼기만 하면 된다. 경쟁하기에 너무 느려졌거나, 다른 사람들을 약하고 무능하다고 얕잡아볼 처지가 되지 못할 만큼 인생으로부터 무수한 공격을 받았을 때, 친구들이 우리에게 쏟는 관심이 물질적 부에 비견할 수 없을 정도로 감사한 일임을 느낄 때, 우리의 개인주의는 유연해진다. 그제야 과장된 개인주의가 우리의 발전을 가로막고 있음을 알아볼 수 있다. 타인에게 많은 도움을 요구하고 나서도 수치심에 몸서리치지 않을 수 있다면 우리는 에머슨의 자립 개념을 받아들일 준비가 된 것이다. 완강한 여러 통념 때문에 자신의 가치가 위축되는 상황에서도 그 자립정신 덕분에 우리 마음은 해방된다.

반면, 현대 미국의 자립 개념에 맞추어 살려고 한다면 결국 말년에 가서 심리적으로 심각한 이상 증세에 시달릴 것이다. 미국식 자립의 한계를 살피고 그것에 저항한다면 우리가 더 이상 자기충족적 상태를 유지하지 못한다 하더라도 수치심에 허우적대지는 않을 것이다. 그때는 상호의존의 가치가 더 중요하게 대두될 것이기 때문이다. 극단적 개인주의의 문화에서 자존감을 유지하는 것만큼 나이 들어가는 여성들이 직면하게 될 위대한 도전은 없다.

노인 인구에
대한
공포

**LEARNING
TO BE OLD**

1장에서 서술한 것보다 더 최근에 성행하는 우리 문화의 통념은 바로 노인 인구가 비노인층을 위협한다는 것이다. 미국을 위시한 선진 국가 들에서 인구 고령화는 커다란 흐름이다. 미국에서는 노인이 전 인구의 13퍼센트를 차지하고, 다른 나라에서는 그 수치가 조금 더 높아서 독일은 15퍼센트, 일본은 16퍼센트를 차지한다. 북미에서도 노인 인구가 유난히 많은 지역이 있다.《연합통신Associated Press》(2008. 1. 7.)에 따르면, 케이프코드에서는 주민의 25퍼센트가 65세 이상이고, 밴쿠버 아일랜드의 동부 해안 일부 타운은 60퍼센트가 65세 이상이다. 가장 급속한 속도로 증가하는 연령층이 85세 이상이었다가 지금은 65~69세 인구가 그 자리를 차지했다.

이렇듯 노인 인구가 증가하는 주된 이유는 수명의 연장이지만, 중요하면서도 간과되어왔던 또 다른 이유는 출산율 감소다. 수명 연장에 영향을 미치는 요인들인 교육, 수입, 건강관리, 위생, 영양이 출산율 감소에도 영향을 미친다.(Carstensen, *Long Bright Future*, 34) 여성들은 1972 년과 비교할 때 절반의 자녀만 출산한다.(Longman, 31) 인생 주기의 양 끝에서 일어나는 이 두 현상의 조합으로 인해 오늘날 노인의 수가 이 토록 증가했다. 60세 이상의 중국인 수가 한 해 600만 명씩 증가하고 있어서 2025년 중국 노인 인구는 2억 9천만 명에 이를 것인데, 이 수 치는 미국 인구와 맞먹는다.(*Boston Globe*, 2007. 1. 2.)

보수언론들은 이러한 현상을 일종의 위협으로 정의한다. 그러나 증거를 제시하기보다는 감정에 호소하면서 노인 인구의 증가를 두려운 현상으로 몰아간다. 일부 노년학자들이 이들의 주장에 맞서서 반박하지만, 대중매체는 이를 공공선을 위협하는 위험한 현상과 등치시키는 데 망설임이 없다.

85세 이상의 연령층은 미국에서 두 번째로 빠르게 증가하는 집단이고, 수적으로 10대들을 압도한다. 이러한 변화를 두려움의 시각으로 바라보는 이면에는 노인을 군식구로 인식하는 고정관념이 자리 잡고 있다. 사실 미국의 노인들은 65세 이후에도 지속적으로 노동을 하고, 자신의 개인퇴직계좌에 적립하고 상품이나 서비스를 구매하는 등의 활동을 통해 경제 성장에 일익을 담당한다. 그들은 물질적으로나 비물질적으로 가족과 친구들에게 상당한 도움을 준다. 하지만 그들의 기여 중 일부는 경제적 수치로 환산되지 않는다. 예를 들어, 배우자를 돌보고 이웃을 돕고 손자들을 가르치거나 지도하고 자원봉사를 하고 이야기의 상대가 되는 것 등이다. 지금은 무언가를 줄 처지가 되지 못한다 하더라도 이들 모두 과거에는 사회적 기여를 했던 존재들로 간주되어야만 한다. 그러나 우리 사회가 강력하게 미래지향적인 탓에 과거에 제공된 서비스나 도움을 받은 "수혜자에게 상호호혜성의 책무를 부여하지 않는" 반면, 시간 개념이 우리와 다른 문화에서는 과거에 생긴 보은의 의무가 현재까지도 계속된다.(M. Clark, "Cultural Values," 270)

공포를 조장하는 언어

노인 인구에 대한 공포는 노인들을 우리와 삶을 공유하는 일원으로서가 아니라 외계인인 양 대하는 방식으로 유포된다. 《보스턴 글로브Boston Globe》의 한 기사는 이렇게 시작한다.

"마치 사회는 노년의 문지방을 넘어서는 사람들을 대량학살하려고 군비를 정렬하는 듯하다."(Knox, 40)

여기서 '사회'는 노인층을 배제한 세대로 구성되며, 전쟁의 비유가 동원된다. 이런 글의 효과는 공포를 고지하려는 게 아니라 공포를 고안해내는 것이다. '대량학살'에 앞장서는 '우리'는 타인과의 연결고리가 전혀 없으며, 그 타인은 '우리'와 다를 뿐 아니라 위협적이기까지 하다. '대량학살'과 같은 말은 19세기와 20세기 초 미국으로 향하는 이민자들을 공격할 때 사용하던 용어들이다.

늘어나는 수명에 대한 공포를 조장하는 다른 언어들도 가관이다. 브루킹스 연구소Brookings Institution에서 내놓은 노화 관련 보고서에서는(2007. 6. 11.) "노인 쓰나미"라는 표현을 볼 수 있고, 미디어에서는 "고령의 파도"가 인기리에 사용된다.(Frey, 1) 파도는 통제될 수 없고, 계속 생기는 것이며, 때로 피해를 입히기도 한다. "회색 군단"(Bytheway, *Ageism*, 60)이라는 표현은 도시 성벽을 타고 침입해 들어오는 타민족을 연상시킨다. 재앙에 비유하는 것도 흔한데, 가령 '홍수', '노년이라는 전염병', '산사태' 등은 곧 들이닥칠 사회의 모습을 묘사하는 데 쓰인다. 노인 인구가 늘어나는 국가들은 "세계 경제를 불안하게 할 수 있는 (……) 빚더미"에 파묻힌다.(Longman, 34) 이러한 과감한 예측이 무비판적으로 되풀이되면서 급기야 그럴듯하게 들릴 만큼 익숙해진다. 그러나 세계 경제의 건전성은 수많은 변수에 의해 결정되며, 노인 인구는 그중 하나일 뿐이다.

인구 구성의 변동 자체가 재앙의 전조일 것이라고 암시하는 말들은 계획성도 없고 임기응변할 민첩함도 없는 소극적인 정치인과 경제학자들에게서나 나올 법하다. 그 언설들은 노화의 경제적 차원이 다른 모든 것을 압도할 것이라고 주장한다. 어떤 저자들은 "더 길어진 수명의 유해한 영향"(D. Callahan, 189)을 언급하면서, 그것을 감정이 실린 가치 판단이 아니라 자명한 사실인 것처럼 선언한다. 게다가 인구 고령화가 미칠 파급력에 대한 제반 연구 과정에서는 무자녀 노인과 같은 하위 집단을 간과하는데, 이는 미국에서나 유럽, 아시아 등지에서도 행해지는 흔한 오류다. 인구 고령화가 사회 계층 전반에 동일한 결과를 낳을 것이라고 추정할 만한 근거도 없다.(Kreager and Schroeder-Butterfill, 27)

주목할 만한 다른 표현은 '재정 지원 혜택entitlement'이다. 이는 납세자와 정부에 부담을 안기는 이기적이고 뻔뻔한 요구라는 인상을 준다.(Ekerdt, 526) 그 제도를 입안하고 제도의 수혜자들에게 혜택을 제공한 당사자들이 바로 65세 이상 인구임을 인정한다면 '유예된 보상'이 더 정확한 표현일 것이다. 달리 말해서, 사회보장연금Social Security(사회보장연금과 사회보장제도 두 가지로 통용되지만 여기서는 연금이 적절하다. 1935년 시작된 이 제도는 현재 여러 사회복지와 사회보험 프로그램을 제공한다. 자금은 연방 정부가 충당한다―옮긴이)은 미리 벌어놓은 혜택, 즉 삶의 기준을 유지하려는 방법, 평생 가족을 지켜주는 울타리가 되어줄 프로그램이다.(Quadagno, "Social Security," 398) 이런 사실을 올바르게 이해하고 나서야 그 제도에 대한 확신을 저해하려는 시도 자체가 파괴적임을 알 수 있다.

피터 피터슨Peter G. Peterson의 책《회색의 여명: 다가올 고령의 파도가 미국과 세계를 어떻게 변화시킬 것인가Gray Dawn: How the Coming Age Wave Will Transform America and the World》를 전면 광고한 어느 일요일《뉴욕타임스New York Times》한 면은 가장자리가 삐죽삐죽한 거대하면서도 불길한 빙산 그림으로 가득 찼다.(1999. 2. 14. 19면) 제목은 '빙산만 한 인구가 위대한 강국을 침몰시키겠다고 위협한다'이다. 제목 아래에 페기 누난Peggy Noonan, 샘 넌Sam Nunn, 연방준비제도이사회 전 회장인 폴 볼커Paul Volker와 같은 기라성 같은 보수 선동가들의 말을 인용하면서 미국의 노화가 '시한폭탄'과 같다고 경고한다. '위대한 강국' 활자 쪽에는 아름다운 빅토리아풍 반지가 있어서 마치 제국주의의 영광을 암시하는 듯하다. 빙산과 노인 집단을 연결하려다 보니 논리에서 비합리적 두려움으로 비약할 필요가 있다. 우리는 노인 인구가 많은 나라들이 "그들의 무게에 짓눌릴 것"이라는 말을 듣는다. 한 나라를 의인화하면서 견디기 어려운 부담감을 전파하려고 감정에 호소하는 것이다. 이 광고는 나무 한 그루 없는 북극을 배경으로 하지만, 비유는 울창한 숲만큼 무성하다.

광고되는 그 책에는 '종말론적 인구', '인구론 구성을 둘러싼 선동적 담론'[1] 등의 소제목 아래 무시무시한 예언들이 속출한다. 다른 표현인 '주술인구학'이라는 용어만 하더라도 그렇다. 인구 고령화가 심각한 경제 문제를 야기할 것이라거나, 장차 젊은 세대에게 해를 미칠 것이라는 의문투성이 가설들을 던지지만, 실은 그런 가설을 뒷받침할 증거가 빈약함을 폭로할 뿐이다.(Gee, 5) 쓰나미, 빙산, 그 밖의 무시무시한 말들은 두려움을 자극하려는 의도를 숨기지 않으며, 실제로 있지도 않은 사회 문제를 날조한다. 이것은 인구학을 둘러싼 선동정치라 할 만하다.

메인대학교 노화센터의 센터장 레너드 케이Lenard Kaye는 '쓰나미'라는 말을 싫어하는 이유가 그것이 "파괴력을 가리키는데, 노년 문제는 그런 게 아니기 때문"이라고 설명한다.(Hewitt, 4)

노인 인구에 대한 비이성적 두려움은 미국에서 시작해 캐나다와 다른 나라들로 전파되고 있다.(Gee and Gutman, 1) 미국에서는 1970년대와 1980년대 일부 보수주의자들이 동성애가 미국을 점령할 것이라고 추정했다. 그러나 그 주장은 결혼 이슈가 주목받을 때를 제외하면 맹렬함이 사그라지는 가설에 불과했다. 빙산 광고에 드러난 수사학적 의도는 이익의 거대한 불평등을 심화함으로써 노인과 젊은이를 갈라놓으려는 것이다. 이는 19세기 말 20세기 초 이민에 반대하는 자들이 백인 미국인과 이민자들 간에 깊은 골을 팠던 이력과 비슷하다. 인구학적 통계를 이용한 선동정치는 여성, 유색 인종, 노동자들을 겨냥한 무기다.(Estes, "Feminist Perspective") 이것은 노년에게 돌아갈 혜택에 족

쇄를 채우는 것 이상의 목적이 있다. 정부가 시행하는 모든 사회복지 프로그램의 적법성에 도발하고자 하는 것이 진정한 목적이다.(Olson, "Women," 14) 그래서 인구 고령화에 대한 보수주의적 수사학이 그렇게 감성적이다. 지금 노인들은 자신들이 유발하지도 않았던 문제, 가령 감세로 인한 재정 손실, 전쟁, 은행의 긴급 원조, 2008년과 2009년의 경기부양 지출 등을 책임져야 할 희생양의 처지가 되어버렸다.(Estes and Wallace, "Globalization," 514)

노화 정책과 경제학

전 공화당 의원 워런 루드먼Warren Rudman 등이 만든 '콩코드 연합 Concord Coalition'은 메디케어Medicare(영주권을 취득하고 5년 이상 미국에서 일한 65세 이상의 은퇴자, 젊은 장애인, 신장 투석 환자 등을 대상으로 하는 의료 서비스. 연방 정부와 주 정부가 재정 보조를 맡고, 운영은 주 정부가 담당한다. 저소득층이면서 미국 시민권자거나 등록된 외국인으로 자격을 한정한다—옮긴이)와 사회보장연금의 비용이 '폭발 직전'이고, 40년 후에는 미국 총급여의 절반을 '집어삼킬 것'이라고 주장한다. 이 연합이 1990년대에 한창 위세를 떨치다가 오늘날 약체가 되었음에도 대중매체는 이들 주장의 오류를 파헤치는 다른 분석들을 일관되게 외면한다. 예를 들어, 메디케어와 사회보장연금의 비용은 기업이 1950년대에 납세하던 비율과 동일한 비율로 납세한다면 쉽게 충당될 수 있다.(Minkler, "Scapegoating," 10) '미국 세대 간 평등을 위한 연구소Americans for Generational Equity'라는 이름에서 나타나다시피 불평등은 존재한다. 그러나 "세대 간 전시 상태가 존재한다는 것을 보여주는 증거는 없다."(Carstensen, *Long Bright Future*, 36)

캐나다의 여러 연구에 따르면, 인구 고령화는 의료 관련 비용의 유의미한 증가로 연결되지 않을 뿐 아니라 대규모의 은퇴자들로 인해 소수 노동자가 피해를 입을 것이라고 입증할 만한 증거도 없다.(Gee and Gutman, 2) 그런데도 인구 고령화에 거대한 위험이 도사린다는 소문은 끊임없이 회자된다. 로런스 코틀리코프Lawrence J. Kotlikoff와 스콧 번스Scott Burns의 《다가올 세대의 거대한 폭풍The Coming Generational Storm: What You Need to Know about America's Economic Future》이나 테드 피시먼Ted C. Fishman의 《회색 쇼크Shock of Gray》 같은 책들이 대표적이다. 노인들이 동일한 성격의 집단이라는 잘못된 가설과 고령을 비난하는 언설들이 악랄한 언어로 무장되어 있다.(Gee, 7) 고령화에 경종을 울리는 자들은 단순한 정책 분석가라기보다는 이념론자들이고, "사회 문제를 개별 부문으로 해결하려고 혈안이 된 선수들"이다.(Schulz and Binstock, 16)

자유주의자들 역시 이러한 인구학적 흐름을 부정적으로 보고 있으나, 적어도 이들은 노인 인구를 동질 집단이나 위협적인 집단으로 묘사하지는 않으며, 사회 문제를 다룰 때 보수주의자들보다는 훨씬 더 거시적인 시각으로 접근한다. 그러나 자유주의자들 역시 노령 인구에 대한 두려움이 편견과 구태의연한 생각에 기인한다는 것을 깨닫지 못하고 있다. 그리하여 그들은 문제에만 초점을 맞추느라 해결의 기회를 간과한다.(Moody and Sasser, xxx)

콩코드 연합과 같은 집단들은 노인들이 고립된 생활을 한다고 여기지만, 이는 잘못된 생각이다. 사실 대부분이 가족과 살며, 나머지는 가까이 혹은 멀리 있는 가족과 관계를 유지한다. 사회보장연금의 혜택을 중단한다고 가정해보자. 그러면 어른이 된 자녀가 나이 든 부모에게 생활비를 제공해야 하며, 이는 분명 젊은이들의 경제적 이익에 해를 끼친다. 시간 여유가 있어서 손자들을 돌보던 조부모들이 늘어나는 의료비를 충당하기 위해 다시 직업전선으로 돌아가면 이번에는 아이가 고스란히 고통을 떠안는다. 노인에게 돌아가는 혜택은 젊은이와 중년들의 주머니에서 나오는 것이 아니다.

더구나 돈의 흐름이 노인에게로 역류하기도 하지만, 그에 못지않게 젊은 층으로 흘러내려 간다. 메디케어가 없었다면 베이비부머 세대의 부모들은 의료비를 위해 저축을 더 많이 했을 것이다. 노인을 위한 프로그램이 연방 예산의 3분의 1을 차지한다는 사실은 대개 그 맥락을 무시한 채 인용된다. 메디케어와 사회보장연금이 없다면 노인들은 가족이나 저축에 완전히 의존해야만 한다. 그러므로 노인들에게 지불되는 금액은 젊은이와 중년을 대신해 지불되는 것으로 간주될 수 있다. 재정 지원 혜택이 없다면, 노인들은 자녀들에게 물려줄 수도 있을 재산을 미리 써버려서 거의 남는 게 없을 것이다. 노인이 남의 영토를 무단 침범하는 칡넝쿨 같은 종이 아니라 사회의 엄연한 일원이며, 다른 사람들과 상호연결되어 있다는 것을 이해하는 데 그리 높은 사고력이 요구되는 것은 아니다. 세대 간 갈등에 대한 두려움을 연구한 노인과 전문의 제럴드 위나커Jerald Winakur는, 노인이 짐이 아니라 "아직 공개되지 않은 자원이고 깊은 우물이어서 그들을 잘 돌본다면 가족과

학교, 지역 공동체, 사람들의 의식에 상상 이상으로 많은 것을 돌려줄" 것이라고 썼다.(3)

'전염병', '학살', '쓰나미', '시한폭탄'과 같은 표현은 노인들을 폄훼한다. 이러한 표현은 노인이 다양한 역할을 감당하고 있다고 판단하거나 여러 가지 경제적 욕구를 가진 존재로 보기보다는 "지나치게 오래 살면서 너무나 많은 사회적 자원을 소비하고 젊은 층의 등골을 빼먹는" 군더더기 인생이라는 메시지를 담고 있다. 이는 노인들에게 돌아갈 혜택을 중단하는 정책을 정당화하는 인식이기도 하다.(Estes, "Critical Gerontology," 29) 이런 관점은 노인들을 위한 지출 때문에 젊은 가족과 자녀들이 직접적으로 불이익을 당한다는 잘못된 억측을 낳는다. 사실 85세 이상의 여성과 유색 인종의 독신 여성이 특히 빈곤하다. 미국 노인의 20퍼센트가 빈곤하거나 빈곤층에 가까우며, 이는 어린이를 제외한 그 어떤 집단보다 높은 수치다.(Minkler, "Scapegoating," 9) 혜택이 노인에게 돌아가느라 소수 인종 어린이들이 더 가난해진다는 주장 역시 근거가 없다. 사실 이러한 혜택은 가족 단위가 상호의존적이기 때문에 소수 인종 공동체에 특히 중요하다.(Wallace and Villa, 242)

그러나 잘못된 주장에 많은 사람이 흔들릴 수 있다. 실제로 미국 노인들이 미래 세대에 위협이 된다고 주장한 보수주의 논리로 인해 우리는 노인을 돌봄의 대상으로 인정한 린든 존슨Lyndon Johnson (1963~1969년 재임한 36대 미국 대통령 — 옮긴이) 시대의 사회계약을 놓쳐버렸다. 1975년에 출간된 로버트 버틀러Robert Butler의 책《왜 생존인가? Why Survive?》에서 확연하게 보여주다시피, 노인들이 잘못된 대우를 받는 경우가 과거에도 종종 있었지만, 대부분의 사람은 그들에게 적합한 안전망을 제공하는 것이 옳다고 믿었다. 사회계약은 세대 간 의존성, 삶의 과정을 관통하는 상호관계, 세대 간 연대를 심도 있게 제시한다.(Estes, "Social Security," 10)

전 노동당 비서 로버트 라이시Robert Reich에 따르면, 사회계약은 미국에서 1970년대부터 전개되기 시작했다. 그는 사회계약이 우리의 공정성 개념을 규정지었지만, 부의 재분배에 기반을 둔 것은 아니라고 주장한다.(21) 과거에 미국 노인들은 정치적 영역에서 존재감이 강력했으나, 지금은 다만 "타인에게 위협을 가하는" 존재로 비친다.(Hudson and Gonyea, 273) 반면, 캐나다인들은 "모든 사람이 동등한 의료적 보장을 받아야 한다"는 전제를 확고하게 받아들인다.(Chappell, McDonald, and Stones, 79) 미국에서는 노인에 대한 돌봄이 한때는 자비로운 가치였으나 '밑 빠진 독에 물 붓기' 식의 개념으로 바뀌어버렸다. 그러다 보니 2007년쯤 가정보건을 위한 메디케어의 예산은 절반으로 삭감되었다.(Harrington Meyer and Herd, 111~112) 앞으로 베이비부머 세대의 은퇴로 재가 돌봄에 대한 요구가 거세질 것이다. 베이비부머 세대들은 몇몇 보수주의자로부터 이기적이고 물질만능주의라는 비난을 받고 있지만, 그러한 고정관념은 사실과 다르다.(Hudson and Gonyea, 279)

재정 지원 혜택을 향한 공격은 노인 인구에 대한 공포를 불러일으키는 데 악용되었으나, 사회보장연금과 메디케어의 수혜 때문에 노인들이 그들의 조부모보다 더 부유하다는 점을 고려한다면 아이러니하게 보인다.

"오늘날 노인들이 누리는 전반적인 복지는 반세기 동안 그들을 위해 펼친 정부 정책의 결과다."(Hudson, 11)

그러니 보수주의자들은 성공적 시책을 공격하는 셈이다. 사실 성인이 된 자녀를 부양하는 노인의 수는 자녀에게 재정적으로 의존하는 노인의 수를 앞지른다.(Estes, "Social Security," 18~19) 백인 중산층은 유예된 보상으로 인해 노동계층보다 더 많은 혜택을 받는데, 그 혜택이 중단된다면 가장 큰 폐해는 노동계층과 유색 인종 사이에서 발생할 것이다. 그들은 재산을 소유하거나 연금을 받을 기회도 적고, 65세를 넘겼을 때 경제적 이익을 보장받도록 도와줄 장치도 백인 중산층에 비해 적게 마련되어 있다. 그들의 이해가 백인 중산층의 이해와 일치하지 않는 이상 그들은 미국퇴직자협회의 관심 대상에서 열외가 된다.[2]

미국퇴직자협회에 대한 보수주의자들의 혐오는 당파성을 뛰어넘었으며, 그들은 협회의 영향력을 과장한 후 그것을 불신임의 구실로 삼는다. 전 상원의원인 앨런 심슨Alan Simpson은 한때 미국퇴직자협회를 '사악하다'고 비난했다. 65세 이상 노인에게 발언권이 있다는 이유로 분노의 화살을 퍼붓는다. 그러나 미국퇴직자협회는 메디케어의 처방약품 법안에 별다른 의견 개진도 없이 찬성표를 던져 회원들을 소외시킨 전력이 있다. 반면, 2005년 사회보장연금을 민영화하려는 공화당의 노력을 성공적으로 좌절시켰고, '21세기 다양성과 노화'라는 회의를 주관하면서 '미국 유색인 지위향상협회National Association for the Advancement of Colored People, NAACP'(미국에서 가장 오랜 역사를 가진 흑인 인권 단체―옮긴이)와 함께 일하자고 맹약했다.(2007. 6. 19.~21. Los Angeles)

사회보장연금을 '뜯어고치려는' 보수주의자들의 시도대로 될 경우, 미국 노인이 처하게 될 경제적 위기가 무엇인지 여러 연구자가 철저하게 분석하고 있다.[3] 그러나 내 생각에 이러한 보수 진영의 시도는 노인 인구에 대해 널리 퍼진 공포가 설령 근거 없는 소문이 아니라 하더라도 신빙성을 확보하지 못할 것이다. 사회보장연금의 '민영화'로 혜택을 보는 주된 수혜자는 은행, 보험회사, 주택중개업, 보건 관련 기업 등이 될 것이다. 사회보장연금을 '민영화'하려는 열망은 잉여 예산의 소멸, 불경기, 실직과 재산 가치의 감소에 직면한 시민들의 늘어난 경제적 불안, 인상된 유가 등으로 무산되었다. 그러나 제도의 안정성은 '노인의 파도'에 대한 두려움이 젊은 납세자를 덮치면서 여전히 다소 위협받고 있다. 사회보장연금 원안 고수의 중요성은 엔론Enron(미국 7대 기업 중 하나였으나 최대 규모로 파산했다―옮긴이) 붕괴로 인해 강화되었다. 이 붕괴는 직원들의 '401(k) 은퇴 계획'(미국의 확정기여형 기업연금 제도. 회사와 개인이 봉급의 일정 비율을 정년 때까지 갹출하고 개인이 투자 상품을 골라 노후에 대비하는 연금제도―옮긴이)을 무산시킨 주범이었다. 민영화는 그렇지 않았더라면 수혜를 받았을 사람들을 자기 돈으로 사회보장을 다시 구매해야 하는 소비자의 입장이 되게 하며, 자원이 거의 없는 사람들에게 불이익을 가져다준다.(Harrington Meyer and Herd, *Market Friendly*, 27)

　보수주의자들이 인구 고령화에 대한 공포를 성공적으로 키웠다는 평가는 '직원후생 연구소Employee Benefits Research Institute'의 한 조사 결과에도 나타난다. 이 조사에서는 미국 노동자의 52퍼센트만이 편안한 은퇴를 확신하는 것으로 나타났다.(Ghilarducci, 5)[4] 2010년 갤럽 조사에서는 18~34세 인구 중 76퍼센트가 자신들이 사회보장연금의 혜택을 받지 못할 것이라고 응답했으나, 사실 그런 일은 의회가 사회보장연금을 폐기하지 않는 한 일어날 수 없다. 그럴 가능성이 많아 보이지는 않지만, "노인들을 위한 사회보장 정책이 지속적으로 위협 단계에 놓일 수도 있다."(Hudson and Gonyea, 280) 이런 가능성을 높여주는 근원은 사라질 혜택에 대한 두려움을 밑거름 삼아 다양한 방식으로 확산된다. 그중 하나는 노동자가 자신의 노화에 대해 가지는 두려움일 것이다. 이미 이식된 두려움에 더 막연한 두려움이 더해지면서 갈팡질팡할 수도 있다. 누군가가 이들 노동자들의 귀에 대고 10대 인구의 엄청난 증가로 나라 경제가 파탄에 빠질 것이라는 터무니없는 말을 속삭여도 그대로 믿을 태세다.

대중매체는 대폭 줄어드는 혜택에 대해서만 늘어놓을 뿐, 훨씬 더 있을 법한 결과를 사람들에게 알려주지 않았다. 개정과 조정을 통해 사회보장연금과 메디케어는 현재 수준에 맞게 유지될 수 있다. 극적으로 바뀔 만한 제2의 시나리오는 없다. 보수주의의 시나리오는 우리를 숫자로 굴복시킬 수 있다고 가정하지만, 두 제도의 유지를 설명하기 위해 무시무시한 통계 수치는 필요치 않다. 사실 미국 노인들의 건강이 적당하게 향상되면 메디케어는 비용을 절감하게 될 것이고, 현재 질병을 앓고 있는 노인들이 호전되는 것 또한 전반적인 건강 상태의 향상으로 이어질 것이다. 노년에 대한 안전한 보장을 확신하는데 유토피아적인 계획이 필요한 것도 아니다. 《컬럼비아 저널리즘 리뷰Columbia Journalism Review》는 사회보장연금을 다루는 매체의 태도가 부적절하다고 판단했다. 가령 오바마의 지불급여세Payroll Tax(회사가 근로자에게 지급하는 급여에 대한 세금—옮긴이) 삭감의 부정적인 영향에 대해 보고하지 않았으며, 그렇게 제안된 삭감이 어떤 식으로 일반인들에

게 영향을 미치게 될지도 말하지 않았다.(Lieberman)

보건의료비는 인구 고령화와 더불어 증가하겠지만, 메디케어의 비용이 상승하는 주된 요인은 사기 행위다. 전국정책분석센터National Center for Policy Analysis에 따르면, 의료비 사기가 연간 330억 달러에 달한다.[5] 게다가 치솟는 의료비의 주요 원인은 고령화가 아니라 "값비싼 기술의 공격적 사용"(Robert Kane, 71)이며, 따라서 보건의료비 인상의 책임을 베이비부머 세대들에게 돌리는 것은 일종의 희생양 만들기일 뿐이다.(76)

메디케어의 수혜자들은 제약회사에 수천 가지 신약을 임상실험하라거나 무료 샘플을 의사에게 주면서 수백만 달러를 지불하라거나 광고를 해대라고 강요하지 않는다. 미국은 캐나다보다 GNP에서 의료비가 차지하는 비중이 더 크지만, 불균형을 더 키우는 꼴이라 사실 얻는 건 상대적으로 적다. 더구나 그 불균형적 분배는 노인들 책임이 아니다. 게다가 최고령 세대는 60대나 70대 세대보다 의료비가 덜 든다. 10년간 미국의 노화에 대해 추적한 맥아더 재단 연구소의 조사 결과, 놀랍게도 65세 이후 세대들은 메디케어의 비용에 유의미한 영향을 미치지 않는다.(Rowe and Kahn, 186) 80대가 주요한 수술이나 투석을 받을 확률이 50대에 비해 현저하게 낮기 때문이다. 그들의 진료에는 장비나 그 밖의 자원이 덜 들어가기 때문에 비용이 덜 드는데, 이는 우파 분석가들이 선호하는 지구 최후의 날 시나리오에 의문을 제기할 만한 증거가 된다. 다만 인공관절 치환은 흔하다. 물론 유전학 연구와 생명공학의 획기적인 발전으로 모든 사람의 의료비가 증가할지 감소할지는 아직 미지수다.

또한 어느 누구도 인구 고령화가 앞으로 경제에 어떤 영향을 미치게 될지 예단할 수 없다. 경제를 구성하는 변수가 매우 많다는 말은 그만큼 경제와 관련한 예측이 믿을 만하지 않다는 뜻이다. 65세 이상 인구의 비율이 증가하고는 있지만, 그들의 실제 수치는 증가한 것이 아닐 수도 있다. 향후 수십 년 동안 수명에 변동이 없을지도 모른다. 한 통계에 따르면, 인간의 기대수명은 85세를 넘지 않을 것이라고 한다. 암, 심장마비, 당뇨를 정복한다 하더라도 생존율이 95~100퍼센트일 수는 없다.(Roush, 42) 노동자의 은퇴율이 감소하는 것(2000년에서 2020년 사이에 4.5퍼센트에서 3.3퍼센트로 줄어들 것으로 전망)도 사실이지만, 그러한 흐름 자체는 보수주의자들의 말처럼 위협적인 것도 아니다. 예를 들어, 미국퇴직자협회의 법률자문연구소에 따르면, 65세 이상 인구중 현업에 종사하는 사람의 비율이 1985년 10.8퍼센트에서 2007년 16 퍼센트로 증가했고, 불경기로 이런 흐름은 유지되었다.(*Associated Press*, 2008. 2. 18.) 만약 미국 경제가 30~60년 후 1.3~2퍼센트라도 성장한다면 "미래 노동자들에게 과중한 부담을 주지 않고서도" 고령화의 비용을 감당할 수 있을 것이다.(Kingson and Quadagno, 356)

고령화를 검토하는 잣대를 경제로 한정한다 하더라도 미국 노인에게 들어가는 비용을 산정할 때 사회보장연금과 메디케어뿐 아니라 다소 덜 명료한 요소들도 포함해야만 한다. 65세 이상 노인은 범죄율이 현저하게 낮다.(Posner, 128) 85세 이상 남성 운전자의 사고율은 10 대 남성의 4분의 1, 25~29세 남성의 2분의 1에 그친다.(125) 물론 이렇게 집단으로 묶어서 볼 때는 노인이 젊은이들보다 사고를 덜 내지만, 운전 거리당 사고를 비교하면 이야기는 조금 달라진다. '고속도로 안전을 위한 보험 연구소Insurance Institute for Highway Safety’의 조사에 따르면, 80세 이상의 운전자는 1마일당 충돌률이 젊은 층보다 높으며, 사망 사고에서는 최고 수치를 보인다. 캐나다의 연구 결과에 따르면, 노인 운전자들은 변수를 어떻게 설정하느냐에 따라 수치의 차이가 어느 집단보다 크게 나기 때문에 연령 자체가 운전의 적합성을 따질 수 있는 믿을 만한 기준은 되지 못한다고 한다.(Tuokko and Hunter, 24) 그러나 여러 가지 약물 복용은 위험 요인이 된다.(34)

리처드 포스너Richard Posner는 고령화의 의미를 놓고 보수주의자들과 각을 세운다. 그는 양 보장제도의 비용과 혜택을 산정할 때 "고령화 때문에 미국인들에게 돌아갈 전반적인 복지가 축소된다거나 앞으로 그럴 것이라고 결론 내릴 만한 어떠한 구체적인 근거도 없다"(363)라고 말한다. 보수주의자들의 억측을 드라마틱하게 만들어줄 어떠한 빙산도 쓰나미도, 전염병이나 홍수, 학살이나 시한폭탄도 존재하지 않는다.

"우리의 운명이 인구학에 좌우되는 것은 아니다."[6]

《뉴욕타임스》의 칼럼니스트 데이비드 브룩스David Brooks는 칼럼 〈출산율의 붕괴The Fertility Implosion〉에서 낮아진 출산율과 높아진 여성의 삶의 기준을 잇는 고리는 없다고 판단한다. 일본이 "인구학적 측면에서 최악"이라고 한 그의 발언은 노인에 대한 도덕적 공격과 과학을 융합한 것이다.(2012. 3. 13.)

비록 오류가 많기는 하지만 두려움을 유발하는 보수주의자들의 수사학은 연구해볼 만한 가치는 있다. 왜냐하면 그것 덕분에 모든 사람에게 영향을 미칠 정책 이슈를 공개 토론할 수 있는 장이 펼쳐지기 때문이다. 결과적으로 그들의 관점을 요약하자면, 변화에 대한 과감한 제안은 오히려 미온적으로 보이고, 여성, 소수자, 빈곤층의 이익은 무시된다.(Kingson and Quadagno, 346) 한 예를 들어보자. 사회보장연금 수급 연령을 70세로 올리자는 의견은 특히 저임금의 조기 퇴직자와 실직 노동자들에게 불리하며, 결과적으로 62세에 퇴직하는 노동자들은 40퍼센트까지 혜택이 줄어든다.(351) 또한 유색 인종은 기대수명으로 보았을 때 불균형적으로 손해를 보게 될 것이다.[7] 메디케어를 어떤 식으로든 수정하려면 여성들이 더 오래 살고, 고질병에 더 잘 걸리고, 가난할 가능성이 더 크고, 더 오래 돌봄을 받아야 한다는 사실을 반드시 고려해야만 한다.

결론

노인에게 돌아가는 혜택 문제는 경제학적·인구학적 주제일 뿐 아니라 도덕적인 차원에서 다루어져야 한다.(Vincent, *Inequality*, 147) 세대 간 평등은 받은 것을 돌려준다는 협소한 개념의 상호호혜성을 전제로 한다. 광의의 관점은 상호연계성을 인정하는 것으로, 앞 세대가 물려준 혜택은 후대에 돌아갈 것이다.(149) 관련된 도덕적 문제는 세대 간 갈등을 바라보는 시각에 내재한 적대자 논리의 한계(와 위험), 즉 백인, 중산층, 남성, 경쟁적, 서구의 사고방식이다. 많은 흑인, 라틴계, 아시아계 미국인, 인디언들의 공동체적 전통, 그리고 많은 백인, 특히 여성들의 가치 체계는 세대 간의 협력과 조화를 강조한다. 반목과 싸움이 아니다. 그들이 고령화 사회의 정책을 입안하지 않는 것은 심히 유감스러운 일이다.

고령화에 대한 두려움을 환기시키려는 시도로 인해 피해를 입는 쪽은 특히 여성들이다. 남성보다 오래 살지만 노년에 가난해질 가능성이 더 큰 여성들에게는 안정된 공공 정책이 필요하다. 그런 정책이라면 복지제도 혜택의 삭감을 정당화하는 감정 실린 수사학 따위는 거들떠보지 않을 것이다. 고령화에 대한 근거 없는 두려움이 광범위하게 퍼지고 있으므로 진보주의자들은 인구학을 이용한 선동가들을 상대하면서 그들이 상정한 위기의 해결책이 어떻게 구성원들 간의 파국으로 이어질 수 있는지 보여주어야 한다. 시한폭탄과 빙산은 결국 무수한 우리의 어머니와 이웃, 동료, 우리 자신이다. 늘어난 수명의 영향을 묵살하자는 이야기가 아니다. 다만 숫자는 진실의 일부분만 나타낼 뿐이고, 진실의 다른 측면을 설명하는 다른 숫자도 있다는 것을 기억해야 한다. 이야기가 충격적으로 다가오는 순간, 비유가 논쟁거리를 제공하는 순간, 힘 있는 자들이 희생양이 되었다고 느끼는 순간, 우리는 전등을 켜서 어두운 방을 비추어 어떤 무시무시한 짐승도 거기 숨어 있지 않다는 것을 확인해야 한다.

3

노인의
질병과
사회적 역할

묵직한 사회적·종교적 역할이 노인에게 부여된 사회에서는 신체적 건강 문제가 노화의 여러 차원 가운데 하나에 불과하다. 반면, 노인에게 어떤 역할도 허락하지 않는 물질주의 문화에서라면 몸의 상태가 전부라 할 만큼 중요하다.

"우리 사회는 노화를 질병이라는 프리즘으로 응시한다."(Hazan, 20)

다른 사회에서라면 노인은 평화주의자이거나 중재자일 수 있다. 전통을 지키는 사람들이거나 특별한 지식의 전수자일 수도 있다. 몇몇 아프리카 부족은 늙은 여성에게 신생아 이름을 정할 수 있는 권한을 준다. 아시아 문화권에서는 신체적인 힘을 서서히 잃어가는 시간은 영적인 능력이 깊어가는 시간이다. 북미에서는 일부 소수 집단에서만 노인들의 지위가 높다. 늙은 인디언 여성들은 지혜의 수호자, 지도자, 예술가 등의 역할을 맡는다.(John, Blanchard, and Hennessy, 305) 캐나다의 마니토바 크리Manitoba Cree 인디언 부족의 대화를 통한 의사결정 회의 장에서는 모든 사람이 동등한 지위를 갖지만, 말을 먼저 시작하는 사람은 노인들이다. 흑인 여성은 나이가 들면서 강한 영향력을 갖게 되는데, 이는 그들의 교회에서도 마찬가지다.

사회적 구성물로서의 노화가 신체적 쇠락을 지나치게 강조하다 보니 신체적 힘의 상실이 곧 노화를 의미하게 되었다. 노인이 오로지 약해지고 있는 몸(비록 다양한 방식으로 바뀌기는 하지만)으로 비하될 때, 그들은 쉽게 주변화된다. 어느 누구도 어린 시절이나 사춘기를 오로지 신체적 상태만으로 이야기하지 않는다. 이렇듯 좁은 시각으로 노년을 보기 때문에 생기는 많은 문제 중 가장 심각한 것이 노화의 의료화다.

환자 역할

30년 전 의료인류학자 마거릿 클라크Margaret Clark는 노인의 유일한 사회적 기능이 병드는 것이라고 일갈했다. 이 관점이 지금 더욱 설득력 있게 다가오는 까닭은, 노화와 관련해 공공 정책을 수립할 때나 개인의 선택을 제한할 때 의료 기업의 역할이 점점 더 거대해지기 때문이다. 유용성이 곧 생산성으로 통하는 미국에서는 많은 노인이 임금 노동의 유효기간이 끝날 즈음 자기 자신을 포함해 같은 처지에 놓인 사람까지 싸잡아 쓸모가 없어졌다고 평가한다. 그렇지만 시장경제에서 그들은 더 큰 금전적 가치를 생산해낸다. 그것은 다름 아닌 질병 때문이다. 노인이 할 업무는 병에 걸리는 것이다.

생명의학에서 노인의 몸은 '호전'과 '회복'이 지속적으로 일어나는 공간이다. 그러므로 병든 노인의 몸은 기술, 과학, 의약회사의 도움을 받아야 고칠 수 있다.(Joyce and Mamo, 99~100) 질병은 고수익을 약속하는 보증수표이기 때문에 이미 건강해 호전과 회복의 절차가 필요 없는 노인은 눈엣가시 같은 존재가 된다. 그들은 학습된 의존이라는 점점 더 강력해지는 체제를 와해시킬 수도 있다.

젊은이의 수는 감소하고 65세 이상, 특히 85세 이상 인구가 급증함에 따라 생명의학이 수익 면에서 그 어느 때보다 노인들에게 의존하는 양상이다. 미국에서는 모든 처방약품의 3분의 1이 노인들 몫이다. 만약 약 복용이 줄어든다면 의료산업에 엄청난 손실이 발생할 것이다. 노인 대부분이 약과 병원에 의지하지 않고 산다면 누가 병상을 채우겠는가? 인구 고령화는 질병과 관련한 상품과 서비스 사업의 잠재적인 팽창과 직결된다.

규모가 큰 의료회사, 보험회사, 제약회사의 재정적 이윤이 건강한 노인들에 의해 발생한다면 노화의 중심은 건강의 향상이지 질병이 아닐 것이다. 그러나 캐럴 에스테스Carroll Estes가 기술하다시피 미국 노인들은 "수익성 높은 거대 의료산업체의 발전과 확대를 위한 도구일 뿐이다." 자본주의에서는 노인의 욕구 또한 상품화된다.("Critical Gerontology," 26) 그러므로 노인의 질병은 생물학적 의미 그 이상이다. 질병은 개인에게 일어난 일만이 아니다. 질병을 노인, 특히 나이 든 여성의 특성이라고 본다면 질병의 사회적 기능은 증발한다. 많은 이가 건강을 되찾는 순간, 의료산업체의 성장에는 즉시 제동이 걸릴 것이다.

산업국가에서는 건강한 노인에게도 "심리적으로나 사회적으로 환자처럼 행동하라는 요구"가 주어진다.(Arluke and Peterson, 275) 환자로서의 사회적 기능을 완수하려면 우선 노인은 노화가 의료 서비스를 반드시 받아야 하는 질환이라고 믿도록 조건화되어야 한다. 텔레비전을 융단 폭격하는 의약품 광고는 이러한 신념을 신봉하게 한다. 건강한 사람들이 사용하는 상품 광고에는 노인이 거의 나오지 않는다. 노인과 관련된 잡지들은 의약품 광고나 질병의 특성을 다룬다. 신문은 노화가 질병으로, 질병이 노화로 이어질 수 있기나 한 것처럼 이 둘의 특성을 기사화한다. 가족은 부모가 연로하니 그전보다 더 많은 약이 필요할 것으로 단정한다. 이런 생각은 간호사와 의사, 사회복지사 모두 공유한다. 의료보건은 건강의 향상보다는 급성 질병을 더 강조함으로써 질병이 가장 큰 걱정거리라고 생각하도록 노인을 조건화한다. 노인을 위한 연방 정부의 자금은 레크리에이션 프로그램이나 직업 프로그램을 만드는 데 사용되기보다는 보건 진료소를 짓는 데 쓰인다. 그러나 노화가 우리 몸에서 일어나는 것 이상의 그 무엇이라는 관점, 즉 노화가 사회적으로 구성된다는 관점이 확고하다면 곧 질병에 대한 지금의 강조가 지나치게 편향되었음을 인식할 것이다.

노인에게 질병이 어떤 역할을 하는지 언급한 클라크의 말이 얼마나 정확한지는 65세 전후의 사람들이 모이는 곳이나 노인센터에서 오가는 대화를 슬쩍 엿듣기만 해도 금세 확인된다. 질병은 그들 대화의 단골 메뉴다. 더 중요하게 지적해야 할 사항은, 건강에 심각한 문제가 있는 노인은 그 질병에 걸렸기 때문에 주목받을 수 있는 지위가 생긴다는 점이다. 그들은 의사의 말을 오래도록 인용하고, 질병의 추이 과정에 대해 상술하고, 같은 질병을 앓는 다른 환자의 사례를 끌어오고, 자신의 질병을 강조함으로써 사람들로부터 관심을 받는다. 삶의 다른 부분은 중요도가 이미 떨어진 후다. 때로는 자기 증세의 심각성을 떠벌리면서 마치 다른 사람들과 누가 더 중병에 걸렸는지 시합이라도 하는 듯하다. "질병에 대한 이야기가 경쟁적으로 불붙는다"라고 프리다 퍼먼Frida Furman이 나이 든 여성과 미용실 문화를 연구한 논문에서 이야기한다.(31) "내 의사가 하는 말이……"로 시작하는 문장은 노인의 지위를 말해주는 지표다. 이것은 중요한 세계로의 입장을 알리는 서곡이다.

한번은 건강한 노화를 위한 워크숍에서 70대의 한 여성이 자랑스럽고 당당하게 말했다.

"나는 통증과 함께 산다오."

그녀는 자신에 대해 다른 정보는 주지 않았다. 분명 그녀는 자신을 진지하게 대해달라고 주장하는 중이었다. 고통이 없다면 그녀는 어떻게 자신을 드러낼까? 그 여성의 통증은 신체적인 것이지만, 그녀가 통증에 부여한 의미는 문화적이다. 질병이 아무런 지위도 약속하지 않는 사회라면 그녀가 통증을 겪더라도 의미는 지금과 달리 사뭇 가벼워질 것이다. 물론 젊은 나이부터 시작된 통증이 나이가 들면서 더 심해질 수도 있고, 실제로 인생 후반기가 되었을 때 "더 많은 고통을 수반하기도 한다."(Gullette, *Aged by Culture*, 133) 핀란드의 한 연구에 따르면, 노인은 자신이 늙지 않았다고 여기지만, '늙음'이 열악한 건강 상태나 비활동성을 정당화할 때는 예외적으로 늙음을 적극 활용한다.(Jolanki, 262~263)

노인들을 만나면 그들이 질병과 질환에만 몰두하는 것이 못마땅하게 여겨질 때가 있다. 그러나 그들의 삶을 한때는 살맛나게 하던 의미 있는 것들이 세상살이를 거치면서 어떻게 배제되어왔는지, 그래서 왜 지금 그들이 오로지 질병에만 초점을 맞추게 되었는지 알게 된다면 그들이 조금은 안쓰러워질 것이다. 자신의 병을 끊임없이 늘어놓는 그 여성은 개인의 성격뿐 아니라 하나의 문화 패턴을 표현하고 있다. 그녀는 조용히 고통을 견디라는 암묵적 규율을 깨는 중이다. 자신의 신체적 상태를 보고하는 것은 불평과는 다르지만, 보고하는 것과 불평하는 것의 차이를 탐색할 만한 심리적 여유가 그들에게 없는 것도 사실이다.

의사는 노인이 정기적으로 만날 수 있는 가족 이외의 사람이다. 의존적이고 유약해 보이는 사람은 새로운 친구를 사귀거나 새로운 흥밋거리를 발견하지 못할 때가 있다. 고립된 상태로 지내면서 자아정체성의 일부를 잃어버리면 지금 자신이 가진 질병의 위중함이 더욱 심각하게 와 닿는다. 아주 연로한 사람들에게 힘이나 영향력은 거의 전무하고 사회는 그들에게 아무런 기대도 걸지 않는 데 반해, 질병은 사람들의 관심을 극적으로까지는 아니더라도 끌 수 있는 어쨌거나 중차대한 일이다. 병을 앓는 것은 많고 많은 시간을 가득 채우는 과정이기도 하지만, 노인의 삶에 일어나는 일 중 타인이 눈여겨보는 유일한 과정이다. 분명 많은 사람이 건강 문제를 강조한다. 늙어서 온몸이 찌뿌드드하더라도 환자 역할을 접고 질병을 이용해 관심을 끌려는 유혹에서 벗어나려면 두 가지가 필요하다. 의료제도 안으로 쉽게 말려들 수 있음을 알아보는 각정된 의식, 그리고 강인한 자아다.

미국 노인의 환자 역할은 "건강과 사회 정책이라는 폭넓은 영역을 향한 의료적 관심의 확대"와 더불어 성장하고 있다. '의료적 관심'

은 노화에 대한 이해의 틀을 형성함으로써 생명의학을 보다 강력하게 만드는 제반 '담론, 언어, 관점'을 가리킨다.(Powell, 672) 한 예로, 노인들이 늙었기 때문에 더 많은 약이 필요하다는 명제를 들 수 있다. 현재 생명의학의 역할이 확대되면서 질병에 걸릴 위험성을 알려주는 많은 정보에 개별적으로 손쉽게 접근할 수 있는 길이 열렸다. 그 결과, 우리는 위기의식에 심장이 죄어오는 것을 느끼기도 한다. 의료인류학자 샤론 코프먼Sharon Kaufman이 언급하듯 "몸에 대한 정보와 감시가 증가함에 따라 질병에 대한 감수성도 덩달아 커지면서 끝도 없는 피드백의 순환고리 안으로 들어가게 되고, 마침내 더 많은 의료적 개입을 요구하는 수요가 발생한다."(23) 달리 말해, 미국 노인들은 "많은 질병을 이겨내려고 여러 처방약을 한꺼번에 삼킨다."(Hadler, 13) 그 결과, 매년 미국에서는 비효율적이거나 불필요한 의료적 절차의 비용으로 대략 7천억 달러가 허비된다.(Carstensen, *A long Bright Future*, 171에서 인용함. Peter Orzag) 노인학 의사의 폭발적 증가만이 이런 흐름을 제어할 수 있다. 그러나 현재의 보건제도에 따르면, 미국 의과대학 졸업생의 0.5퍼센트만이 전공과목으로 노인학과를 선택한다.(Hogan)

노년의 질병이 사회적 구성물임을 이해한다면 노인들 사이에 건강 문제가 만연한 것을 부인할 필요도 없고, 아프다고 그들을 비난하거나 그들에게 피해자라는 딱지를 붙일 이유도 없다. 우리는 고초를 겪으면서 나이가 들기도 하고 유전적 프로그램에 따라 늙어가기도 하지만, 어찌 되었든 인생 후반기와 질병은 다른 연령층보다 서로 더 긴밀하게 연관되어 있는 것이 사실이다. 그러나 이러한 일반적인 진실은 특정 개인이 병에 걸릴지 말지를 예측할 수 있는 신뢰할 만한 지표도 아니고, 노년기 질병이나 건강 문제가 불치의 것이라는 의미도 아니다. 사람들은 복잡하고 설명할 수 없는 이유로 병에 걸린다. 폐기종을 앓는 줄담배 흡연자나 육식을 즐기는 심장병 환자의 경우에도 우리는 그 중독증적 행위에 빠져들게 하는 뇌 속의 화학적 오류를 알 수가 없다. 삶의 어느 단계가 오면 병에 걸리는 것이 자연스럽다고 받아들이도록 프로그램화되었다손 치더라도 병에 걸리지 않았는데도 병원을 찾는 노인들도 꽤 많다. 의사의 진찰을 받고 건강하다는 진단을 받으면 환자 역할을 하지 않아도 된다는 보장을 받아서 안심이 된다는 사람들도 있다.

또한 어떤 집단은 다른 집단보다 더 아프다. 흑인 여성은 백인 여성에 비해 심장 질환, 심장마비, 유방암에 걸릴 확률이 더 높지만, 유방 X선 검사를 받을 확률은 적다. 고혈압 발병률은 백인 여성이 19퍼센트, 흑인 여성이 34퍼센트다.(Flaherty, 3) 아메리칸 인디언은 당뇨병 발병률이 높다. 유색 인종만큼이나 가난한 백인들 역시 독성에 노출될 가능성이 높지만, 노년이 되기 전에 질병을 진단받거나 치료받을 기회는 적다.

환자 역할은 인생의 마지막 순간까지 확장된다. 불치병 환자를 치료한 과거의 사례를 돌아보면서 한 의사는 때때로 환자 가족이 "의사로서의 초능력을 발휘해 환자의 지친 몸을 계속 진료해달라"라고 요구한 적이 있다고 회고했다. 그러나 그 가족은 그로 인해 생길 고통이 그만한 가치가 있을지 없을지는 생각하지 않는다.(Bowron, 3)

○ 알츠하이머

알츠하이머는 미국의 노화를 대표한다.[1] 이 질병은 모든 치매(치매가 광의의 용어다)의 60~80퍼센트를 차지하며, 이 질병의 가장 큰 발병 요소는 나이로 알려져 있다.[2] 현재까지 승인된 약물 치료법도 없고, 과학적으로 입증된 예방법도 없다.(Wierenga and Bondi, 42) 매체가 이 질병에 주목하면서 나이와 질병의 연관성이 더 강화된 상태다. 알츠하이머가 개인과 그 가족에게 끼치는 영향이 염려스럽기는 하지만, 매체의 보도로 인해 노화에 대한 불합리한 두려움이 과도하게 증폭된 것 또한 사실이다. 존 베일리John Bayly가 아이리스 머독Iris Murdoch(유명한 작가이며 말년에 알츠하이머를 앓았다. 존 베일리는 그녀의 남편이고, 역시 유명한 작가다―옮긴이)을 돌보던 시절을 회상한 책(그 회고록에는 이 위대한 작가가 텔레토비와 같이 노는 장면이 묘사되어 있다)은 그 어떤 책보다 더 많은 매체의 관심을 받았다. 알츠하이머에 걸릴지도 모른다는 두려움은 부적절하다.[3] 대략 미국 노인 열 명 중 한 명(여덟 명 중 한 명으로 추정하는 의견도 있다)이 이 질병에 걸리지만, 매체가 워낙 강조하다 보니 훨씬 더 광범위하게 발병하는 질병으로 인식된다. 학생들은 대부분의 노인이 이 질병에 걸리는 것은 아님을 알고는 매우 놀라워한다.[4]

알츠하이머를 그저 입에 올리는 것만으로도 베이비부머 세대의 머릿속에는 두려움과 공포가 자동 재생된다. 그들은 이미 부모들이 그 병에 걸리는 것을 보았지만, 항우울제가 우울증 환자의 정상 생활을 돕고 항생제가 폐렴을 치료하는 것과는 달리 이 병을 근절시킬 약은 없다는 것을 알고 있기 때문이다.(G. Small, 34) 또한 보건제도가 알츠하이머 진단을 받은 사람들에게 강요하는 삶의 방식 때문에 두려움이 증폭되기도 한다.(Power, 12) 영화에 나오는 무시무시한 좀비 이미지는 "알츠하이머를 앓는 사람들에 대한 유명한 학술적 언설에서 나왔다. 그들을 움직이는 몸뚱이로, 그 질병을 사회 질서에 대한 끔찍한 위협으로 묘사한다." 이러한 관점은 부정적인 고정관념과 오명을 생산하고, 그 병에 대해 "혐오와 극도의 공포로 반응하게" 만든다.(Behuniak, 72) 알츠하이머 환자를 보면서 우리는 그들을 통제하지 못할 것이라는 두려움에 휩싸인다. 자신의 현재 축소된 능력과 과거 멀쩡했던 상태를 비교하지 못하는 알츠하이머 환자들에게 우리는 "발광한 정신착란 상태"라는 용어를 남발하면서 그들을 모욕한다.(Sholl and Sabat, 111~112)

　　정신적 수행 능력의 상실은 합리성을 높게 평가하는 미국 사회에서는 특히 치명적이다. 이런 사회에서는 다른 사회에서 찾아볼 수 없는 방식을 통해 생활 영역으로부터 알츠하이머 환자를 추방한다. 알츠하이머 환자는 병든 사람이 아니라 무질서의 전형이 되어버린다. 알츠하이머 이데올로기는 "완전히 차도를 보이는 병을 가진 정상적 노화"와 알츠하이머 환자를 대비시킨다. "이런 식으로 노인의 다양한 경험과 인성을 부인하고, 노년의 여러 취약점이 시작되는 사회적 근원에 주목하지 못하도록 유도한다."(L. Cohen, *No Aging in India*, 303) 이때 말하는 사회적 근원이란 학습된 무기력, 몰락과 쇠퇴에 대한 예측, 노인을 위한 건강 증진 프로그램의 부족, 매체가 전하는 고정관념, 다양한 병용 처방약이 초래할 위험에 무관심하도록 유도하기 등이다.[5]

　　엘리자베스 막슨Elizabeth Markson은 기억상실이 역할이 사라진 여성들의 적응 방식일 수도 있다고 시사했다. 우리가 치매라 부르는 것은 어쩌면 "보다 원시적이고 비사회화된 정서적·인지적 상태의 표현이면서 사회적 상호작용"일 수도 있다는 것이다.("Gender Roles," 268) 기억상실은 "의미로 가득 찼으며 안식처라 불리던 과거의 우주"로 회귀하려는 시도일지도 모른다는 비슷한 해석도 있다.(Hazan, 86) 그런데도 알츠하이머는 불치의 질병이고, 특히 85세 이상 노인은 대부분 걸린다는 생각이 지배적이다. 그 연령의 여성 수는 남성에 비해 네 배나 많다.

알츠하이머 환자의 행동은 그 질병이 발병하는 사회적 맥락과 연관 있다는 중요한 사실이 발견되었다. 즉, 모든 기능의 상실이 신경병리학의 결과만은 아니라는 것이다.(Scholl and Sabat, 114) 만약 환자를 다룰 때 인지적 기능에 대해서만 생각한다면 "우리는 그들을 우리 '과잉 인지사회'에 존재하는 당혹스러운 사람들로 간주할 것이다." 윤리학자들은 인간에게는 "합리성에 집착할 때 모습을 숨기는" 많은 다른 측면이 있다는 점을 상기시킨다.(Holstein, Parks, and Waymack, 230)

몇몇 노년학자들은 치매를 앓는 사람들에 대해 보다 자비로운 태도를 촉구하고, 그들을 위한 맞춤 치료를 탐색한다. 그 결과물 중에는 앨런 파워G. Allen Power의《약물치료와 치매Dementia beyond Drugs》와 앤 바스팅Anne Basting의《기억을 잊어라Forget Memory》라는 책이 있다. 파워의 책 서문에서 이든 대안 프로젝트의 창시자 윌리엄 토머스는 돌봄과 치료를 동일한 것으로 오해하다 보니 "의료진과 의료산업 복합체 내부에 강력한 힘"이 생긴다고 말한다.(ix)[6] 예를 들어, 알츠하이머 환자에게 과도한 약제를 투여하는 것은 그들을 돌보는 것과는 다른 차원의 것이다.(비록 약제가 가족의 불안을 경감시킨다 하더라도.) 약제는 그들을 빠져나오지 못하게 해서 환자 역할을 강화하는 덫이다.《기억을 잊어라》에서 바스팅은 치매에 대한 과도한 두려움이 죽음과 무의미함을 두려워하도록 유도하기 때문에 "두려움 반사 작용은 치매를 최악의 경험으로 만든다"(4)라고 말한다. 기억은 무척 복잡한 것이어서 어떤 것들은 잊는 것이 정상이다. 바스팅은 연극 공연하기, 노랫말 만들기, 춤추기, 글쓰기 등이 어떻게 훨씬 친절한 치매 치료가 되는지를 보여준다. 인지 능력에 손상이 오면 몸은 "자기표현의 일차적 도구"가 되므로 연극이 보다 적합한 치매 치료가 될 수 있다.(Kontos, 145) 노래하기, 그림 그리기, 창의성의 흔적을 보여주는 치유적 활동도 마찬가지다. 진 코헨은 빌럼 데 쿠닝Willem de Kooning(미국에서 활동한 추상표현주의 화가. 말년에 알츠하이머를 앓으면서도 활동을 계속했다 — 옮긴이)의 사례를 들어 "평생 닦아온 기술이 그대로 살아 있는, 눈여겨볼 현상"을 입증하고 있다.("Creativity," 201)

간단히 말해, 치매 치료는 관리 모델에서 치유 모델로 바뀔 수 있다.(Graham and Stephenson, xvi) 이 새로운 방식은 네덜란드 베스프에서 활용되고 있다. 이곳에서 환자들은 두 명의 전문가의 도움을 받으면서 작은 복합단지에 함께 거주한다. 그들은 음악 하기, 그림 그리기, 빵 굽기 등의 활동을 하거나 식료품 가게, 정원 가꾸기, 공동체 영역으로 이동이 가능하다. 거주자들은 요리하는 것을 돕거나 서로 돕도록 권장된다.(Tagliabue, A12) 이 모델이 미국에서 활용된다면 가족과 친구들은 사랑하는 사람이 어떤 능력을 잃었는지에 초점을 맞추는 게 아니라 어떤 능력을 아직 가지고 있는지에 집중할 수 있을 것이다. 어떤 치매 환자는 병이 상당히 진행된 상황에서도 이전의 신앙심을 그대로 유지한다. 사실 이것은 "가장 오래도록 보호받고 보존될 수 있는 개성과 정체

성의 한 면"이라는 점이 일상생활을 통해 증명되고 있다.(Coleman, 169)

환자 역할로 말미암아 없던 질병이 서서히, 그리고 은밀하게 생길 수도 있다. 장애가 사회적으로 촉발되고 발전될 수 있음을 실제 사례가 잘 말해준다. 장기 노인 병동에 입원 중이던 영국 노인들이 병동의 내부 개조 작업이 진행되는 동안 멋지게 장식된 방갈로로 거처를 옮기게 되었다. 새로운 장소에서 운동을 더 많이 하고 집안일도 거들기 시작하면서 요실금과 정신이 혼미해지는 현상이 줄어들었으며, 급기야 그들은 환자 역할에서 벗어나기 시작했다.(Townsend, 37) 이런 극적인 변화는 환경이 병에 걸릴 만한 원인을 제공하면 노인들은 거짓말처럼 병에 걸린다는 것을 시사한다. 질병이 나이에 걸맞게 찾아오는 것이라고 믿는다면 자신의 건강 상태를 운명으로 받아들일 것이다.

"나이 들면 건강이 악화되고 쇠락하여 질병이 제 발로 찾아온다고 믿는 운명론적 신념이 존재한다."

그로 인해 노인들은 자신의 신체적·정서적·사회적 건강 상태를 다시 끌어올리겠다는 엄두를 내지 못한다.(W. Davidson, 177) 운명론은 회복에 대해 일말의 상상도 허용하지 않는다.

그러므로 늙음을 배운다는 것은, 인생 후반기의 질병이 생물학적 근거와 문화적 배경 속에서 배양된 것임을 안다는 뜻이다. 이는 또한 가족이나 의사의 회의주의 혹은 무신경함에 직면하더라도 질병이나 사고, 질환으로부터 완전히 회복할 능력이 자신에게 있음을 믿는다는 뜻이다. 정치·경제 기관이 병든 노인을 지원하도록 만들어지기는 했으나 건강 유지나 증진을 위한 지원은 거의 없다는 현실에 대해서도 또한 알고 있다는 뜻이다.

노인의 환자 역할이 유해한 까닭은 질병을 정상적인 것으로 수용하도록 유도할 뿐 아니라 사람을 의존적이고 무기력하게 만들기 때문이다. 병원을 수시로 드나드는 노인들은 종속적 위치에 있다. 그들은 건강이나 타고난 치유력보다는 허약함 때문에 많은 주목을 받는다. 늙은 환자가 완전하게 기력을 되찾을 것이라고 믿는 의사는 거의 없다. 질병의 심각성뿐 아니라 그것에 대처하는 전략과 회복 능력을 강조하면서 자신의 질병 이야기를 모두 털어놓을 기회를 갖는 환자도 거의 없다. 만약 늙은 여성이 병원 진료를 받으면서 분노를 표출한다면 정신착란으로 진단받기 쉽다. 이것이 가장 소란스러운 형태의 성차별이라는 생각은 미처 떠오르지 않겠지만, 그녀의 증세가 얼마나 중요하게 다루어지는지, 향정신성 약물이 처방될지 아닐지를 결정하는 것은 사실 젠더다.

《뉴욕타임스》에 실린 사설 〈우리를 병들게 하는 것은 진단의 범람이다What's Making Us Sick Is an Epidemic of Diagnoses〉에서 지적하는 것은 '일상생활의 의료화'다. 예전에는 몸이나 마음이 불편해지더라도 그저 살면서 자연스럽게 겪는 삶의 일부라고 여겼으나, 이제는 어떤 병의 증세로 의심한다. 이는 첨단 기술 덕분에 의사가 "오진하는 것이 무척 어려워졌기" 때문이기도 하고, 질병을 앓기 전 혹은 병이 위중해지기 이전의 시기를 강조하기 때문이기도 하다. 저자들은 모든 치료가 다 이롭지는 않을뿐더러 오히려 거의가 해로울 수 있다고 말한다. 더 많은 진단을 할수록 제약업자, 의사, 병원에 더 큰 수익이 돌아간다.(Welch et al.) 과잉 치료의 시대에는 환자가 인터넷에서 찾은 의료 정보로 무장한 채 의사를 만난다 하더라도 "모든 의료 결정의 핵심에는 주관적 판단이 있다는 것을 기억할 필요가 있다. (……) 많은 진보에도 불구하고 의학의 무수한 영역이 아직 올바른 정답을 찾지 못해 회색 지대에서 배회한다."(Hartzband and Groopman, C3) 인생 후반기의 질병이 다면적이기 때문에 이러한 조심스러운 언급은 유용하다.

환자 역할에 일관되게 도사리는 위험이 인생 후반기가 되면서 특히 두드러지는 까닭은 이때가 "심각한 질병이나 불치병을 앓는 노인의 삶을 연장해야 한다고 (……) 사방에서 거대한 압력이 들어오는 시기이기 때문이다."(Kaufman, 231) 이러한 압력에 저항하는 것이 베이비부머나 그들 가족에게는 쉽지 않을 것이다. 그러나 환자와 노년학자들역시 "노인의 몸을 보다 유연하게 만들어 능력껏 생명을 연장시키고자하는 욕망과 인위적 연명치료 없이 죽음을 맞이하려는 욕망 간의 갈등"에 대해 더 잘 알아야만 한다.(240)

노년을 건강하게 지내려면 단순히 기대만 하고 있어서는 안 된다. 행운, 계층에서 오는 특권, 대학 교육, 현역일 때의 높은 직위 못지않게건강해질 수 있는 기회를 극대화하는 요소들은 운동, 좋은 습관, 잘 훈련된 대체요법 치료자들과의 친밀성 등이다. 순응하지 않는 정신도 필수적이다. 존 로와 로버트 칸이 '평범한 노화'라 부르는 것은 아주 건강한 노인들에게만 해당되는 것은 아니었다. 건강한 사람들은 사람들 생각보다 훨씬 더 많지만, 정치 입안자들의 레이더에 잡히지 않았을 뿐이다. 사실 보고가 되지 않았을 뿐, 인생 후반기의 정정함은 흔한 현상이다.

노년을 질병과 떼려야 뗄 수 없는 관계로 엮어버리는 전통적 관점은 실은 많은 노인이 건강하다는 참신한 관점으로 바뀌어야만 한다.

80대 혹은 그 이상의 나이에도 건강을 유지하는 사람들이 많다는 사실이 가족과 친구로 구성된 좁은 관계망을 뛰어넘어 더 널리 알려질 때, 늙으면 병원 신세를 져야 한다는 가설이 흔들릴 것이다. 노인 인구에 대한 두려움은 이러한 가설에서 비롯되기 때문이다. 질병을 피하는 노인들은 극소수일 뿐 다수는 건강의 악화를 피할 수 없을 것이라고 생각하는 한 우리의 두려움은 한층 강화될 것이다.

그 밖의 사회적 역할

노인의 환자 역할을 대신할 대안은 있을까? 사회노년학자들은 현대의 노화를 종종 '역할 없는 역할'이라고 부른다. 특별한 임무나 책임, 리더십을 발휘해야 할 상황이 노인들에게 요구되지 않기 때문이다. 최근 노인에게 부여된 사회적 책임은 중년의 삶을 가능한 한 오래도록 연장하는 것으로 보인다. 그래야 누구나 그다음 단계에 대한 생각으로 심기가 불편해지지 않기 때문이다. 건강관리를 제한하고 싶어 하는 사람들도 노인의 사회적 역할이 서둘러 죽는 것이라고 대놓고 말하지는 않는다. 그러나 그들은 노인의 연장된 삶이 공공선에 위협이 된다는 생각을 갖고 있다. '역할 없는 역할'이라는 말은 아메리칸 인디언, 아시아계 미국인, 라틴계, 흑인처럼 공동체가 노인을 위해 다양한 역할을 제공하는 사회의 사람들보다는 백인 중산층에 더 잘 어울린다. 여기에도 성적 불평등의 편견이 도사리고 있다. 종종 여성의 돌봄 역할은 평생을 따라다니기 때문이다.

○ 서비스 제공자

사람들은 북미 노인들이 무슨 일을 하고 어떻게 되리라고 예상할까? 일반적 관점으로 그들의 역할은 다른 사람들을 돌보는 것이다.[7] 타인을 돌본다는 것은 물을 필요도 없이 훌륭한 일이기 때문에 이러한 서비스 제공자 역할은 매력적이다. 그러나 한편으로 이런 가설은 노인이 돌봄의 대상이어야 한다는 생각을 희석하기도 한다. '지명된 서비스 제공자' 역할은 늙은 사람들로서는 품위가 떨어지는 일이다. 이는 그들이 단일한 집단이고, 그저 존재해서가 아니라 행동을 해야 가치를 인정해준다는 전제가 깔려 있다는 뜻이다. 서비스 제공자로 지명되는 것은 특히 노인 여성에게는 적절하지 않다. 왜냐하면 사실 그들 중 많은 이가 이미 지난 수십 년 동안 너무나 충실하게 다른 사람들에게 봉사해왔기 때문이다. 자원봉사는 봉사자들이 형식적으로 하는 활동에 불과하다고 생각하는 경향도 있지만, 오히려 그 정의를 넓혀서 돌봄, 상호보조까지 포함해야 한다. 가령 동료애를 발휘한다거나 이웃을 위해 심부름을 해주는 것도 자원봉사에 해당한다.(Martinez et al., 25; 31) 가난한 노동계층 여성과 남성들은 타인에게 서비스를 제공하라는 강요를 받을 때가 많지만, 이런 현실은 거의 외면당한다. 그런 점에서 서비스는 그저 중산층 중심의 편견이 반영된 것이라 하겠다. 게다가 보통 자원봉사를 떠올릴 때는 활동 당사자에게 건강상 문제가 있거나 교통수단이 없는 것과 같은 걸림돌은 고려되지 않는다.(Martinez et al., 33)

틸리 올슨Tillie Olsen의 소설《내게 수수께끼를 말해줘Tell Me a Riddle》에는 다른 사람들의 요구에 맞추어야 한다는 기대를 철저하게 저버리는 한 여성의 이야기가 나온다. 그녀는 피곤하다. 그리고 수수께끼 게임을 하면서 손자와 나란히 앉아 있어도 다른 생각에 빠져 있는 편이다. 타인에게 봉사하는 것이 노인들만 하는 특별한 영역도 아니다. 그들은 평생 봉사를 해왔기 때문에 봉사 활동에 능할 수 있고, 쓸모 있는 사람이 되기 위해 다른 사람들보다 많은 시간을 할애하려고 할 수도 있다. 그러나 봉사는 어느 연령대에서나 실천할 가치가 있는 이상적 활동이기에 봉사가 노인에게만 적합하다고 단정해서는 안 된다. 봉사 여부로 노인들의 존재를 정당화하려는 것은 실용주의적 관점의 소산이다. 타인에게 도움을 줄 만큼 건강한 편이 아닌 사람들은 남을 위해 봉사할 것이 아니라 자신을 위해 봉사하도록 타인에게 기회를 제공할 수 있어야 한다. 하지만 이러한 배려도 여기서는 찾을 수 없다.

조부모 역할을 하면서 서비스를 제공한다면 따스한 온기가 느껴지기는 하겠지만, 이는 노화의 보편적 경험은 아니다. 노동자 가족들은 조부모와 멀리 떨어져 살고, 조부모는 손자들과 멀어진다. 이런 식의 사회적 유동성 외에도 높은 이혼율, 혼합 가족 형태로 인해 조부모가 제공하는 역할은 이전보다 훨씬 더 복잡해졌다. 이민자 가족의 경우, 많은 조부모가 양육의 책임을 감당하다 보니 역할 또한 엄청나게 달라졌다. 할머니를 뜻하는 '아부엘라abuela'는 "가족과 공동체 내 여성들의 영향력을 약화하는 멕시코계 미국 노인 여성을 낭만적으로 그린 이미지다."(Facio, 348) 그러다 보니 이들의 개성은 '아부엘라'로 뭉뚱그려져서 사라진다. 조사에 따르면, 아메리칸 인디언의 조부모는 다른 미국인들보다 세 배가량 더 많이 손자를 돌본다.(Cross et al., 383) 중국 문화에서는 세대 간 유대가 깊어서 조부모는 가족으로부터 지원을 받기보다는 중요한 자원을 자손들에게 제공한다. 손자와 같이 살 경우, 조부모가 어머니보다 아이를 더 많이 돌본다.(Chen et al., 588~589) 반면, 미국에서는 특히 대침체Great Recession(2009년 9월 서브프라임 사태 이후 미국과 전 세계가 겪는 경제침체 상황—옮긴이)의 그늘 아래 "3대로 이루어진 가족의 증가가 식량의 불안을 유도한다"(*Aging Today*, May-June, 2012, 7; 10)라고 본다.

《샌프란시스코 이그재미너San Francisco Examiner》에 〈연상Senior-ities〉이라는 칼럼을 쓴 데이비드 스타인버그David Steinberg는 텔레비전 광고에 나올 할아버지 역할의 오디션을 볼 때 카디건을 입었다고 말했다. 카디건은 할아버지들의 전형적인 옷이다. 역할 기대의 협소함이 이런 복장의 협소함에 반영된다.

인구가 고령화되고 65세 이상 세대가 자원 활동을 한다면 그 역할은 타인을 돕는 것이어야 한다고 흔히들 생각한다. 그러나 이로써 많은 실직 임금 노동자를 대체하기 위해 자원 노동자를 활용하는 것이 정당화된다. 자발적 노동으로 여러 프로그램과 회사에 활기가 생기기는 하겠지만, 그로 인해 유실된 것을 보상할 수는 없다.

노화에 대한 휴머니즘적 관점을 권장하는 글을 쓴 정신의학자이자 노년학자인 로버트 버틀러는 이런 관점에서 역할 문제를 바라본다. 즉, "늙은 사람은 문명의 가장 정교한 요소를 관리하는 자로, 적극적인 가이드요 멘토이자 모델이고 비평가여야 한다. 노인은 도덕의 원동력이 되어야 한다. 그렇지 않다면 어떻게 인류가 막 확보한 장수에 걸맞은 가치를 지닌다고 말할 수 있겠는가?"("New world") 얼핏 듣기에 칭찬할 만한 이 말은 많은 노인의 존재를 정당화하기 위해 이런 가치들이 필요하다는 논리다. 그런데 현실적으로 딱히 그런 것만은 아니다. 버틀러는 비노인 집단들이 노인 집단에게 멘토와 도덕적 가이드, 문화 지킴이를 요구한다고 설명하지만, 사실 그러한 요구가 있다 해도 노인을 그 역할과 등치시킬 필연성은 없다. 바버라 맥도널드Barbara Mcdonald는 문화 수호자 역할은 늙은 여성을 대상화한다고 믿었다.(75) '노인은 도덕의 원동력이 되어야 한다'는 명제는 여성의 역할을 효과적으로 규정한다. 오래도록 살아남는 자들이 바로 여성들이기 때문이다. 사실 많은 노인 여성이 오랜 세월 살아오면서 터득한 지식 덕분에 남에게 조언할 만한 자격을 갖추게 된다. 그러나 이런 역할은 자유롭게 선택하는 것이지 강요할 것은 아니다. 오래 살았다 해서 도덕적 성숙을 기대할 수도 없다.

　노인이 환경 보호의 역할을 해야 한다는 요구도 있다. 많은 퇴직자가 공공선을 추구하기 위해 여가 활동을 이용한다. 그들은 생태학 지식으로 무장해 환경적 대의의 옹호자가 된다. 그래서 그들은 '시에라 클럽Sierra Club'(미국 민간 자연환경 보호단체 — 옮긴이)과 같은 집단과 함께 세계무역기구WTO에 반대하는 시위 행진에 동참하며, '야생을 지키는 위대한 할머니들Great Old Broads for Wilderness'의 콜로라도 지부는 비도로 차량으로 국유지가 할퀴고 찢기는 참사가 발생하는 것에 주목하라고 요구하면서 소식지 《브로드사이드Broadsides》를 발간한다. 아마 인생 후반기의 삶이 미래 세대, 유산, 인간 실존의 덧없음 등을 실감나게 인식하도록 부추기는 것일 수도 있다. 70세 이상의 노인들은 맑은 공기와 물을 기억할 것이다. 노인들을 환경의 수호자로 보는 생각이 매력적이기는 하지만, 이런 요구 역시 그들이 타인에게 봉사하려고 존재한다는 생각의 연장 선상에 있을 뿐이다.

만약 그들이 노동의 대가로 돈을 받는다면 서비스 역할이 좀 달라 보일 수도 있을 것이다. 처음에는 65세 이상의 저소득층을 위해 고안되고 1960년대 빈곤퇴치운동 시절까지 거슬러 올라가는 '조부모 보호자 프로그램Foster Grandparent Program'(55세 이상의 자원봉사자들이 인근 학교에서 어린 학생들을 돌봐주는 공공 프로그램 — 옮긴이), '시니어의 벗Senior Companions'(55세 이상의 은퇴자들이 도움이 필요한 다른 노인의 집안일을 도와주거나 자동차로 가까운 이동 등을 돕는 프로그램 — 옮긴이), '시니어 공동체 서비스Senior Community Service'(조직체로서 앞의 두 프로그램을 비롯해 여러 활동을 주도한다 — 옮긴이)는 과거에 비해 상대적으로 노인의 참여가 저조한 편이다. '시니어의 벗'은 시간당 2.65달러를 수당으로 지급하고, '시니어 공동체 서비스'에 가사 도우미로 지원해 일하면 시간당 10~13달러를 번다. 이들은 자원봉사자와 사회복지 서비스로 꾸려진 메디케어 팀에서 무료 상담을 제공하기도 한다. 여러 프로그램이 한계에 부딪히는 것은, "노인을 유능한 서비스 제공자이면서도 근엄해서 갑갑하다고 간주하는 문화적 양면성" 때문이다.(Freeman, "Senior Citizens," 215) 이런 상황이 특히 실망스러운 것은 공공 기관들이 너무나 많은 절차를 요구하기 때문이다. 만약 자격을 갖춘 노인들을 임금을 주고 고용해 학교의 중요한 일을 맡긴다면 이들은 멘토링이나 테스트 혹은 개인 보충수업 등 의미 있는 일을 하게 되고, 자금이 부실한 학교로서는 안고 있는 고질적 문제가 해결될 수도 있다. 많은 양로원 거주자의 무료함과 외로움은 자기 또래 임금 노동자들의 빈번한 방문으로 상당히 줄어들 수 있을 것이다.

　　말년에 건강하기만 하다면 평생 해오던 일을 계속할 수도 있다.

어떤 이들은 예전에 몰랐던 재능과 능력을 발견하거나 완전히 새로운 무언가를 배우게 될 것이다. 어떤 이들은 글을 깨우치거나 호스피스 같은 공동체 일을 확보하는 것과 같은 대단한 일을 성취할 수도 있다. 또 어떤 이들은 교구, 종교 집회 등에서 주요한 대들보 역할을 맡을 것이고, 다른 이들은 배우자와 사별한 후 새로운 역할을 찾을 수도 있을 것이다. 고령화 시대가 되면서 돌봄은 점점 더 많은 중년과 노년 여성들의 사회적 역할이 될 것이다.

매력적인 자조自助의 한 예가 보스턴에서 시작된 '동네 운동Village Movement'이다. 자신의 집에 머물겠다고 결정한 노인들의 요구에 동네가 앞장서서 응답한다. 동네는 자치와 재정적 자립을 기반으로 한 회원제 조직이다.(Poor, Baldwin, and Willett, 112~114) 회원의 요구에 따라 동네 운동이 결정되며, 자원봉사자와 서비스 제공자들을 선별하고 이들의 서비스를 조정하는 것도 그들의 몫이다. '동네 운동'은 정부의 지원 없이 잘 발전해왔으며, 전통적인 노화 서비스 조직과는 성격이 다르다. 그들은 자원 활동 정신, 시민의 참여, 세대 간 연결을 강조한다.(113)

○ 지혜의 전수자

노인은 지혜의 전수자여야 한다는 생각도 일반적이다. 이 견해는 젊은이의 생존이 부족 노인들의 지식에 달려 있던 사회에 어울린다. 가령 태평양 섬의 부족들은 연어 잡는 기술을 전수했다. 행동 방식과 논쟁의 정석, 파트너와 피해야 할 사람을 선정하는 방법, 자연세계를 해석하는 방법 등 모든 것이 부족의 노인들로부터 물려받은 지혜에 달려 있었다. 어디 가면 약초를 찾을 수 있는지, 도구는 어떻게 만드는지, 바구니에 장식은 어떻게 하는지와 같은 정보도 축적된 지식에서 나온다. 그 지식을 가짐으로써 집단 구성원들은 지위를 확보할 수 있었다. 반면, 과학기술 사회에서는 현재의 정보가 빠르게 구식 버전이 되고, 노인의 지혜는 그저 사라질 뿐이다. 오늘날에도 조부모가 지식을 전달하기는 한다. 하지만 가족의 해체와 정보의 과잉 생산이 난무하는 시대에, 젊은이가 살아가는 데 절대적으로 필요한 지식을 가진 조부모는 거의 없다. 노인들이 살아오면서 쌓아온 경륜이 귀중하기는 하지만, 이 또한 젊은이들에게 필요한 널리 공인된 가이드가 되지는 않는다. 세대의 분리가 일반적인 데다 개인주의를 더 중시하는 것이 부분적인 이유가 될 것이다. 게다가 여러 북미 전통에서 찾을 수 있는 문화적 다양성과 차이로 인해 노인은 가이드 역할에서 배제된다. 그러나 특정 집단, 예를 들어 아메리칸 인디언이나 막 도착한 이민자들 사이에는 이것이 특별한 형태로 존재하는 경우도 있다.

현명한 노인 역할을 맡으려면 명예직을 감당하는 자로서 희소성을 확보해야 한다. 늙어서까지 사는 사람이 거의 없던 식민지 시대의 후보자에게는 신의 가호를 받는 듯한 기운이 서렸으나, 수백만 명이 75세, 80세를 넘고 100세를 넘기는 사람도 많은 현재, 그들에게서 특별함을 발견하기가 어려워졌다. 조지아 주에 사는 100세 이상 노인들의 특징에 관한 연구 결과, 신경과민증 수치는 낮고(그들은 불안이나 두려움이 없었다) 신중함은 높게 나타났다. 또한 그들에게는 탁월한 능력과 외향적 경향이 있었다.(P. Marshall et al.) 100세 이상 생존자는 대부분 여성이며, 지병은 있지만 "한눈에 보기에도 건강한 모습"이다.(Weil,

31) 100세까지 사는 사람들은 생명을 단축하는 질병에 대항하는 철벽을 유전자 안에 가지고 있는 듯하다.

파울 발테스Paul Baltes와 그의 동료들의 '베를린 지혜 모델Berlin Wisdom Model'은 지혜와 노화를 주제로 하되 특히 지혜의 다양한 구성 요소, 예를 들자면 문제를 다루는 능력, 인간 본성을 이해하는 깊은 통찰, 관용, 불확실성을 다루는 능력 등을 포괄적으로 검토한 연구다.(Kunzmann, 1232~1233) 지혜는 높은 수준의 정서적 발달과 인지력의 통합을 요구한다. 그렇다고 늘상 행복하기만 한 것은 아니어서 친구가 병들고 노쇠해지는 것을 보거나 스스로 힘이 빠지는 것을 경험하고 연령차별을 겪을 때는 슬프다. 그러나 로라 카스텐슨Laura Carstensen과 동료들의 스탠포드 연구에서는, 젊은 세대와 비교했을 때 나이 든 사람들은 부정적인 감정을 덜 가지고, 자신을 더 잘 조절하며, "힘겨운 순간으로부터 빠르게 회복할 수 있는 복잡하면서도 섬세한 정서적 온도 조절 장치"가 원활하게 작동하는 것으로 드러났다.(Hall, "Older," 64) 지혜는 "실존의 종국적 상태라기보다는 하나의 과정인데, 특히 집단 지혜는 개인의 지혜보다 더 우수한 목표인 듯하다"는 시각도 있다.(Whitehouse and George, 294~295)

현명한 노인은 혁신과 빠른 변화의 시대를 사는 우리 마음에 위로가 되는 용어이기도 하다. 그러나 지혜와 나이의 연결을 당연시해버리면 모든 노인이 현명한 것은 아니며 현대 북미의 특성상 어떤 연령대에게도 지혜를 계발할 환경이 주어지지 않는다는 점을 간과할 수도 있다. 지혜를 노인과 관련짓는 것은 일종의 낭만화 작업이다. 이런 연결은 젊은 페미니스트들과 중년 페미니스트들에게 인기가 있다. 이들은

"평생의 경험에서 우러나오는 지혜"를 마치 보편적인 것처럼 언급하면서 연령차별에 대항하고 싶어한다.[8] 그러나 나이 많은 여성들의 명예를 회복하기 위해서는 긍정적인 고정관념을 환기시키기보다 개인의 자질과 창의성을 평가하는 것이 더 나은 방법이다. 감탄할 만한 지혜를 가진 사람도 있고, 그렇지 않은 사람도 있다. 지혜가 한 노인 여성의 삶의 일부를 구성할 수도 있겠으나, 다른 사람의 경우는 다를 수도 있다. 평생의 경험을 깊이 이해한 후 얻어지는 지혜는 개인의 이야기를 초월한 집단 지혜와도 다르다.

또한 현명한 노인 원형은 강력하면서도 오래된, 또한 여러 문화에 통시적으로 나타나는 대표성이 있어야만 노화의 현대적 구상에서 낄 자리가 생길 것이다. 정서적·지적·영성적으로 성숙한 노인들은 현명한 어른으로 불릴 만하다. 물론 그들이 이러한 지칭을 선택할지 하지 않을지는 다른 문제다. 어쨌거나 젊은이들이 나이 든 이들의 내면에서 고귀한 자질을 알아보려면 연령차별적 고정관념으로부터 자유로워져야 하고, 관대한 마음가짐을 가져야 한다.

○ 은퇴

일부 노년학자들은 은퇴가 사회관계를 결정하거나 특별한 권리와 의무를 포함하는 역할이 아니라 그저 하나의 위상일 뿐이라고 생각한다.(Atchley, *Social Forces*, 251) 은퇴한 사람은 누군가를 처음 만나면 이전에 자신이 전담하던 일과 자신을 동일시하면서, 비록 은퇴했더라도 크게 달라지는 것은 없다는 느낌을 전달하고자 한다. 지위는 여가 활동보다는 일을 통해 생기는 것이다 보니 과거 업무를 들먹이는 것은 자신을 뭔가 가치 있는 것과 연결하려는 의도로 읽힌다. 퇴직자는 예전에 담당했던 가장 복잡하고 까다롭고 흥미로운 업무에 직간접적으로 관여할 수도 있겠으나, 그것이 임금으로 연결되지 않는다면 '업무'라고 정의 내릴 수 없다.(은퇴에 대해서는 7장에서 좀 더 자세히 살펴볼 것이다.)

○ 젠더의 변화

노화와 사회적 역할이 교차하면서 만들어내는 여러 변화 중에는, 일부 남성이 양육과 같은, 여성적 특성이나 태도라 간주되던 역할을 떠맡고, 여성은 자기주장이 더 강해지는 과정이 있다. 이런 인생 후반기의 젠더 역전은 젠더 고정관념이 영향력을 잃어감에 따라 보다 보편적 현상이 되어간다. 어쩌면 더 많은 여성이 전문직으로 진출하고 더 많은 남성이 부성애를 통해 성장한 결과일지도 모른다. 조지아 오키프Georgia O'Keefe의 말년 작품에는 "모험심에 가득 차고 활동 영역을 확장하고자 하며 자기주장이 강한" 여성이 등장한다. 대조적으로 나이 든 남성은 "자기통제력, 우호적인 적응 능력, 심지어 수동성"을 앞세운다.[9] 이런 관찰이 백인 중산층의 경우에도 맞아떨어질까? 오키프가 말년에 얻은 독립성은 부분적으로 얼마간의 행운과 남성 파트너 덕분이기도 하다. 그는 뉴욕의 예술계로 나가는 문을 그녀에게 열어준 사람이었다.

나는 샌프란시스코 몬테피오르 노인센터에서 젠더의 변화를 보여주는 증거를 포착했다. 그곳에서는 80대 여성들이 집단을 주도하고 남성들은 다소 조용한 편이었는데, 일부는 대단한 영향력을 행사하던 직위(가령 노동조합 위원장)에서 은퇴한 사람들이었다. 남성들이 수적으로 열세이기는 했지만, 그것만으로는 여성들에게 기꺼이 양보하려는 태도를 설명할 수 없다. 인생 후반기의 이러한 양성성이 보이지 않는 남성도 물론 있다. 그는 토론 집단에서 "남자들은 다 어디 있는 거야?"라고 소리 질렀다. 나는 여성이 남성보다 오래 산다고 설명했다. 그러자 그는 고래고래 소리 지르면서 자문자답했다.

"왜냐하면 아내들이 남편을 잘 돌보지 않기 때문이지!"

90대라는 고갯마루에서 마틸다 화이트 라일리Matilda White Riley와 존 라일리John W. Riley는 은퇴 이후 시기가 레저, 일, 교육을 번갈아가면서 선택할 기간이 될 수 있는 사회를 상상했다. 교육은 평생의 일이고, 임금 노동 기회는 모든 연령에게 열려 있어야 하며, 노년이 짐으로 간주되어서는 안 된다.(33) 일부 베이비부머는 70세나 그 이상까지 일하고 싶어 한다. 특히 50대나 60대에 학위를 끝낸 여성의 경우, 그 욕구는 더욱 간절하다.

그러나 대학교는 노인의 교육을 초보 수준에 머물게 하고, '노인대학'이라 하면서 주말 코스로 한정하며, 수업은 하지만 학점은 없는 식으로 진행한다. 로와 칸에 따르면, 연령차별이 없는 사회로 가는 길목을 막는 주된 원인 중 하나는, 많은 대학이 "모든 연령의 노인이 간헐적으로 혹은 지속적으로 수강할 수 있도록" 강의 일정을 조정하거나 요구 조건을 맞추라고 권장하지 않는다는 점이다.(196) '권장하다'라는 말이 여기서 중요하다. 대학이 현재 50세나 60세가 넘은 학생들에게 학문적으로 까다로운 요구를 하지 않는 까닭은 이곳이 18~25세의 젊은이들을 위해 설립된 곳이기 때문이다. 젊어서 공부하고 중년에 일하라는 생물학적 근거가 없듯이, 노년을 쇠락과 바로 연결하는 것도 무리다. 하지만 그러한 논리가 이러한 관습을 정당화하는 듯하다. 반면, 1980년대에 영국과 호주에서 문을 연 '제3기 인생대학교University of the Third Age, U3A'는 나이 든 세대에게 저비용으로 고등교육 받을 기회를 제공한다. 입학을 위한 필수 학력은 없으며, 교수와 전문가들이 시간을 기부한다. 미국에서는 대학교 근처에 은퇴 공동체를 설립해 부유한 노인들에게 공부를 계속할 기회를 제공하는 추세다. 노인대학은 학생을 광범위하게 끌어당긴다. 그중 '오셔 평생교육원Osher Life Long Learning Institutes, OLLI'은 특히 탁월하다.(Moody and Sasser, 104)

단지 특정한 나이가 되었다는 이유만으로 어떠한 사회적 역할도 맡을 수 없다면 어떻게 될까? 노인 인구의 다양성, 크기, 소수 인종 노인의 엄청난 수, 커지는 빈부격차, 사회의 파편화 등이 이 질문을 더욱 심각하게 만든다. 인종, 계층, 젠더의 영향과 각종 일들에 수십 년 동안 부대끼다가 70세 혹은 80세를 맞이한 이들은 단순한 생활연령보다는 자신의 다른 측면들이 훨씬 더 두드러진다는 것을 발견하게 된다. 인생 후반기라는 삶의 단계에서만 가능한 사회적 역할은 없다. 설령 있다 치더라도 그들의 가치를 유용성이나 서비스 같은 곳에서 찾으려고 하는 것은 억지다. 한편, 노인들에게 특별한 역할이 있으리라고 생각하는 것도 사실 생색내기에 불과하다. 그들에게는 다른 연령의 이들과 같은 역할이 있을 뿐이다. 그들은 개인의 기질, 활동 능력, 가족의 요구, 신념, 습관, 위치, 수입, 우정, 기술, 이용 가능한 시간 등에 기초해 그 역할을 선택할 수 있다. 연령을 바탕으로 하는 것이 아니다.

○ 이야기, 회상, 삶 되짚어보기

그러나 다른 가능성이 있기는 하다. 노인의 사회적 역할이 이야기, 회상, 삶 되짚어보기 등일 수 있다. 노인이 자기 삶에서 발견하는 개별적 의미는 사회문화적 맥락에서 보자면 더 큰 제도를 구성하는 일부다.(Black and Rubinstein, 3) 로버트 버틀러는 삶 되짚어보기를, 기억과 과거 갈등을 소환해 "해결과 화해, 속죄와 통합, 그리고 평온"으로 이어지게 하는 과정으로 설명했다. 때로는 즉흥적으로, 때로는 미리 구성을 짜서 삶 되짚어보기 작업을 할 수 있다.("Butler Reviews," 9)[10] 바버라 마이어호프Barbara Myerhoff는 일반적인 '기억remembering'과 구분하기 위해 중간에 하이픈을 넣어 '다시 구성원 되기re-membering'로 재구성했다. '구성원members'은 우리의 과거 자아이고, 우리 이야기에 등장하는 중요한 사람들이다. '다시 구성원 되기'는 이런 구성원들에게 집중해 '통합'으로 가는 과정이다. 그 과정에서 심미적이거나 도덕적인 골격을 세운다면 이야기를 구체적으로 세밀하게 풀어내는 데 더할 나위 없이 좋을 수 있다.("Rites and Signs," 320) 홀로 있음은 회상에 도움이 되며, 회상할 수 있는 능력은 인지적 측면에서 건강함을 의미한다.(Cappeliez and Webster, 187) 회상을 정교하게 전개해나가다 보면 예기치 않게 다른 회상이 떠오르기도 한다.(189)

삶 되짚어보기는 때로 혼자 하는 게 아니다. 이야기를 일관되게 이어주기 위해 듣는 이가 필요하다.(Myerhoff and Tufte, 252) 듣는 이가 젊을 경우, 두 사람 사이에 공유된 이야기는 세대 간 연속성을 확보한다.(255) 노인들은 이끌어낼 소재가 많으니 그것을 글로 적거나 다른 사람들에게 이야기로 들려준다면 일종의 유산이 된다. 캐슬린 우드워드Kathleen Woodward는 회상이 삶 되짚어보기보다 분석적이지는 않지만, "함께 어울리는 분위기"는 더 잘 만들어낸다고 설명한다.("Telling Stories," 152) 회상이 글쓰기 집단의 목표라면 그것은 "다른 사람의 영향을 수용할 만큼 상당히 유연한 과정"이 되기 때문에 회상을 통해 나오는 이야기는 단순히 개인의 생각과 감정의 기록물이 아니라 사회적 산물이 될 수도 있다.(Ray, "Social Influences," 57) 어느 인생 글쓰기 워크숍에서 참가자들은 이야기를 풀어내면서 "복합적이고 서로 충돌하는 노년의 재현물들"을 발표했다.(Ray, "Researching," 179) 노인을 과거의 일에 집착하는 사람으로 치부해버린다면 회상의 중요한 차원을 놓치는 것이다. 과거는 이미 끝난 것이 아니라 "화자가 삶에 대해 말하는 순간, 새로운 언어로 계속 되살아난다."(Gubrium and Holstein, 297) 이러한 지속성을 표현하기 위한 매개물로서 '회상 극장'이 있는데, 이것은 '예술을 공유하는 브루클린 노인들Elders Share the Arts in Brooklyn'과 같은 여러 집단이 만들었다.

자신의 이야기를 자세히 말하는 노인들은 일이 일어난 순서를 따르기보다는 청자들의 관심을 최고조로 높이기 위해 순서를 재구성한다. 진행자가 있어서 노인의 삶 되짚어보기를 이끌 때는 다른 사람이 그 노인과 인터뷰한다면 다른 이야기로 바뀔 수 있다는 것을 염두에 두어야 한다.(Black and Rubinstein, 7) 특히 생존 전략을 주제로 하여 누군가의 과거를 되돌아보는 것은 낙인찍힌 집단의 구성원들에게 특별히 중요할 것이다. 회상과 삶 되짚어보기는 환자 역할의 독소를 건강하게 제거해줄 방식이기도 하다. 또한 나이 든 사람들, 특히 정신적 손상에서 생긴 트라우마로부터 회복 중인 사람들의 삶의 질을 드높이는 데 유용한 도구가 될 수 있다.(Kunz and Soltys, 176) 그러나 노인들에게 지혜를 투사하거나 타인들을 돌보라고 요구하는 현재의 경향을 생각한다면 회상과 삶 되짚어보기를 할 때 청중의 계몽뿐 아니라 노인의 즐거움과 만족감을 더욱 강조해야 마땅할 것이다.(서술 중심의 노년학에 대해서는 10장에서 살펴볼 것이다.)[11]

결론

21세기 수명이 놀랍도록 늘어난 것은 위생, 보건, 식생활의 개선 때문이었다고 앨리스 로시Alice Rossi는 말한다. 그러나 이러한 환경적 변화는 다른 환경이 변화하면 단번에 역전될 수도 있다. 가령 선진 사회의 미래 세대가 현재 세대만큼 반드시 장수하리라고 보장할 수는 없다.

"서구 사회의 차세대가 건강하고 장수하는 존재일 것으로 예측한다거나, 사회의 연령 구성이 노인 인구에서 최고점을 찍을 것이라고 예측하는 것은 향상된 식생활과 건강이 지속되리라는 낙관적 전망을 당연시하기 때문이다."(112)

에이즈는 이미 아프리카의 수명을 단축하고 있으며, 비만이 미국의 수명을 단축할 것이라고 전망하는 의사도 있다.(Olshansky et al., 1139)

HMO Health Maintenance Organization(회비를 지불하고 가입하는 종합 건강관리 기관―옮긴이)의 성행, 환자 중심 보건의 실종은 노인에게 특

히 불리하다. 노인의 고질병은 약품 중심적인 주류 의료의 치료보다
는 살가운 관심과 다양한 치료가 필요하기 때문이다. 의료보험개혁법
Affordable Care Act의 대부분의 항목이 실행된다면 이런 상황이 바뀔 수
있다. 그러나 그 이전까지는 많은 노인이 질환 때문에 엄청난 시간과
돈을 소비하고 신경도 많이 쓸 것이며, 다른 사회적 역할의 중요성은
줄어들 것이다. 예외적으로 아주 건강한 노인들은 노년의 '역할 없는
역할'에서 존재의 의미를 찾으려 하겠지만, 그들을 지원할 사회적 조
직이 거의 없는 것은 보통의 노인들과 다를 바 없다. 늙어서까지 하리
라고는 생각지도 못했던 활동과 역할을 건강한 노인들, 특히 중산층이
선택하고 있기 때문에 인생 후반기의 가능성에 대한 우리의 생각도 달
라질 것이다. 많은 빈곤층과 노동계층 미국인, 유색 인종들에게 더 길
어진 수명은 고질병이 더 오래 지속된다는 의미일 뿐이다. 환자 역할
이 미래에도 지배적일지 아닐지는 노인의 건강 상태뿐 아니라 질병의
중요성을 확대하는 문화적 태도에 달려 있다. 그러므로 환자 역할을
조명하는 데 의료인류학자와 사회학자들의 조사는 결정적 구실을 할
것이다. 인구 고령화와 맞물려 수익을 위해서라면 환자 역할을 확대해
야 한다는 압력 또한 거세질 것이다. 이러한 압력을 인식하고 그에 맞
서 저항하는 자세가 늙음을 배우는 사람들에게 반드시 필요함은 두말
할 필요가 없다.

4

약물 과잉의 표적이 된 미국 노인 세대

LEARNING TO BE OLD

65세 이상 세대는 미국 전체 인구의 13퍼센트지만, 처방약의 34퍼센트(45퍼센트라고 추정하는 학자도 있다)를 소비한다. 제인 브로디Jane Brody의 건강 칼럼에 따르면, 65세의 40퍼센트 이상이 다섯 종류 이상의 약을 복용하며, 매년 그들 중 3분의 1이 골절상, 어지럼증, 심장병과 같은 심각한 후유증으로 고통받는다.(*New York Times*, 2012. 4. 17. D7)[1] 여기서 노인이 부담해야 할 고가의 약값에만 관심을 갖는다면, 약물 문제에 대한 논의의 폭만 좁힐 뿐이다. 노년학자들의 논쟁거리는 약물 관리와 이의 준수에 집중되어 있다. 아직 제기되지 않은 더 큰 문제는 보다 관념적인 편인데, 가령 노인은 지금처럼 많은 약을 복용해야만 하는가와 같은 것이다. 이 장에서는 경제적 측면을 포함해 더 복잡한 양상을 띠는 문제에 대해 토론의 장을 열어보고자 한다.

여기서는 특정 급성 질병의 치료를 위한 단기 복용 약이 아니라 장기 복용하는, 특히 만성 질병에 대한 다중 약물 복용에 초점을 맞춘다. 노화와 관련된 대부분의 건강 문제는 관절염이나 고혈압 같은 만성 질병이다. 사람들은 65세가 넘는 세대들이 많은 약을 복용한다는 통계수치를 아무 거리낌 없이 받아들인다. 그 정도의 연배라면 당연히 더 많은 약이 필요하다는 논리에서다. 그러나 이러한 순환고리에서 한 발짝 떨어져서 본다면, 정말 그래야만 하는지 의심스러워진다. 지금 어마어마한 규모로 소비되는 약이 건강을 유도하는 유익한 매개물인지 아니면 사회적 통제를 위한 도구인지, 그러한 약물의 과도한 소비 뒤에 수익의 목적이 감추어진 것은 아닌지 추적해보아야 한다. 물론 집단으로서의 노인 환자가 다른 세대보다 더 많은 의료적 돌봄이 필요하기 때문에 사실인 측면도 있다. 그러나 의료적 돌봄과 약이 동일시되는 것은 사회적으로 조작된 것이다.

우리 문화에서는 다중 약물 복용이 불가피하다고 인정하는 것이 늙음을 올바로 배우는 필수 단계라고 인식한다. 노인을 과도한 약물 복용의 대상으로 삼는 데는 서로 연동되는 세 가지 문제가 있기 때문이다.

1. 수십억 달러 규모의 다국적 의약산업은 엄청난 돈과 권력을 장악하고 있어서 노화에 대한 사람들의 생각을 결정하는 데 심대한 영향을 미칠 정도로 시장의 흐름을 좌우한다.
2. 의학과 노년학은 처방약을 옹호하는 입장을 점점 노골적으로 변호한다. 약의 장점은 과장하는 반면 부작용은 소홀하게 다루며, 약제의 복합 사용으로 노년이 건강해질 것이라는 가설을 검토하지 않은 채 방치한다.

3. 반대 입장에 있는 대항문화적 관점은 교수나 주류 매체의 주목을
   받지 못한다.

실정이 이렇다 보니 미국 노인들의 건강이 심각한 위협에 노출된
다. 상황을 이해하려면 나이가 들면서 생기는 신체 변화, 약물 유해 반
응, 의약산업, 의사 훈련, 약국 운영, 미국식품의약청 FDA, 문화적 태도,
현 제도에 대한 대안 등을 인지할 필요가 있다.

나이에 따른 변화

나이 들면서 생기는 키와 몸무게의 변화는 약물 반응에 영향을 미
친다. 신진대사가 느려지고 장 기관의 기능이 다소 떨어지기 때문에
약물은 노화하는 신체에 강력한 영향을 미칠 수 있다. 신체 질량의 손
실로 인해 약물을 흡수하고 배출하는 방식에도 변화가 생긴다. 여성의
경우, 체지방 비율이 36퍼센트에서 48퍼센트로 증가한다. 진정제나 안
정제 같은 지방 용해 약물이 지방 조직에 더 많이 집중된다.("Drugs and
Older Women," 5) 혈관이 딱딱해지고 혈행이 원활하지 않아 약과 영양
분의 순환에도 장애가 생긴다. 뇌로 가는 혈액 공급도 25퍼센트 감소
한다. 몸에 수분이 적어지므로 약물이 더 축적된다. 신장의 여과 기능
이 예전만 못해지는 것도 약물 축적의 원인으로 꼽을 수 있다. 간 기능
저하가 일부 약의 신진대사 방식에 영향을 미쳐 약의 독성화가 진행되
기도 한다.(Cameron, 10) 나이 든 사람들의 뇌는 약의 부작용에 더욱 민

감하다.(Lamy, "Actions," 9)

장의 주름 안쪽 세포가 없어지면서 섭취하는 음식이 효과적으로 흡수되지 못하고, 위 활동의 저하로 약이 위에 머무는 시간도 그만큼 길어진다.(Bonner and Harris, 90) 호르몬에도 변화가 생겨서 약물이 더 강력한 영향을 미친다. 노인은 약물로 인한 저혈당증이 생길 확률이 높다.(Lamy, "Geriatric Drug Therapy," 123) 부실한 음식 섭취로 단백질이 결핍되면 약의 영향력은 더욱 강렬해진다.(Beizer, 14)

약물 유해 반응

매년 10만 명가량의 미국인이 약물 유해 반응으로 사망하며, 100만 명이 심각한 손상을 입고, 200만 명은 병원에 입원해 있는 동안 유해한 환경에 노출된다. 처방의약의 권위자인 토머스 무어Thomas J. Moore에 따르면, 현대 사회에서 가장 큰 위험이자 사망 원인의 하나가 약물로 인한 부작용이다.(*Prescription*, 15) 노인은 약물 유해 반응의 발생 빈도가 두세 배 더 높다.(Gomberg, 95) 약물에 대한 신체 반응은 온몸에서 발생하며, 그 결과를 예측하는 것도 젊은 사람들에 비해 훨씬 불투명하다.(Lamy, "Geriatric Drug Therapy," 122) 어느 연령에서나 약물 유해 반응은 일어나지만, "노쇠한 노인에게는 치명적"일 수 있다.(Hadler, 161) 70세 이상 노인의 입원 이유 중 약 17퍼센트를 차지하는 것이 약물 유해 반응이다. 모든 반응이 과다 복용에 의한 것은 아니지만 가장 흔한 원인인 것으로 노인과 의사들은 추정한다. 약물 유해 반응을 미처 파악하지 못하거나 다른 질병으로 잘못 진단하는 경우가 많기 때문에 노인과 전문의들은 "노인에게 나타나는 새로운 증세가 약물 반응이 아니라는 것이 입증되기 전까지는 약물 반응으로 본다."(Steinman)

미국퇴직자협회에서 실시한 한 조사의 응답자 가운데 40퍼센트가 약물의 부작용을 경험했다고 말했다. 과잉 처방된 향정신성 약물은 유해 반응의 제1원인이다.(Arluke and Peterson, 282) 기침억제제는 졸음과 불안, 변비를 유발할 수 있다. 제산제의 장기 복용은 변비와 뼈의 약화를 야기할 수 있다.(Bonner and Harris, 99) 과다 복용으로 인한 일반적 반응에는 움직임의 둔화, 기억력 상실, 정신착란과 불안, 심장의 불규칙적 박동, 안절부절못함, 불면증, 갑상선 기능 마비, 감정 조절 저하, 시야가 흐릿해짐, 소변 막힘, 칼륨 고갈, 위 통증과 위 내출혈, 사지 불수, 후각과 미각의 약화 등이 포함된다.

약물 과다 복용은 영양 결핍을 초래해 청각 상실, 빈혈, 무호흡증, 허약증과 같은 문제를 일으킨다. 또한 비타민 A와 C, 베타카로틴 등의 영양소가 손실되는데, 이런 영양소들은 암 세포를 막아주는 면역 체계에 도움되는 것들이다. 65세 이상에게 처방해서는 안 되는 약물은 일부 (신경)안정제, 항우울제, 관절염약, 진통제, 치매 치료제, 혈액 용제, 근육이완제 등이다. 약물 부작용으로 생기는 우울증은 신경안정제나 기분 전환용 약물에 국한되는 것이 아니다. 소염제, 고혈압과 콜레스테롤 치료제, 항히스타민제, 항생제 등이 모두 우울증을 유발할 수 있다. 경미한 우울증은 자연스러운 것으로 쉽게 무시되기도 한다.(Moore, *Prescription*, 201) 나이 든 여성은 특히 치료 가능한 병도 노화 탓으로 생각하기 쉬워 증세들을 그대로 방치할 위험이 크다.

술과 담배는 처방약에 다양한 방식으로 반응하기 때문에 여러 약을 복용하는 노인의 경우 위험 지수가 더 높아진다. 일부 관절염약은 커피와 술에 반응해 위 주름을 손상시킨다. 수면제와 알코올이 섞이면 호흡 기능이 위험 수위까지 손상된다. 65세 이상 노인의 상당수가 술로 약을 삼킨다. 열 시간 혹은 그 이상의 간격을 두지 않고 술과 약을 먹을 경우, 약이 독이 될 가능성이 높다.(Lamy, "Actions," 11~12)

약물 유해 반응임을 알아차리지 못하고 알츠하이머로 오진할 수도 있다. 이런 문제가 얼마나 일어나는지 말하기는 어렵지만, 고령화가 진행되면서 빈번하게 일어나는 일임은 분명하다. 정신적 기능 손상 또한 약에 의한 것일 수 있다. 그러한 약은 주로 프레드니손Prednisone(관절염 치료 소염제―옮긴이) 같은 스테로이드, 심장병과 고혈압 치료제, 위장약, 신경안정제, 파킨슨 약, 불안과 불면증 치료제 등이다.

약물 유해 반응의 이면을 들여다보면, 약품이 출시되기 전에는 단기 실험 결과에 의존하며, 장기 연구에 대한 필요성은 충족되지 않은 채 의약품으로 승인받고 출시가 이루어진다. '골다공증 메인 연구센터Maine Center for Osteoporosis Research'의 센터장 클리포드 로젠Clifford Rosen 박사처럼 장기 연구를 강력하게 추천하는 전문가들이 많다. 한편, 또 다른 숨은 원인은 나이 든 사람들이 "임상실험을 통해 승인되는 약품이나 의료 기기의 최대 소비자인데도 그 실험에서 꾸준히 배제된다"는 점이다.(D. Perry, 1)

무어에 의하면, 이 모든 약물 유해 반응 가운데 가장 빈번히 간과되어 그만큼 위험한 것은 약물이 세포분열에 미치는 영향이다. 이는 척수에 많은 상해를 야기할 수 있다.(*Prescription*, 108) 세포가 생기고 죽는 순환이 원활하지 않을 때, 암, 기형아, 혈액 질병 등이 발생한다.(*Prescription*, 92) 약물로 인한 재앙은 비행기 충돌 같은 극적인 상황이 아니라 "천천히 은밀하게 진행되고, 눈으로 확인하기도 어렵다."(53) 무어는 노인에게 처방되지 말았어야 했던, 잠재적으로 위험한 약물에 대한 연구를 이렇게 요약하고 있다.

세계 곳곳에서 샘플로 선정된 6천 명 이상의 노인 연구 대상자 가운데 23퍼센트가 적절하지 못한 약을 받았다. 회계감사원General Accounting Office이 메디케어의 자료를 검토한 결과, 노인에게 처방된 약제의 17퍼센트가 잘못되었다는 사실이 드러났다.(Moore, *Prescription*, 121) 이 수치는 65세 이상의 세대가 직면하는 위험을 암시하는 극히 작은 정보의 파편일 뿐이다. 임상실험 중에는 불명확해 미처 예측하지 못했던 부작용이 발생한 약물이 널리 시판되고 나서야 드러날 때가 많고, 심지어 약물로 인한 사망과 부상은 "보고되지 않는 것이 다반사"다.(Stolberg, "Boom," A18) 노인들이 워낙 많은 약을 복용하기 때문에 예측하지 못했던 부작용의 고통을 고스란히 겪고 있으며, 때로는 보고되지 않는 죽음과 부상의 피해자가 된다. 그들이 선택할 수 있는 현명한 방법은 시판된 지 1년을 넘지 않은 약은 무조건 피하는 것이다.

여성은 남성보다 약물로 인한 위험에 더 노출되어 있다. 특히 향정신성 약물이 여성의 몸에서 신진대사 하는 방식은 남성과 조금 다르다. 컬럼비아대학교에 있는 '전국 약물중독·남용센터National Center on Addiction and Abuse, CASA'는 한 보고서에서, 59세 이상의 여성은 남성에 비해 소량의 술과 처방약에 더 빨리 중독되는데, 안정제 처방 역시 여성이 남성보다 더 많이 받는다는 것을 지적한다. 신경안정제와 항우울제의 복용으로 낙상과 골절의 위험이 두 배 더 높아진다.("Report," 2~3) 남성이든 여성이든 네 종류 이상의 처방약을 같이 복용하면 낙상 확률이 높아진다.(Rao, 81) 상식적으로 생각해도 여성의 작은 체구와 호르몬 변화로 표준 복용량이 부담스러울 것이 분명한데도 나이 든 여성의 부작용 실태는 연구 주제가 되지 않는다. 캐서린 셰리프Katherine Sherif 에 따르면, "이러한 사태는 이 주제가 중요하다고 생각하는 사람이 없거나, 있어도 연구 자금이 없기 때문에 발생한다." 그러므로 약을 처방할 때 호르몬 대체요법을 고려해야 할지 아닐지를 알아두는 것이 유용할 것이다. 셰리프 박사는, FDA가 여성들을 임상실험 대상자로 참여시켜야 한다고 요구하지만, 연구 결과가 젠더에 따라 분리되어야 한다는 주장은 하지 않는다고 지적한다. 특히 젠더의 차이에 대한 증거가 있을 때만 여성을 포함하겠다는 주장은 어불성설이다. 증거는 연구를 해봐야 도출될 수 있기 때문이다.[2]

약물 유해 반응은 독거 노인이나 가족과 같이 사는 노인에게도 나타나지만, 양로원에 거주하는 노인에게 특히 심각하게 나타난다. 주로 여성들이 양로원에 거주하다 보니 양로원 거주자에게 약물을 과잉 처방하는 문제는 여성 문제라 해도 과언이 아니다. 이름이 비슷한 약물도 많아서 뒤섞이는 일도 빈번하다. 양로원에서의 많은 낙상은 약물 과다 복용 때문이다. 통계적으로 보면, 양로원 거주자들에게 종종 향정신성 약물이 투여된다.(어떤 조사에서는 50퍼센트로, 다른 조사에서는 80퍼센트로 나온다.) 정신분열증과 조울증 치료를 위한 항정신성 약물이 지금은 치매로 인한 공격적 행동을 통제하기 위해 양로원 환자에게 정기적으로 투여된다. 이런 약은 혈압 상승이나 체중 증가의 원인이다. 양로원 거주자를 대상으로 투여한 약제의 장점을 주로 다루는 모든 연구가 의약업체들의 후원을 받고 있다.(Power, 24) 이런 약은 뇌졸중, 폐렴, 인지 기능 저하 등과 같은 심각한 부작용이 따른다.(24) 양로원에서 수년간 일한 심리학자 이라 로소프스키Ira Rosofsky는 회고록《형편없고 잔인하고 오래도록Nasty, Brutish, and Long》에서 이렇게 요약한다.

"노인은(양로원에 있건 아니건) 의약산업을 위해 돈을 찍어내는 공장과 다름없다. 일반적으로 양로원 거주자는 하루에 열 종류의 약을 복용한다. 주로 소화제, 진통제, 심혈관제, 정신활성제 등이다."(9)

노인과 전문의들이 염려하는 것은, 많은 경우 정확한 진단을 내릴 수 없을 때 이와 같은 강력한 약제를 처방한다는 점이다.(Agronin, 389) 치매 진단이 정확하더라도 심각한 문제는 여전히 남는다. 향정신성 약물은 치매를 앓는 양로원 거주자들의 "행동적 증세 대부분에 약효가 나타나지 않는다."(Sherman, 36) 항정신제가 너무 남용되어서 21세기 초 미국 양로원은 의료 기관이라기보다 정신병원 같다고 하는 의사도 있다.(Agronin, 389)

양로원으로 가는 늙은 여성들은 정신과 환자로 둔갑한다. 이는 그들의 개인적 필요나 조건 때문이 아니라 단지 의약산업을 위해 포로로 잡혀 커다란 시장을 형성했기 때문이다. 초기 치매 증세를 보이는 이들은 한두 종류의 약제로도 충분한데, 대여섯 종류의 약제가 주어진다. "제약회사 홍보 인력이 책상머리 출신이다 보니" 치매에 관한 주된 이야기는 치매 치료의 향상에 활용될 전략보다는 이론적으로 치료 방법을 찾는 데 초점을 둔다.(Basting, *Forget Memory*, 38)

약 처방에 대한 글을 쓰는 노년학자들은 때로 여러 약제의 동시

복용을 지칭하기 위해 '다약제복용'이라는 말을 사용하는데, 이 용어가 권위를 갖춘 과학적·중립적 입장을 전달하는 듯이 들린다. 한편, 이 용어는 너무나 많은 약물이 주입되는 상황, 너무나 오래도록 약에 의존하는 상황, 혹은 '과도하게 많은 복용량'이 주어지는 상황으로 정의될 수도 있다.(Michochki et al., 441) 약제의 과다 투여라고 말할 수 있는 정확한 기준은 불명확하다. 노인에게 처방되는 많은 약이 불필요하거나 비효율적이라고 노인과 약리학자들이 인정하는 것은 다소 오해의 소지가 있다. 약물은 몸의 화학적 작용을 바꿀 수 있을 만큼 강력하므로 '비효율적'이라는 말이 아무런 효과가 없다는 일반적 의미로 읽혀서는 안 된다.[3]

약물 유해 반응은 생물학과는 전혀 무관한 요소에 의해서도 발생한다. 의사와 환자 사이에 충분한 의사소통을 거치지 않은 채 약을 바꾸기도 하고, 때로 환자가 의사의 지시를 따르지 않는 경우도 있다. 어떤 의사나 약사도 여러 의사로부터 처방받는 환자가 무슨 약을 복용하는지 모두 알 수는 없다. 대개 환자는 의사에게 어떤 약을 처방전 없이 복용하는지 말하지 않는다. 예를 들어, 어떤 이들은 변비약을 장기복용할 경우 장에 손상이 갈 수도 있다는 것을 이해하지 못할 수 있다. 의사가 허락하지 않을 것으로 예상해 자신이 복용하는 약초에 대해 함구하는 이들도 있다. 라틴계 미국인들은 지역 약초 가게로부터 입수한 치료법에 대해 의사에게 이야기하지 않는다. 영어의 한계와 청각의 손실, 의사에 대한 극도의 존경, 환자 입장에서의 무기력 등이 약에 대한 불완전한 판단을 하게 하는 요인이 된다.

약물 유해 반응이 말년에 나타날 것임을 잘 아는 노인과 전문의들은 약을 처방할 때 세심한 주의를 기울인다. 그러나 대부분의 노인은 이런 전문가의 치료를 받지 못한다. 의료 과잉의 해결책은 노인과 전문의의 확충에 있다. 그들은 현명하게도 "약한 것으로 시작해 천천히 가라"라는 처방적 조언을 내놓는다.(Winker, 56)

노인의 약물 효과를 정기적으로 평가하는 것은 매우 중요하다. 의약품에는 사용 방법에 대한 정확한 정보를 기재한 표준 라벨이 붙어 있어야 한다. 지금도 부작용을 설명하는 삽입 안내지가 포함되어 있기는 하지만, 대개 최악의 부작용에 대한 정보는 생략되어 있다.(Stolberg, FDA, A23) 복용할 약품의 위험성을 충분히 안다면 소비자들은 그 약의 복용을 망설일 수도 있다. 이럴 때는 삽입 안내지에 '노인과 전문의와 상담 필수'라는 문구를 명시한다면 도움이 될 것이다. 약의 복용 여부를 정하기 위해 더 많은 연구가 필요하다.(Beizer, 16) 컴퓨터를 통해 처방에 관한 체계적 정보를 수집하는 것도 개선의 여지가 많은 분야인데, 이는 불명확한 필체에서 발생할 수 있는 실수를 없애고 의사와 약사의 약제 교차 체크를 수월하게 유도할 수 있다.(Moore, *Prescription*, 170)

노화에 따른 신체 변화와 약물 유해 반응의 관련성, 그리고 고가의 의료비를 고려해볼 때, 나이 많은 사람이 오히려 약을 덜 복용해야 한다고 판단하는 것이 사리에 맞다.

의약산업

지난 10년간 의약산업 내부 전문가들은 다양한 사례를 들어 의약산업을 심도 깊게 비판하고 있다. 예전에는 의약산업의 실체가 좌파, 페미니스트, 양심선언을 한 소수 의사들에 의해 일부 드러나는 정도였다면, 지금은 주류 권위자들, 특히 마샤 에인절Marcia Angell, 아놀드 라이먼Arnold S. Reiman, 휴 브로디Hugh Brody와 같은 이들이 정밀한 잣대로 이를 검토하고 있다.[4]

2003년, 정부가 처방약 비용을 부담하는 메디케어 D파트를 통과시키면서 노인들은 수혜를 입게 되었고, 의약산업에는 새로운 시장이 형성되었다. 사실 의약산업의 입김이 여러 조항에서 감지되기는 했다. 정부는 해당 조항에 의거해 약값 인하를 위한 협상을 하지 못하게 되었다. 만약 협상이 성사되었더라면 일정액 공제제와 공동 부담 형식으로 약 600억 달러를 절감할 수도 있었을 개정 조항이었다. 2010년의 개정의료보험법의 주된 개선점은 2020년까지 일명 '도넛 구멍'(보험의 미적용 부분)을 점진적으로 없애는 것이다. D파트를 이용하는 노인들은 처방 비용을 2,800달러에서 4,550달러 정도 지불해야 한다.

유럽인과 비교하면 미국인들은 약값으로 38퍼센트를 더 지불하고(Trager, A13), 도매 약값도 캐나다와 호주와 비교할 때 미국이 25~68퍼센트 더 비싸다.("Researchers," 8A) 메인 주 하원의원인 톰 앨런Tom Allen은 제약회사에게 그들이 정부와 HMO에게 제출한 가격과 동일한 가격으로 약을 저렴하게 팔도록 요구하는 법안을 도입했다. 그러자 제약회사는 약품 생산 비용이 치솟고 있다고 강경한 방어막을 치면서 만약 노인이 약값을 적게 낸다면 신약 연구가 위태로워질 것이라고 협박했다. 이러한 주장에 앨런은 알기 쉽게 응답했다.

"노인들에게 세계 최고가를 요구하는, 그럼으로써 최고의 수익을 올리는 기업이 우리 눈앞에 버젓이 있습니다."(S. Campell, 1A)

제약회사 대변인들은 연구 자금의 상당 부분이 납세자로부터 오는 것이라거나, 시장을 휩쓰는 '유사' 약품이 새로운 의학 지식을 위해서가 아니라 수익을 높이려고 만들어진다는 말을 하지 않는다. 말라리아와 그 밖의 열대 풍토병을 치료할 신약이 필요하지만, 산업은 여기에 어떤 투자도 하지 않는다.(Buell, A11) 처방약이 눈이 휘둥그레질 만큼 비싼 것은 중산층의 현안이 아닌 이상 뉴스거리가 되지 않는다.

10년 전과 비교할 때 장기 복용을 권하는 공격적인 홍보는 특히 텔레비전 광고를 통해 더 보편화되었다. 의약산업은 약품 마케팅으로 연간 100억 달러를 쓴다.(Buell, A11)

"약효가 적절한 수준으로 나타나지만 승인은 어렵사리 난 클라리틴Claritin(항히스타민제―옮긴이)은 스마트 마케팅을 통해 엄청나게 팔리는 약품으로 탈바꿈했다."(Hall, "Prescription," 40)

하버드대학교 약리학 교수인 제리 아본Jerry Avorn은, 제약회사의 홍보물은 "설령 그 약품이 최선의 선택이 아닐 경우에도 판매 실적을 높이는 것을 최우선 목적으로 한다. 약품의 위험성과 장점이 동일한 수준으로 고지되는 것은 아니므로 의료비 지출은 증가한다"라고 분석한다.("Prescription Drugs," *New York Times*, 2011. 7. 11.) 이런 염려에 공감하고 항우울제가 노인 환자에게 위험할 수 있다는 사실에 초점을 맞추면서 노틴 해들러Nortin Hadler는 의사와 환자는 "데이터를 통해 터무니없는 것을 믿게 하는 제약회사의 마케팅 전략에 맥없이 농락당한다"라고 썼다.(*Rethinking Aging*, 164)

알약이 감자칩이나 펩시처럼 팔릴 때는 이미 의약품에 세뇌된 상태라고 할 수 있다. 많은 잡지의 앞쪽 여러 페이지가 약품 광고로 오염되고 있다. 약품 광고가 엉터리 혹은 잘못된 주장이라는 것이 입증되고 있으며, 과하게 홍보되는 의약품의 경우 여지없이 엉터리거나 오해를 불러올 수 있는 메시지를 전한다.(Adams, A24) 의사들은 쇄도하는 무료 샘플에 파묻힐 정도이고, 신약에 대해 그들이 얻을 수 있는 지식은 오로지 판매원의 입을 통한 것일 테지만, 판매원이 부작용에 대해 이야기할 것 같지는 않다. 어느 의료회사가 의사들에게 저녁 식사비 명목으로 100달러씩 전달한 것을 포함해 약국에 특정 의약품을 반입하겠다는 서류에 은밀히 서명하도록 물밑으로 리베이트를 약속하는 등 여러 위반 행위를 저질렀고, 캘리포니아 북부의 의료 협력 단체인 '카이저 퍼머넌트Kaiser Permanente'는 그에 대한 징계로 6개월 동안 그 회사를 탈퇴시켰다. 의사들에게 회사들이 제공한 선물 공세, 저녁 식사와 같은 향응, 휴가 등은 무상이 아니라 노인 환자들의 주머니에서 나온 돈이다.

한편, 제약회사에서 자체 실시하던 임상실험이 수십억 달러가 걸린 사업으로 탈바꿈하면서 갖가지 악폐가 발생했다. 10개월에 걸쳐 《뉴욕타임스》가 조사한 바에 따르면, 약품의 효능 테스트를 담당하는 의사가 실은 실전 경험이 모자랄 뿐만 아니라 전공 영역과도 무관한 테스트를 지휘하고 있었다. 의사는 환자에게는 알리지 않은 채 의약품 임상실험의 참가자로 투입시키고, 참가자에게 돌아갈 대가성 보상금

을 자기 주머니에 챙겼다. 심지어 가장 많은 환자를 확보한 의사에게
는 특별 포상이 주어졌다. 임상실험 연구자들로 등재된 사람들은 약품
연구의 권위자들이지만, 실제 연구 보고서 작성자는 회사가 제공하는
정보를 사용하는 대리 작가다.(Eichenwald and Kolata, A28)[5]

약품 특허는 독점이어서 제약회사는 자유시장에서 형성되는 가격
수준보다 훨씬 더 고가로 가격을 책정할 수 있다.(Sager and Socolar, 29)
제약회사는 '제네릭 약품generic drug'(브랜드 약품의 5년 특허 기간이 종료된
후, 그 약품과 약효나 성분 등은 동일하지만 상품명 없이 저가로 시장에 출시되어
약값의 인하를 유도할 수 있다. FDA가 품질을 관리한다─옮긴이)을 시장에서
퇴출시키려고 제조업자들을 매수한다. 결과적으로 제약회사는 시장을
독식한 후 약값을 올리기 때문에 환자들은 몸값이 오른 독점 상품인
브랜드 약품을 사지 않을 수 없게 된다. 이럴 경우 최대 피해자는 노인
들이다. 기업은 손익분기점을 금세 확보하고, 그 약품은 희귀성으로 인
해 가격이 천정부지로 치솟는다.

이런 관행이 유럽에서는 금지되어 있다. 수년 전 의약산업의 탐욕
이 적나라하게 드러난 적이 있다. 그때 남아프리카공화국이 에이즈 환
자에게 제네릭 약품을 제공하는 것을 막기 위해 전체 제약회사 가운데
39퍼센트가 소송에 참여했다. 그러나 이것은 여론에 밀려 좌절되었다.
약사들이 의사의 처방 습관에 대한 정보를 제약회사 대표에게 매각하
는 관행이 2008년 메인 법의 통과로 금지되자 이에 항의하고 나선 것
도 제약회사다. 이 판례는 의약산업이 어떤 식으로든 제재를 받은, 얼
마 되지 않는 사례다. 그들의 이익은 연방 정부의 로비스트 군단에 의
해 보장되고 상승한다. 미국의 소비자 단체인 '퍼블릭 시티즌Public

Citizen'의 보고서에 따르면, 로비스트는 주로 이전 대의원이나 그 보좌진들이며, 총 625명으로 의회 의원 한 명당 한 명 이상의 로비스트가 배정된다는 계산이 나온다.

약물 과잉의 정치경제적 측면이 복잡하기는 하지만, 한 가지 추론으로 단순화할 수 있다. 즉, 안전을 지키려니 너무나 많은 돈이 든다. 그래서 유해성으로부터 보호받을 환자의 권리가 제약회사의 이익 창출 욕구와 부딪힐 때 "안전 문제는 참패한다"라고 무어는 결론 내린다. 그가 보기에 현재의 체제는 약품 판매를 극대화하도록 조직화되어 있으며, 소비자의 안전은 뒷전이다.(*Prescription*, 162) 가장 많은 약을 복용하는 사람이 유해성에 직면할 위험이 가장 크다. 약물과 관련한 문제가 발생할 때 이런 식으로 상황이 전개된다. 할시온Halcion(불면증 단기 치료제—옮긴이)의 경우처럼 문제가 생기면 제약회사는 법정에 가고, 의회에 로비하고, FDA에 탄원하고, "뉴스 매체에 엄청난 양의 기사를 제공하고, 의료 저널에 압력을 행사하고, 의사에게 영향력을 가하면서" 일사불란하게 움직인다. 그들의 주장은 사건의 진실과는 아무 상관 없다. 약품에 대한 정보 대부분이 기업에 의해 관리된다는 것 자체가 세계적 기업에 과도한 권력이 응축되어 있다는 증거다.(162)

처방약과 관련한 문제는 더 늘어날 것 같다. 의료 연구와 의료 저널의 진실성은 의약산업과의 연대로 손상을 입고 있다.《뉴잉글랜드 의학 저널New England Journal of Medicine》의 전 편집장인 마샤 에인절은 연구자들이 그들에게 자금을 대는 회사의 의약품에 대해 보다 호의적인 연구 결과를 내야 하는 쪽으로 마음이 기울어진다는 사실을 인정했다고 전한다.(*Associated Press*, 2000. 5. 18.)《뉴잉글랜드 의학 저널》도 제약회사와 금전적 유대를 가진 저자의 논문을 열아홉 편 발간함으로써 자체 이익 충돌 정책을 침해한 것을 사과했다.(*New York Times*, 2000. 2. 24. A15) 어느 호에는 스물여덟 개의 각기 다른 약품 광고가 실리다 보니 거래 관련 출판물처럼 보이기도 했다. 의약산업은 "세계 국가를 하나씩 공략해 의료직에 몸담은 인적 자원들을 자기편으로 만들 것이고, 곧 모든 의학적 소견을 구매하려고 할 것이다."(le Carré, 12) 이런 음험한 기획은 처방약을 복용하는 노인들에게 불길하기 그지없다.

저널리스트의 관심을 끌지는 못했으나 꽤 개연성 있는 문제는 노년학 역시 훼손되었을 수도 있다는 점이다. 노년학 학회와 발간지가 제약회사의 보조를 받고 있으며, 의약산업의 헤게모니에 반기를 드는 논문은 거의 찾을 수가 없기 때문이다. 거대한 제약회사와 노년학의 고리에 대해 침묵함으로써 약물에 찌들어가는 노인을 대상으로 한 중요한 연구나 조사는 원천봉쇄된다. 노년학자와 노인과 전문의가 읽는 학술지는 멋진 노인 여성(남성은 없다)이 독자를 향해 안정제가 얼마나 좋은지를 보여주기 위해 미소 짓는 광고를 싣는다. 노년학자들은 약물 유해 반응으로 매년 수천 건의 고관절 골절이 발생하며 수십억 달러가 들어가는 다른 문제도 생긴다는 점, 양로원 거주 노인의 3분의 1이 하루에 여덟 종류 이상의 약을 복용하는 실정이며, 다중 복용의 효과에 대한 연구는 부족하다는 것 등을 인정할 수 있다.(Lyder et al., 55~56) 또한 노인 전문 간호사들은 약물 유해 반응으로 인한 사망 건수가 엄청나기 때문에 때로는 약을 처방대로 복용하지 않고 거부하는 것이 최선의 선택일 수 있다고 말할 수 있다.(Fulmer et al., 47) 그러나 어느 누구도 현 체제를 노인 여성의 건강에 치명적으로 작용하는 공중보건의 재앙이라고 말하지는 못한다.

대체의학 전문의들은 노인에게 약물 없는 치료를 제공하면서 값진 정보와 지식은 확보했으나, 노년학 학회에서 그것을 강의할 기회는 좀처럼 얻지 못한다. 이런 지식을 억압한다는 것은 변명의 여지가 없다. 그것은 공개적 토론을 통해 건강한 노화를 추구하는 목소리와 반향을 노년학에 접목하려는 시도를 막는 것이다. 약물 없는 치료에 대한 정보를 이용할 수 없다면 어떻게 노인들이 자신의 이슈를 주요 쟁점으로 다루는 조직과 출판물이 객관성을 담보하는지 아닌지 판단할 수 있겠는가? 의료산업의 관점만이 유일하게 출판되거나 학회에서 다루어지도록 허용된다면 약물에 중독되는 노화의 대안에 대해 노인들이 어떻게 알 수 있겠는가? 이런 어리석은 정설을 지키기 위해 치르는 대가는 진정 무엇인가?

의사, 약사, FDA

노화 과정이 화학 약물에 의존하게 되는 원인 중에는 주류 의사들이 총체적 인간을 다루는 치유자로 단련되는 과정을 밟지 않는다는 문제도 있다. 이론적으로 의사는 환자에 따라 우선 약물 없는 치료와 약물 치료 중 양자택일할 수 있지만, 대개는 훨씬 옹색한 선택지를 고른다. 그래서 어느 약을 처방할 것인지부터 고민한다.[6] 노인과의 전 과목이 영국에서는 모든 의과대학에 있지만, 미국에서는 소수의 의과대학에서만 찾을 수 있는데, 이는 노인과가 인기 있는 전공 분야가 아니라는 이유에서다. 가능한 한 많은 환자를 진찰하라는 HMO의 압력으로 의사의 진료 시간이 단축되다 보니 대여섯 가지의 질병을 앓고 있어서 개별 맞춤형 치료가 필요한 노인들은 양질의 진료를 받을 기회가 줄어든다. 의사의 입장에서는, 환자가 현재 증세와 관련해 그동안 어떤 약제를 복용해왔는지 꼼꼼하게 살펴볼 시간이 없다. 15분 정도의 방문으로는 검진하기에도 부족한 마당에 약제 교체 여부를 결정할 수 없는 것은 물론, 환자에게 약물에 대한 교육까지 적절하게 실시하라는 것은 불가능한 미션이다.(Knight and Avorn, 111) 게다가 의사들은 나이에 맞는 복용량을 인지하지 못할 수 있고, 정보가 적절하지 않아서 어떤 약제를 선택했다가 결국 시행착오가 될 수도 있다. 사실 원인을 알 수 없는 실수는 올바른 약제를 선택하는 경우보다 더 빈번하게 일어난다.(Atchley, *Social Forces*, 363) 지금 널리 사용되는 특정 약제가 임상실험에서는 나타나지 않던 유해한 부작용을 일으킨다고 FDA가 추후 보고했지만 의사가 자신의 처방 습관을 바꾸지 않는 경우도 있다.[7]

의료 훈련은 연령차별이라는 고정관념에 문제를 제기하기보다는 이를 더 강화하는 듯하다. 이러한 고정관념을 방조하는 관행에 문제의식을 갖고 이를 자제하려는 의사라 하더라도 약물에 의한 노인 환자의 미묘한 변화를 알아채지 못하는 경우가 생긴다. 혹 그러한 변화를 관찰하더라도 약물의 다중 복용에서 원인을 찾기보다는 노화 과정의 일부라고 판단해버린다. 이런 요소들이 복합적으로 작용하는 실정이기 때문에, 올바른 복용량을 설정하고 약물의 부작용을 예방하고 약물 복용 과정에 대해 세심하게 모니터링하는 것 등은 안타깝게도 "현재의 의료제도와 조직 안에서 할 수 있는 일이 아니다."(371)

병원 차원에서 약물 과다 투여 방지를 위한 적절한 조치가 전무한 상황인 데다 조제 과정까지 변동되다 보니 노인은 더욱 복잡해진 위험에 노출된다. 격무에 시달리는 약사들은 하루 열두 시간씩 일할 때가 많고, 그만큼 실수할 가능성이 높아지며, 약국을 찾는 사람에게 약제의 적절한 사용에 관한 조언을 해줄 여유가 없다.(Stolberg, "Boom," A18) 약품은 같은 질병의 치료를 목적으로 하더라도 저마다 화학 성분이 다르고 부작용도 다르게 나타나므로 함부로 바꾸어서는 안 된다. 그러나 약사는 관리의료Managed Care(건강관리제도를 총체적으로 관리·제공하는 의료. 의료비 억제 효과를 목적으로 했으나, 과도하게 원가 절감에 치중한 나머지 의료의 질적 저하가 문제로 대두되었다 — 옮긴이)의 압력을 받으면서 급기야 돈을 아낀다는 명목하에 약품을 바꾸는 일도 비일비재하다. FDA의 저예산과 "규제 대상인 산업체의 두둑한 주머니" 간에 벌어지는 현격한 격차 또한 혼란스럽다.(Mann) FDA에 있는 스물한 명의 안전 평가원들은 현재 사용 중인 3,200개의 약품을 모니터링한다. 열 명의 약사는 의료 실책을, 열 명의 유행병 학자들은 안전 보고서와 약물 사용 패턴을 연구한다.[8] 이상적인 상황이라면 소비자 보호를 위해 일하는 FDA 직원의 수는 적어도 제조업자를 대변하는 로비스트의 수와 맞먹어야 한다. 나이 든 사람들은 "임상실험을 통해 승인되는 약과 의료 기기의 최대 소비자인데도 그 실험에서 꾸준히 배제된다."(D. Perry, 1) 비록 FDA가 신약을 모니터링한다고 하지만, 안전상의 위기를 초래하는 커다란 함정이 있다. 한 사람이 평생 복용할 약에 대한 실험 기간은 보통 몇 주나 몇 개월 정도로 짧다. 예를 들어, 푸로작Prozac, 팍실Paxil, 졸로푸트Zoloft(세 가지 다 우울증 치료약 — 옮긴이)의 임상실험은 겨우 6주였

지만, 모두 장기 복용 약으로 추천된다.(Moore, *Prescription*, 177~178)

1980년대에는 신약 승인에 3년이 걸렸고, 이는 소비자들을 어느 정도 보호하는 과정이었다. 짚어야 할 다른 문제는 FDA가 처방약에 의한 사망과 부상 관련 자료를 수집할 의무가 없다는 것인데, 이는 일반 대중을 보호하는 방어막이 부재함을 의미한다.(Moore, *Prescription*, 46; 175) 한편, FDA는 제약회사에게 신약이 승인되기 전 약물 상호작용 실험을 의무사항으로 요구하지 않는다.(Eastman, 16) 약물 승인이 영구적인 것이 아니라 5년마다 재평가를 통해 다른 약제로 대체할 수 있는지 결정한다면 보다 안전한 대안이 강구될 수도 있다.(184) FDA는 이미 시장에 나와 있는 약보다 훨씬 더 비싼 '모방' 약품의 개발을 막지도 못한다.

이와 관련된 사회·문화적 이슈

미국인들은 빠른 회복을 선호하는 것으로 유명하다. 의료 문제를 해결하기 위해 약을 복용하는 것은 식습관을 바꾸고 운동량을 늘리고 스트레스를 줄이는 것보다 확실히 쉽다. 빠른 해결책을 선호하다 보니 노인들은 의사의 처방약을 기대하게 되고, 만약 처방받지 못하면 무시당하는 느낌을 받는다. 나이가 들었으므로 예전보다 더 많은 약이 필요하다고 믿는다면 복용 약이 쌓이더라도 문제될 것이 없다. 주변 친구 역시 하루에 대여섯 종류의 약을 복용한다면 혼자 문제의식을 가지기는 더욱더 쉽지 않을 것이다. 최근 인기를 끄는 한 호텔 체인의 광고

메시지인 '많을수록 더 좋다'와 일맥상통하는 미국식 문화 가치는 약물 과다 복용에도 적용된다.

노인들이 주류 의사를 더 자주 볼수록 더 많은 처방약을 받게 되고, 그 부작용으로 병은 더 깊어진다. 노인을 환자로 만들어 캡슐로 연명하게 하는 세상에서는 제약회사의 후원을 받는 저널에 재야 학자들의 연구 결과가 등장할 가능성은 없다.(Epstein, 60)

노인들은 늙었기 때문에 진정제를 복용해야 하는가?

"입법자와 대중의 머리 안에는 노인에게 진정제를 복용하도록 유도하더라도 별문제 없다는 생각이 있다."(Gomberg, 94)

연약하고 의존적인 노인들을 사회적으로 어느 정도까지 통제하는 게 적절할까? 인종, 민족의 차이가 약 처방과 모니터링, 그리고 약의 효능에 영향을 미치는가? 스탠포드대학교의 노년학자인 그웬 여 Gwen Yeo는 한 연구를 인용한다. 그 연구에는 아시아계 미국인 노인은 백인에게 처방된 복용량의 절반이면 충분하다는 의견이 피력되어 있다.(76) 베이비부머들은 나이가 들면서 처방약을 더 많이 요구할까? 저소득 가족이나 중간소득 가족이 감당하는 고비용의 처방약 지출을 해결할 적절한 방법은 메디케어를 통한 약 조달인가? 고가의 약 소비로 의료비가 인상된다면 비난의 화살이 노인을 향해야 하는가?

처방약은 제2차 세계대전 이후에야 도입되었으며, 노인의 약물 과다 복용은 상당히 최근의 현상이다. 그러니까 지금의 80대는 사는 동안 아주 짧은 기간만 약에 노출되는 셈이지만, 20년 후에는 대부분의 사람이 평생 약이 판치는 문화에서 살아가게 될 것이다. 노인의 약물 과다 복용은 미국 문화에 깊이 뿌리내려 있다. 보건사회복지성에서 발간한 《당신의 약을 현명하게 사용하는 방법: 노인을 위한 가이드Using Your Medicines Wisely: A Guide for the Elderly》라는 소책자는 열한 개의 약품을 위해 지면을 할애했고, 《건강한 보건으로 가는 패스포트Passport to Good Health Care》라는 오해의 소지가 있는 제목의 부록까지 배포했다. 이런 공식 출판물은 하루에 열한 종류의 약을 복용하는 것은 보통 있는 일이라서 괜찮다는 메시지를 미묘하지만 강력한 방식으로 전파한다. 이는 노화가 사회적 구성물임을 보여주는 탁월한 사례다.

65세 이상에서 나타나는 약물 유해 반응의 범위와 심각성, 그리고 약물 과다 복용 등을 생각해본다면 우리가 말하는 '노화'의 상당 부분이 사실 처방약, 특히 장기간 복용한 다양한 약물의 누적 작용일 수도 있다고 추정하는 것이 논리적이다. 나이 많은 가족과 같이 사는 사람들은 노인들이 겪은 문제가 그 나이에 흔한 둔화의 결과라고 생각하기 쉽다. 어떤 둔화는 정상적일 수도 있지만, 약물로 인한 둔화는 정상이 아니다. 문제는 그 둘을 구분하기가 어렵다는 점이다. 미국인들은 약의 효능에 과도한 관심을 가질 뿐 그 위험에 대해서는 충분한 주의를 기울이지 않는다.(Moore, *Prescription*, 29) 노인의 약물 과잉은 오늘날 많은 어린이가 리탈린Ritalin(ADHD에 사용되는 항정신성 의약품 — 옮긴이)에 의존하는 현상과도 관련 있다. 노인과 어린이의 이러한 약물 의존 현상은 "인간 행동에 대한 대규모 화학적 조절"(Moore, *Prescription*, 22)을 의미하며, 이런 현상의 숨은 뜻에 대해서는 아직 연구되지 않았으나 분명 상당히 심각한 양상이라고 하겠다.

약물 없는 노화

미국에 있는 모든 대체요법 치료사들(지압요법사, 동종요법사, 침술사, 본초학자, 마사지 요법사, 아유르베다 의사, 자연요법사)이 지난 10년간 그들이 치료해온 70세 이상 환자 중 다섯 명씩만 소개하더라도 현재 제도로는 불가능한 약물 없는 노화를 목격할 수도 있을 것이다. 사실 약물 없는 노화는 대부분의 미국인에게는 상상할 수 없는 일이다. 약은 더 일찍 죽었을 수도 있는 몇몇 노인을 계속 살게 한다. 하지만 그들이 약물 없는 치료를 받았더라면, 혹은 그들 중 75퍼센트가 보완의술로 치료를 받았더라면 별 탈 없이 살 수도 있었을 일이다. 사실 여기에 대해서는 아무도 모른다. 약에 의존하는 노화와 비교할 만한 다른 노화의 자료가 없기 때문에 제약업자들은 우리더러 약이 보편적·필연적으로 유익한 생산물이라고 믿으라 하겠지만, 우리는 확신이 서지 않는다. 그러니 이것을 강제로 신뢰하는 것 말고는 다른 방도가 없다. 그러나 개별적으로 대체의약을 선택한 65세 이상의 사람들은 비교할 토대가 있기에 더 이상 처방약에 의존하지 않겠다고 결심한다. 이로써 그들은 기업의 후원 아래 형성된 인습적 신념으로부터 벗어날 수 있다. 약물 의존이라는 노화의 덫에서 빠져나온 노인들은 자신의 이야기를 알려줘야 한다. 부주의한 약물 과잉으로 죽임을 당한 노인들은 불행하게도 자신의 이야기를 전할 수 있는 처지가 아니지 않은가?

의약산업은 노인들에게 다중 복용이 안전하다고 설득하는 권위자(고용된 권위자)의 주장에 힘입는 바가 크다. 만약 약물 없는 노화가 다양한 많은 사람을 대상으로 장기적이고 체계적으로 연구된다면(연구

대상의 3분의 2는 여성으로 하고, 연령은 65세에서 100세까지로 하는 게 좋겠다)
약제를 써야 효과적으로 치료되는 인생 후반기의 상태와, 다른 수단을
이용해야만 가장 효과적으로 치료되는 질병을 구분할 수 있을 것이다.
대부분의 의료보험에 광범위한 대체요법 치료가 포함된다면 경쟁 구
도는 훨씬 더 공정해질 것이다. 진정한 자유시장이 되려면 약물 치료
와 약물 없는 치료의 비교가 허용되어야 한다.

위약 효과에 대한 포괄적이면서도 새로운 시각을 던져주는 한 논
문에서 마거릿 탤벗Margaret Talbot은 질병이 미국 사회에서 공격적으로
치료되기 때문에 "그 질병의 자연스러운 역사에 대해서는 알 수가 없
다. 아무것도 하지 않는다면 무슨 일이 일어날까?"(38)라고 질문한다.
이 관점은 노화에 대한 흥미로운 쟁점이 될 수 있다. 만성 질병의 치료
를 위해서 아무것도 하지 않는 방법을 쓴다면 어떻게 될까? 노인들에
게는 의료적 치료가 반드시 필요하다는 신념이 크다 보니 이러한 제안
이 이단적으로 보인다. 위약의 효과는 "공감적 돌봄에서 비롯된 일종
의 기대감 때문이다"(58)라는 탤벗의 말이 옳은 것이라면, 건강이 향상
될 수 있다는 기대와 공감에 강렬한 치유력이 있다는 뜻이다.

동종요법이 널리 시행되는 영국과 독일에서는 노인에게 약제를
쓰지 않는 치료가 미국보다 훨씬 더 성행한다. 일본에서는 노인들이
약을 네 종류도 복용하지 않는다. 의사들은 약을 처방하지만, 전통 아
시아식 치료법을 권한다.[9]

약물 없는 양로원을 생각해보라. 이는 모순어법도 아니고, 유토피
아적 관점도 아니다. 그런 양로원에서는 의사가 보완의술과 대체요법
을 사용하면서 노인에게 무엇을 제공할지 빠짐없이 보여줄 것이며, 그

방법들은 서로 잘 어울릴 것이다. 거주자의 건강 문제에 차도가 없다면 약물이 고려될 것이며, 아주 세심하게 모니터링될 것이다. 거주자의 남은 활력이 다중 약물 복용으로 허망하게 소비되지는 않을 것이다. 많은 이가 스스로 옷을 입을 것이며, 음식 선택도 통제되지 않을 것이다. 거주자가 자신의 성적 욕구를 표현하고자 한다면 직원은 그것이 희롱이나 성적 학대가 아닌 이상 개입하지 않을 것이다. 인생 후반기의 보다 인간적인 돌봄 환경을 추구하는 의사들은 양로원에서 살펴본 점잖은 성적 행위를 "치료로 인해 생기는 외로움"이라고 이름 붙인다.(Miles, 40) 약물 없는 양로원 거주자들은 친밀감에 대한 욕구를 표현할 것이며, 직원들은 성을 통해 상호연결을 원하는 인간의 기본적 욕구가 발현되는 것으로 이해하게 될 것이다.(38) 약물을 복용하지 않는 거주자 중에는 성적 표현을 중요하게 여기지 않는 사람도 있을 것이다. 혹은 어떤 이는 지금 직접 표현하지 못하더라도 심하게 거동이 불편하지 않을 때는 예전과 같은 모습을 보일 것이다.

뉴잉글랜드대학교의 노인학과 교육연구소장 마릴린 구글리우치 Marilyn Gugliucci가 주관하는 독특하면서도 가치 있는 프로그램을 통해 의과대학생들은 2주간 양로원의 거주자로 입주한다. 이 프로그램은 노인에 대한 공감 능력 향상을 포함해 여러 이점이 있는데, 그 가운데 양로원 거주자들이 약제를 과다 복용함으로써 보이는 결과를 학생들이 직접 관찰한다는 점도 손꼽을 만하다.

결론

1975년, 로버트 버틀러는 고가의 의약품, 약물 유해 반응에 의한 사망(그 당시 3만 명이었고, 지금은 10만 명에 이른다), 의사와 제약회사 간의 "지나치게 편안한 관계", 진정제로 인한 둔화와 자연스러운 노화를 동일한 범주로 뭉뚱그리는 행태 등을 경고한 바 있다.(*Why Survive?*, 200) 이런 추세의 최대 피해자는 노인이다. '건강'과 '돌봄'이 영리를 목적으로 하는 체계적 조작 때문에 보건으로부터 분리될 때 고통을 당하는 쪽은 그들이다. 그들이 고질병 치료를 위해 약물을 다중 복용하면 생명이 단축될 수도 있고, 다른 질병으로 발전해 더 큰 어려움에 처하게 될 수도 있다. 질병들은 제약회사의 영리를 위해 만들어지고 유지된다. 약물 과잉이 점점 더 늘어나는 까닭은 노인 인구가 두 번째로 빠르게 증가하는 세대이고, 이들이 시설에 들어갈 확률이 높아지는 만큼 약물 다중 복용의 환경에 놓이기 때문이다. 메디케어 D파트는 65세 이상의 삶을 향상시킬 가능성이 있지만, 처방약의 과다 복용을 부추길 수도 있다.(Bishop, 432)

어떤 의미에서 약물 다중 복용은 몸의 자연치유력을 교란할 정도로 강력하기 때문에 생명을 소멸시킬 수도 있다. 그렇다고 처방약의 부작용에 시달리는 노인을 비난해서는 안 된다. 많은 노인, 특히 여성들은 노화 과정(그게 당사자에게는 무엇이 되었건)을 고스란히 경험할 수 없다. 그들 몸에 들어간 화학 물질들이 문자 그대로 그들을 바꾸어놓기 때문이다. 의사는 그들의 노화를 현명하지 못한 방식으로 통제한다.

많은 노인, 특히 백인 중산층 노인들이 점점 보완(대체)의학을 찾고 있으며, 몇몇 민간요법에 대해 이해가 좀 더 깊어지고는 있지만, 현재 노인 보건에서 전횡을 휘두르는 것은 주류 의학이다. 이런 독점의 결과, 미국에서 가장 고수익을 남기는 사업체들이 노화는 질병이며 자기 상품이 적절한 치료제라는 통념을 양산한다. 제약회사는 공공선에 위협이 되기는 하지만 고소득을 올리는 담배산업과 제휴한다. 그들의 관행(가령 제네릭 약품의 강요)에 대해 더 철저한 전수조사가 필요하다.

약물과 노인에 대한 서평에서 두 명의 의과대학 교수, 에릭 나이트Eric L. Knight와 제리 아본은 현재 처방의학을 지탱하는 기초과학은 "절망스러울 정도로 빈약하다. 특히 약물이 노인의 건강관리에서 중추적 역할을 한다는 사실, 그리고 노인 환자의 약제를 처방할 때 실수의 여지를 줄여야 한다는 것을 고려해볼 때 현실은 더욱 참담하다"라고 인정했다.(Knight and Avorn, 111) 이러한 솔직한 평가를 접한 우리는 적절한 과학적 토대 없이 어떻게 약물이 노화의 중심에 오게 되었는지를 묻지 않을 수 없다. 생물학이나 건강보다는 관습과 영리가 더 강력한 동기가 되어 65세 이상의 약물 과잉을 지시한다는 설명이 설득력 있겠다. 많은 노인이 하루에 여섯 종류 이상의 약을 복용하게 된 주된 이유는 그렇게 해서 그들의 건강이 좋아지기 때문이 아니라 제약회사가 새로운 시장을 필요로 하기 때문이다. 고령 인구는 세력 확장에 박차를 가하는 제국에게 더 많은 영토를 제물로 바친다.

위에서 인용했다시피 두 교수가 지적한 부분, 즉 빈약한 기초과학 수준과 그럼에도 그것이 노인 건강에서 차지하는 중추적 역할은 서로 합을 이룰 수 없는 짝패다. 우리는 노인이 현재의 처방 행위로 인해 크게 해를 입을 수도 있다는 점을 선뜻 인정하지 못한다. 또한 약물에 의한 노화가 정상적인 노화 과정으로 통하고 있음이 잘못됐다는 것 역시 인식하지 못하고 있다. 약물을 복용하는 노인은 그 약물을 만들어 낸 빈약한 과학적 근거와 화이자Pfizer 외 제약회사들의 기름진 뒷주머니가 결탁함으로써 그들을 착취와 위험의 상태로 몰고 간다는 사실을 깨달아야만 한다. 늙음을 배우려면 이미 일반화된 처방약의 다중 복용에 대해 날카롭게 문제 제기할 수 있는 자세가 절실히 필요하다. 그러기 위해서는 먼저 의학의 권위에 대한 자신의 맹신을 의심해야 한다. 노인과 함께 사는 가족들은 약제의 잠재적 위험성에 대한 지식으로 무장하고 사랑하는 가족의 안녕을 지키는 일에 단호해야 하며, 부모나 조부모에게 지금보다 훨씬 적은 양의 약물로도 충분하다는, 혹은 전혀 약물이 필요하지 않을 수도 있다는 것을 심사숙고해야 한다.

많은 노인 여성, 특히 80세를 넘긴 이들은 불필요한 약을 위험할 정도로 과다 복용한다. 특히 노인 여성과 남성의 차이도 구분하지 않은 데다 늙은 신체를 위해 고안된 임상실험의 증거도 없이, 다만 통념에 기대어 약물 다중 처방이 관행처럼 행해진다. 노인의 약물 과다 복용은 깊이를 헤아릴 수 없는 비극이다. 이러한 목소리는 레이첼 카슨Rachel Carson을 비롯한 과학자나 저자들이 모든 미국인들에게 경각심을 갖도록 요구해야 할 만큼 절박하다.

건강한
노화

'건강한 노화'라는 주제에서 가장 크게 주목받는 것은 의료보험개혁법의 결정적인 시행이다. 2010년 대법원을 통과하고 2012년 승인되어 2014년 완전히 시행하게 된 이 법은 메디케어와 메디케이드Medicaid(영세민을 위한 의료복지 — 옮긴이)가 1965년 통과된 이후 가장 중요한 변화를 맞는 미국 보건 관련 법으로서, 공화당의 맹렬한 반대를 촉발했다. 나이 든 미국인들에게 매년 무료 건강검진의 혜택을 주고, 보험 거부 사유였던 과거 병력 등을 없앤 조항들은 이미 시행에 들어갔다. 그러나 존 로버츠John Roberts 대법원장은 의료보험개혁법의 메디케이드 확장 부분이 메디케어의 혜택을 받지 못하는 저임금 시민들에게 해가 되는 결정이기 때문에 헌법에 위배된다는 판결을 내렸다. 선호할 만한 개혁이 아쉽고 만인을 위한 메디케어가 되지는 않았지만, 의료보험개혁법은 앞으로 개선할 여지가 있는 중요한 성과물이다.[1] 이것은 "여성의 보건을 위한 한 걸음 도약"으로 불리기도 한다.(Cathcart and D'Arcangelo, A5) 여기에는 나이 든 여성에게 혜택을 주는 몇 가지 조항이 있다.

1. 유방암 검진용 X선 촬영과 골밀도 조사를 포함한 예방책이 확장될 것이다.
2. 보험회사는 기존의 건강 상태를 이유로 보험 가입 자격을 박탈해서는 안 된다.
3. 성별 차등제(여성이라는 이유로 보험금을 더 많이 책정하기)는 없어질 것이다.

40년간 건강한 노화에 대해 연구한 결과, 우리가 '노화'라 부르는 것의 상당 부분이 운동 부족, 흡연, 다른 중독, 영양 결핍, 낙상, 스트레스 때문임이 드러났다. 정상적인 노화로 보이는 노쇠 현상들 중 예방 가능했던 고질병의 증상은 얼마나 될까? 아마 절반 정도는 될 것이다. 그러므로 불가피한 인생 후반기의 신체 조건을 운동 부족, 잘못된 자세로 인한 몸 상태와 구분하는 것이 필요하다. 그러나 이 구분은 노인을 대상으로 하는 보건의 대세적 흐름에서 유실되었고, 노화를 거부하는 문화적 양상 때문에 60세도 안 된 사람들이 건강한 80세로 늙어가는 것은 현실적으로 어려울 것이라고 지레짐작한다.

진 코헨과 다른 노년학자들은, 늙으면 반드시 병에 걸린다는 옛 사고방식에서 이제는 인생 후반기의 질병이 일반적인 현상은 아니라고 보는 식으로 바뀌고 있음을 강조한다. 인생 후반기의 회복 능력에 대한 연구는 회복력의 개념이 적응이나 대처라는 좁은 범위에서 "복원, 탄력성, 재생 능력, 건강 기능의 유지"라는 광범위한 개념으로 바뀌고 있음을 보여준다.(Fry and Keyes, 2) 물론, 질병에 걸린 확률은 노화가 진행되면서 점차 증가한다. 노화와 더불어 서서히 생기는 증상은 시각과 청각의 약화, 당뇨, 고관절 골절, 파킨슨병, 치매, 폐렴, 요실금, 변비 등이다. 볼티모어 노화 장기 연구소가 오랜 기간 연구한 결과에 따르면, 노화가 진행되면서 건강 상태와 여러 기관의 기능이 급진적으로 변화하는 것이 아니라 점진적으로 달라진다. 고질적 감염으로 인한 염증과 노화 사이에도 연결고리가 존재할 것이다. 그러나 이를 확인하려면 더 많은 증거가 필요하다.(Rose, 14)

"고질병의 증상과 징후가 경미하게 포착되기는 하지만 일상적 기능에 거의 방해가 되지 않는 개념"으로서의 건강한 노화는 운동, 영양, 스트레스 관리, 가족과 친구로부터의 응원, 영성과 같은 요소들의 조화로운 결과물이다.(Schmidt, 35) 이 개념이 적절한 이유는 건강을 손상 혹은 장애와 완전히 별개의 것으로 분리하지 않기 때문이다.

서로 다르지만 상호연결된 부분이 균형 상태를 이룬다는 뜻의 항상성은 건강한 노화에 유용한 개념이다. 암과 '싸운다'는 말은 몸 안의 불균형에 집중하기보다는 마치 외부의 적과 대결하겠다는 의도로 들린다. 노인들이 노화를 단지 몰락으로 생각한다면 그들은 생명의 근본적 특성인 '자기회복'의 능력을 간과하는 것이다.(Bortz, *We Live*, 41)

이런 관점은 초점을 개인에게 맞출 경우 상당히 포괄적이어서 두루뭉실하다. 그러나 사회 구조로 초점이 옮겨지는 순간, 노년기 건강에 대한 책임이 우리에게 있다는 말에 의문이 들기 시작한다. 이것은 존로와 로버트 칸의 《성공적인 노화》에서 사례를 통해 무한 반복되는 바로 그 개념이기도 하다. 건강한 노화는 여성이 남성보다 오래 살면서 더 많은 고질병과 장애를 겪기 때문에 여성과 상당히 관계가 깊은 주제다. 그들이 직면하는 문제의 일부 원인이 보건제도에 있는데도 여성은 그들의 건강 상태를 오로지 개인적 의미로 간주하고, 스스로 해결책을 찾으라는 기대를 받는다.

5장과 6장에서는 건강한 노화와 관련한 복잡한 주제를 선택적으로 살펴볼 것이다. 5장에서는 신체적으로 건강하게 나이 들어가는 데 필요한 요소를, 6장에서는 그것의 정치적 함의를 들여다보겠다.

운동

주류 매체도 건강과 관련해서는 서로 모순되는 연구 결과를 보도한다. 또한 노화를 둘러싸고 오리무중에 있는 난제들이 수두룩하다. 그러나 중요한 것은 운동이 거의 모든 노인, 다시 말해 건강한 노인뿐 아니라 지금껏 정적인 삶을 살던 노인들과 노쇠한 노인들에게까지 이롭다는 것을 입증하는 과학적 증거가 많다는 것이다. 상대적으로 과격하지 않은 운동조차도 눈여겨볼 만한 신체적 향상을 가져온다. 그렇다고 13개월 동안 전국을 걸어 횡단한 뉴햄프셔 더블린의 도리스 해덕Doris Haddock같이 운동할 필요는 없다. 그녀는 재정개혁운동에 주의를 환기하려고 하루에 15킬로미터씩 걸었다. 2000년 그녀가 걷기를 마쳤을 때가 마침 90세 되는 해였다. 폐기종과 관절염을 앓던 여성으로서는 엄청난 기록이었다.[2]

운동은 고질병과 장애를 가진 사람의 생명까지도 연장시키고 (Kaplan, 42), 면역 체계, 기분, 인식 능력과 기억력 등 신체의 모든 기능을 향상시킨다.(Bortz, *We Live*, 191) 또한 운동은 당뇨의 발병을 억제하며, 관절통도 줄여준다. 특히 근력 운동은 노인의 근육 섬유질을 확장시키고 균형을 증강시키며 칼로리를 연소시킨다.(Rowe and Kahn, 105~106) 노화에 관한 맥아더 재단의 연구에 따르면, 정신적 기능이 뛰어난 사람은 신체적으로도 건강할 가능성이 높다. 뿐만 아니라 놀랍게도 정서적 지원이 든든할수록 오래 건강하게 산다고 예측할 수 있다.(Rowe and Kahn, 123)

진화생물학, 인류학, 의학을 접목한 놀라운 논문인 〈노화와 활동 Aging and Activity〉에서 월터 보르츠Walter Bortz는 우리의 몸이 음식을 찾아 계속 움직이도록 진화되었다고 주장했다. 그는 무엇이 정상적인 뼈인지 묻는다.

"쉽게 부서지기 쉬운 현대인의 뼈인가, 아니면 대형 쇠망치보다 수명이 더 긴 조상의 것인가?"(199)

운동 부족은 심장병, 근육 약화, 면역 기능 저하, 비만, 우울 등을 야기한다.(200) 보르츠가 명명한 "동물원 우리 안 같은" 현재의 비활동성 생활로 말미암아 많은 사람, 특히 여성들이 "고관절, 척추, 골반 골절로 정형외과 병원 바닥에 기진맥진한 채 누워 있게 되었다. 나이 탓이거나 칼슘 혹은 에스트로겐의 결핍 때문이 아니라 운동 부족을 유발하는 환경 때문이다. 보르네오 정글에는 부러진 고관절이 없다."(*We Live*, 130) 이 말은 노화가 사회 환경의 영향을 받으면서 구성되고 있음을 간결하게 언급한 것이다. 산업혁명은 농경 시대 선조들보다 훨씬 더 앉아서 생활하는 환경을 만들었다. 보르츠가 관찰한 바에 따르면, 땅을 경작할 때는 사냥과 채집 때보다 몸을 덜 움직인다. 격렬한 운동을 매일 하기보다는 하루걸러 하도록 권장하는 것은 수렵 채집인들의 최적 사냥 빈도수에서 힌트를 얻은 것이다.(*We Live*, 195) 60세가 넘는 노인은 네 가지 운동(유산소 운동, 근력 운동, 유연성 운동, 균형 운동)을 하는 것이 이상적이다.(Bortz, "Aging," 211) 운동의 큰 장점은 낙상의 위험을 줄인다는 데 있다.(Rowe and Kahn, 111) 규칙적인 운동을 하면 시름시름 앓다가 죽을 가능성도 줄어든다.(Bortz, "Aging," 219)

1990년에 시작한 소수 인종 여성들을 위한 건강 교육 프로그램인 '걸어서 건강까지Walking to Wellness'는 수많은 여성에게 걷겠다는 동기를 부여해왔다. 이 프로그램은 '전국 흑인 여성 건강 프로젝트National Black Women's Health Project'와 빌리 에이버리Byllye Avery의 후원을 받는다. 빌리 에이버리의 작업은 인종 차이에 의해 동기부여되었다. 흑인 여성은 백인 여성보다 심장병과 유방암으로 죽을 확률이 높다. 또한 당뇨병의 발병률은 50퍼센트가 더 높고, 고혈압도 더 조심해야 한다.(Flaherty, 3) 에이버리는 현재 '사회 변화를 위한 에이버리 연구소Avery Institute for Social Change'의 대표다.

○ 요가

요가는 근력과 유연성을 향상시키므로 특히 건강한 노화에 도움이 된다. 유동성을 일부 잃은 노인 여성에게는 부드러운 요가가 효과적이다. 스트레칭은 균형을 유지시키고, 낙상을 예방하도록 도와준다. 나이 들면서 폐활량이 감소하기 때문에 요가 호흡법은 건강에 매우 필요한 자산이다. 요가를 정기적으로 하면 자존감이 강화되고 삶에 대한 열정이 커지는 효과를 얻기도 한다. 100세 넘어서까지 살았던 두 명의 요가 신봉자, 새디 델라니Sadie Delany와 베시 델라니Bessie Delany는《우리가 전하고 싶은 말Having Our Say》에서 자신들이 장수한 요인을 다음 두 가지로 요약했다. 결혼하지 않은 것과 많은 채소를 매일 먹는 것.

요가 자세 중 비틀기와 스트레칭이 불편한 나이 많은 여성들은 주디스 래시터Judith Lassiter의《이완하고 새로워지기: 스트레스를 풀기 위한 편안한 요가Relax and Renew: Restful Yoga for Stressful Times》에서 도움을 받을 수 있다.

○ 태극권

태극권은 정확한 패턴으로 느린 동작을 연속하는 운동으로, 혈을 자극하고 균형을 향상시키고 통증을 완화하는 것이 목적이다.(Peck and Peck, 1) 그리 건강하지 않거나 유연하지 못한 사람들에게는 간소한 버전이 적합하다. 이것은 낙상 예방에 아주 탁월한 운동이다. 태극권을 하는 홍콩 노인들을 대상으로 한 보고서에는 척추 밀도에는 별 차이가 없지만 고관절 골밀도는 향상되었다는 연구 결과가 있다.(Woo et al., 267)[3]

○ 기공

기공 역시 훈련된 동작으로 이어지는 또 하나의 중국 운동인데, 나이 든 사람들에게 매우 유익하다. 이 운동은 에너지와 정신적인 명료함을 증가시킨다. 기공의 한 분파인 파룬궁은 중국 정부의 권위를 위협하는 초자연적 요소를 가진 대중 운동이다.

○ **무용치료**

신체적·정신적·정서적인 효과를 위한 무용치료는 요가, 태극권, 기공을 하지 못하는 노인들의 건강을 강화해준다. 신체적·심리적 문제가 있는 이들을 위한 수업이 병원, 감옥, 양로원, 재활원 등에서 이루어진다. 무용치료를 하는 동안 휠체어를 탄 사람들도 리듬에 맞춰 즐겁게 움직일 수 있다.

○ **호흡기법**

심신의 통합을 표시하는 중요한 행위로서의 호흡과 호흡기법은 건강한 노화를 약속한다. 호흡은 자발적으로도 가능하고 비자발적으로도 가능한 유일한 기능이며, 무의식을 바꾸기 위해 의식을 사용할 수도 있다.(Weil, 208)[4]

횡격막에서 숨을 들이켜는 횡격막 호흡은 알츠하이머 환자의 스트레스를 줄이는 기법의 하나로 '부정적인 자기암시'를 감소시킨다.(Scholl and Sabat)

누구든 거북이처럼
숨을 삼킬 수 있다면,
누구든 호랑이처럼
숨을 끌어당겨 온몸을 돌게 할 수 있다면,
누구든 용처럼

숨을 인도해 정제할 수 있다면

무병장수하겠네.

— 갈홍葛洪, 2세기 중국

영양

나이가 들면서 "최적의 건강을 위해 적절한 섭식이 점점 더 중요해지지만, 양질의 영양분을 소화하지 못하는 장애도 늘어난다."(Jane Brody, "Changing," B7) 미각과 후각의 둔화, 장 보는 것의 어려움, 요리하기가 꺼려짐, 치아 문제, 평생 먹던 습관 등이 건강한 섭식을 방해한다. 영양 부족은 의사를 찾는 노인의 40퍼센트에서 목격된다.(Bennett, 10) 노인에게 영양상 문제가 있음을 알리는 심각한 신호는 면역 기능 저하, 상처가 더디게 낫는 것, 약화된 조직 등이다.(Bortz, *We Live*, 206) 나이 들면 열량이 덜 필요하다는 것도 잘못된 통념이 아닐까 싶은 생각이 들겠지만, 몸이 위축되니 연료도 그만큼 덜 필요하다. 반면, 열정적인 사람은 나이가 많아도 열량 필요량에 "크게 변함이 없다."(Bortz, *We Live*, 206)

신체적 변화는 필수 영양소에 영향을 미친다. 나이가 들면서 신장의 수분 보유력이 떨어지고 갈증을 덜 느끼다 보면 탈수까지 갈 수도 있다. 그러므로 탈수의 위험을 방지하려면 하루에 1.7~2.3리터의 물을 마시는 게 좋다.(Rowe and Kahn, 112)

50세 넘은 대부분의 여성이 체감하다시피 폐경이 오면서 몸무게가 늘어나는 듯하다. 주로 앉아서 생활하는 사람들은 나이가 들면서 에너지 필요량이 감소하지만 음식 섭취량은 줄지 않으니 복부 지방이 늘어나고, 따라서 당뇨의 위험이 커진다.(Evans and Cyr-Campbell, 632) 여성이 남성보다 오래 살지만 경제적으로 넉넉하지 않아서 영양 부족에 시달릴 가능성이 크다. 보스턴의 활동가 애나 모건Anna Morgan이 94세일 때 노인과 식생활에 관한 연구를 위해 지원했는데, 최대 지원 연령이 79세까지라는 이야기를 들었다. 아마도 그녀에게 필요한 영양은 60세의 영양과는 다를 것이다.[5] 노인에게 유익한 영양 관련 지식이 전반적으로 부족하다. 예일대학교의 섭식장애센터Center for Eating and Weight Disorders에 따르면, 영양 교육을 위한 연방 정부의 지출이 알토이즈 민트(껌 브랜드―옮긴이) 광고비용의 5분의 1 정도에 불과하다.(Haber, *Health*, 456에서 인용)

과일과 채소, 통곡물, 콩, 종자, 견과류를 포함한 식단이 어느 연령대나 건강에 이롭지만 특히 65세 이상 노인에게 좋은 까닭은, 정제된 탄수화물과 포화지방 중심인 보통 미국인의 식단을 감당하기에 이들의 소화 기관이 몹시 약해져 있기 때문이다. 라틴계의 문제는 전통적으로 신선한 음식을 주로 먹던 식습관이 패스트푸드와 정크푸드, 청량음료 등으로 대체된다는 점이다.(Haber, *Health*, 427) 많은 중국인 불교신자들은 60세가 넘으면 육식을 포기해야 한다고 생각한다. 이는 몸의 항상성을 유지하도록 돕는다.(Sankar, 267) 육류를 섭취하는 사람은 채식주의자들보다 더 많은 칼슘을 소변으로 배출하기 때문에(Gannon, 158), 특히 골다공증에 걸릴 확률이 높은 나이 든 여성들은 채식주의 식단을 고려해야 한다. 평생에 걸쳐 여성은 남성의 두 배에 가까운 칼

숨을 잃어버리며, 골다공증 환자의 80퍼센트가 여성이다.(Haber, *Health*, 421)

산소가 대사 과정을 거치면, 세포는 활성산소라는 부산물을 만든다.

"생화학 바다에 떠도는 거대한 흰 상어, 단명하지만 포악한 이 비밀요원은 조직 세포, 특히 세포막을 산화시켜 손상을 입힌다."(walford, 87)

활성산소에 의한 손상은 심장 질환, 암, 파킨슨병, 염증, 백내장 등과 관련 있다. 항산화제(비타민 C와 E, 셀레늄, 베타카로틴)는 활성산소를 먹어치우거나 한데 묶어서 몸 밖으로 배출함으로써 세포를 보호한다. 대기오염, 자외선, 흡연은 활성산소의 원인이 될 수 있다. 나이가 들수록 활성산소에 노출되는 확률이 더 높다. 그러므로 이론적으로 나이든 사람에게 최적의 식사는 활성산소의 영향력을 최소화하는 것이다. 가벼운 식사는 산소가 대사화될 기회를 줄여준다.[6]

노년학에서 지속적으로 흥미를 끌 질문은, 칼로리 제한으로 생명이 연장될 것인지의 여부다. 이것으로 활성산소에 의한 손상이 줄어들 수 있고, 세포의 다산 능력은 보존될 것이다.("In Search," 28) 클리브 맥케이Clive McKay의 1930년대 실험에서는 음식을 덜 먹은 생쥐가 더 오래 살았다. 유사하지만 영장류를 대상으로 한 실험이 1960년대에 로이 월포드Roy Walford에 의해 시행되었다. 더 오래 살기 위해 칼로리 섭취의 30~40퍼센트를 포기할 사람은 거의 없을 것이다. 그러나 소식이 건강한 노화를 가능케 한다는 것을 전제로 한다면 칼로리를 제한하는 것은 당연히 중요해진다. 칼로리를 억지로 줄이는 고행을 피하는 대신

자연산 재료를 통해 칼로리 제한의 효과를 흉내라도 내볼 수 있다.

비타민과 다른 보충물들의 질병 퇴치 역할에 대해 주류 의학이 점점 더 주목하고 있다. 비타민 B6나 B12가 결핍된 노인은 치매로 오인받을 만한 증상을 보인다. 칼슘 처리 과정을 돕는 비타민 D 결핍은 고관절 골절의 주요 요인으로 지목된다.("Vitamin D Deficiency," 10) 칼슘은 뼈에도 좋지만, 신경 기능, 혈액 응고, 근육 수축 등을 강화하고, 대장암과 뇌졸중을 막아주기도 한다. 비타민 E의 항암 효과에 대해서는 여전히 논쟁 중이다.[7]

미국 성인의 3분의 1가량이 약초 의약품을 사용했고, 판매도 눈에 띄게 증가해 판매액이 2008년 200억 달러에 이른다. 약초가 약물보다 우수한 점은 부작용이 현격히 적다는 것이다. 은행잎은 혈관을 팽창시켜 뇌 혈류를 원활하게 한다.(Harber, *Health*, 283) 고추나물은 가벼운 우울증에 사용된다. 한편, 약초에 대한 과장된 주장도 있다. 미국에서 규제가 심하지 않다 보니 실제 함유되지 않은 성분을 표기하기도 한다.(Jane Brody, "Americans," D7) 건강을 염려하다 보면 입증되지 않은 광고에 현혹될 수 있고, 유행처럼 유통되는 약초를 구매하느라 돈을 날릴 수도 있다. 독일에서는 약초를 기르고 수확하고 가공하는 과정을 정부가 나서서 모니터링한다.(Grady, "Scientists," D1) 그래서 독일에서 약초를 사용하는 노인들은 미국 노인보다 양질의 보호를 받는다.[8]

미국인은 커피중독에 빠져 있다. 나이가 들면서 몸이 달라지기 때문에 카페인 역시 젊은이보다 노인에게 더 많은 영향을 미친다. 그래서 건강한 노화를 다루는 노년학자와 저자들이 커피를 '향정신성 중독약물'로 간주하기도 한다.(Zuess, 93) 커피중독은 천천히, 그리고 조용히 해를 가한다. 하지만 평생 커피 마시는 것과 인생 후반기의 질병 사이의 연관성에 관한 연구는 이루어지지 않을지도 모른다. 왜냐하면 이 질문은 노년학자의 흥미를 끌지 않으며, 대부분의 미국인처럼 학자들 역시 커피를 매일 마시기 때문이다. 그것은 자연 풍광의 일부이지 질문해야 할 주제가 아니라고 여긴다.

그러나 일부 의사들이 미국의 광범위한 커피 소비가 건강상 어떤 의미를 가지는지 탐색하기 시작했다. 의사인 윌리엄 마나한William Manahan은《건강을 위한 식사Eat for Health》에서 알려지지 않은 카페인의 몇 가지 효과를 적고 있다. 카페인은 신경계를 자극하고 과도한 위산 분비를 유도하고 방광을 이완시키고 심장 근육을 자극하며, 소변양을 증가시키고 혈액 속 지방산 수치와 당 수치를 올린다.(9) 특히 나이 든 여성들이 주목해야 할 대목은, 카페인 섭취 후 소변으로 배출되는 칼슘이 두 배로 증가했다는 사실이다.(Gannon, 64) 그러므로 골다공증을 앓거나 그럴 염려가 있는 사람은 커피를 끊어야 한다. 미국 보건사회복지성에서 만든 '뼈의 건강과 골다공증: 외과 의사의 보고서'라는 시디롬은 이와 관련해 상당히 유용한 정보를 제공한다.

당 또한 중독성이 강하다. 미국 농무부에 따르면, 지난 20년 동안 무열량 감미료 소비는 엄청나게 증가했다. 미국인은 한 해 평균 무열량 감미료를 약 70킬로그램, 설탕을 약 13킬로그램 소비한다. 농무부는 설탕을 하루 10티스푼 이상은 섭취하지 말라고 권하지만, 그 두 배를 먹는 사람들이 많다. 1980년대 이후 청량음료 소비의 엄청난 증가(특히 뼈의 크기가 형성되는 10대에 우유 대신 청량음료를 훨씬 더 많이 마시는 청소년들이 위험에 빠졌다), 무지방 음식을 섭취하지만 설탕 소비에는 적극적인 사람들의 증가, 인공 감미료의 사용 증가 등은 골다공증의 확산을 불러올 수도 있다.(Jane Brody, "Drunk on Liquid Candy," D7)

과도한 당 소비와 골 소실의 상관관계, 당과 우울증 사이의 강한 관련성이 특히 여성과 밀접한 것으로 드러난다. 당 중독은 알코올 중독과 비교할 만하다.(Manahan, 77) 둘 다 소비를 줄이면 에너지가 더 생기고, 면역 기능도 강화된다.(Zuess, 145) 혈당이 높아지면 몸에 손상을 입히는 합성 물질이 만들어지는데, 그 합성 물질은 시간이 지나면서 노화와 관련된 퇴행성 질병을 부른다.(Weil, 71~72) 항산화 성분 때문에 다크 초콜릿이 건강에 좋다는 주장이 있지만, 연구에 쓰인 초콜릿은 상점에서 판매하는 것보다 더 양질의 것일 뿐 아니라 대부분의 연구는 초콜릿업체의 자금을 받는다.(Haber, *Health*, 215~216)

캐슬린 데스메슨즈Kathleen DesMaisons 같은 몇몇 예외적인 인물을 제외한 많은 연구자가 설탕이 가져올 손상에는 관심이 없다.[9] 축적된 카페인이나 당과 관련한 연구도 없고, 카페인이나 당을 거의 소비하지 않는 60세 이상을 대상으로 한 연구도 없다.

뇌

건강한 노인의 뇌는 기억을 관장하는 부위가 살짝 위축되기는 하지만 거의 말짱한 채 그대로다. 물론 한꺼번에 여러 개를 할 수 있는 능력은 감퇴한다. 젊은이보다 새로운 정보를 훨씬 느리게 흡수하지만, 유지하는 것은 비슷하다. 신체적 운동과 정신적 운동 모두 뇌 기능을 자극한다. 메리언 다이아몬드Marian Diamond가 늙은 쥐를 보다 풍요로운 환경에 데려다놓고 관찰한 결과, 뇌가 성장함을 알 수 있었는데(Bortz, *We Live*, 173~174), 이는 뇌의 구조와 화학 반응이 주변 환경의 영향을 받을 수 있다는 첫 번째 증거였다.(Ebersole and Hess, 794) 다이아몬드의 연구는 정보를 다른 세포에게 전달하는 뉴런의 수와 크기가 증가했음을 보여주었다. 신경세포는 아무런 자극이 없는 환경에서 쪼그라든다.(Ebersole and Hess, 794) 뇌가 새로운 세포를 더함으로써 스스로 발전·유지한다는 것이 현재 뇌에 대한 의견인데, 이는 세포가 죽으면서 정신적인 감퇴가 서서히 진행된다는 오래된 믿음을 뒤집는 것이다.(Blakeslee, D1) 신경 조직 발생력(새로운 세포를 생성하게 하는 능력)은 뇌의 유연성을 드러내는 표시로서, 뇌는 "역동적이고 부단히 재조직하면서 확장이 가능한 조직이다."(Nussbaum, 7) 그래서 연구자들은 "퇴화와 정반대되는, 발전하는 뇌"를 중년층과 노년층으로부터 탐색하기 시작했다.(Gannon, 39) 노인은 좌뇌와 우뇌를 동시에 사용하면서 "양 뇌의 통합을 위한 심화된 능력"을 얻는다.(Cohen, "Creativity," 192) 코헨은 이런 능력을 몇몇 노인이 한창때 치열하게 일하면서 느끼던 동기부여와 연관시킨다.

뇌는 말년에도 계속 성장한다. 또한 삶의 방식이 뇌 건강에 영향을 준다.(Nussbaum, 11) 파울 발테스와 동료들은, 노인에게는 테스트로 측정한 점수보다 더 높은 수준으로 실제 일을 수행할 수 있는, 아직 입증되지 않은 뇌의 '예비 능력'이 있다고 주장한다.(Whitbourne, 268) 숨겨둔 뇌의 예비 능력은 뇌 질환을 늦춘다.(Nussbaum, 11) 또 다른 그럴듯한 가설은 노인과 젊은이가 같은 일을 하더라도 활용하는 뇌가 서로 다르다는 것이다.

　노인 여성과 남성의 뇌 차이 연구는 상반되는 사실을 보여주는데, 그 한 가설은, 여성은 양 뇌를 쓰는 반면 남성이 사용하는 뇌는 한쪽으로 국한된다는 것이다.(Kryspin-Exner et al., 541) 이는 앞에서 인용한 코헨의 주장과 다르다.

　그러나 결론적으로 말하자면, 젊은이의 인지 능력을 측정할 때 적용하는 연구 방법을 중년 여성과 노년 여성 대상의 연구에서 동일하게 사용할 수는 없다.(Gannon, 39) 또한 인지 기능의 쇠퇴로 인식되는 현상은 "능력의 결함이 아니라 평가 방식에 따른 차이"일 수 있다.(Bortz, *We Live*, 175)

　지능 테스트에 담긴 문화적 편견을 감안한다면, 이것은 중요하게 지적해야 할 지점이다. 가령 빠른 응답을 선호한다거나 자기네 삶과는 무관한 소재들을 포함하는 지능 평가는 나이 많은 응시자에게 불리할 수밖에 없다. 반면, 실용적 정보를 묻는 테스트에서는 노인이 젊은이보다 점수가 앞섰다.(Gaylord, 79) 스탠포드대학교의 심리학자들은 비록 늙어가는 뇌가 젊은 뇌보다 정보 처리에서 더 느리고 덜 정확한 편이지만, "정상적인 노화를 주관적으로 경험하면서 대체로 긍정적으로 받아들이며" 정서적 정보에 대해 또렷하게 기억한다는 점을 밝혀냈다.(Carstensen, "Growing Older," 45~46)

　시애틀 종적 연구소Seattle Longitudinal Study의 워너 샤이에Warner Schaie와 동료들은 20세에서 90세에 걸친 다양한 연령대의 5천 명을 장기간에 걸쳐 연구하면서 지적 능력의 변화 과정을 살펴보았다. 노쇠는 다양한 형태로 나타났다. 수준 높은 정신적 기능을 유지하는 사람들은 몇 가지 공통점이 있었다. 평균 이상의 교육과 수입을 가진 높은 수준의 생활, 고질병 없음, 독서·여행·문화 행사에 적극 참여하거나 전문 분야에서 관계 유지하기, 변화에 대한 열린 태도, 지적인 파트너, 새로운 사고를 재빨리 이해하는 능력, 성취에 대한 만족 등이다.(April Thompson, 8) 이 일곱 가지 특성 중에서 세 가지는 계층의 특권(수입, 건강, 여행)을 반영하고, 또 어떤 것(삶에 대한 만족감)은 다른 것과 긴밀하다. 지적 능력은 나이가 들어서도 향상될 수 있다.(Schaie, 281) 인지 기능이 여러 기능의 연합 작용이라고 한다면 "여러 정신적 기능 가운데 특정 영역에서 상당한 정도의 감퇴가 진행된다 하더라도 건강한 다른 영역의 기능에 힘입어 독립적인 사고가 건재할 것"이다.(Rowe and Kahn, 136) 55~85세 2,380명에 대한 암스테르담 조사에 따르면, 인지 테스트에서 높은 점수를 얻은 사람이 낮은 점수를 받은 사람보다 더 오래 사는 경향이 있다. 정보 처리 속도는 수명을 예측하는 가장 강력한 지수였다.(Sison, 1)

노화하는 뇌가 가진 장점은 진 코헨이 "발전적 지능"이라 부르는 것으로, "인지력, 정서적 지성, 판단력, 사회적 기술, 삶의 경험, 양심 등이 함께 어우러진 성숙한 시너지"를 의미한다.(*The Mature Mind*, xix) 젊은이와 노인의 기억력을 비교한 한 연구에서는 노인은 비록 그 과정이 불명확하기는 하지만 "자신의 뉴런 조직망을 재구성함으로써" 뉴런의 쇠퇴에서 오는 부족분을 채운다고 언급했다.(*The Mature Mind*, 21)

감정

감정과 질병은 분명 연관이 있다. 이는 보통 사람들도 익히 알고 있는 지혜로운 정보일 뿐 아니라 주류 의학계에서도 뒤늦게나마 인정하는 사실이다. 신경생물학 분야에서 시도한 연구에 따르면, 감정 또한 나이가 들면서 변한다. 우리 뇌가 화학 반응을 조작해 분노와 외로움 같은 부정적 감정 스위치는 끄고 장난스러움, 돌봄, 친밀성의 스위치를 켤 수도 있다. 베티 프리단Betty Friedan은 《나이의 본령The Fountain of Age》에서 "어떤 심리적 이론도 실제 노인들의 경험을 바탕으로 한 것은 없다"(461~462)라고 노화심리학에 대한 윤리적 질문을 던진다.(Manheimer, "Review," 263) 그녀는, 노인이 갖고 있는 심리적 문제의 근본 원인을 스스로를 여전히 젊다고 생각하는 고집스러움에서 찾을 수 있다고 믿는 융 학파 분석가들의 말을 인용한다. 이 말은, 말년으로 가면서 인생의 단계를 수용하고 자존감을 지킬 때 비로소 심리적 힘이 생길 수 있다는 의미다. 이런 과정은 내면화된 연령차별에서 해방되어 충분히 자유로울 때 가능하다. 프리단은 질병에 대한 저항력이 약화되는 것은 낮은 자존감, 무기력감, 의미 있는 사회 참여의 부족 등에서 비롯된다고 믿는다. 개인의 심리는 사회적 맥락과 맞닿아 있다.

싫다고 말하는 것을 두려워하지 않거나 자기 고집대로 밀고나가는 성마른 사람들은 강한 자의식을 가지고 있다. 대담하게 직설적으로 말할 때도 있고, 상황에 따라서는 그렇지 않기도 하지만, 평상시 성정은 차분해 화가 치밀어도 조용히 지나가는 사람도 있다. 물론 지금까지 나이 든 여성들은 분노를 억압하도록 사회화되었지만, 이러한 전통적 여성의 사회화가 앞으로 없어질 것인지를 관망해보는 것도 흥미롭겠다. 나이 든 여성은 분노를 직접 표출하기보다는 불평하는 것으로 에둘러 표현한다. 부정적인 감정의 억압은 생명력을 누르고, 다양한 감정을 질식시킨다. 나이 든 여성이 인습에 얽매이지 않는다면, 그리하여 그들이 느끼는 그대로 자유롭게 표현한다면 그 여성은 유리한 입지에 설 수도 있다.

심리학자 로라 카스텐슨에 따르면, 노인은 분노 표현에 주저하고, 원한을 품기보다는 오히려 용서할 가능성이 크다. 그들은 "미래가 무한하리라고 여기는 사람들의 눈에는 포착되지 않는 삶의 소중함"을 꿰뚫어 보는 혜안이 있다.(*A Long Bright Future*, 94)

'기억의 오류 증후군'에도 불구하고 많은 보건 담당자들은 많은 어린이들, 특히 소녀들이 친족 성폭력을 경험한다는 것을 알고 있다. 뉴햄프셔대학교 '어린이범죄 연구센터Crime Against Children Research Center'의 센터장인 데이비드 핑클러David Finklehor는 여성의 대략 20~25퍼센트가 어릴 때 성적 학대를 당하며, 복지 시설에 있는 여성의 33퍼센트가 학대의 피해자라고 추정한다.(DeParle, 1) 어린이 성폭력은 "폭력성 범죄에 매료된 사회 곳곳으로 조용히 번진 전염병"이다.(Mary-Louise Gould, 6) 몸은 어릴 때의 기억을 저장한다. 그 일이 외상을 남긴 것이라면 그와 관련된 기억을 회복해야만 통증, 고통, 고질적으로 긴장된 부위, 혹은 막혔던 부분이 완화되거나 치유된다. 항의하거나 도망가지 못할 정도로 너무 어린 나이에 구강성교를 강요당했을 경우, 정상적인 호흡 패턴에 문제가 생겨 횡격막 호흡을 못 하고 얕은 호흡을 하는 증세가 계속될 수 있다. 중독이나 관계의 실패 같은, 성인

에게 발생하는 심리적 문제의 원인이 때로는 어린 시절의 성폭력 피해
일 경우가 있다.

이런 것은 노화와 어떤 관련이 있을까? 65세 이상 여성 가운데
350만 명 정도가 어린 시절 강간과 친족 성폭력을 당했을 것으로 추
정되나, 아직 그들의 경험에 대해 알려진 바가 거의 없다.(Farris and
Gibson, 31) 건강한 노화를 가장 잘 준비하는 방법 중 하나는 만약 어릴
때 당한 성폭력의 기억이 떠오른다면 피하지 말고 이를 대면하는 것이
라고 나는 믿는다. 물론 이것은 위험한 과정이라서 수치심, 쓸모없다
는 느낌, 공포와 같은 오래된 감정을 자극할 수도 있다. 친족 성폭력과
어린 시절의 강간에서 살아남은 자들은 어른이 되어서도 내내 무기력
하다고 느낀다. 그들이 자기 영역에서 아무리 대단한 성취를 이루었어
도 그건 밖으로 드러나는 가면일 따름이다. 그들의 자존감은 낮다. 설
령 약이나 알코올 중독의 심각한 손상으로부터 벗어난다 하더라도 강
박증적 과식이나 일중독, 완벽주의, 혹은 과도한 통제 욕구를 보일 수
있다. 그들을 짓누르던 스트레스의 누적된 무게가 나이 들면서 병으로
발전하기도 한다. 이럴 때 병은 아직 드러나지 않은 깊은 심리적 불안
에서 비롯된 것이기 때문에 의사의 진단만으로 병의 근원이 밝혀지지
도 않는다. 우리가 억눌러왔거나 잊으려고 애쓰던 과거로부터 여기까
지 끈질기게 따라온 감정들을 다시 고스란히 느끼고 그대로 표현해 풀
어주고 나서야 치유는 가능해진다.(Northrup, 55)

연령차별 중에는, 노인이 더 이상 성장할 수 없기 때문에 치료요
법이 노인에게는 무용지물이라는 편견도 있다. 분명 이것은 오류투성
이 주장이다. 숨겨왔던 자신의 과거를 나이 60이 되어서야, 혹은 더 늙

어서 이해하게 된 여성은 안개에 싸인 듯했던 삶의 면면들이 이제야 설명된다고 생각할 수 있다. 만약 그녀가 예전의 트라우마를 재경험한 후 현재의 자아와 접목할 수만 있다면 정서적으로나 신체적으로 더 건강해질 것이 확실하다. 몸에서 유독 긴장해 있는 부위 또한 이완될 것이다. 이때 호흡은 이런 몸의 변화를 위한 과정에 열쇠가 된다. 호흡이 일방통행의 직선 운동이 아니라 몸을 따라 곡선으로 순환하는 과정이기 때문이다. 자신에게 일어난 일을 이미 잘 아는 여성이라면 새로운 힘을 느낄 수 있다. 그녀의 분노는 창의적인 길을 터서 밖으로 분출될 것이고, 뭔가 참혹한 것에서 살아남았다는 자부심은 그녀를 더 대담하게 만들어 위기에 대처하게 할 것이다.

폭력의 장기적 영향은 나이가 들면서 건강에도 마수를 뻗칠 것이다.(P. Davidson et al., 1031) 어릴 때 해결되지 않은 심리적·사회적 문제가 "곪고 복잡해져서" 때로는 약물중독과 같은 파괴적인 행동으로 분출된다.(1038) 고문에서 살아남은 자들이 그러하듯 과거의 경험은 친족 성폭력 피해자들에게 잔인하게 들러붙어 끈질기게 연명해간다. 스스로 가치 없다는 느낌과 통제할 수 없는 분노에서 해방되는 것은 나이 들면서 가질 수 있는 말할 수 없이 귀중한 자산이다. 분명 모든 치료요법이 이러한 치유의 변화를 이끌어내는 것은 아니지만, 과거 학대의 기억을 생생하게 떠올리고 그것과 관련된 행동 패턴을 인식한다면, 어린 시절의 진실을 모호하게 묻어둔 채 살거나 재발되는 우울증의 그늘 아래에서 살아갈 때와는 비교할 수 없을 만큼 당당하게 살 수 있다.

우울증은 한 해 1,900만 명의 미국인이 걸리는 병이며, 한 조사에 따르면 65세 이상 노인의 1~2퍼센트는 심각한 우울증에, 3~13퍼센트는 경미한 우울증에 시달린다.(Fiske and Jones, 246) 그래서 일부 노년학자들은 우울증이 인생 후반기의 가장 심각한 질병이라고 믿는다. 그러나 65세 이후 처음 발병한 우울증과 평생 계속된 우울증을 구분하는 연구는 거의 없다. 임상우울증은 노인보다 젊은이에게서 더 흔히 발견된다. 그러나 움직이는 것을 싫어하고 슬프고 외롭고 집중하기 힘든 것과 같은 것들을 변수로 삼아 조사한다면 우울증이 노인에게 훨씬 빈번한 것으로 집계될 것이다.(Quadagno, *Aging*, 156) 베티 프리단이《나이의 본령》집필을 위해 수집한 자료에 따르면, 뚜렷하게 정의된 질병이 없다는 진단을 받은 노인들에게도 알츠하이머 증세를 포함한 여러 신체적 증상이 나타나는데, 이런 증상들에 가려져 우울증이나 "우울증에 버금가는 현상들"이 안 보이게 된다.(429) 나이 든 여성 사이에 흔한 우울은 여러 처방약의 상호작용으로 생긴 것일 수도 있다.

최근의 연구에 따르면, 우울증은 뇌의 화학 작용뿐 아니라 뇌의 구조 자체의 문제에서 비롯되었을 수 있다. 스트레스와 우울은 뇌의 일부를 수축시키지만, 약이나 치료요법을 통해 성공적으로 치료하면 중요한 영역에 새로운 뉴런이 생겨난다. 신경 생성 과정을 조사해 보다 효능 좋은 항우울제를 개발해야 한다.(Goldberg, "New Life," D1)[10]

모든 연령에서 여성이 남성보다 우울증을 더 많이 토로하며, 특히 80세 이상 여성의 경우 남성과 가장 큰 차이가 난다.(Quadagno, *Aging*, 156~157) 우울증 여부를 판단하는 모델이 젊은이를 대상으로 개발된 것이어서 노인 우울증은 의사가 제대로 진단 내리지 못한 상태에서 진행될 수 있다. 정신 건강 시스템에서 노화의 모델이 개발되지 않음으로써(노인의 대처 능력, 적응력, 심리적 강점은 설명되지 않고 넘어간다) 특히 나이 든 여성들은 불이익을 당한다. 양로원 거주자들에게 우울증이 많다는 것은 충분히 예측 가능하다.(I. Katz, 270)

노인들은 파트너를 잃거나 질병에 걸리고 친척 집이나 양로원으로 옮겨야 하는 등 우울한 경험을 자주 겪는다. 상황에서 오는 우울과 뇌의 화학적 불균형에서 오는 우울을 구분하기는 어려울 것이다. 우울은 신체 활동을 감소시키고, 사회적 고립을 심화시킨다. 사회적 고립은 다시 비활동으로 이어지고, 더 깊은 우울로 발전한다.(G. Kaplan and Strawbridge, 71) 이것은 우울증이 사회적 요소와 생물학적 요소가 맞물리면서 진행되는 복잡한 현상임을 말해준다.

2020년이 되면 베이비부머 세대에서도 허리에 해당하는 5,500만 명이 65세가 된다. 현재 정신 건강 시스템이 미흡한 데다 베이비부머들이 압도적으로 다수의 노인이 되면서 가장 고통받는 대상은 만성 정신 질환을 앓는 사람들이 될 것이다.(Koenig et al., 674~675) 미국 보건사회복지성 메인 주 지청의 보고에 따르면, 정신 건강에 문제가 있다고 진단받은 노인의 86퍼센트가 다른 상담이나 지원 서비스를 거치지 않고 향정신성 약물을 처방받고 있다.

신체 건강과 심리 건강은 서로 연관되어 있지만 "그 상호연계성은 나이가 들면서 더욱 가속화되는 듯하다."(Gannon, 47) 그러므로 자유롭게 거동하지 못하게 된 노인 여성이 우울증에 걸릴 위험은 상당히 높다. 정신병 낙인이 찍힐 것이라는 우려 때문에 70세 이상의 노인은 우울증에 걸렸다는 말을 섣불리 꺼내지도 못한다. 대신 그저 약간 "기분이 별로"라거나 "축 처진다"라고만 하고 도움을 받으려고 하지 않는다. 의사 역시 노인 환자의 정서적 상태를 묻기가 두렵다. 그것이 판도

라의 상자를 여는 행위가 될 수도 있다는 생각 때문이다.(Koenig et al., 235) 의사의 진료 시간이 짧기 때문에 상황은 확실히 더 나빠진다. 의사는 많은 질병이 정신적인 측면에서 시작된다는 것을 안다 하더라도 환자의 정신 상태를 일일이 물을 수 없다. 그렇다면 어떻게 해야 노인의 심리 건강이 향상될 수 있을까? 이것은 건강한 노화를 위해 반드시 던져야 하는 중요한 질문이다.

치유력을 가진 정서가 면역 체계를 더 강하게 만든다는 생각은 오래전부터 대체의학에서 주로 수용되다가 최근 들어 주류 의학 집단에서도 받아들이고 있는 추세다. 인생의 후반기로 갈수록 면역 기능이 약화되기 때문에 그것을 강화하기 위한 것이라면 무엇을 하든 바람직하다. 긍정적인 감정은 두 가지 면역 체계 세포에 도움이 된다. 하나는 T세포로서 면역 방어력을 조정하는 백혈구이고, 두 번째는 자연살생세포로서 암세포와 감염된 세포를 공격하는 큼지막한 백혈구다.(G. Cohen, *The Mature Mind*, 27) 면역 기능은 상당히 다양하지만, 75세나 80세 이상 노인은 감기나 상처에서 회복하는 데 시간이 더 오래 걸리고, 감염이 더 심각한 상태로 진행될 수도 있다. 면역 체계를 눈으로 보거나 상상할 수 없기 때문에 그것을 강화한다는 생각도 손에 잘 잡히지 않는다. 심장을 튼튼하게 하기 위해 하루 5킬로미터를 걷는다고 생각하는 것과는 다르다. 그런데도 병에 걸렸다가 회복하는 신비로운 과정은 우리가 어떻게 행동하느냐에 따라 다소 바뀔 수 있다.

치유력을 가진 정서가 무엇이며, 그것을 고무한다는 것은 또 무슨 뜻일까? 그저 인식을 의미할 수도 있다. 만약 특정한 어떤 감정이 건강에 이롭다는 것을 안다면, 예전에는 아무런 인식 없이 그 감정대로 행동했겠지만 이제 의식적이고 의도적으로 행동함으로써 나에게 도움이 되게 한다. 치유력을 가진 정서 세 가지는 평온함, 감사, 경외심이다. 노인은 정원 가꾸기를 통해 평온함을 키울 수 있다. 새로운 성장을 돕다 보면 마음이 가라앉는다. 그래서 나이가 들면서 정원사가 행복한 삶을 사는 듯하다. 대부분 살아가면서 감사할 일이 적어도 몇 가지는 있다. 때로 이것이 마음먹기에 달린 일이기도 하다.

"지금 너무나 청명한 밤이어서 별을 볼 수 있으니 감사한 일입니다."

감사는 외적인 상황에 달린 것이 아니다. 이것은 더 많은 물질적인 것이 필요하다고 설파하는 산업사회 메시지에 항의하도록 도와주기도 한다.(Macy, 49) 콜레트Colette는 천천히 걸어가면서 스쳐 지나가는 꽃 하나하나에 감사함을 표현했다. 같이 늙어가는 친구들에게 고마워하는 것은 노년의 가장 깊은 즐거움 중 하나임에 틀림없다. 불교를 가르치는 실비아 부어스타인Sylvia Boorstein은 이렇게 말한다.

"나는 생명이 끝나는 그 순간뿐 아니라 지금 이 순간에도 아무런 불평 없이 고마워하는 마음을 갖고 싶다."(xi)

경외심은 감사나 평온함보다 더 추상적 개념처럼 보인다. 원한만 쌓고 있거나 슬픔만 안고 사는 노인은 경외심을 잃었거나 아예 한 번도 가진 적이 없을 수도 있다. 그것은 중병이나 생사가 걸린 수술을 한 이후 회복되는 과정에 생기기도 한다. 힘든 운동을 할 때 따라오는 거친 호흡이 경외심을 불러올 수 있다. 이 감정은 우리 개개인이 가진 생명의 불꽃보다 생명력 그 자체의 원대한 힘을 깨닫는 데서 오기도 한다. 그것은 우리를 미약하게도 만들고, 우쭐하게도 한다. 집단 경험이 그것을 환기시킬 때도 있고, 개인의 경험에 의한 것일 수도 있다. 북극의 오로라를 본 사람들은 경외심을 느낀다고 말한다. 이런 감정은 모든 것이 서로 연결되어 있다는 순간적인 통찰에서 오기도 한다. 〈틴턴 수도원Tintern Abbey〉에서 윌리엄 워즈워스William Wordsworth는 자연과 자기 자신에 대한 경외심을 읊조린다. 경외심이 없는 늙음은 전혀 부러워할 만한 가치가 없는 운명이다. 개인의 관심사를 초월할 힘이 없는 사람은 몸이 뻣뻣해지고 느려지는 순간 더 이상 살아갈 의미가 없어졌다고 받아들이기 때문이다. 노년까지 살아서 경외심을 느낄 수 있으려면 우리 문화에 팽배한 물질주의로부터 어느 정도 자유로워야 한다. 높은 산을 바라보는 것처럼 자신의 과거를 되돌아본다면 늙어가는 인간의 순수한 끈기에 경외심을 가지게 될 것이다.

대체의학

전통 의학은 고질병 환자나 나이가 들면서 몸 상태가 복잡하게 된 사람들에게 제공할 것이 거의 없지만, 대체의학은 이런 점에서 더 안전하고 효과적이다. 그 장점이 잘 알려질 만한데도 노년학자나 그들이 인용하는 논문, 매체 등은 대체의학에 관심을 거의 갖지 않는다. 노화 관련 행사장 어디에서도 동종요법이나 약초의학을 옹호하는 전시물을 찾을 수 없고, 단지 그 행사에 자금을 댄 제약회사 부스만 즐비하다. 일반적으로 주류 의사와 비교했을 때 대체의학 전문의는 환자 진료에 더 많은 시간을 할애하므로 특정 증세에 대해 자세히 들을 수 있을 뿐 아니라 정서와 관련한 정보를 얻기도 한다. 그러므로 그들은 치유에 도움이 되는 인간관계를 환자와 형성할 가능성이 주류 의사의 경우보다 크다. 이런 점에서 이들은 다른 문화의 치유자와 닮은 구석이 있다. 건강에 대한 총체적 접근은 특히 노인 치료에 적절하다.

대체의학의 권위자인 앤드루 웨일Andrew Weil의 저서 《건강한 노화Healthy Aging》에는 신체적 노화에 대한, 그리고 건강을 최적화할 수 있는 전략에 대한 풍부한 정보가 담겨 있다. 웨일은, 만성 염증은 나이와 관련된 질병의 보편적인 출발점이며 일반적으로 식습관의 영향을 받는다고 믿는다.(55; 145) 웨일 박사가 제시하는 건강한 노화와 연관 있는 두 가지 태도는 융통성과 유머다.(217)

대체의학의 대두는 대증요법(병의 원인을 제거하기 위한 직접적 치료법과는 달리 증상을 완화하기 위한 치료법—옮긴이)이 대부분의 질병을 진단하고 치료하는 데 효과적이기는 하지만 안전한 예방을 보장하지는 못한다는 인식이 커진다는 의미다. 미국인의 약 50퍼센트가 대체의학 전문의를 찾아간다. 비영리 여론조사 단체인 '앵거스 리드Angus Reid'의 조사에 따르면, 캐나다인의 66퍼센트는 정부가 보건비용의 절감을 위해 대체의학 사용을 옹호해야 한다고 믿는다. 영국에서는 약초 의약품 판매가 크게 증가했다.(*Health and Well Being*, 2007. 7. 27.) 대체의학을 접해본 미국인 중 54퍼센트는 지압요법을 선택했고, 25퍼센트는 마사지요법, 14퍼센트는 침술을 선택했다.(Stolberg, "Alternative," A1) 대체의학에는 이외에도 횡격막 호흡, 점진적 근육 이완요법, 시각화, 명상 등이 있다. 여성이 남성보다 대체의학을 더 자주 이용한다.(Ness et al., 522)

건강한 노화의 관점에서 보았을 때 대체의학의 성장이 던지는 의미는 심오하다. 그러나 앞으로 분명하게 검증해야 할 부분도 있다. 중산층의 경우, 이런 발전은 노년의 건강 향상을 보장할 만하다.

대체의학에 대한 공격이 점점 더 뜨거워지는 것은 주류 의학과의 경쟁이 더 치열해지고 있기 때문이지만, 건강보험과 메디케어가 주류 의학에만 해당되기 때문에 공정한 경쟁이 되지 못한다. 그러나 지압요법을 보험 대상에 포함하려는 계획도 있다. 동종요법, 침술, 마사지, 약초의학, 자연요법, 아유르베다 의학이 모두 보험 적용을 받는다면 더욱 많이 이용될 것이고, 그 효과 또한 널리 알려질 것이다.[11]

○ 지압요법

지압요법사는 척추를 만져서 요통과 그 밖의 여러 증상을 치료한다. 척추 교정의 전통적 방법은 척추 교정기로 보완되고 있는데, 이 장치물을 사용해 의사는 뼈를 무리 없이 움직이게 할 수 있다. 나이가 들면서 척추뼈 사이의 공간이 좁아져서 움직임이 힘들어진다. 척추의 유연성이 건강한 노화의 열쇠이기 때문에 지압요법사는 특히 중년과 노년의 건강에 중요하다.

○ 동종요법

동종요법은 19세기 초 새뮤얼 하네만Samuel Hahnemann이 종합한 것으로, '유사한 것이 유사한 것을 치료한다'는 원칙하에 활성화된 물질의 희석 용액을 사용한다. 건강한 사람에게는 질병의 증세를 유발하는 물질이 병든 사람에게는 그 질병을 낫게 한다. 미국에서는 동종요법이 유럽만큼 널리 수용되지 않다가 최근 다시 유행하고 있다. 다른 대체의학과 마찬가지로 동종요법 역시 정서적 상태에 주목하고 몸의 자기치유 능력을 자극하며 병의 숨은 원인을 찾는다.

○ 정골요법

정골整骨요법은 관절, 근육, 척추가 제 기능을 하도록 부드럽게 손으로 치료하되 수술은 하지 않는 치료법이다. 가장 중요한 신념은 몸의 어느 한 부위가 제한을 받으면 다른 부위에 그만큼의 역할이 가중되면서 고통이나 뻣뻣함이 생긴다는 것이다. 정골요법은 신경계, 소화계, 림프계 치료에 도움이 된다.

○ 침술

침술은 5천 년 된 중국 의료 체계다. 극도로 가는 바늘이 혈 자리에 들어가서 통증을 완화하고 각 장기를 자극하며 막힌 기를 뚫어준다. 침술은 몸의 불균형을 바로잡고 생명력을 회복시키기 때문에 노화과정을 완화하는 데 특별히 잘 맞다. 이것은 몸으로 경험하는 둔화를 받아들이도록 도와줄 수 있다.[12]

○ 아유르베다

아유르베다Ayurveda는 고대 인도의 치유 방식으로서, 섭식의 변화, 약초, 명상, 마사지를 이용해 독성이 빠져나가게 하고 균형을 회복하게 한다. 이 기법에서 식물을 통째로 사용하는 이유는 식물 안에 치유력도 있지만 그것에서 비롯되는 부작용을 잡아주는 해독 물질이 함께 함유되어 있다고 믿기 때문이다. '아유'는 스리랑카어로 생명이며, '베다'

는 지식이다. 몸과 질병을 각각의 대상으로 보는 서양 의학과는 달리, 아유르베다는 질병을 신체적·풍토적·사회적 체계의 균형에 개입한 방해물로 간주한다.(Langford, 11)

○ 롤핑

생화학자이자 병리학자인 이다 롤프Ida Rolf가 개발한 롤핑Rolfing은 근육과 연결 조직에 힘을 가해 체내 균형을 증강시킨다. 근막(근육 주변을 둘러싼 조직 세포)을 펴서 뼈가 적절하게 자리를 잡도록 도와줌으로써 몸이 긴장을 덜 한 상태에서 중력에 따라 움직일 수 있게 한다. 롤핑은 자세와 동작의 폭을 향상하고, 고질적 통증을 완화한다.[13] 이것은 나이가 들면서 쌓이는, 혹은 부상이나 수술로 인해 생기는 스트레스와 긴장을 바로잡아주는 탁월한 방법이다.

○ 레이키

레이키는 일본어로 보편적인 생명력 에너지를 의미한다. 레이키 수행자는 치료받는 사람 위쪽이나 근처에 손을 가져간다. 레이키는 이완, 스트레스 감소, 재활, 통증 완화, 기의 균형 회복, 면역 체계 회복 등을 위해 사용된다.

○ 마사지

마사지는 만지는 것과 동작, 둘 다를 포함한다. 나이 든 여성은 타인에게 무언가를 주는 것에 익숙해 있지만, 자신이 마사지를 받음으로써 삶에 균형을 잡는다. 마사지는 부드러우며 온몸에 이롭기 때문에 편안한 노화에 가장 도움되는 것 중 하나다. 마사지는 염증을 치료하고 경직된 관절을 푸는 데도 도움이 된다. 근육의 긴장을 완화하고 불안을 덜어주므로 긴장이 풀리고 편안해진다. 마사지는 온몸의 혈액 순환을 원활하게 하고, 만성 통증도 완화해준다. 림프 순환도 원활하게 해서 면역 체계에 도움이 되고, 세포 조직의 탄력성을 높인다.(Tappan and Benjamin, 338)《완성된 삶의 주기The Life Cycle Completed》에서 조앤 에릭슨Joan Erikson은 이렇게 말한다.

"나는 퇴직 노인이 정기적으로 마사지를 받는다면 놀라울 정도로 도움이 될 것이라는 주장에 동의한다."(121)

마사지가 특히 노인에게 이로운 까닭은 이들이 손길을 받을 기회가 거의 없기 때문이다. 메이카 로Meika Loe의 저서《우리 방식으로 늙어가기Aging Our Way》의 '포옹을 고집하다' 파트에서는 아주 늙은 사람에게도 신체적 접촉이 중요하다는 것을 강조한다.(213~223) 캐나다 간호학 교수들의 공동 연구에 의하면, 마사지는 시설에서 받은 비인격적 대우에서 오는 충격을 완화하는 데도 도움이 된다. 누군가의 손길을 받는 것은 시력과 청력이 점점 약화되는 노인에게 특히 중요하다.(Fraser and Kerr, 238~242)

사실 마사지가 노인에게 아주 유익하기 때문에 메디케어 적용 대상에 마사지도 포함되어야 한다. 70세 이상의 노인 누구라도 마사지를 원하면 2주에 한 번 혹은 한 달에 한 번 마사지를 받는다고 생각해보라. 그런 혜택의 확대가 합당한 결과로 돌아올까? 마사지를 받으면 수술이나 병에 걸린 후 회복기가 짧아질 것이고, 스트레스가 감소될 것이며, 심각한 질환이나 장애 발생이 늦춰질 것이다. 낙상 위험이 줄어들고, 독립된 생활이 더 연장될 것이며, 독성의 영향도 덜 받을 것이다. 70세 이상 노인의 상당수가 마사지를 경험하지 못하는 것이 현실이지만, 현재 마사지가 치료용 행위로서 인기를 끌고 있으며, 지금은 몇몇 병원에서 실제 사용하기도 하고 호스피스 환자에게 제공되기도 한다. 노동계층 노인과 유색 인종 노인들에게까지 혜택을 넓히는 방도를 구하는 것은 건강한 노화를 위한 또 다른 과제다.

○ 펠든크라이스 기법

노인, 특히 움직임이 제한적인 노인에게도 적합하도록 만들자는 철학에 바탕을 두고 그에 맞는 동작을 중심으로 구성한 체계가 펠든크라이스다. 이스라엘의 물리학자이며 유도 고수인 모세 펠든크라이스Moshe Feldenkrais(1904~1984)는 무릎 부상을 치료하면서 움직임에 대한 교육 체계를 발전시켰다. 그는 아기가 기는 동작과 과학, 신체 역학, 무술에서 배운 지식을 합성한 후, 수십 년 동안 자신이 고안한 이 방법을 다듬어왔다. 여기에는 두 가지 형식이 있다. 첫째, 집단 동작 수업을 통한 깨우침, 둘째, 수행자가 환자의 신체 부위를 부드럽게 만지면서 움직이게 하는 일대일 수업으로서의 기능적 통합. 펠든크라이스는, 아주 어릴 때 형성된 동작의 패턴이 앞으로 계속 반복될 기능적 습관으로 굳어지면서 더 쉽고 더 효율적인 다른 방법을 마다하게 되고, 그 결과 우리가 취할 수 있는 동작의 5퍼센트만 사용하면서 살아간다고 믿는다.(Claire, 101~102) 그래서 그는 뇌를 재프로그래밍하는 방법을 통해 긴장을 야기하는 움직임을 의식적이고 섬세한 움직임으로 대체하도록 돕는다. 이 "지각 동력 재교육"은 의식과 무의식 상황에서 모두

일어날 수 있다.(Claire, 105)

펠든크라이스 수업에서는 학생들이 표준화된 모델에 자신을 끼워 맞추려고 애쓰는 대신, 스스로 무엇이 자신에게 이로운지를 찾아낸다. 이것이 노인에게 효율적인 프로그램인 이유다. 또한 우리 사회에서는 20세 운동선수의 몸을 이상형이라 하지만, 이 프로그램에서는 이상적인 몸을 제시하지 않는다. 동작이 근육과 관절에 무리를 가하지 않고 서로 연결되기 때문에, 나이가 들면서 허약함과 뻣뻣함을 자연스러운 것으로 받아들여왔던 노인에게는 탁월한 운동이다. 펠든크라이스 기법은 목표 지향적인 것도 아니다.[14] 이 운동의 특징인 아주 작은 동작은 상당한 주의력과 집중력을 요구하며, 이를 통해 학생들은 북미 사람들에게 익숙한 초고속의 삶, 극도의 스트레스성 삶을 다시 평가하게 된다. 크게 아프지 않으니 몸에 대해 생각할 겨를도 없이 수십 년 동안 앞만 보고 달려온 사람들에게는 느리게 움직이는 것이 의외의 충격이 될 수 있다. 펠든크라이스 기법은 '사소한 작은 것들을 알아채는 것'으로 구성되어 있으며, 어떤 동작을 상상하는 것만으로도 근육이 극히 미세하게나마 반응한다.[15]

나는 모든 참가자가 80세를 넘겼고 몇몇은 뇌졸중이나 장애로 몸이 구부정해진 채 참여하는 펠든크라이스 수업을 관찰했다. 그런 나이에 자신의 몸을 움직이면서 즐거움을 만끽하는 것은 흔치 않은 일이다. 느리고 점진적이고 반복되는 동작은 장애를 가진 사람들에게 신체적인 유능함을 실감하고 자의식에 정복당하지 않는 상태를 느낄 기회를 제공한다. 건강한 노화와 관련해서 펠든크라이스 기법이 가진 특별한 강점은 "신경계와 근육계가 아주 유연해져서 이전에 익혔던 동작

패턴을 따르지 않을 뿐만 아니라 심지어 그와 정반대로 움직이게 할 수도 있다"는 점이다.(Claire, 102)

○ 신체 역학

건강 상태가 어떠하든 몸을 편안하게 하는 능력은 나이 들어가면서 얻는 보상이기도 하다. 그러나 60세에 이르면 습관이 되어버린 동작의 특징적 방식이 무의식중에 나온다. 종종 이런 동작으로 인해 등, 엉덩이, 어깨, 목에 불필요한 긴장이 쌓인다. 그러므로 어떤 몸의 동작이 긴장을 야기하는지 인지하는 것이 건강한 노화를 위해 반드시 필요하다. 대체의학 전문가들은 걷는 방식이나 어깨를 펴는 방식을 보면서 언제 몸의 다른 부위가 압박을 받게 될지를 주류 의사보다 훨씬 잘 파악한다. 점심 도시락이나 서류가방을 같은 손으로 40년가량 들고 다니는 직장인, 혹은 양손으로 운전대를 꽉 잡고 운전하는 사람처럼, 오랜 세월 동안 어떤 동작을 습관적으로 할 때 아무런 연관성도 없어 보이는 부위에 통증을 느낄 수 있다. 습관이 되어버린 패턴을 바꾸기만 해도 잠들어 있던 신경 경로를 일깨울 수 있다. 젊어서는 육체적인 활동을 많이 하지 않았던 노인, 뇌졸중과 부상에서 회복한 사람들, 유약하다고 판명된 사람들이라 하더라도 편안한 동작에서 오는 쾌감을 온몸으로 느낄 수 있다. 과거의 트라우마에서 비롯된 근육 긴장이나 오래 축적된 긴장이 보디워크(신체의 구조적 퇴화나 기능적 약화를 방지하고 활동성과 효율성을 강화하기 위한 치료적 기술, 신체를 접촉하거나 비접촉하는 물리적·심리적·에너지적 요법의 총칭─옮긴이), 치료요법, 숨 쉬기 운동 등을 통해 완화될 때, 노인들은 자신의 몸을 보다 직접적으로 경험할 수 있게 된다. 새로운 동작을 발견하게 되면서 신체적 변화와 분리될 수 없는 정서적이고 심리적인 보상을 받을 것이다. 완만한 보디워크 체계는 건강한 노화를 약속한다. 많은 것을 경험하는 것이 건강에 도움이 될 것이다.[16]

건강한 노화 프로그램

지난 수십 년 동안 건강한 노화를 위한 수많은 프로그램이 노인 센터, YWCA, YMCA, 학교, 지역사회 등에서 개발되어왔다. '퓨젓사운드 집단 건강회Group Health of Puget Sound'와 워싱턴대학교가 협력해 개발한 프로그램 '노인을 위한 건강 증진Health Promotion in Older Adults'은 운동, 영양, 알코올과 약물 사용, 스트레스 관리, 집 안의 안전성 등에 집중한다. 건강한 노화 프로그램은 잃어버린 기능을 되찾을 수도 있다는 것을 보여줌으로써, 사회적 강요와 통념에서 벗어난 노화 과정의 유익함을 과시한다. '지금이 적기適期'라고 불리는 몇몇 건강 증진 프로그램은 제목만 그럴듯한 게 아니라 사실이기도 하다. 더 많은 노인에게 이러한 프로그램 참여를 독려할 수 있다면 서서히 자신의 습관을 바꾸는 사람들도 그만큼 늘어날 것이다. 결코 늦은 때는 없다는 철학을 가장 잘 보여주는 사례는 잔느 칼망Jeanne Calment이라는 프랑스 여성으로, 117세에 금연한 이유가 눈이 어두워져서 담배에 불을 붙이지 못했기 때문이었다. 그녀는 122세에 사망했다.

참고할 만한 탁월한 교재는 데이비드 하버David Haber의 《노인 건강 증진Health Promotion and Aging》이다. 매년 64세 이상의 미국인 중 30만 명이 고관절 골절상을 입고 그중 4분의 3이 여성인 점을 감안할 때, 낙상 예방을 집중적으로 다루는 프로그램들을 마련하고 실시하는 것이 특히 중요하다.(Dembner, "Hip Fractures," 1) '균형문제 연구소A Matter of Balance'는 메인 주를 위시한 여러 주에서 지역민들에게 균형 향상을 위한 방법을 숙지시킨 후 다른 사람들에게 보급하도록 돕는다.

그러나 많은 미국인이 건강한 노화 프로그램의 혜택을 받지 못한다. 특히 저소득 노인과 유색 인종은 프로그램을 전혀 접하지 못하거나, 지원금이 조달되는 몇 주 혹은 몇 달 동안만 혜택을 받는 경우가 많다. 이 프로그램이 영구적으로 자리 잡아서 참가하고자 하는 모든 노인이 접근할 수 있어야 그들의 잠재력을 완전히 파악할 수 있을 것이다.

관련 이슈

건강한 노화와 관련된 이슈들은 특히 노인 여성 문제로 귀결된다. 심각한 상해를 입었거나 움직일 수조차 없는데 건강할 수 있을까? 전통 노년학에서는 불가능하다고 대답할 것이다. 그들은 85세 이상의 여성을 바람직하지 못한 범주에 넣는다. 그러나 점점 더 많은 여성이 오래 살면서 중대한 손상을 입지만 여전히 활력을 잃지 않는 역설적인 모습을 보이고 있다. 그러므로 노인 여성과 관련한 건강 개념은 보다 넓어져야 한다. 침대에 의지해 사는 여성의 경우, 기존의 기준으로는 건강하다는 판정을 받을 수 없지만, 창의적 활동을 하거나 친구들과의 긴밀한 유대로 그녀의 생활이 풍요롭다면 확실히 그녀는 건강하다고 할 수 있다.

어떤 기능이 쇠퇴하거나 상실된다 하더라도 건강한 상태를 유지할 수 있다. 대부분의 백인 중산층 미국인은 인생 후반기에 건강하기를 기대한다. 더구나 건강 증진(어떤 경우 극적으로 좋아지는 건강)은 65세 이상 노인들에게도 현실적인 희망이다. 나이 듦을 배운다는 것은, 우리가 말년에는 당연히 노쇠해질 것이라고 생각하도록 조건화되다 보니 인생 후반기의 건강에 대한 기대가 너무 낮고, 치료될 수도 있는 질병이나 문제를 아무런 비판 없이 노화의 탓으로 돌리고 있다는 것을 인식하게 된다는 뜻이다.

미디어에서 보여주는 건강한 노화 이미지는 오직 신체에만 집중되어 있을 뿐, 심신의 조화를 만들어가는 호흡의 힘에는 관심이 없다. 이런 미디어 이미지는 테니스를 치는 75세 노인에게 딱 들어맞겠지만, 결국 그녀 또한 건강을 다른 방식으로 인식해야 할 때가 온다. 신체적 왕성함에 의존하지 않는 생명력, 좋은 습관 그 이상의 특성, 행복을 구성하는 다양한 요소들을 생각해야 할 것이다. 몸이 너무 약해서 한 달에 한 번 정도 겨우 운동하는 사람이든, 다시는 운동하지 못하는 사람이든 건강한 노화가 강조하는 메시지 때문에 자괴감을 가져서는 안 된다.

노년학자들은 연장된 수명이 인생 후반기의 장애와 동일한 의미인지 아닌지를 놓고 토론한다. 점점 더 많은 노인이 죽기 전까지 건강한 상태를 유지할 것이고, 동시에 점점 더 많은 사람이 심각한 질병이나 장애를 오래 겪을 것으로 추정하는 것이 합당하다.(Lamphere-Thorpe and Blendon, 78) 죽음으로의 길고 느린 추락을 너무 두려워하다 보니 많은 사람이 건강하게 살다가 잠깐 아프고 죽기를 원한다. 50~60대에 선택한 습관이 80세가 되었을 때의 상태에 영향을 미칠 것이라는 사실에 대해 어떻게 하면 미국인들을 설득할 수 있을까?

결론

적어도 건강한 상태로 말년에 이른 사람들은 "주요한 영역에서의 쇠퇴가 급속히 빨라지는 것이 아니라 거의 일정하게 나타나는 고원효과Plateau Effect(성장일로에 있던 상황에서 슬럼프가 찾아오면서 아무리 노력해도 정체되는 현상— 옮긴이)를 보인다."(H. Small, 271) "건강을 질병 혹은 장애와 분명하게 구분한다는 것 또한 상당히 문제가 있는 것"도 사실이다.(Holstein, Parks, and Waymack, 14) 어떤 징후(가령 비만과 당뇨 수치 상승, 약물에 저항하는 박테리아 수 증가 등)는 건강한 노화에 문제가 생긴다는 징조다. 뇌종양에 걸리는 미국인의 수는 1980년대 이후 두 배로 늘었다. 더 많은 사람이 더 오랜 기간 동안 화학 물질에 노출된다. 노인이 살충제에 노출되면 더 민감하게 영향받는다. 환경보호국에 따르면, 나이가 들면서 화학 성분을 처리하는 몸의 과정 자체가 달라진다.(Publication Number EPA-100-F-04-910) 살충제는 야외(잡초제거제)와 실내(부엌과 욕실 살균제) 모두에서 사용된다. 반증이 분명히 있는데도, 많은 의사가 고혈압이 노화의 정상적 현상이라고 믿는다.(Currey, 17)

가난한 흑인 어린이 사이에 천식이 유행하는 것은 공중보건에 문제가 생겼다는 뜻이다.(Stolberg, "Gasping for Breath") 세계보건기구 통계를 보면, 1990년에서 2020년 사이에 60세 이상 미국 여성들의 유방암 발병률이 약간 증가할 것으로 전망된다.(Caselli, 260) HMO는 시골 지역을 떠나고 있다. 고령화 사회에서는 치과 치료가 더욱 절실할 것이 자명하지만, 치과대학 등록률은 과거 10년 전과 비교해 50퍼센트 감소했다. 이는 특히 시골 지역의 치과 의사 고갈 현상으로 나타날 것이다.

다른 위험 징후는, 노인 인구의 증가에도 불구하고 노인과 의사 수가 1998년에서 2004년 사이 3분의 1로 줄었다는 사실이다.(Gawande, 53) 2011년, 미국 145개 의과대학 중 아홉 개만이 노인학의 모든 전공 분야를 개설했으나, 노인과 전공자의 절반도 과정을 다 이수하지 않는다.(Gross, *Bittersweet Season*, 148)

"노인들에게 회복력을 되살리고, 앞으로 다가올 것을 견딜 능력을 키우도록 유도하는 전문의들의 역할은 수행하기 어렵기도 하거니와 매력도 없다. 그들은 몸과 몸의 변화에 항시 주목해야 하고, 영양, 의료 행위, 주변 생활환경 등에 대해서도 신경 써야 한다. (……) 나이를 초월해 살 수도 있을 것이라는 환상이 우리 주변에 떠돌 때, 노인과 의사는 그런 일은 없을 것이라는 불편한 직언을 한다."(Gawande, 57)

한편, 미래 노인 세대는 지금 80대 노인들보다 교육 수준이 더 높을 것이고, 더 건강한 습관과 더 낮은 장애의 비율을 보일 것이다. 자료에 의하면, 관절염, 고혈압, 뇌졸중, 폐기종, 치매는 줄어들지만, 파킨슨병, 심장 질환, 기관지염, 폐렴, 고관절 골절은 늘 것이다.(Crimmins, 10) 그러나 약물 남용은 이전 세대보다 더 많아질 것이다.(Kaye, "Maine

Voices") 아무리 좋은 교육으로 무장한다 하더라도 처방약을 과도하게 사용하고, 더 긴 노동 시간과 괴로운 가정생활로 스트레스 받고, 맥도 날드에서 먹는 아침으로는 영양 상태도 좋아지지 않을 테니 그 교육의 효과는 무색해질 것이다. 반면, 혼자서 살아가지 못하는 사람들의 비율 은 줄어들고 있다. 골반과 무릎 인공뼈 삽입, 백내장 치료를 위한 수정 체 교체 등과 같은 의학적 진보는 노화가 수월하게 진행되도록 도와준 다. 황반변성(눈 안쪽 망막 중심부에 위치한 황반부에 변화가 생겨 시력 장애가 생기는 질환— 옮긴이)의 치료 또한 많은 미국인의 인생 후반기를 개선할 것이다.

줄기세포 연구는 장기의 재생을 약속한다. 심리신경면역학(마음과 스트레스, 면역 체계의 상호작용에 대한 연구) 영역에서의 발전은 노화에 대 한 새로운 지식으로 연결될 것이다. 예를 들어, 예전에 신체적 건강으 로 여겨졌던 지구력은 이제 그 안에 중요한 심리적 측면도 있는 것으 로 밝혀졌다.(Friedan, 442~443) 그러나 의사와 환자의 상호작용에 관한 연구에 따르면, 17퍼센트의 환자만이 의사와의 면담에서 심리사회적 문제를 털어놓았다고 말했다.(Innes et al., 43) 다른 연구에서는 의사가 나이 든 환자와는 시간을 덜 보낸다는 사실이 밝혀졌다.

마지막으로 말단소립이 있다. DNA 염기배열이 단순 반복되는 염색체 끝부분인 말단소립은 예전에는 생물학적으로 '불필요한 것'으 로 생각되었으나, 연구 결과 세포의 수명을 연장하는 것으로 드러났다. 따라서 염색체 끝부분을 새롭게 조합하는 자연 발생 효소인 말단소립 을 연구한다면 생명의 연장을 더 잘 이해하게 될 것이다. 런던 킹스칼 리지와 뉴저지 의과대학이 주관한 80~81세의 노인 2,400명에 대한 연구를 보면, 운동을 많이 한 사람들은 정적인 생활을 하는 사람들보다 더 긴 말단소립을 가지고 있었다.(*AARP Bulletin*, 2008. 3. 28.)

엘리자베스 블랙번Elizabeth Blackburn, 캐럴 그라이더Carol Greider, 잭 쇼스택Jack Szostak은 2009년 말단소립의 염색체 보호 방식을 발견해 노벨생리의학상을 수상했다. 그들은 스트레스와 말단소립의 단축이 서로 관련 있음을 보여주었는데, 이는 스트레스가 면역 체계에 해를 끼친다는 것을 발견한 실로 엄청난 과학의 성과다. 암 생물학자 로널드 데피노Ronald A. Depinho는 말단소립의 기능 저하는 말년 건강의 쇠퇴로 가는 '핵심적 통로'지만, 말단소립의 길이는 건강을 평가하는 여러 단서 중 하나일 뿐이라고 말한다.(Thea Singer, *Washington Post*, 2011. 3. 25.)[17] 말단소립의 길이가 급격히 짧아지는 것은 심장 혈관의 노화와 질환이 그 원인이거나 결과일 수도 있다.(Fyhrquit and Saijonmaa)

70세가 넘어서도 평균 이상의 신체 능력을 과시하는, 예를 들어 '쟁반 탄 노인들'이라고 익살스럽게 불리는 스노보드 선수들 같은 일부 열정적인 사람들이 있다. 하지만 그들을 비교 대상으로 삼아 훨씬 더 일반적인 모습으로 점차 기능을 잃어가고 서서히 늙어가는 노인들을 비하해서는 안 된다. 예외적으로 건강한 노인을 노인 대표로 앞세운다면 "만성 질환이나 기능적 쇠퇴를 은폐하는 신비 구조를 강제로 만들고", 따라서 보건 개선의 필요성을 눈에 띄지 않게 감출 수 있다.(Scannell, 1416) 이러한 선택적 사례는 "신체적으로 건강하고 창의적이고 활동적이고 모험심 가득한 노화의 이야기이기는 하지만, 다른 이들에게는 억압적이고 성취할 수 없는 높은 곳의 노화일 따름이다. 이는 슈퍼 노화와 그렇지 않은 노화로 양분되는 새로운 이중성을 키운다."(Warren and Clarke) 우리는 많은 백인 중산층 노인이 그들의 조부모나 부모와 비교했을 때 현저하게 훌륭한 건강 상태를 보유하는 시대로 접근한다.[18] 그러나 그 약속의 문이 모든 사람에게 열리지는 않을 것이다. 점점 벌어지는 미국의 수입 격차는 노화의 새로운 이중 구조를 이미 만들어가고 있다.

6

건강한
노화의
정치학

LEARNING
TO BE OLD

과학, 의학, 공중보건의 긍정적 발전에도 불구하고 대다수의 미국인이 건강한 노화를 현실적으로 누리고 있는 것 같지는 않다. 이러한 현상의 유일한 해결책은 빈곤 퇴치다. 그것으로 모든 자기파괴적인 행동이 없어지는 것은 아니지만, 가난이 줄어든다면 보다 건강한 노화가 보장될 것은 분명하다. 흡연과 비만 문제만 해결되어도 건강의 불균형은 다소 줄어들 것이다. 그러나 보다 근원적인 해결책은 현재 불이익을 당하는 사람들의 수입 정도와 교육 수준을 높이는 것이다.(Herd et al., 122) 미국은 선진국 중에서 빈곤율이 가장 높다. 경제적 궁핍은 건강의 불균형을 부른다.(130) '국가 지원 건강보험Single-Payer National Health Care'은 가난과 유사가난near poverty(고용되었으나 공공원조 등의 혜택을 받는 사람들보다 조금 더 버는 정도의 상태—옮긴이)에서 비롯된 건강의 손상을 일부 회복시켜줄 수 있다. '새로운 수명'은 노년학에서 잘 알려진 슬로건이지만, 진짜 문제는 이것이다. 과연 그것이 누구를 위한 것인가?

평등주의 정신에 입각해 나이 앞에 차별은 있을 수 없다고 말하고 싶기도 하다. 때로는 이 말이 맞는 경우도 있다. 가령 은퇴한 CEO와 은퇴한 노동자가 토요일 이른 아침 닫힌 철물점 앞에서 똑같이 발길을 돌려야 한다거나, 병원 접수 직원이 유명한 작가를 부를 때 다른 늙은 환자를 부를 때처럼 성이 아니라 이름을 외칠 수 있다. 그러나 돈, 지위, 권력의 불평등은 알츠하이머 병동을 제외한 모든 건강한 노화와 관련된 영역에서 중요한 요소로 작용한다. 특히 유색 인종과 여성의 경우, 서로 얼마나 다르고 그 다름이 어떤 의미인지 파악하기 위해서는 먼저 인생 후반기의 건강을 더 정밀하게 판단할 수단이 있어야만 한다. 이들은 수십 년 동안 계층, 인종, 젠더에 기반을 둔 편견과 차별 아래에서 수많은 고통을 겪었고, 그로 인해 급기야 건강에 문제가 생겼다. 영성적이거나 심리적인 관점이라면 억압으로부터의 회복과 온전성을 강조할 일이지만, 이것은 정치적으로 판단할 지점이다.

우리는 미국의 계층별 기대수명이 점점 큰 격차를 보인다는 것을 잘 알고 있다. 1980년대 초 부유한 미국인들은 가장 가난한 사람보다 2.8년 더 살았다. 2000년경 그 차이는 4.5년으로 늘었고, 이 간극은 더 커질 것이다. 점점 더 심화되는 수입의 불평등이 기대수명의 격차에 반영되는데, 이를 두고 의회예산처 전 처장이었던 피터 오재그Peter R. Orzag는 "그야말로 심각하다"라고 말했다.(Pear, "Gap," 14) 그러므로 전통적 노화 모델이 적합할 수가 없다. 특히 2030년 즈음이면 히스패닉계 백인들이 미국에서 수적으로 소수자가 아닐 것이므로 이 모델은 맞지 않을 것이다.(James Jackson, Govia and Sellers, 92)

'성공적인 노화'에 일관되게 따라붙는 계층의 편견, 개인주의의 편견에 대해서는 앞서 이야기했다. '책임지는 노화'를 주장하는 노년학자들은 이것이 납세자에게 많은 비용을 부담 지우지 않겠다는 취지라고 말한다. 그러나 '책임지는 노화'는 내게 현명한 선택을 할 능력이 있는지 없는지 알아보지도 않고 무작정 현명하게 선택하라고 요구한다. 낙인찍힌 집단에게('가난할 만하니까 가난한 사람들'처럼) 자기 삶을 책임지라는 말을 던질 때, 사회구조적으로 자원이 공정하게 분배되지 않는 문제는 은폐된다. 그리하여 이번 장의 주제는 불평등이다.

'헬시 피플Healthy People 2010'(미국 보건사회복지성에서 주도한 전국 규모의 건강보건을 위한 프로그램. 10년 단위로 계속 업데이트된다─옮긴이)의 목표인 보건에서의 차별의 완전 철폐는, 인종과 계층의 간격을 좁히겠다는 보다 온건한 목표마저도 성취하기가 힘들다는 점을 고려한다면 극히 비현실적이었다. '국립노화연구소National Institute on Aging'와 '국립간호연구소National Institute of Nursing Research'는 소수 인종의 노화 연구를 위한 센터 여섯 곳에 자금을 지원한다. 이들 센터의 목표는 보건의 불평등을 줄이는 것이다.[1] 예를 들자면, 흑인과 라틴계를 대상으로 하는 통증 치료에 인종적 차이가 있는 것으로 조사된다.(Glaeser, D8) 그러한 차이를 무시하던 과거 부당한 관행이 개선된다 하더라도 더 큰 구조적 문제는 여전히 남는다. 소수 인종 노인이 급증하면서 "그들을 동질 집단이라고 가상해 입안한 현재의 정책은 점점 더 무용지물이 되어간다."(Wray, 357)

계층

저소득층 노인은 그 누구보다 신체적 기능에 문제가 있고, 장애 발생 확률이 높다.(George Kaplan, 45) 사회경제적 지위는 직업, 수입, 교육 수준, 그 밖의 여러 조건들로 평가되는데, 그 지위의 낮음은 건강하지 못한 라이프스타일과 양호하지 못한 건강의 직접적인 원인이다. 이는 개인의 행동보다 더 근원적 원인이라고 할 수 있다.(Robert and House, 268) 역학 조사를 해보면, 수입의 불평등이 덜 심화된 나라에서는 "더 긴 수명이 보장되고, 특정 질병으로 사망하는 비율이 낮다." 그런데도 사회경제적 지위의 위상은 노년학에서 거의 인정되지 않는다.(Wallack, A22) 계층의 차이는 대략 이런 식이다. 부유한 사람들은 양호한 건강과 장수를 누리고, 빈곤한 자들은 건강을 잃을 때 평생 모아온 자산도 잃는다.(J. Smith, 282) 혹독한 경제 불황은 많은 미국인에게 경제적 파탄을 가져왔다. 유명한 경제학자 조지프 스티글리츠Joseph Stieglitz는, 세상에는 불가피한 불평등이 존재하기도 하지만 현재 미국의 불평등은 "경제 성장에 불리하게 작용할 정도로 도를 넘었다. 왜냐하면 그 불평등으로 인해 인프라, 교육, 기술을 포함한 '공공재'에 투자를 덜 하기 때문이다"라고 했다.("TRB: Inside the List," 2012. 7. 15.) 누가 적절한 건강보험과 건강보장을 받을지, 누가 양질의 돌봄을 받을 자격이 있는지에 대한 결정은 계층을 변수로 하여 이루어진다. 계층과 인생 후반기의 건강의 연계성을 언급하면서 건강 관련 권위자들은 가난 그 자체가 장애를 야기한다는 사실에 주목한다.(Kennedy and Minkler, 95) 미국퇴직자협회에 따르면, 노인 노동자 네 명 중 한 명은 불경기 때문에 저축해둔 돈을 다 썼다.(2011. 5. 24.)

　　건강한 노화에서 종종 간과되는 본질적 문제는 건강한 선택과 습관이 중산층에게나 허락된 사치라는 점이다. 자기 건강은 자기 자신이 책임진다는 중산층의 편견이 노년학자들의 언설에 그대로 묻어난다. 중산층의 기준에 맞게 건강한 선택을 하려면 우선 자신의 환경을 통제할 수 있다는 생각이 전제되어야 하고, 미래 설계는 가치 있으며 적어도 실현 가능하다는 믿음이 있어야 한다. 반면, 빈곤층이나 노동계층은 삶의 조건이 당사자가 아니라 남의 손에 의해 통제되기 때문에 장기 계획과 유예된 만족감이 아무런 의미가 없다. 메인 주를 예로 들자면, 많은 빈곤층이 있고, 최고의 흡연율과 천식 환자가 있다. 일부 유색인의 자기파괴적인 행동은 종종 "인종차별에 대한 대응"일 수 있다. 인종차별은 그들을 비인격화하고 희망을 빼앗는 "다루기 만만찮은" 상황이다.(Bayne-Smith, 14) 이런 연관성을 고려한다고 해서 파괴적 행동에 대한 면책이 될 수는 없지만, 적어도 인종과 계층의 영향력에 대해서 강조할 수는 있다. 세심한 식사, 운동, 적당한 음주는 사회적·경제적으로 적절한 지위에서 오는 자존감을 가진 사람들, 그리고 중독으로부터 상대적으로 자유로운 사람들이 할 수 있는 선택이다.

　　건강한 노화를 위한 조언을 살펴보면, 흡연, 음주, 운동을 할 때 "무엇 때문에 어떤 것은 선택하고 어떤 것은 선택하지 않는지, 혹은 왜 그 선택을 강화하는지 사회경제적인 관점에서 사고하지 않은 채" 다만 개인이 선택을 잘해야 한다고 강조한다.(Hendricks and Hatch, 443) 근근이 살아가는 사람들, 교육이 부족한 사람들, 직장이나 거주 문제로 편견에 부딪히는 사람들은 중산층과 같은 건강한 습관을 선택할 만한 여유가 없다. 유기농 음식, 대체의학, 긴 휴가, 자기 돌봄 워크숍 등은 그들의 능력 밖의 일이다.

인종

상호교차성은 계층과 나이 같은, 인종 이외의 정체성이 어떤 식으로 건강 상태에 영향을 미치는지 질문한다.(Koehn and Kobayashi, 137)[2] 인종 정체성은 인종에 대한 개인의 믿음과 타인의 판단 사이의 상호작용에서 생성된다.(Loue, 37) 소수 집단을 일반화하려 해도 같은 지붕 아래 워낙 다양한 사람이 모여 있기 때문에 신뢰할 만한 작업이 되지 못한다. 가령 노인 흑인 여성 중에는 8학년(중학교 중간 학년─옮긴이)도 다니지 못한 사람이 있고, 대학을 졸업하고 전문직에 종사하는 사람도 있다.(Jacquelyne Jackson, "Aging Black Women," 35) 그런 문제를 차치하고라도 많은 흑인, 라틴계, 아시아인, 아메리칸 인디언의 경우, 어린 시절과 중년 시기의 부적절한 건강관리가 말년에 가서 심각한 건강 성적표로 이어지는 일이 비일비재하다.[3] 미국 의학연구소Institute of Medicine는 소수 인종 미국인들이 백인보다 의료 서비스를 덜 활용하지만, 사실 더 많은 서비스가 필요한 대상이라고 결론 내렸다.(Fleming, 28) 그러나 현재 병원이나 의료 기관은 그들을 부당하게 대하는 실정이다. 국립보건원National Institutes of Health가 발간한《유색인 여성의 건강 관련 자료 핸드북Women of Color Health Data Handbook》에는 보험에 대한 접근성을 위시해 조사된 모든 범주에서 심각한 불평등 상황이 발견된다는 기록이 있다.(Reed, 46) 이와 관련해서 소수 인종의 간호사와 의사수가 감소한다는 문제도 있다.(Fleming, 24) 유색인이 응급실에서 치료를 받을 때 한계가 있는 까닭은 대부분의 의사가 백인이기 때문이다.

학교, 직장, 거주지에서의 인종차별주의는 흑인, 라틴계, 아메리칸 인디언에게 평생에 걸쳐 심대한 영향을 미친다. 건강이나 기대수명 등은 이들의 열악한 상태가 잘 드러나는 지표다.(Quadagno, *Aging*, 270) 제도적 혜택을 거의 받지 못한 채 인생을 시작한 사람들은 살아가면서 계속 불이익을 받게 되고, 급기야 말년에 가서는 훨씬 더 뒤처진 삶을 살아간다. 불평등으로 인해 유색 인종의 생존 능력이 억압된다는 이슈가 노년학의 주요 관심사는 아니다. 그러나 사회노년학에서 삶의 주기를 강조해 연구한다면 이런 식으로 불이익이 축적되는 상황에 학문적 관심이 모아질 수도 있다.

민족노년학자들은 사회적 불평등뿐 아니라 인종, 국적, 문화에 따른 노화의 양상에 관해서 자료를 모으고 있다.(P. Jackson and Williams, 291) 소수 인종의 전반적인 지위 그 자체보다는 건강, 수입, 가족의 지원 등 각 요소들 간의 상호작용이 한 개인에 대해 더 많은 것을 보여준다.(Markides, "Minorities," 785) 2030년 즈음에는 노인 인구 중 25퍼센트가 소수 인종이 될 것이므로 노화와 건강과 인종을 통합한 인종노년학과 인종노인의료학이 특히 더 중요해질 전망이다.(Wadsworth and FallCreek, 254) 2050년, 라틴계 노인의 수는 세 배가 되고, 흑인의 수는 두 배가 될 것이다.(Binstock, 5) 혼자 사는 라틴계와 흑인 노인 여성의 40퍼센트가 빈곤하고(Housell and Riojas, 7), 소수 인종 노인 여성은 고질병에 시달릴 확률이 크다.(T. Miles, "Living," 55) 2050년경, 아시아인 노인은 700만 명이 될 것이고, 전체 인구의 16퍼센트를 차지할 것이다. 같은 해, 50만 명의 아메리칸 인디언 노인이 인디언 인구의 12퍼센트를 차지할 것이다. 건강한 노화를 논의하면서 소수 민족에 더 많은 관심을 쏟아야 하는 또 다른 이유는 문화적 패턴이 달라지면 질병의 개념, 질병을 가진 사람에 대한 집단 내에서의 인식, 적절한 건강 추구 전략 등이 달라지기 때문이다.(Tripp-Reimer, 236)

소수 인종 노인이 백인과는 다른 약물 반응을 보일 수 있는데도 임상실험에서 그들의 모습은 보이지 않는다. 심지어 그들은 건강보험의 혜택을 받지 못하며, 참가할 자격이 있는 프로그램이 있어도 정보가 없어 이용하지 못하는 경우가 많다. 장기 치료를 제한적으로만 받을 수 있다는 사실은 경제적으로 취약한 가족에게는 큰 부담이다.(M. Harper, 12) 유색인 노인들이 양로원에 들어가지 못하는 이유는 주로 경제적 궁핍 때문이지만, 모든 소수 인종 노인이 양로원 이용을 꺼리는 또 다른 요인은 양로원에서 차별이 상시적으로 행해지기 때문이다.(Kiyak and Hooyman, 305) 소수 인종 노인은 보건 정책에 반영될 목소리를 내기에 역부족이고, 그 밖에도 "이중 언어와 이중 문화의 장애는 숱하게 많다." 게다가 대부분의 의사는 소수 인종 환자의 전통적 관습과 신앙, 민간요법을 이해하려고 하지 않는다.(M. Harper, 12) 또한 그들이 받는 연금이 점점 줄기 때문에(Villa, 213) 많은 이가 일을 해서 수입을 충당하려고 한다. 보다 많은 소수 인종 보건 전문의가 노인과에서 훈련받아야 한다.(Jacquelyne Jackson, "Aging Black Women," 42) 그러나 이 문제는 미국에서 점점 심각해지는 빈부 격차에 의해 더 악화되고 있다.

과거에서부터 현재까지 연구 과정의 중심, 모든 평가의 기준이 시종일관 백인이다 보니 소수 인종의 노화 영역이나 그들 고유의 질병은 간과되어왔다.(T. Miles, "Aging," 119) 이를 보완하려면 비교 연구가 필요할 것이다. 백인에게 흔히 발견되는 모습이라 하여 그것을 "흑인의 건강 조건의 직간접적 기준"으로 채택해서는 안 된다.(Jacquelyne Jackson and Perry, 172) 이런 실태를 대신할 대안은 특정 인구에게 발생하는 특정한 문제, 질병, 혹은 중요 이슈에 집중하는 것이다.(T. Miles, "Aging," 119) 동일한 인종 내에 존재하는 다양성을 연구할 때는 집단 간 다양성의 요소가 반드시 집단 내 다양성에 영향을 미치는 것은 아니라는 관점을 견지해야 한다.(Whitfield and Baker-Thomas, 75) 또한 조금 더 까다롭겠지만, 사람들의 노화, 문화적 다양성, 소수 인종의 노화, 공공 정책을 통합하는 것이 필요하다.

　　사회 구조에 뿌리박힌 근본적 부당함은 그것대로 분석할 일이고, 소수 인종 노인이 스스로를 위해 행동하고 자신의 강점과 자원을 동원하면서 노화 과정에 들어간다는 사실 또한 제대로 조명받아야 한다. 그러한 자원이 백인 중산층 전문가의 눈에 포착되지 않을 수도 있다. 이것은 연구자들이 감당해야 할 어려운 작업이다. 질병 형성과 건강에 영향을 미치는 독특한 개인사에 주목하는 것 또한 중요하다. 소수 인종, 소수 민족의 공동체에 속하는 것 혹은 상호의존성을 나누는 동지가 된다는 것에는 상당한 이점이 있다. 흑인 노인은 친구를 가족으로 보는 경향이 있다. 그래서 도움이나 격려를 주기 위해 서로 세심하게 살피고 지지망을 확대한다. 흑인 노인의 자살률은 매우 낮으며, 흑인 여성은 백인보다 강한 골밀도와 큰 골격을 가졌다.(Gannon, 155) 깊은 신앙심은 나이 많은 라틴계와 흑인의 특징이라 할 수 있으며, 경외심으로 세상을 보는 아메리칸 인디언의 세계관은 그들을 노년 단계로 부드럽게 넘어가게 한다. 노인 인디언을 이르는 다른 이름은 "가족을 하나로 만드는 자"이다.(Red Horse, 491) 나이 많은 아시아인, 라틴계, 흑인의 가장 큰 장점은 공동체 안에서 존경받는다는 사실이다.

○ 흑인

인종차별은 나이 많은 미국 흑인의 자존감에 상처를 입혀왔으나, 인종차별의 영향을 이해하려는 토론이나 연구는 거의 이루어지지 않고 있다.(Stanford, "Mental Health," 164; 169) 흑인은 평생에 걸쳐 신체적·정신적·감정적 학대를 받아왔으며, 살아남기 위해 부당한 대우를 받는 순간에도 울분을 삼킨다.(176) 오진, 약물 과다 처방, 문화적 무감각이 흑인 환자를 다루는 정신 건강 시스템의 특징이다.(170~171) 흑인 노인은 "자기 자신과 자신의 행동을 지배 집단이 수용할 만한 방식으로 표현하는 방법"을 배워왔다. 그러나 이러한 적응이 자신의 신념, 욕구, 혹은 환경에 어긋나는 경우도 있다.(175) 노인 흑인 여성의 건강 상태는 현재 삶에서 받는 차별적 경험뿐 아니라 평생 쌓인 인종차별의 영향에서 형성된 것이다. 49~55세의 흑인 여성은 같은 연령의 백인 여성보다 생물학적으로 7.5세 더 나이가 든 것으로 평가되었다. 스트레스와 가난이 이런 차이의 27퍼센트를 설명한다. 중년 흑인 여성은 동일 연령의 백인 여성보다 말단소립의 길이가 더 짧다.(Geronimus et al., 21; 29) 백인은 흑인보다 주택 자금의 부족분을 가족의 도움으로 해결하는 경우가 더 많으며, 유산을 받을 확률도 더 높다.(Harrington Meyer and Herd, 93) 살인적 임대료 때문에 많은 흑인 가족이 주택 소유권을 포기하거나 포기하라는 위협을 받는다. 흑인 노인은 뇌졸중, 당뇨, 비만 등 고질병에 걸리는 비율이 높고(M. Harper, 17), 백인보다 자궁경부암, 결장암, 폐암의 발병률도 높다.(K. Gould, 208)

수입과는 상관없이 54세 이상의 모든 흑인 여성이 1차 진료 의사와 면담은 자주 하지만, 유방 X선 검사를 받으라는 권장은 백인의 2분의 1 수준 정도로만 받는다.(Lisa Cool, 17) 그러다 보니 유방암이 뒤늦게 발견되고, 유방암 진단을 받은 노인 흑인 여성의 5년 생존율이 50퍼센트에 그치는데, 이는 백인 여성의 4분의 3 정도 수치다. 흑인 여성은 치료하기 더 어려운 에스트로겐 수용체 음성 유방암에 걸리기 쉽다.(Haber, *Health*, 426) 게다가 65~74세의 흑인 여성들이 심장 질환으로 사망하는 비율은 같은 연령 백인 사망률의 두 배에 이른다.(Fahs, 115~116) 고혈압은 흑인 남성보다 흑인 여성에게 더 심각한 문제다.(Taylor, 112) 반면, 흑인 여성은 백인 여성보다 알츠하이머 발병률은 낮다.

백인에 비해 흑인은 대기오염과 범죄에 더 많이 노출되는 도시에서 살아갈 확률이 높다. 흑인과 라틴계 둘 다 위험한 동네에서 과밀 주거 상태로 살아가며, 화재, 천식, 가스 오염으로 인한 납 중독, 부상에 노출되어 있다.(Harrington Meyer and Herd, 102) 흑인은 위험한 직업에 종사하는 경우가 많아서 작업장의 독성에 노출될 위험이 더 크다. 흑인 여성이 의사를 만날 때 백인보다 병이 깊어진 상태로 가는 이유는 저소득, 자녀 돌보는 문제, 병원에 대한 두려움, 실험 대상이 될 수도 있다는 두려움 때문이다.(Edmonds, 208~209) 건강 상태가 어떠하든 일을 해야 한다는 절박한 상황에 떠밀리다 보니 본능적으로 어디에나 적응할 수 있다고 자신의 건강을 과대평가하거나, 질병은 그들이 견뎌야 할 십자가라고 믿는 경우도 있다.(213~215) 일을 하지 않는 흑인 노인은 백인보다 두세 배 많은 건강 문제에 시달린다.(Wallace, 260) 사회보장연금 수급 연령을 올리는 것은 그들에게 불리할 것이다. 한 연구에 따르면, 메디케어 수혜자 중 혈관우회로술, 혈관성형술, 고관절치환술을 받은 흑인은 백인의 절반 수준이었다.(Harrington Meyer and Herd, 104) 백인과 비교해 흑인의 고혈압은 훨씬 더 흔하고 더 심각해 사망에 이를 가능성도 크다.(Svetkey, 64)

현재까지는 흑인 샘플과 장기간에 걸친 조사가 부족해 흑인 노화 과정 전반에 대해 밝히기가 힘들다.(Jacquelyne Jackson and Perry, 121; 143) 65세 흑인은 심장 질환이 덜 발병하고 60세 중반까지 건장한 게 틀림없다고 생각해서 75세까지 생존할 가능성이 백인보다 더 높다고 여겨졌다. 그러나 이것은 오류투성이 자료에 의한 것임이 밝혀졌다.(Jacquelyne Jackson and Perry, 142)

○ 라틴계

라틴계라 하면 최근 이민자뿐 아니라 과거 멕시코 땅이었던 지역에 사는 사람들까지 포함하는 매우 다양한 집단을 일컫는다. 그들의 건강에 영향을 미치는 요인으로는 제한된 교육, 저소득, 시골에서 도시로 이주하면서 겪는 곤궁한 생활고 등이 있다.(Torres, 213) 이런 이주는 전쟁으로 인해 중앙아메리카에서 이주한, 스페인어만 사용하는 노인에게는 무척 힘겨운 일이다. 미국에서 태어난 손자는 영어만 쓸 것이다. 불법 이주민은 병이 들어도 도움을 청하기가 두렵다. 2012년 오바마 정부의 행정 명령으로 밀입국한 부모와 함께 어릴 때 미국으로 오게 된 젊은이들의 추방은 더 이상 진행되지 않았다. 멕시코와 중앙아메리카 출신 이민자들에 대한 적대감은 당사자들에게는 스트레스임에 틀림없다. 2012년 6월 대법원에서 부분 확정된 애리조나 이민법(SB1070)이 인종 프로파일링(인종에 대한 고정관념을 토대로 특정 인종을 표적으로 삼고 혐의를 두어 가던 길을 멈추게 하고 심문하고 체포할 수 있다―옮긴이)을 권장하다 보니 이 때문에 일부 라틴계가 미국을 떠나게 되었다. 오랫동안 거주하던 사람들이 뿌리째 뽑혀나가는 상당히 황망한 상황이다.

20퍼센트 이상의 라틴계 노인들이 빈곤 수준 이하의 수입에 의존하는데, 이는 앵글로 미국인 수입의 10퍼센트도 채 안 되는 액수다. 대부분의 라틴계 노인들은 연금이나 사회보장연금의 혜택을 받지 못한다. 건강관리제도가 지배 문화를 중심으로 개발된 터라 라틴계가 소외되고 있지만, 이들은 제도가 제공하는 서비스보다는 가족과의 긴밀한 관계망을 통해 건강 문제에 대처해나간다. 라틴계의 건강 상태는 출신 나라에 따라 다양하다. 예컨대 쿠바인은 멕시코인보다 더 건강하다.(Herd et al., 123)[4]

라틴계 노인의 85퍼센트가 고질적 건강 문제를 가지고 있다. 거의 4분의 3이 활동에 제약을 받을 정도의 손상을 입었다.(Kiyak and Hooyman, 304) 모든 여성을 통틀어 라틴계 여성들이 가장 높은 자궁경부암과 자궁암 발병률을 보이고, 멕시코계 미국인과 푸에르토리코 여성들은 백인보다 당뇨가 두 배 더 많다.(미국 보건사회복지성의 '소수 여성 건강관리국Minority Women's Health' 웹사이트) 라틴계는 감염, 독감, 폐렴, 사고 등으로 죽을 확률이 백인보다 훨씬 더 높고(Markides, Coreil, and Rogers, 197), 콜레스테롤 수치도 높다.(M. Harper, 17) 멕시코계 미국인들은 빈곤으로 스트레스를 받으면 우울증에 걸릴 수 있다거나 고혈압이 어떤 영향을 미치는지에 대한 인식이 부족하다. 반면, 그들은 백인보다 골다공증과 관절염은 덜 걸린다. 새크라멘토 지역 노화 장기 추적연구는 심장 질환과 치매의 상관관계를 파악하기 위해 2천 명의 라틴계를 조사하는 중이다.

○ 아시아인

언어, 출신 국가, 미국에 도착한 환경 등에서 가장 다양한 소수 인종은 아시아인이다.(Louie, 147) 전국 조사라 하지만 샘플을 적절하게 확보하지 않은 탓에 그들의 건강 상태에 대해서는 알려진 바가 거의 없다.(D. Yee, 43) 라오스, 캄보디아, 한국, 필리핀에서 최근 도착한 사람들의 의료 검진은 미국에서 태어난 중국계 미국인과 일본계 미국인 노인들의 그것과는 다르다.(46~47) 아시아인의 4분의 3이 캘리포니아, 하와이, 뉴욕에 거주하며 다른 소수 인종보다는 건강한 인생 후반기를 살고 있지만, 결핵, 간염, 빈혈, 고혈압 등에서 백인보다 높은 비율을 보인다.(B. Yee and Weaver, 41) 암 발병률도 높은데, 일본계 미국인은 위암, 하와이 사람들은 폐암과 유방암, 중국계 미국인 여성은 췌장암에 취약하다.(M. Harper, 17) 나이 많은 필리핀계 미국인은 당뇨에 취약하다.(Yeo and Hikoyeda, 94) 아시아인의 말년 건강 문제는 저소득, 평생 적절한 건강 돌봄 서비스를 받지 못한 이력, 신체적으로 고된 직업을 가질 가능성, 언어장벽, 역사적으로 그들을 차별해온 지배 문화에서 제공하는 서비스에 대한 불신 등에서 비롯된 결과다.

한국계 미국인 여성의 65퍼센트가 자궁 조기검진을 받은 적이 없다.(Lisa Cool, 17) 아시아인은 골다공증에 걸릴 위험이 높지만, 흑인, 라틴계, 아메리칸 인디언, 백인보다 심장 질환으로 사망할 확률은 낮다. 그러나 미국의 짠 음식에 적응하다 보니 고혈압에 걸릴 위험이 커진다. 그들이 복용하는 약초는 때로 약물과 상충해서 심각한 부작용을 일으키기도 한다.(B. Yee and Weaver, 41) 중국계 미국인은 몸 안에 있는 음과 양이 조화를 이루면서 건강이 유지된다고 믿는다. 베트남 이민자들은 몸 안에 나쁜 바람이 불어 많은 질병이 생기므로 등을 문질러서 그 바람을 내보내야 한다고 믿는데(Yeo, 75), 이는 백인 의사들로서는 이해할 수 없는 신념이다. 아시아계 미국인 이민자들 사이에서 결핵과 B형 간염은 심각한 문제다.

정신 건강 문제에서도 표준화된 심리검사로는 아시아인의 문제를 신빙성 있게 진단하지 못한다. 그들의 지역사회에서는 정신 질환에 오명이 따라붙기 때문에 심리적 문제가 있어도 위경련이나 피로감 같은 신체적 증상으로 표현할 뿐이다.(Louie, 151) 중국계 미국인 노인 여성의 자살률은 백인의 세 배에 이른다.(Yeo and Hikoyeda, 94) 대도시에 사는 한국계 미국인에게 나타나는 높은 스트레스와 불안감은 인종차별과 관련이 있다.(Louie, 152) 동남아시아에서 온 난민들은 거주지 이동에서 오는 우울과 외상후스트레스를 경험한다.(Yeo and Hikoyeda, 82) 아시아인 지역 공동체의 강점은 전통적으로 노인을 존중한다는 점이지만, "효심의 추락"은 어쩔 수가 없다.(Yeo and Hikoyeda, 80) 캘리포니아의 아시아인에게는 고혈압이 많다.(Stavig et al., 677) 이 문제는 부유한 일본계 미국인보다는 필리핀계 미국인에게서 더 심각하게 나타난다. 이는 건강에 영향을 미치는 것이 인종만큼이나 계층의 문제임을 보여 준다.

다른 소수 인종과는 달리 아시아인은 백인보다 긴 수명을 누린다. 이 장수가 운동과 식사와 같은 외부 요인에서 온 것인지, 유전자의 결과인지는 불분명하다. 심장 질환으로 인한 사망률도 낮다.(Markides, "Minorities," 784) 뉴저지 버건 카운티의 아시아계 미국인 여성은 91세까지 살면서 전국에서도 손꼽힐 정도로 장수를 누린다. 아시아계 미국인 여성은 시골 남부의 저소득 흑인 여성보다 13년 정도 더 오래 산다.

○ 아메리칸 인디언

인디언이 다른 소수 인종과 크게 다른 점은 53퍼센트가 대도시가 아닌 지역에서 거주한다는 점이다.(AARP, *A Portrait*, 7) 1980년에서 1990년 사이에 노인의 수는 두 배로 증가했다.(8) 그들은 소수 인종 중에서 건강 상태가 최악인 데다 수명도 가장 짧다. 또한 급속한 노화를 경험하며 여러 해 동안 장애 상태로 지낸다.(John, 409) 보호구역에 사는 55세 이상의 인디언들은 65세 이상의 비인디언과 비교해봐도 신체적 손상이 많다.

백인과 비교했을 때 아메리칸 인디언은 자동차 사고, 알코올 중독, 폐렴 등으로 인한 사망률이 높고, 당뇨에 걸릴 확률은 열 배 더 높다.(M. Harper, 17) 이 문제는 빈곤, 인구 과밀, 영양 결핍, 병원과의 거리 등으로 더 악화된다. 남성은 여성보다 세 배의 폐기종, 두 배의 암,

1.5배의 심장 질환을 더 앓는다.(John, Hennessy, and Denny, 54: 57) 인디언 여성은 남성보다 방광 질환과 당뇨에 더 많이 시달리지만, 수명은 20~25퍼센트 길다.(John, "Native Americans," 408) 그들은 백인 여성보다 유방 검사, 유방 X선 검사, 자궁 조기검진을 덜 받는다. 아메리칸 인디언은 돌봄을 부담스러워하지 않는데, 이는 그들 공동체가 가진 상부상조의 특성이 두드러지는 대목이다.(Jervis, 300)

인디언의 노화에 대한 지식은 다른 소수 인종 집단이나 백인의 노화에 대한 지식과 비교해보면 "미숙하고 초보 수준"이다.(John, "Aging," 84) 인디언의 고질적 건강 문제에 대해서 알려진 바가 거의 없다 보니 콜로라도대학교 '원주민 노인 연구센터Native Elder Research Center'의 중요한 목표는 인디언들을 훈련해 노화를 연구하는 것이다.

도시에 사는 인디언들로서는 접근하기 어려운 시스템인 '인디언 건강 서비스Indian Health Service, IHS'는 노인보다는 젊은이들과 가족에 초점을 맞춘다.(Kiyak and Hooyman, 305) 또한 고질병보다는 생명에 위협적인 응급 문제를 치료하는 장비가 더 잘 갖추어져 있다. 그러다 보니 55세 이상 인디언의 20퍼센트가 관절염을 제때 치료받지 못해 영구 손상으로 발전한다.(John, Hennessy, and Denny, 68) 나바호족에 대한 연구를 보면, 나이와 체중이 증가하면서 고혈압도 늘어난다. 1930년대 이후 인디언들이 지배 문화에 노출되는 정도와 이들의 고혈압 발병률은 서로 비례한다.

아메리칸 인디언 공동체 사회에 당뇨병이 휩쓸면서 이들의 건강에 심각한 적신호가 울리고 있다. 예를 들어, 애리조나의 피마족Pima은 세상에서 가장 높은 당뇨 발병률을 기록한다. 전통적인 저지방 음식은 그들을 보호했으나, 현재의 식사는 40퍼센트가 지방이다. 비영리 종자 보존 단체인 '네이티브 시즈Native Seeds'는 세리족Seri, 토호노 오 담Tohono O'odham, 피마족, 그리고 소노라 사막박물관의 자연보호론자 와 영양사들과 협력 연구하여 토종 음식이 혈당 수치를 급격하게 낮추 고 인슐린 생산을 개선한다는 사실을 밝혀냈다.(Montgomery, "Return")

인디언의 노화 연구는 1970년대가 되어서야 시작되었다. 그전에 는 인류학적 모델에 기반을 두고 노인 관련 연구를 해왔으며, 주로 원 시문화에 대한 가설에서 출발했다. 백인과는 달리 그들은 노화를 "끌 어안아야 하는 자연스러운 과정"으로 생각하며, 이미 자신을 노인으 로 생각한다.[5] 기존 연구는 인디언 내의 다양성이나 인디언 여성의 노 화에서 발견되는 특성을 충분히 반영하지 못한다.(John, and Hennessy, 309~310) 게다가 인디언 노인 여성의 건강 연구는 샘플 수 부족, 연구 초점의 협소함, 소수 부족만을 선택하는 것 등에 의해 상당히 제한적 일 수밖에 없어서 설득력 있는 일반화는 아직 역부족이다.(300) 오늘날 인디언 노인에게 절실히 필요한 것은, 기관을 통한 돌봄보다는 일차적 으로 지역사회를 기반으로 하는 서비스 위주의 장기 돌봄 제도의 확 충이다. 이를 실현하기 위해서는 포괄적인 문화 이해가 선행되어야 한 다.(John, "Native Americans," 411)

아메리칸 인디언 부족 간에도 다양성이 존재하지만, 노인을 존경 하는 강한 문화적 가치는 일관되게 남아 있다. 노인은 문화 전수자이 자 지혜 수호자이며, 역사를 구술하는 사람이다. 미시간에서 행해진 연 구에 따르면, 손자를 직접 돌봐야겠다는 강한 동기는 조부모들이 공립 기숙학교에 다닐 때 학대당한 외상에서 비롯된 것이다. 그러니 그들이 지배 문화에서 제공하는 서비스를 달가워하지 않는 것은 자연스러워 보인다.(Cross et al., 378; 383)

민족노년학자들은, 초기에는 '문화적 감수성'이라는 말로 건강 관련자들이 타 문화에 대해 좋은 감정과 의도를 가져야 한다는 뜻을 나타내려고 했다면, 이제는 '문화적 유능함'이라는 용어를 사용해 그들이 타 문화에 대해 배우고 적응해야 할 책무가 있음을 인식하고 있다. 서구의 생명의학 개념은 토착민들이 이해하는 질병의 개념과 충돌한다.(Jervis, 299) 한 예로, 북미 인디언은 치매 증세를 보이는 가족 구성원이 영적 세계와 소통한다고 생각하고, 그들을 어린아이같이 천진하고 귀한 존재로 여긴다. 우리가 생각하는 치매는 서구의 진단이다.(Hulko et al., 319)

일부 인디언은 질병 치료를 위해 사우나를 이용한다. 미국 의과대학을 지원하는 어느 제약회사는 수水 치료법을 폐기하기로 결정한 반면, 유럽에서는 여전히 이 방법이 성행한다.(Nikola, 5)

○ 이민자

미국 이민자 노인들 중에는 미국에 막 도착한 사람도 있고, 30년 이상 살아온 사람도 있다. 베트남 출신 노인은 전쟁의 상처를 아직도 간직하고 있다. 이민자 노인은 자식들이 모두 바깥일을 할 경우 집안일을 하거나 손자 숙제를 봐주는 돌봄 제공자가 되고, 희생자 역할을 맡는다.(Trease) 본국에 있었더라면 존경을 받겠지만, 미국 문화에 익숙하지도, 특별한 자원을 가지고 있지도 않기 때문에 권위자로서의 대접은 받지 못한다. 조언은 하겠지만 권위는 없다. 게다가 가족생활도 안전하지 않다. 우울, 고립, 외로움, 지루함에 시달리고, 그들 삶에 끼어든 돌봄의 역할로 분주하다. 이민은 경제적 가치 이외에도 고령화에 따른 인구 불균형을 바로잡는 역할도 한다.(Trease)

지금부터 향후 20년간 이민이 미국 사회에 커다란 영향을 미칠 것이 분명하지만, 노년학자들은 아직 이 문제에 관여하고 있지 않다. (Torres-Gil) 이민자, 유색인, 노동계층 미국인을 연구하는 학자들은 자신들의 이론이 보편적으로 합당한 학문적 진리를 담보한다고 주장할 것이 아니라, 그들 자신의 가치와 그들 이론의 문화적 타당성을 면밀하게 조사해야 할 것이다.(Dilworth-Anderson and Cohen, 497)

젠더

여성으로서 늙음을 배운다는 것은, 적극적으로 자기주장을 펼치는 노인 여성을 불편하게 여기고, 그들의 요구에 대꾸조차 하지 않는 의료 전문가들에 대처하는 방법을 배운다는 뜻이다. 대부분의 노인 여성은 노화에 대한 전문지식이 전무하고 질병과 정상적 노화를 구분할 만한 임상 경력도 갖추지 못한 의사로부터 진료를 받을 수 있다. 미국에서는 예방을 위해 도움을 청하는 여성이 남성의 두 배가량 많고, "건강염려증에 걸려 넋두리하고 불평하는 사람"으로 취급당할 가능성도 그만큼 크다.(Gannon, 51) 미국과 캐나다에서 환자−의사 관계에서의 젠더 차이를 광범위하게 연구한 결과, 여성 의사는 환자에게 이야기할 수 있는 기회와 시간을 더 많이 허용한다.(Lorber, 46)

심장 질환은 노인 여성의 사망 혹은 장애의 주된 원인이다. 그들의 심장마비 증세는 (의사가 보기에) 전형적인 흉부와 팔의 통증이 아닌 등의 통증으로 나타나기 때문에 남성만큼 즉각적인 진단을 받지 못할 수도 있다. 심장 질환 진단을 받은 후에도 여성은 부정맥 통제를 위한 체내 삽입 제세동기 장착의 가능성이 남성보다 적다.(Garner, 282)

여성은 심근경색이 와도 남성에 비해 혈전 용해 약제가 덜 투여되며, 뇌졸중 예방을 위한 경동맥 수술에 대해서도 논의가 덜 된다.("Our Mothers," 196) "너무나 많은 여성이 심혈관 질병으로 급작스레 사망하기" 때문에 더 많은 연구가 반드시 있어야만 한다.(Garner, 281)

보건 현장에서도 나이와 젠더 편견이 개입된 사례가 여럿 있다. 임상 연구와 실험, 보건에서 리더 역할을 맡은 여성이 잘 보이지 않는다. 일부 호주 연구자들은 "여성들이 건강 관련 행정과 감사 쪽에서 상당히 중요하며, 권위 있는 역할을 맡지 않고서는 노인 여성의 욕구가 적절하게 해결되지 않을 것"이라는 결론에 이르렀다.(Davidson, DiGiacomo and McGrath, 1040) 4천 명의 유방암 환자 자료에 따르면, 노인 여성이 생체조직검사와 종양 제거라는 두 단계의 외과적 절차를 받을 가능성이 젊은 여성보다 낮은 것으로 나타났다.(Hynes, 336) 두 단계가 결합되면 생체조직검사의 결과를 평가하는 데 시간이 별도로 들지 않는다.(336) 유방암에 걸린 노인 여성이 치료의 필수라 할 림프 결절 제거수술을 받을 확률 또한 젊은 여성보다 낮다.("Our Mothers," 195) 유방암 진단을 받은 미국 여성의 절반이 65세 이상이지만, 치료약 평가를 위한 임상실험에 참가하는 65세 환자는 참가자의 10퍼센트도 안 된다.(Currey, 17)

남성에 비해 여성은 관절염에 걸리는 비율이 50퍼센트나 더 높다.(Harrington Meyer and Herd, 97) 노인 여성은 고혈압, 방광염, 게실염(대장 벽에 생기는 비정상적인 주머니인 게실에 생기는 염증—옮긴이) 등을 포함해 여러 고질병에 시달린다. 갑상선 질환이나 다른 내분비 문제가 면역 체계 저하의 근본 원인일 수 있다. 하시모토병(만성 갑상샘염, 림프구성 갑상샘염이라고 한다—옮긴이), 낭창, 류머티즘 관절염 같은 자가면역 질환은 남성보다는 여성에게 훨씬 더 일반적이다.(Kalache, Barreto, and Keller, 38) 여성은 또한 활동에 제한을 받을 확률이 높고, 더 많은 시간을 침대에서 지낸다.(Verbrugge and Wingard, 115~117) 여성은 시력에 문제가 더 많이 발생하고, 청력 상태는 좀 더 양호하며, 더 많은 약물과 더 많은 향정신성 약물을 복용한다. 메디케어 수혜자들에 대한 상세 연구에서는 상당한 젠더 차이를 볼 수 있다. 여성은 소득의 22퍼센트 이상을 의료비로 지출하며, 약값으로 메디케어 D파트에서 허용하는 비용을 초과 지출하는 이들의 절반 이상이 여성인 것으로 추정된다.(Wei et al., 447~448)

왜 나이 들면서 여성이 남성보다 더 아플까? 노년학에서 가장 중요한 것으로 보이는 이 질문이 현실적으로는 그리 많은 주목을 받지 못한다. "모든 장애에도 살아남는 여성의 강한 생존력"(Ory and Warner, xxix)이 생물학적으로 가장 그럴듯한 설명이다. 여성이 남성보다 건강 문제를 더 잘 인식하고, 다른 사람과 증세에 대해 더 많이 토론하고, 의사를 더 많이 찾아간다. 그래서 말년에 건강이 좋지 않은 것으로 나오는 수치에는 실제 질환과 그 밖의 많은 진료 상담 기록이 반영되었을 수도 있다.(Verbrugge and Wingard, 135)

한편, 여성의 삶에 스트레스가 더 많기 때문이라고 설명할 수도 있다. 늙기 전까지 그들은 다중의 역할을 능숙하게 처리하지만, 때로 그런 일들이 단순하고 따분하다.(123) 문화적 근거를 따져서 해석해보자면, 건강제도는 가임기 여성을 중심으로 돌아가지 나이 든 여성은 뒷전이다. 말년 질병의 모든 사회적 원인이 해소되고, 여성 스스로 보다 생산적이라고 느끼고, 스트레스도 덜 받고, 유산소 운동을 한다면, 고질병에 덜 시달릴 수도 있다.(Verbrugge, "The Twain," 184) 그러나 노인 여성의 건강 문제를 발생시키는 사회적 요인이 감소하기는커녕 증가할 것으로 전망된다. 왜냐하면 더 많은 여성이 나이 든 부모를 돌보는 스트레스성 일까지 떠맡기 때문이다.

빈곤, 과부로 남는 것, 돌봄 등과 같은 사회적 조건은 여성을 심리적으로 어렵게 만든다. 또한 정신 건강 시스템의 혜택을 받는다 하더라도 "그녀의 취약성은 계속된다."(Rodeheaver and Datan, 649) 심인성 질환으로 오진되는 경우도 남성보다는 여성이 많은데, 그중에서도 특히 빈곤층 여성, 이민자, 정신병 초기 진단을 받은 사람들이 주 대상이다. 의사는 노인 여성의 건강에 대해 그리 잘 이해하는 편이 아니고, 그들에게 심인성 증세가 보일 것으로 추측하다 보니 신체적 증세를 간과하거나 무시한다. 이럴 경우, 나이는 진단의 중요한 요소가 될 수 있다. 게다가 노인 여성의 낮은 사회적 지위 때문에 "의사는 그녀를 덜 믿게 되고, 그녀의 말은 설득력을 얻지 못한다. 서구 의료적 배경에서 이것은 그녀를 심인성 진단을 받을 위험에 빠뜨릴 수 있는 충분한 요소"다.(Wendell, 143)

노인 여성의 만성 통증은 거의 주목받지 못하는 연구 영역이다.

(Roberto, 5) 온냉치료, 이완훈련, 인체공학, 경피적 전기신경자극요법TENS이 효과적이기는 하지만, 노인에게 적용할 때의 정보는 거의 없다.(5) 지금은 홀대받고 있는 수많은 노인 여성의 요구가 제대로 연구되고, 그러한 연구의 우선순위가 진통제의 거대 마케팅 못지않게 경쟁력을 갖춘다면 건강한 노화의 정치학이 조명을 받을 것이다. 그러나 이 또한 안타깝게도 요원한 일인 듯하다.

낙상으로 인한 사망 혹은 부상 문제는 75세 이상 노인에게 가장 심각하다. 매년 30만 명이 고관절이 부러지고, 50만 명이 척추 골절을 당한다. 이것으로 140억 달러의 의료비가 지출된다.(McDonald, A16) 부상자의 가족과 친구의 간접 경비를 제외하고도 600억 달러로 추정하는 조사도 있다.(Fahs, 124) 양로원으로 들어가는 주요한 이유가 낙상인데, 고관절 골절의 경우 고령화 탓으로 설명하기에는 그 증가 속도가 너무 가파르다.(Pousada, 456) 약한 뼈 때문에 낙상한다고 하나, 더 그럴듯한 원인은 잘못 사용한 근육의 약화에 있다.(Bortz, "Aging," 201) 균형을 잡지 못하거나 불안정한 걸음걸이 또한 낙상을 부른다. 노인의 걸음걸이 패턴을 분석하는 장치를 마련한다면 낙상을 줄이는 데 한몫할 것이다. 한 연구에서는 80세 이상 여성이 신호등이 바뀌기 전에 길을 절반 정도밖에 건너지 못한다는 것을 보여주었다.(Kaplan and Strawbridge, 69) 환경이 부추기는 낙상의 위험인 것이다. 교통 신호등은 늙은 여성이 서둘러 가도록 조작될 것이 아니라 그들을 수용할 수 있는 시간으로 조정되어야 한다.

고관절 골절로 고생하는 여성은 현재 그들이 이용하는 재활치료보다 더 오랜 기간 동안 더 개선된 수준의 치료를 받아야만 한다. 기능의 충분한 회복이 목표여야 한다. 현재의 의료 행위는 문제를 수용하라고 강조하지만, 이것은 간접적으로 의존을 부추기는 것이나 다름없다.(Estes, "Aging Enterprise Revisited," 140) 건강 증진 프로그램의 부족과 안전하지 못한 집안 환경으로 인해 낙상은 개인 문제인 동시에 구조의 문제가 된다. 낙상을 경험한 여성의 목소리가 연구와 회복 프로그램에 반영되어야만 한다. 아직 낙상하지 않은 노인 여성도 현실적으로 낙상을 두려워한다. 이 두려움 때문에 그들이 신체적으로나 심리적으로 위축될 가능성이 크다. 처방약과 낙상의 연관성에 대한 더 많은 연구가 이루어져야만 한다. 약으로 인한 마비, 정신착란, 어지럼증 때문에 노인 여성은 힘이 약해진다.

에스트로겐과 프로게스테론을 복용하는 여성이 유방암, 심장마비, 뇌졸중에 걸릴 위험이 커진다는 증거가 나오면서 3년 전 호르몬 대체치료법이 금지된 이후 에스트로겐을 복용하는 여성은 상당히 줄어들었다. 에스트로겐 대체물을 복용하는 여성이 줄어들면서 유방암 발병률이 현격히 떨어지고 있다. 더구나《미국의학협회 저널The Journal of the American Medical Association, JAMA》에 실린 한 논문은 에스트로겐이 치매를 앓는 여성의 인지 기능을 향상시키지 않는다는 사실을 밝혔다.(Mulnard et al., 1013) 얼마 후 같은 저널에 발표된 한 논문에 따르면(2008년 3월), 증가된 발암의 위험은 에스트로겐 복용을 멈추어도 끝나지 않는다. 그러므로 약물의 "(추정된) 효능이 실제로 존재한다는 것을 확인할 만큼" 충분히 오래도록 임상실험되지 않는다는 사실을 여성들은 더욱 잘 알아야 한다.(Moore, "Why Estrogen," E1) 에스트로겐이 심장 건강에 이롭다고 주장하는 관찰 연구는 조사 대상자들의 부유함과 에스트로겐 사용의 연관 가능성을 간과했을지 모른다. 경제적 부는 더 나은 영양과 더 나은 운동을 가능하게 할 수 있다. 여러 의료보험회사들이 골다공증의 위험을 가늠하는 골밀도 테스트를 보험 적용 항목에서 배제하려고 하는 것도 에스트로겐 문제를 복잡하게 만든다. 골밀도 테스트는 노인 여성의 보건에 일상 점검 항목으로 포함되어야 하며, 의료보험개혁법이 충분히 이행된다면 아마 가능할 것이다.

고가의 약을 잘 복용해 심장 질환과 골다공증을 예방해야 한다는 생각은 의료화된 노화에나 딱 어울리는 발상이다. 적절한 과학적 연구도 없이 이 질병들이 "폐경으로 인해 발병된다고 규정지었던 까닭은 이런 발상을 지지하려는 목적이 있었기 때문이다."(Gannon, 137)[6] 알찬 식사와 규칙적인 운동으로 심장 질환과 골다공증을 충분히 예방할 수 있다는 가설을 재평가하기 위해서는 많은 유색인 여성도 동참하는 장기간의 연구를 방대한 규모로 실시해야만 한다. 노화를 약물로 다스려야 한다는 통념은 식사와 라이프스타일이 건강한 노화를 위한 일차적 방편이어야 한다는 전제 자체를 무시한다.(Willett et al., 553)

대부분의 병든 노인 여성에게 완벽한 재생은 불가능할지 모른다. 그러나 미국인들은 나이 들면서 쇠락해지는 것을 당연하게 받아들이도록 조건화되었기에 애초부터 기능 회복을 목표로 삼지 않는다. 제4장에서 언급한 대로 특히 다중 약물 복용에서 오는 급작스럽고 강력한 부작용 탓에 여성들은 자연스러운 노화가 어떤 것인지 미처 알지 못한다. 일부 신약이 효능이 좋을 수도 있다. 그러나 일반적으로 가장 건강한 노화는 약물이 아예 없거나 거의 없는 상태를 말한다.

약물은 성적 욕망을 억압하고, 성기능 장애를 유발할 수도 있다.

고전문학에서나 현대 대중문화에서 흥밋거리로 다루어지는 노인 여성의 성은 훨씬 더 많은 주목을 받아야 한다. 건강한 노인 여성의 성적 욕망은 변함없으나 이성애자 여성들은 어려움에 직면한다. 성비의 심각한 불균형이 그 원인인데, 65세 이상 여성의 3분의 2가 독신인 반면, 남성의 경우는 겨우 4분의 1만이 독신이다.(Porcino, 117) 이 연령대 여성들의 자위의 중요성은 노년학에서 금기 사항이다. 여성들은 질 외벽이 얇아지고 윤활액이 감소해 성교를 하는 동안 불편해지며, 오르가즘은 젊은 여성보다 짧다.(Neuhaus and Neuhaus, 76) 일부 폐경 여성에게는 테스토스테론 크림이 성욕을 증가시키기도 한다. 나이가 어떠하든 노인 여성은 살아 있는 한 "자신의 성적 자아를 탐색하고 확장할 자유"가 있다.(Weg, 220) 많은 노인 여성에게 신체 접촉의 부재는 잠재적으로 건강을 위협하는 요소지만, 이는 페미니스트나 노년학자도 손대지 않은 이슈다. 제인 포시노Jane Porcino는《나이 들수록 더 근사하게Growing Older, Getting Better》에서 늙은 이성애자 여성이 친밀감을 주고받을 파트너 찾기가 지극히 어려움을 애석해한다.

"우리는 더 많이 터치해야 한다. 나는 그것이 50세 이후 삶의 그 어느 측면 못지않게 중요하다고 생각한다."(Downes, 33에서 인용함)

말년에 건강한 성을 누릴 수 있는 열쇠는 늙은 여성을 흉측하고 무성적으로 그리는 문화적 이미지를 거부하는 자세다. 비아그라가 뉴스거리가 될 때 관련 논평을 할 노년학자를 찾으려고 텔레비전 방송국에서 나에게 전화를 했다. 나는 노인 여성의 자위에 더 흥미를 느낀다고 말했다. 리포터는 "그런 말씀을 방송에서 하시면 안 됩니다"라고 주의를 주었다. 노인 남성의 성욕은 뉴스 전면에 나오는데, 노인 여성의 성욕은 둘둘 감겨 침묵 속으로 내팽개쳐진다.

배우자를 잃으면서 과부가 되고, 그와 동시에 수입이 중단되는 65세 이상 이성애자 여성은 건강에 위기가 올 수도 있다. 30년 이상을 과부로 살아가는 이들도 있다. 65세 여성의 절반이 과부이고, 85세가 되면 80퍼센트가 과부다. 흑인 여성은 백인 여성보다 더 이른 나이에 과부가 된다. 남편의 죽음이 1년 연기될 수 있다면 여성에게는 경제적 이득이 상당할 것이다.(또한 건강에도 간접적 이득이 생긴다.) 레즈비언은 파트너의 수명을 걱정할 필요가 상대적으로 적지만, 사별을 한다 하더라도 슬픔을 거의 드러낼 수 없는 경우가 많다. 도시에 사나 시골에 사나 레즈비언이 두려워하는 것은 양로원에 들어가면서 결국 다른 레즈비언과 결별한다는 점이다.(Butler and Hope, 2)

메디케어는 점점 더 현실과 맞지 않다는 것이 드러난다.

"대체로 환자에게 필요하거나 그들이 원하는 것을 제공하는 정책이 아니다."(Gross, "Medicare")

65세 이상은 메디케어가 보장하지 않는 항목을 위해 별도로 보험에 가입하고 연간 수입의 20퍼센트를 보험료로 지출한다. 독신 노인 여성이 보험료로 지출하는 비용은 연간 수입의 3분의 1 이상이다.(Estes and Close, 324) 메디케어는 포괄적 보험 혜택을 제공하겠다는 본래의 목적을 상실하고 있다. 재가 간호에 투입되던 연방 정부의 지출이 크게 감소하면서 많은 메디케어 환자가 병원과 양로원에 더 오래 머물 수밖에 없는 상황이 발생한다.(Pear, "Medicare," A1) 보험회사는 가장 심한 장애를 가진 사람들을 배제한다. 그들을 포함할 경우, 회사가 상환받을 비용보다 더 많은 비용이 들 수도 있다고 두려워하기 때문이다.(A18) 이익 창출에만 혈안이 된 이런 냉정한 현실은 미국 노인의 지위가 상대적으로 얼마나 부실한지를 보여준다. 이런 실정에 반기를 들고 공격할 강력한 '노인 로비'가 없는 것이 현실이다. 전국재가요양협회National Association for Home Care는 재가 요양의 총수가 1997년부터 55퍼센트 감소했다고 말한다. 이러한 감소는 특히 소수 인종 노인과 그 가족들에게는 나쁜 결과로 나타난다.(Binstock, 17) 가장 연로한 노인 대부분이 양로원 바깥에서 살기 때문에 재가 요양의 필요성이 더욱 크다.(Wallace and Villa, 413) 미흡한 재가 요양 보험은 흑인, 인디언, 라틴계를 위험에 빠뜨린다. 이들 중 활동에 제약이 따르는 고질병 환자가 중산층 백인의 두 배에 이른다.(Kiyak and Hooyman, 303~304) 처방약을 보험 처리하는 메디케어 D파트는 백인, 중산층과 유색 인종, 저소득 노인 사이에 보건의 불균형을 줄여줄 수 있다.(Bishop, 429)

메디케어는 미국 남성의 노화를 모델로 하는 사례다. 여성노인연맹Older Women's League, OWL에 따르면, 메디케어는 독신 여성보다 독신 남성 노인에게 더 많은 건강비용을 지불한다.(Steckenrider, 247) 메디케어는 전통적 질병 모델을 기반으로 한다. 즉, "고질적 건강 문제가 본격화되는 인생의 한 시기에 급성 질환용 모델이 접목된 형태"다.(Bortz, *We Live*, 267) 남성은 급성 질환에 걸리기 쉽고 여성은 장애를 불러오는 고질적 상태에 빠지기 쉽다 보니 메디케어는 남성의 요구에 더 부합하는 반면, 예방할 수 있는 여성의 건강 문제는 충분히 보호받지 못한다.(Steckenrider, 246~247) 남성보다 여성에게 재가 요양이 더 필요한데도 메디케어는 간헐적으로 들어가는 간호비만 충당할 뿐, 식사 준비, 목욕, 드레싱, 침대 바깥으로 이동하는 데에 들어가는 비용은 부담하지 않는다.(Steckenrider, 251) 건강 유지비를 감당하지 못하는 메디케어는 "소수 인종과 가난한 여성에 대한 특정 차별"을 낳는다.(Healey, "Confronting Ageism," 7) 메디케어는 예방적 차원의 조치에 대해서는 거의 지불하지 않고 병이 심각해지고 나서야 더 많은 비용을 지불하는 함정이 있다. 조기진단이나 예방으로 가장 혜택을 받을 대상이 여성들이기 때문에 이는 여성에게 부당한 측면이 있고, 비용 면에서도 현명하지 못한 방식이다.(Steckenrider, 254) 의료보험개혁법이 완전히 이행되면 메디케어의 문제는 해소될 것이다. 메디케어는 보건법 개정의 첫 단계로 시도되었다가 이후 혜택을 확장했다. 그것은 정부가 공짜로 베푸는 것이 아니라 "궁극적 이용자가 미리 비용을 지불하고 혜택은 이후에 받는 제도"로 인식되었지만, 지금은 정말 혜택이 필요한 고질병 간호에는 적용되지 않는다. (Gross, *Bittersweet*, 203) 미국의 모든 국민에게 메디케어 혜택이 돌아갈 수 없다는 명백한 사실은 건강보험제도가 이익을 최우선으로 생각함으로써 거대한 한계가 생긴다는 것을 단적으로 보여준다.

　노인과 중년 여성들은 주류 의료 체계와 정부의 지원에서 기대할 것이 거의 없음을 점점 인식하게 되고, 자신들이 그저 처방약의 거대 시장으로 평가된다는 것을 깨닫는다. 또한 노년이 되어 건강에 문제가 생길 경우 불이익을 받을 것이 기정사실임을 절감하기도 한다. 1970년대를 풍미하던 의식화 집단같이 건강한 노화를 위한 모임을 만드는 것도 좋은 전략이 될 수 있다. 일반 민중이 나서서 병든 여성을 지지 집단과 직접 연결한다면 도움을 주는 사람들도 도움을 받는 여성만큼이나 혜택을 받는다.(Stoller, 17) 자조는 영리 중심의 미국 보건제도에 대응할 만큼 만족스러운 전략은 아니지만, 현상 유지파들이 부추기는 수동적인 희생양 되기 수순을 순순히 밟는 것보다는 낫다. 우리가 가상하는 자조 집단은 노인 여성에게 혜택이 돌아가는 개혁에 찬성표를 던질 것이다. 예를 들면, 저소득 여성을 위한 영양 프로그램 설계, 낙상예방 프로그램에 대한 연방 정부의 지원, 노인 여성을 보다 공경하는 의사의 진료 태도, 장애 관련 연구 등이 될 수 있겠다.[7]

여성이 남성보다 오래 살고 건강은 더 악화될 것이기에 의약산업의 횡포는 그들에게 불균형적인 영향을 미칠 것이다. 뉴질랜드는 TV 약물 광고를 허용하는 미국 이외의 유일한 나라다. 소비자에게 직접 다가가는 대중매체 광고는 1993년 총 1억 6,600만 달러가 들었고, 2005년 42억 달러로 증가했다.(Donohue, 659) 마샤 에인절은 이런 광고가 "소비자에게 정보를 알리기보다는 그들을 잘못된 방향으로 이끈다"고 믿는다.(125) 그녀와 여러 의학 연구자들은 산업체들이 연구와 개발보다는 광고에 더 많은 지원을 아끼지 않는다는 점을 지적한다. 기초의약 연구는 학계와 국립보건원National Institutes of Health에서 진행한다.(Hugh Brody, 78) 암 치료제의 3분의 1이 연방 정부의 지원을 받은 연구를 통해 개발되었으나, 판매 수익은 제약회사로 돌아갔다.(93) 이는 자유시장 기업의 모델은 아니다. 게다가 연구 논문은 논문에 이름이 기재된 의사가 아니라 제약회사에 의해 쓰인다.

의료보험개혁법이 완전히 이행된다면 예방 차원의 보건과 건강 증진 프로그램 시행이 원활해질 것이다. 발병을 1~2년 늦춘다면 엄청난 경비 절약이 가능하다. 그러나 현재 건강보험 비용을 1달러라고 할 때 97센트가 질병 치료에 쓰이고, 3센트도 안 되는 돈이 예방에, 나머지 0.5센트는 건강 증진에 쓰인다.(Haber, *Health*, 21) 앞으로 점점 더 많은 여성이 이런 지출의 비합리적이고 위험하기까지 한 배분에 문제가 있다고 느낄 것이다. 국민들은 노년을 건강하게 보낼 자격이 있는가? 건강보험 비용의 절반은 질병이 아니라 건강 증진 쪽으로 가야 하며, 누구나 약물 없는 보건을 이용할 수 있어야 할 것이다. 여성은 이렇게 바뀌는 개혁의 주요 수혜자가 될 것이다. 미국의 건강 증진은 페미니스트들이 아직 발견하지 못한 여성 문제이며, 노년학자들이 거의 관심을 두지 않는 노화 이슈다.

의사들은 노화에 대해 대체로 무지하고, 노인 여성이 표현하는 복잡한 문제에 관심이 없다. 그러나 노인 여성 환자에게는 이런 본심을 감춘 채, 환자의 상태는 "나이가 많아서 그런 것이다"라고 말한다. 이 말을 듣는 80대 여성은 의사를 존경하는 마음으로 바라보도록 사회화되었으므로 이런 해석을 반박하거나 다른 의견을 내놓기가 힘들다. 예를 들어, 요실금 현상은 여성이 남성보다 두 배 더 많다. 요실금은 노화의 불가피한 증상이라고 의사는 말하지만, 완화되거나 치료될 수 있다.(Sharpe, 15) 이제 50대가 된 여성이 노년이 되면 그들의 어머니 세대보다는 의사를 덜 섬기겠지만, 의사는 여전히 노화 과정, 연령차별, 보건에서의 젠더와 인종의 차이 등에 대해 제대로 이해하지 못할 수 있다. 다른 가능성도 열려 있다. 그들이 75세가 되면 여성 의사로부터 치료받을 기회는 더 많아질 것이다. 그리고 지금보다는 노인과에 대한 지식이 의료 행위에 더 많이 통합되어 있을 것이다.

해결되지 않고 있는 다른 문제는, 널리 사용되는 교재에 노인 여성의 건강과 관련된 내용이 거의 보이지 않는다는 점이다. 한 예로, 어느 교재에는 50편의 논문 중 세 편만이 노인 여성의 이슈를 다루고, 두 편은 중년에 관한 것이다. 다른 교재에는 '노인 여성의 특별한 이슈'라는 제목의 단원이 있는데, 주로 질병에 주목한다. 교재만큼이나 신문에도 변화의 바람이 불어야 한다. 전국노화위원회National Council on Aging, NCOA가 대중매체를 광범위하게 분석한 내용을 보면, 노인의 건강에 관한 뉴스 네 편 중 한 개꼴로 샘플 크기, 같은 주제에 대한 다른 연구, 변수의 통제 등과 같은 기본 정보를 생략했다. 유방암은 발병에 비해 과잉 강조되었고, 심장 질환은 과소평가되었다. 여성에게는 건강 정보를 제공하는 믿을 만한 제공처가 필요하다. 가령 '브랜다이스 여성노화센터Brandeis Center for Women's Aging'와 '코넬 여성보건센터Center for Women's Healthcare at Cornell'에서 나오는 소식지, '보스턴 여성건강서공동체Boston Women's Health Collective'가 작성한 《우리, 몸, 우리 자신Ourselves, Growing Older》,《새로운 우리 몸, 우리 자신The New Ourselves, Growing Older》과 같은 노인 여성이 직접 작성한 논문과 책 등이 절실하다.

연구나 의료 행위 과정에서 건강 증진을 위한 움직임이 너무 미미하다 보니 계층, 인종, 젠더가 노인 여성의 건강에 미치는 심대한 영향을 인식하는 것도 어렵다. 심지어 여러 연구에서 "현 사회 구조와 권력 관계가 사회와 여성을 위해 순기능을 하고 있다"는 의견이 여전히 지배적인 상황이다.(Ward-Griffin and Ploeg, 284) 이상적으로라면 건강 증진을 위한 연구는 연구의 의도를 명백하게 밝히고 연구 구상 단계에서부터 노인 여성을 참여시켜야만 한다. 그러려면 연구 대상자가 자기 방식으로 자기 경험을 설명할 정도의 내공을 가져야 하고, 그러기 위해서는 현재의 무기력 상태에서 해방되어야 한다. 샐리 개도가 말하듯이, 보건에 집중하는 것만큼이나 중요한 윤리적 이슈는 "여성이 중심이 되어 자신의 건강 문제와 관련한 여러 영역에 직접 접근하는 것"이다.("Whose Body?", 295) 노인 여성 연구자들이 70세 이상의 여성 10만 명을 대상으로 건강 문제에 관해 인터뷰한다면 많은 것이 새로이 밝혀질 것이다. 보건에 관한 기업의 통제가 더 강화된 만큼 노인 여성이 자신의 경험을 해석하는 것이 시급해졌다. 하루에 여섯 종류의 약물을 병용하는 노인 여성에게 치매라는 오진이 내려질 때, 의사가 노인 여성은 슬퍼할 일이 많은 게 당연할 것으로 단정하는 바람에 우울증을 간과하게 될 때, 여성의 이야기는 무시되고 여성들은 억압당한다.

노인 여성의 건강 상태는 그 어떤 집단보다 다양하다. 건강을 유지하기 위해 넘어야 할 장애가 많은데도 심리적으로 건강한 노인 여성들 역시 많다.(Rodeheaver and Datan, 652) 남성과 비교할 때 그들은 "내적으로(유전적으로나 호르몬상) 더 강인하다."(Verbrugge, "Gender," 35) 그러나 여성과 남성의 수명 차이가 조금씩 좁혀지는 이유는 폐암으로 사망하는 여성들이 늘기 때문이다.(Verbrugge and Wingard, 108~109) 미래 노인 여성의 건강은 질병 패턴, 환경적 위험, 새로운 과학기술, "삶의 가치에 대한 사회적 개념," 그리고 건강 보건 개정의 정도 등을 포함한 여러 요소에 달려 있다.(Lamphere-Thorpe and Blendon, 79)

희망적 표지는, 페미니스트들이 여성 건강에 대한 기존 연구자들의 개념화 방식을 면밀하게 검토하기 시작했다는 점이다. 흑인의 노화, 아메리칸 인디언의 노화가 그 자체로 연구할 가치가 있는 것은 물론이려니와, 노인 여성, 특히 75세가 넘은 여성들의 건강이 남성의 건강과 별도의 연구 주제가 되어야 하는 것은 명백하다.

결론

일반적으로 노인 남성, 백인, 높은 수준의 교육과 수입을 겸비한 사람들은 노인 여성, 흑인, 히스패닉계, 낮은 수준의 교육과 수입을 가진 자들보다 더 건강하다.(Harrington Meyer and Herd, 96) 국가 지원 건강보험만이 "의료관료제로 인해 매년 엉뚱하게 유출되는 3,500억 달러를 보험 적용 확대를 위한 비용으로 전환시킬 수 있다"라고 주장하는 하버드 의과대학 교수 데이비드 힘멜스타인David U. Himmelstein과 스테피 울핸들러Steffie Woolhandler의 말에 동의하는 사람이 많다. 보편적 보건은 "사회적 권리이지 소비 상품이 아니다."(Quadagno, *One Nation*, 6)

보건사회복지성 소속 인구학자들의 2008년 4월 보고를 보면, 1918년 이후 처음으로 남부 애팔래치아, 메인 주 워싱턴 카운티의 저소득 여성들 가운데 일부의 수명이 단축되고 있음을 알 수 있다. 빈곤, 높은 흡연율과 당뇨, 보건제도에의 제한된 접근, 건강에 좋지 않은 음식 소비 등이 원인으로 꼽힌다. 중산층과 고소득층과는 달리 저소득층은 건강 정보를 인터넷으로 검색하지 않는다는 것도 한 요인이다.(Brown, 1) 이 보고서는 사회 계층이 노화에 중대한 영향을 미치고 있음을 보여준다.

대체로 노화는 우리 어머니와 할머니의 일이었기에 크게 주목하지 않았다. 노화에 수반되는 문제는 거부되고, 가능성은 무시되었다. 지금 젊거나 중년인 여성들은 자기를 보호할 전략을 세우고 여러 선택의 가능성을 인지하면서 자신이 의도하는 대로 나이 들어갈 수 있는 기회를 확보한다. 이는 유색인 여성보다는 백인 중산층 여성이 더 접근하기 쉬운 방식이다.

대체의학, 건강 증진 프로그램, 보디워크 등을 통해 노년의 건강이 크게 향상될 가능성은 무척 크다. 그러나 처방약 복용의 전방위 공격은 이러한 전망에 대한 창의적 사고를 가로막는다. 노인 건강에 대한 태도만큼 서구의 사고방식, 서구의 의료가 가진 한계가 철저하게 드러나는 곳도 없다. 동양의 철학에 힘입은 대체의학과 보디워크는 제공할 것이 더 많다. 모든 지역사회에서 이런 것을 충분히 활용하고 종합적인 건강한 노화 프로그램을 운영한다면 약제의 다중 처방이 필요 없어질 뿐 아니라 노화에 대한 생각도 근본적으로 바뀔 것이다.

정책 입안자들이 풀어야 할 어려운 과제는 "지금 당장 생명을 위협할 정도는 아니지만 말년으로 가면서 삶을 피폐하게 할 수도 있는 상태, 바라는 활동을 제대로 해내기 어려운 신체적 상태"에 중대한 관심을 기울이는 것이다.(Verbrugge, "Gender," 70) 만약 건강 관련 연구가 관절염 같은 만성 질환의 발병을 늦추는 문제나 그러한 질병의 악화를 예방하는 방향에 우선 초점을 맞춘다면, 미국 노인들이 "소중하면서도 평온한 노화의 시간을 얻을" 가능성도 커질 것이다.(Jacob Brody, 30) 기능 장애나 질병의 발병 시기를 늦출 수 있음에도 그러지 않음으로써 오는 경제적 손실이 어마어마하다.(Butler, "Revolution," 3) 여전히 은폐되는 여성의 손상, 즉 수치로 표기되지 않는 비용 또한 엄청나다. 의료 서비스가 계속해서 질병만 강조한다면 "장애가 생기지만 죽지는 않는 괴로운" 상태로 연명하는 개인이 속출할 것이다.(Verbrugge, "Disability," 93) 이런 예측은 여성의 입장에서 몹시 불길하다.

예방 조치에 투자하지 않는 사회는 결과적으로 노인의 질병을 부추긴다. 이런 사회에서는 말년에 찾아오는 질병과 허약함, 의존성이 부실한 보건 정책의 결과가 아니라 당연하고 자연스러운 현상으로 인식될 것이다. 노인의 현재 질병 발병률은 생물학적으로 불가피한 것이 아니라 상당 부분 문화의 영향을 받아 결정되는 것이다. 이런 이해가 없다면 인생 후반기의 건강을 기대하기는 어렵다.

그러나 우선순위가 어긋났음을 탓하고 끝내기에는 상황이 훨씬 복잡하다. 잘 챙겨 먹고 운동을 계속하라는 은근한 지시의 이면에는 개인주의가 숨어 있다. 개인이 사회적 분석의 기본 단위라면 부와 권력의 분배와 같은 구조적 패턴보다는 개인의 행동에 관심이 쏠리게 되고, 따라서 개별적 건강교육이 질병 예방에 가장 좋은 방법이라는 생각이 확산된다.(Tesh, 161) 건강은 개인이 하기 나름이라는 생각은 "소수 인종 노인들이 가치 있게 여기는 상호의존이나 집단책임"과 정면 배치된다.(B. Yee and Weaver, 43) 개인주의 철학 덕분에 기업과 정부는 질병(환경오염)을 부추기고, 그것을 지속시키면서도 그 책임으로부터는 자유롭다. 기업과 정부가 하거나 하지 않음으로써 우리가 받게 되는 영향은 세월이 갈수록 점점 더 심각해진다.

그러므로 개인의 성격과 선택이 무엇이든, 설령 계층의 덕을 봐서 일종의 특권을 누린다 하더라도 전반적인 인생 후반기의 건강은 우리의 통제권을 벗어난 거대한 힘에 의해 결정되거나 크게 영향을 받을 것이다. 노인과 전문의 크리스틴 카셀Christine Cassel이 말했듯이, 노화의 사회경제적 문제는 "생물학의 미제를 푸는 것보다 더 어렵다."("Ethics," 63) 우리는 지금 노인의 건강을 유지하고 향상시킬 수 있는 지식을 갖추고서도 노인을 위한 현명한 의료 서비스 정책을 유도할 관심도 없고, 미래의 행복을 위해 집단적 노력을 기울이는 모습도 보이지 않는다.

노화를
결정하는
변수들

계층, 인종, 젠더는 미국인들이 얼마나 잘 늙어가는지를 결정하는 강력한 요인이다. 어쩌면 상호관통하는 여러 요소 가운데 계층이 가장 중요하겠다. 노화의 전 과정에서 그렇다는 말은 아니지만, 대체로 경제결정론은 많은 노년학자들, 미국퇴직자협회와 같은 압력 단체, 주류 매체 등이 표방하는 중산층 중심의 세계관과는 맞지 않기 때문에 무시당하는 경우가 많다. 미국 노화에 미치는 계층과 인종의 강력한 영향력은 세계보건기구WHO의 보고서《건강한 기대수명Healthy Life Expectancy》에 잘 드러난다. 세계보건기구가 질병과 장애를 기준으로 측정한 기대수명 순위를 보면, 일본이 1위고 미국은 24위다.

부유한 미국인은 세계에서 가장 건강한 사람들이라는 평가를 받지만, 전체 건강 순위는 상대적으로 건강 상태가 좋지 않은 유색인, 가난한 사람들, 암, 심장 질환, 폭력 등으로 인해 낮아진다. 한편, 미국의 기대수명이 낮아지는 요인은 건강보험의 미비, 인종차별, 높은 비만율,

영아 사망률 등이다.

그런데도 많은 미국인은 그들의 보건제도가 세계에서 최고라고 잘못 알고 있다. 이 장에서는 계층, 인종, 성적 지향, 젠더를 노화와의 관련성 속에서 살펴보고, 제도로서의 돌봄과 은퇴를 검토할 것이다.[1]

계층

인종과 계층은 젠더에 특정한 의미를 부여하는 동시에 젠더를 통해 특정한 의미를 갖는다.(Calasanti and Zajicek, 121~122)[2] 예를 들어보자. 노인 여성은 노인 남성보다 가난할 확률이 높지만(사회보장연금과 메디케어 덕분에 노인의 가난이 감소되었다고 노년학자들이 말할 때, 젠더 차이는 무시되었다), 그중에서도 유색인 노인 여성은 백인 여성보다 더 가난할 확률이 높다. 흔히 여성은 가족 돌봄 제공자로 지목당하며, 그 역할의 의미는 여성이 속한 계층과 인종에 달려 있다. 그러나 젠더는 그 자체로 중요하다. 왜냐하면 어맨다 바루쉬Amanda Barusch가《빈곤한 노인 여성Older Women in Poverty》에서 밝혔듯이, 길어진 수명으로 여성은 말년에 빈곤해질 위험이 더 커지기 때문이다. 이렇듯 젠더는 어느 집단에 속하든 모든 여성에게 영향을 미친다.(xxxiii)[3]

인종과 계층은 인생 후반기의 빈곤을 예측할 수 있는 강력한 변수다.(Barusch, xxxiii) 독거 노인 여성의 빈곤율이 유럽에서는 무시할 만한 반면, 미국에서는 상당히 높다. 독일 2.4퍼센트, 스웨덴 1.7퍼센트, 프랑스 0.8퍼센트, 네덜란드 0퍼센트인 반면, 미국은 17.6퍼센트다.(Barusch, xx) 미국 노인 여성의 약 3분의 1이 가난하거나 유사가난에 처해 있다. 자세히 분석하면, 흑인 여성의 58퍼센트, 라틴계의 47퍼센트다.(Malveaux, "Race," 172) 독거 여성 중 거의 20퍼센트가 가난한데(Hartmann and English, 121), 그중에서도 가장 가난한 사람들은 85세 이상의 유색인 여성이다.(Davis, Grant, and Rowland, 81) 혼자 사는 노인의 75퍼센트가 여성이며, 혼자 사는 사람이 가난할 확률은 부부보다 네 배 정도 더 높다.(Harrington Meyer and Herd, 4)

과부가 되면서 가난해질 위험은 더 커진다.(Barusch, xxxiii) 가난한 과부의 절반이 남편이 사망하기 전에는 가난하지 않았다.(Davis, Grand, and Rowland, 82) 그 수치가 4분의 3이라는 조사도 있다.(Steckenrider, 239)

빈곤의 통계 수치는 곤궁의 정도를 정확하게 보여주지 않는다. 의료비가 공제된 후 남은 소득을 기준으로 계산하면 노인 빈곤층 비율은 더욱 늘어날 것이다.(Davis, Grant, and Rowland, 85) 설명되지 않는 다른 요소는 생활비의 차이다. 미숙련으로 은퇴한 노동자는 중산층보다 노년에 장애를 더 심하게 겪으며, 흡연이나 비만의 가능성이 커진다. 미국 파산의 가장 흔한 원인은 의료비인데, 이는 경제적 지위와 계층의 지위가 서로 교차한다는 표식이다. 위스콘신대학교의 보고에 따르면, 미국인의 수명이 예전보다 더 길어졌지만, 혜택은 더 나은 교육을 받은 사람들에게 부적절한 비율로 더 많이 간다.(*New York Times*, 2012. 4. 12. A12)

계층의 차이가 빚어내는 장기적 결과는 이렇게 간단하게 설명할 수 있다. 중산층 전문직 20대 여성은 매년 개인형 퇴직연금계좌를 구매할 여유가 되지만, 사무실을 청소하는 그녀 또래의 다른 여성은 그럴 수 없다. 45년 후 전문직 여성은 70만 달러를 모을 수 있지만, 청소하던 여성은 모은 것이 없다. 이런 부를 성취하기 위해서 첫 번째 여성이 해야 할 일은 계속 살아가는 것이다.(그녀의 개인형 퇴직연금이 불경기로 소실되지 않는다는 가정하에서.) 그녀의 남편은 그녀처럼 안전한 직업을 가지고 있을 테니 안정적으로 연금을 받을 것이다. 자녀 양육비는 사무실 청소원의 경우보다 봉급 대비 비중이 낮다. 한편, 노동자 여성의 부모는 중산층 여성의 부모보다 더 이른 시점부터 그녀의 돌봄을 받아야 한다. 노동계층의 여성과 그녀 남편이 그럭저럭 주택 착수금을 지불할 만큼 저축을 한다 하더라도 주택담보대출은 받을 수 없을 것이다. 중산층 부부의 상향 이동을 막을 일은 없을 일종의 차별로서의 레드라이닝Redlining(빈곤층 거주 지역에 대출, 보험 등 금융 서비스 제공을 제한하는 정책─옮긴이) 때문이다. 말년에 내 집을 갖는 것은 재정적 보장의 열쇠지만, 노동계층 유색인이 집을 소유하면 그 지역의 집값이 떨어질수도 있다.(Malveaux, "Race," 188) 2007년에서 2012년 사이 미국 노인 150만 명이 압류로 집을 잃었으며, 수백만 명이 집을 잃을 위기에 놓였다.(Trwinski)

불평등 구조 체계가 "재생산되다가 결국 노년에 더욱 강화되는" 양상을 보이는데도 노화와 계층의 관련성은 거의 주목받지 못한다.(Lopes, 94~95) 계층, 인종, 젠더는 교육과 직업은 물론 "직업으로 인해 발생하는 기회와 한계"를 결정하는 데도 중요한 역할을 한다.(Atchley, *Social Forces*, 451) 주요한 한계는 수입에 있다. 남성이 1달러 벌 때 흑인 여성은 65센트를 벌고, 라틴계는 57센트를 번다.(Hooyman and Gonyea, "Feminist Model," 155) 익숙한 숫자 79센트(미국의 2014년 정규직 임금 남성 1달러당 여성은 79센트로 집계된다. 인종, 연령의 변수는 무시하고 집계한 남녀 임금 평균치의 차이 — 옮긴이)는 인종적 불이익을 감추지만, 55세 이상 여성도 여기에서 제외된다. 남성 평균 1달러당 여성은 66센트이고, 나이가 들수록 그 차이는 커진다.(Older Women's League, 300)

백인 여성은 흑인, 라틴계보다 임금을 높게 받고, 일부 백인 가족은 연금 수입 덕분에 소수 인종 가족보다 부유하다.(Dressel, 116~117) 그러나 소수 인종 사이에서도 남성과 여성은 구분되어야 하고, 노인 백인 여성과도 구분되어야 한다.(Ketayun Gould, 212)

노인 여성의 경제적 지위는 "그들의 과거를 비추는 거울 또는 지도"다.(Malveaux, "Race," 168) 흑인 여성의 실직률은 백인이나 라틴계의 갑절이다.(Malveaux, "Gender," 230) 수많은 여성이 성차별적 직업에 종사하는데, 흑인 여성들은 거기다 인종차별적인 업종에서 일한다. 그들은 주로 집안일을 돕는 가정부, 청소부, 간호조무사, 복지 서비스 보조자로 일한다.(231) 개인 가정에서 일하는 흑인 여성은 사회보장연금의 혜택을 받지 못한다. 흑인 여성은 노동시장에서 성과 인종으로 인한 불이익을 받을 뿐 아니라 배우자나 다른 가족의 불이익까지 공유하므로 삼중의 부담을 안는다.(233) 더구나 흑인 남성은 형사사법제도에 의해 부당한 대우를 받을 경우 퇴직의 위험에 처할 수 있고, 그의 가족 중 여성들은 재정적 불안정으로 미래가 흔들릴 것이다.(235)

노년학자들은 고된 육체노동, 실업, 열악한 주거 환경, 부당한 보건 서비스, 낮은 교육 등으로 점철되는 미국 노인의 삶에 불이익이 축적되고 있다고 언급한다. 삶의 전 과정에 걸쳐 쌓여가는 불이익은 특히 흑인, 히스패닉, 미혼에게 크나큰 상처를 남긴다.(Harrington Meyer and Herd, 22) 반면, 학자들이 동전의 이면, 즉 중산층의 축적되는 이점에 대해 검토하는 경우는 거의 없다. 지난 20년간 연장된 수명 덕분에 얻은 것들은 평균 이상의 임금을 받는 사람들에게 돌아갔다.(Ghilarducci, 5) 그들은 양질의 교육, 사무직 업종, 건강보험, 몸에 좋은 식사를 할 만한 충분한 돈, 생활환경에 대한 장악력 덕분에 타고난 유전자 문제나 악운만 개입하지 않는다면 상당히 좋은 건강을 유지하면서 인생 후반기를 맞이할 가능성이 크다. 중산층의 특권은 다소 덜 분명한 방식으로 작동한다. 중산층 출신의 의사나 은행원에게 말을 걸 때, 나는 꽤 대접받는 느낌이다. 응급 상황이 생기더라도 나를 도와줄 만한 넉넉한 재산을 가진 친구나 친척이 있을 것이다. 나는 자신감 있는 언변뿐 아니라 걸음걸이와 표정에서도 묻어나는 권리의식 같은, 보이지 않는 특성을 가지고 있다. 중산층이어서 계층을 의식하지 않아도 되는 특권이 있다. 그러면서 나는 내가 좋아하는 환경이 마치 나 자신의 개인적 노력에 의한 것이라고 여긴다.[4]

인종

노인 인구 중 소수 인종 비율은 다수인 백인보다 빠르게 증가한다.(Dilworth-Anderson and Cohen, 487) 의료비의 증가와 재가 의료 서비스의 중단 등 모든 노인에게 불리하게 작동하는 현재 흐름은 특히 소수 인종 노인에게는 더 큰 부담이다.《경제 위기가 유색인 노인에게 향하다The Economic Crisis Facing Seniors of Color》라는 보고서는, 모든 미국인이 불경기로 고통을 당하지만, 실제 불경기로 인해 직격탄을 맞은 대상은 퇴직을 희망하는 아프리카계 미국인, 라틴계, 아시아계 미국인들이라고 말한다. 불경기는 그들을 "진실로 피폐하게 만들었다." 압류 위기는 부당하게도 흑인과 라틴계 가족에게 향했으며, 그들의 지역사회에서 2,130억 달러 이상이 빠져나갔다. 보고서는 또한 연방 정부가 빈곤선poverty line(최저한도의 생활 유지에 필요한 수입 수준—옮긴이)을 책정할 때 고정된 소득에 비해 상당히 고가인 의료보건비, 주택비, 교통비 같은 요소는 고려하지 않는다는 점을 지적한다.(Kleyman)

인종과 노화를 연구하는 인종노년학의 발달은 '전국 아시아태평양 노화센터National Asian Pacific Center on Aging', '전국 흑인 노인센터 및 코커스National Caucus and Center on Black Aged', '전국 히스패닉 노화위원회National Hispanic Council on Aging', '전국 인디언 노화위원회National Indian Council on Aging' 같은 기관을 통해 각 인종의 노화를 연구하도록 고무하지만, 모든 소수 인종 노인을 통합해 다루는 전국 기관은 단 한 곳도 없다. 건강한 노화의 개선된 모델이라면, 질병과 허약함이 없는 상태만이 아니라 교육의 기회, 쾌적한 주거 환경, 안전한 이웃과 같은, 건강에 영향을 미치는 여러 요소를 포함한 개념으로 다시 정의하는 것부터 시작해야 할 것이다. 가난한 사람과 유색 인종의 건강은 새로운 이환률(원인적 인자가 분명한 어떤 요인에 노출된 사람 중 병으로 연결되어 발병하는 상태를 측정할 때의 발생률—옮긴이)에 의해 손상된다. 즉, 가정폭력, 약물중독, 범죄, 차별의 결과인 상시적 열등감 등에 의해 건강이 위협받는다.(Angel and Angel, 1156)

기대수명 연구에서는 인종과 계층이 주요 변수로 부각된다. 많은 유색인이 사회보장연금의 혜택을 받을 만큼 오래 살지 못한다. 워싱턴 대학교 보건학 교수 크리스토퍼 머리Christopher Murray는, 워싱턴에 사는 흑인은 평균 58세까지 살고, 사우스다코타의 인디언 남성은 평균수명이 61세라고 밝혔다. 70세까지 은퇴 연령을 높인다면 사회보장연금 혜택을 받을 때까지 사는 흑인 남성과 인디언 남성이 훨씬 더 줄어들 것이다.

소수 인종의 노화에 관한 많은 연구가 가족에 초점을 맞추고 있다. 노년학자들은 아시아계처럼 친밀한 유대로 맺어졌던 지역사회가 젊은이들의 사회적·지리적 이동이 늘어나면서 앞으로 붕괴될 수도 있다고 예측한다.(Kiyak and Hooyman, 309) 아시아계 노인들은 공동체를 중시하는 전통적 가치와 개인의 자립을 강조하는 미국식 가치 사이에 끼어서 "다른 사람에게 도움을 요청하기가 몹시 꺼려진다."(309) 한때는 존중받던 노인의 역할이 일부 지역사회에서 위축되고 있다. 미국에 사는 베트남계 노인은 양로원으로 들어가지만, 이는 과거에는 용납되지 않던 일이다.(Harber, *Health*, 429) 흑인 노인은 친구를 가족처럼 여겨 '의형제'를 맺는 것으로 잘 알려져 있다. 도시 인디언의 노화는 보호구역에 사는 이들의 노화와 다르다. 이렇듯 소수 인종 가족 내에 무수한 다양성이 존재하지만, 인종차별을 경험한다는 공통점이 있다.(B. Yee, 75)[5]

최근 인종노년학자들은 가족 너머로 시각을 넓히기 시작했다. 노화를 하나의 과정으로 강조하는 관점은 미래 연구자들로 하여금 멕시코계 미국인이나 라틴계 노인을 단지 백인과의 관계에서가 아니라 그들 자신의 초기 삶과의 관련성 속에서 바라보게 도와줄 것이다.(Wallace and Facis, 345) 집단 내에서도 경제적 차이가 크게 존재한다. 일본계 미국인이 한국계 미국인이나 베트남인보다 경제적으로 더 윤택하다. 게다가 "젠더와 계층의 지배력이 가족을 뛰어넘어서 노년에까지 연장된다."(348) 인종의 민감한 부분을 발견하려면 설문조사보다는 질적 연구가 더 나을 것이다.(C. Johnson, 308) 인종은 주관적이면서도 유연한 변수이기 때문이다.(Linda Cool, "Effects of Social Class," 265) 멕시코계 미국인의 노화를 가족과의 관계를 통해 연구해보면, 여성은 그저 아내, 어머니, 할머니로만 등장하지만(Facio, 339), 당사자는 할머니로서뿐 아니라 문화를 가르치는 전수자로 비치고 싶을 수도 있다.(342)

인종노년학에서 유념해야 할 다른 문제는, 사회 불평등을 너무 강조할 경우 인간이 가진 장점을 간과할 수도 있다는 점이다. 노년학자는 멕시코계 미국인이 어떤 식으로 불이익을 당하는지, 그들이 어떻게 의미 있는 삶을 만들어가는지 알 필요가 있다.(Wallace and Facio, 347) 삶의 질을 여러 렌즈를 통해 점검한다면 사회관계망과 영성 안에 녹아 있는 감정들이 보일 것이다.(Kiyak and Hooyman, 311) "사회적으로나 정치적으로 감금된 상황"에서도 흑인은 살고자 하는 강력한 의지를 보여준다. 흑인 노인들을 이해하려면 환경이 훨씬 좋은 사람들과 비교할 것이 아니라 오롯이 그들만의 역사를 통해 보아야 한다.(Stanford, "Diverse," 117) 인종은 "나이, 직업, 성으로 구성된 정체성이 색깔을 잃기 시작할 즈음 다시 그들에게 자아정체성과 공동체에의 소속감"을 제공한다.(Linda Cool, "Ethnicity," 267) 앞으로 인종노년학 연구가 더 깊어진다면, 노년학 전공 학생이나 노인과 진료 연습생들은 다양성 공부

덕분에 자신의 연구 행위나 진료 기술이 향상되는 것을 보게 될 것이다.(Yeo and McBride, 106)

유색인과 백인의 비교 연구에서 발견되는 문제점은 6장에서 언급했다. 백인이 표준이 되고, 젠더는 사라지며, 유색인은 백인을 뒤따라가야 한다는 막연한 지침이 있다. 집단 내 차이를 살핀 연구도 수적으로 얼마 되지 않지만, 이를 흥미롭다고 평가하는 연구자 역시 소수다.(Stanford and Yee, 17) 비교 연구는 젠더, 인종, 나이가 "생물학에 토대를 둔 고정 불변하는 개인의 특성으로서 행동적·사회적으로 예측 가능한(아직 결정되지 않았다 하더라도) 결과를 유발한다"고 가정한다.(Dressel, Minkler, and Yen, 276~277) 백인을 기준으로 노년을 평가하는 연구들은 흑인, 라틴계, 아시아계 미국인, 인디언들에게 노년의 의미가 무엇인지 고려하지 않는다. 그들에게 노화는 아마 생존의 과정을 의미할 가능성이 크며, 생존을 위한 분투는 "사실 지배 문화에 적응하지 않으려고 전략을 개발해왔다는 뜻일지 모른다."(Burton, Dilworth-Anderson, and Bengtson, 132)

인종노년학의 성장은 백인, 중산층 노년학자들로 하여금 소수 인종에 담긴 의미를 다시 생각하게 하는 계기가 될까? 이러한 염원은 전국 100개 대도시 중 48곳에서 소수 인종이 다수가 되었음을 보여주는 인구조사 결과가 발표되면서 더 이상 허망한 말이 아님이 입증되었다. 2030년 즈음이 되면 65세 이상 인구 중 25퍼센트가 유색인이 될 것이다.(Angel, 503) 아시아계 여성, 인디언, 라틴계, 흑인 여성이 미국의 노화에 '특별출연'이 아니라 주역으로 등장하는 것을 상상할 수 있을까? 무엇보다 그들 입장에서는 스스로가 유별난 집단이 아니다. 지배 집단의 눈에 그리 비칠 뿐이다.

라틴계, 흑인, 아시아계, 인디언 노인을 연구하는 이유는 그들에게 양질의 서비스를 제공하기 위해서지만, 이것은 그들의 주변적 지위를 바꾸지 않고서도 일어날 수 있는 일이다. 주류 노년학은 별다른 변화 없이 인종노년학을 흡수할 수 있다. 다양성에 대한 새로운 사고가 딱히 특정 집단의 노화에만 맞추는 것이 아니라 "노인과 노화 전반을 이해하는 활기찬 역동"으로 작용할 수도 있다.(Stanford and Yee, 20) 그러나 노년학과 같은 보수 영역에서 다문화 관점을 채택한다는 것은 시간이 오래 걸리는 과정이기도 하다.

이 학문은 유색인 여성의 이론적 글을 노화에 응용한다면 활력을 띨 수 있을 것이다. 아이다 우르타도Aida Hurtado는 '의식의 전환'을 통해 다층적 정체성의 의미를 탐색한다. 많은 유색인 여성들은 다층적 정체성을 통해, "일관성을 잃지 않으면서 사회 현실에 대한 인식틀을 다각도로 변형시켜 다층적 사회 현실을 인식할 수 있다."(384) 의식의 전환은 노인 여성에게 유용할 수 있다. 왜냐하면 그들은 타인이 그들에게 '늙음'을 투사하는 방식을 연령차별적 태도로 내면화하지 않고 오히려 역설적으로 거리를 두면서 바라볼 수 있기 때문이다. 폴라 건 앨런Paula Gunn Allen의 말을 인용하자면, 지배 문화의 영향력에서 살아남으려면 "타협하지 않고 다중성에 헌신하는" 자세가 필요하다.(Off the Reservation, 78) 다중성의 이해에서 생기는 이론은 논리와 추상화에 대한 서구의 개념과 일치하지 않을 수도 있다. 바버라 크리스천Barbara Christian의 글에 있다시피 "우리의 이론화는 언어의 유희 속에, 속담과 수수께끼 속에, 우리가 만드는 이야기 속에 서술 형식을 빌려서 나타난다. 이는 우리가 고정된 사고보다는 역동적인 것을 선호하기 때문이다. 그렇지 않았더라면 몸, 사회제도, 국가, 인간성에 대한 공격으로부터 우리가 어떻게 그렇게 적극적으로 살아남았겠는가?"(336) 그러나 어떤 전문 분야에서도 노년학자들은 유색인 여성을 이런 맥락에서 인식할 엄두를 내지 못한다. 또한 그들은 백인 중심적 사고가 개인에게, 혹은 노년학 자체 조직과 연구화에 어떤 의미인지를 통찰하도록 권유받지도 않는다.

작고한 글로리아 안잘두아Gloria Anzaldúa는, '경계선 위의 중간 세계들'을 찾으려고 서구 인식 구조의 안팎을 헤매다가 '주변부' 이론을 만들었다.(xxvi) 이 입장은 식민화와 사회적 불가시성에 대한 대응이지만, 방어적인 것 그 이상이다. 주관성에 여지를 많이 주고, 양자택일이나 지배/종속 패러다임으로부터의 지적 해방을 선언하기 때문이다. 노화 영역에서는 무엇이 '중간 세계들'일까? 마리아 루고네스Maria Lugones는, 백인은 라틴계인 그녀를 그녀가 이해하지 못하거나 받아들이지 못할 방식으로 구성할 수 있지만, "나는 동작이나 행동, 제스처를 통해 내 의도와는 달리 그들이 만든 '나'라는 구성물에 활기를 불어넣고 있을지도 모르겠다"(631)라고 말한다. 많은 정체성을 가졌다 하더라도 그저 늙은 사람으로만 인식되면 이와 비슷한 일이 분명 발생할 것이다.

성적 지향

유색인 여성처럼 레즈비언도 노화의 표준으로 대접받을 것 같지는 않은, 그저 '특이'한 존재일 뿐이다. 여성의 노화를 다루는 거의 모든 출판물이 이성애만 상정한 탓에 레즈비언을 언급하는 책은 얼마 되지 않는다. 매체에 비치는 레즈비언 이미지에 늙은 여성은 없다. 역설적이게도 일반적으로 노인 여성은 무성적인 존재로 정형화되지만, 노인 레즈비언이라는 정체가 알려지는 순간 오직 성만 부각된다.(Fullmer, Shenk, and Eastland, 137) 그들은 인종, 계층, 교육 정도, 소득이 다르고, 동성애자 공동체와 자신을 동일시하는 정도도 다르다. 동성애자 정체성을 수용하는 문화 전반의 인식 변화가 더디기는 하다. 하지만 앞으로 노인 동성애자로 따로 코호트Cohort [특정의 경험(특히 연령)을 공유하는 집단─옮긴이]가 분류될 것이며, 그 안에는 이미 오래전에 커밍아웃한 이들이 포함될 것이다. 한번 결혼했던 레즈비언 중에는 자신을 지지하는 자녀와 손자가 있는 이들도 있고, 가족으로부터 외면당하는 이들도 많다. 그러나 사람들의 낙인에도 불구하고 자신의 정체성을 부인하지 않고 삶에 대처할 수 있었던 회복 능력을 소환한다면 노화 적응에도 도움이 될 것이라고 믿는 사람도 있다. 물론, 실직했거나 자녀 양육권을 박탈당했거나 다른 방식으로 해를 입는 것과 같은, 살아오면서 받은 특별한 스트레스가 장기적인 영향을 미치는 것 또한 사실이다. 레즈비언 노화에 대한 연구는 서로 다른 이유에서 시작될 수 있다. 그들의 존재를 가시적 영역 안으로 배치하고 그들에 대한 잘못된 통념을 바로잡으려는 정치적 동기에서 시작할 수도 있고, "기록되지 않던 소수자에 대해 노년학자로서 가지는 자연스러운 학문적 호기심에서 시작할 수도 있다."(Gabbay and Wahler, 14)

레즈비언도 이성애자 여성과 마찬가지로 특정한 관심사와 걱정거리(은퇴 후 자신의 삶을 떳떳하게 공개할 수 있는 환경에서 살고자 하는 욕망, 파트너의 역할이 의사에게 발각되지 않을까 하는 두려움, 동성애자를 받아들이지 않는 양로원에 구금될 수도 있겠다는 걱정 등)를 가지고 있다. 장례 휴가는 이성애자 여성에게는 당연하지만, 동성애자에게는 그렇지 못한 혜택이다. 퇴직연금 적립제도 혜택과 사회보장연금 혜택 역시 레즈비언 파트너에게는 부당하게도 적용되지 않는다. 레즈비언이 노인이 되었을 때 가질 수 있는 이점은 레즈비언 사회에서 높은 지위를 누리면서 자립적으로 자기 인생을 살아갈 수 있다는 것이다. 여성의 매력이라는 전통적 기준을 완전히 무시하거나 거기서 자유로울 수 있었기 때문에 많은 이들이 자신의 늙어가는 몸을 태연하게 수용하는 것 같다. 젊을 때 활달하던 이들은 여전히 신체적으로 아무 문제 없이 건강하다.[6]

현재 70대거나 더 나이 많은 레즈비언은 지금 젊은 세대의 레즈비언과는 상당히 다르다. 당시 동성애자로 알려지는 것은 지금보다 훨씬 더 위태로운 일이었다. 동성애자라는 사실이 알려지면 직장과 집, 자녀 양육권을 잃었으며, 교회에서 추방되고 신체적·언어적 공격을 고스란히 감내해야 했다. 이러한 부당함과 편견이 여전히 존재하기는 하지만, 지금 60대거나 그보다 젊은 레즈비언은 자존감과 집단 연대감을 키울 수도 있었다. 여성운동과 동성애자 해방론, 그리고 자아정체성을 공개하기로 선택한 사람들의 기여로 변화가 가능했다. 그들의 정치적 인식의 수준이 어느 정도건, 정치운동에 얼마나 관여했건, 노인 레즈비언은 다양한 우정 집단과 상호원조 조직을 형성하고 있다. 장애를 가졌거나 나이 많은 레즈비언을 비공식적으로 돕는 것은 시골에서나 도시에서 흔히 볼 수 있는 풍경이다.(J. Barker, 65~66)

성소수자들의 노화에 대한 연구가 최근 상당히 많아지고 다양해지고 있다. 그 연구들이 귀중하기는 하지만, 대규모의 샘플을 확보하거나 장기간에 걸쳐 진행된 연구는 아직까지 거의 없다. 모든 인종을 망라해 노인 레즈비언의 삶을 연구한 것도 아직 없다.(J. Barker, 38) 대략 레즈비언의 40퍼센트가 결혼했으며, 25~33퍼센트가 자녀를 두고 있다.(45) 65세 이후 전개되는 과정, 특히 유색인 LGBT(성소수자. 레즈비언, 게이, 양성애자, 트랜스젠더를 합쳐서 부르는 단어 — 옮긴이)가 직면하는 이슈나 사회보장연금의 생존자 혜택에서 배제된 동성애자 노인의 고충 등에 대해 더 많은 연구가 필요하다. 외적인 혹은 내면화된 동성애 혐오는 노화 과정에 어떤 영향을 미칠 것인가?[7]

'오픈 하우스Open House'가 주관해 샌프란시스코에 거주하는 1,300명의 LGBT 노인들을 조사한 결과, 노인 게이는 이성애자 남성의 평균 수준의 경제력을 가지고 있고, 장애나 고질병은 더 많으며, 독신, 무자녀로 혼자 사는 확률이 더 높다. 또한 65퍼센트가 대학을 나왔다.

노화에 관한 행정부 발표에 따르면, HIV 전염률은 젊은 흑인 게이들 사이에서 증가하는 추세다. 오랜 기간 동안 음성 반응을 보이던 남성이 50세를 넘기면서 감염되는 경우도 있다. 60~69세 여성이 에이즈 환자의 13퍼센트를 차지한다. 에이즈 환자인 파트너를 돌보는 사람들은 자신들의 성에 부정적인 영향이 미칠까 두려워하고, 다른 동성애자 친구를 잃을까 걱정하며, 주변 환경을 통제하지 못할까 전전긍긍한다.(Elizabeth Price, 517) 보호자들은 질병이나 장애가 생기더라도 관계를 유지하려고 다양한 전략을 사용한다. 한 레즈비언은 파트너와 자매처럼 보이기 위해 이름을 바꾸기도 했다.(519)

노화 관련 기관들은 에이즈를 간과하며, 에이즈 집단은 젊은이만을 대상으로 운영된다. 에이즈가 관절염, 기억상실, 소모성 질환, 폐렴 등과 같은 노년 관련 질병과 닮았기 때문에 병이 진행되고 한참 후에 진단을 받기도 한다. 가장 위험에 처한 사람들이 도움을 거의 받지 못하는 경우가 많다. 에이즈의 첫 생존자 세대들을 대상으로 처방약의 장기 복용이 노화에 어떤 영향을 미치는지 연구한 흔적이 없는 탓에 알려진 바가 거의 없다. 생존자 피로감, 우울, 동성애자 집단 내에서 발견되는 연령차별 등에 대한 연구가 필요하다.(Hollibaugh, Campbell, Olivera)

2010년 보건사회복지성은 노화 관련 행정의 일환으로 '노인 LGBT 지원센터Services and Advocacy for Gay, Lesbian, Bisexual and Transgender Elders, SAGE'에 3년간 90만 달러를 지원해 LGBT의 노화에 대한 국립자원센터를 만들게 했다. 노인 LGBT 지원센터는 2012년 뉴욕에 완벽한 서비스를 제공하는 노인센터를 개설했다. 그 밖의 게이 노화 연구 집단은 샌프란시스코의 '오픈 하우스'와 50개 주 전역에 분포한 'HIV 국립연구소National Association of HIV'다. '오픈 하우스'와 어느 비영리 개발자는 소득에 상관없이 모든 계층에게 열려 있는 주거지를 샌프란시스코에 마련할 계획이다. '변화를 위한 노인레즈비언연맹Old Lesbians Organizing for Change, OLOC'은 레즈비언 페미니스트 집단 내부의 연령차별에 대한 의식화 작업을 추진하고 있다. 게이를 위한 첫 번째 양로원은 2008년 베를린에서 개원했다.

말년에 다른 성으로 전환한 노인은 특별한 어려움에 부딪힌다. 노화와 관련된 건강 문제가 있는 데다 수술이 젊은이들보다 더 위험하다. 사회적 역할은 더 열악해지며, 말투와 늘 하던 습관도 바꾸기 어렵다. 데이트하기도 어렵고, 결정적으로 사회보장연금 보장과 재향군인회의 혜택 같은 법적 문제도 걸린다. 은퇴하기 전에 성전환한 사람들은 직업 문제도 훨씬 복잡하다. 실직하는 경우가 종종 있으며, 자신의 성전환을 숨긴다 하더라도 이전의 이름과 정체성을 드러내지 않고서는 과거 경력을 밝힐 수가 없다.(Cook-Daniel, 4~5) 2005년 시행된 메인주의 동성애자 권리법은 성전환자를 보호하는 차원에서 젠더를 기반으로 한 차별을 없애려는 얼마 안 되는 주법의 하나다.

LGBT에 대한 연구는 유색인 연구와 동일한 질문을 제기한다. 그 집단이 가진 관심사는 지배 집단의 눈을 통해 걸러지면서 왜곡되는가? 그 집단의 이해가 연구 과정에서 적절하게 반영되는가? 어떻게 활용되는가? 게이 노화 연구는 이성애자에게도 도움이 될 수 있다. 가령 그들은 친구에게 돌봄을 제공하면서 그 친구를 이해한다거나, 친구를 가족으로 받아들이는 게이 공동체의 일반적 패턴을 알게 될 수 있다.

지난 30년간 LGBT의 노화와 관련한 다학문적 영역은 "은밀한 지지 집단의 은신처였다가 온갖 종류의 활동과 서비스가 가능한 지점으로 바뀌었다." 그러므로 이제는 게이 노년학자들이 "LGBT 노인이야말로 다양성의 스펙트럼을 대표"하므로 반드시 이들을 연구 대상에 포함하고, 받을 자격이 있는 모든 서비스를 받도록 보장해야 한다. (Kimmel et al., 10) 앞으로 점점 더 많은 사람이 인생 후반기로 가면서 동성의 성적 파트너를 만나게 될 것이며, 이혼이나 사별 후 동성 관계를 선택하리라는 예측이 설득력 있게 다가온다.(Arber, 57)

젠더

노화에서 젠더의 차이를 극명하게 보여주는 영역은 돌봄과 은퇴다. 계층과 인종이 다음과 같이 젠더와 서로 엮인다.

○ 돌봄

현재 미국에서는 가족과 친구들이 노인 돌봄의 80~85퍼센트를 무상으로 감당하고 있다.(Eaton, 38) 돌봄은 같이 거주하는 식구에게 때때로 도움을 주는 것부터 24시간 돌봐주는 것까지를 모두 포함한다. 때로 남성이 돌봄 노동을 제공하는 경우도 있지만, 노인을 위한 재가 돌봄의 70~80퍼센트는 여성이 담당한다.(90~95퍼센트로 평가하는 조사도 있다.) 며느리가 아들보다, 여자 형제가 남자 형제보다 돌봄을 제공할 확률이 높다. 그러므로 일반적으로 쓰이는 '가족 돌봄'은 여성의 일을 에둘러 말하는 것이다.

노인 여성의 생산성은 대체로 간과되지만, 노인 돌봄의 가치는 연간 약 4천억 달러로 추정된다.(Holstein, "Ethics and Aging," 257) 더구나 불경기가 시작되면서 돌봐야 할 대상이 있는 직장인의 47퍼센트가 돌봄을 위해 자기 저축의 전부 혹은 대부분을 썼다.[8] 연로한 가족을 돌보는 것은 '정서적 구속'이며, 사회적으로 인정받지도 못한다.(Hooyman, "Women," 229) 임금을 받는 돌봄 제공자의 95퍼센트가 여성이다.(McLeod and Roszak, 12) 그들의 수는 50만 명을 웃돌며, 대개 가난한 흑인 여성 혹은 최근에 도착한 이민자로서 최저임금에다 여러 제도적 보장은 받지 못하는 사람들이다.(Holstein, "What," 3) 이런 여성들은 의류공장 노동자, 착취당하는 노동자들에 비유된다.(McGeehan, C13)

수명이 길어지고, 소규모 가족으로 바뀌고, 자녀 출산이 늦어지고, 이혼율과 혼합가족이 증가하는 등 몇 가지 시대적 변화와 더불어 돌봄의 형태도 크게 바뀌었다. 가족 구성원 중 65세 이상 된 사람이 두세 명 정도는 있다 보니 60대나 70대 여성이 나이 많은 부모를 돌보기도 한다. 과거 40년 사이에 어머니와 같이 사는 50세 이상 여성의 비율이 37퍼센트에서 70퍼센트로 엄청나게 증가했다.(Margoliues, 138) 현재와 과거 돌봄의 가장 큰 차이는 노동시장에 진출한 여성의 수가 늘었다는 점이다. 그러나 기업과 정부는 마치 "무임금 돌봄 제공자 군대"가 가정에 상시 대기하고 있는 듯이 정책을 운영한다.(Toner, 29)

돌봄 노동을 하다 보면 일상적인 다른 집안일까지 맡아야 하지만, 그런 일은 해도 표시가 나지 않는다.(Holstein, "Home," 236) 여성이 선천적으로 돌봄에 적합하다는 가설은 여성 전용 영역이 따로 있다는 통념에서 출발한다. 이것은 여성이 경제 영역에 들어가는 것을 막고 "무기력증에 계속 중독되도록" 하려는 것이다.(Hooyman, "Women," 221~222) 이 이슈는 페미니스트들에게도 복잡하다. 많은 이가 여성에게 특별한 돌봄의 능력이 있다고 생각하고, 여성의 전통적 돌봄 역할을 긍정적으로 보기 때문이다. 이런 긍정적 측면이 제대로 빛을 발하려면 그 역할이어야만 가능한 정서적·심리적 이점이 인정됨과 동시에 돌봄 노동자의 실질적이면서도 때로 감추어진 비용이 가시화되어야 한다.

　돌봄이라는 고된 노동이 가진 문제는 그것이 무임금일 뿐만 아니라 여성에게 실제로 엄청난 불이익을 준다는 점이다. 돌봄 노동을 하려면 사실 노동시장에서 완전히 발을 빼서 시간을 온전히 돌봄 노동에만 투자하거나, 근무 시간을 줄임으로써 승진을 포기할 수밖에 없다. 모든 돌봄이 직장 여성에 의해 행해지는 것은 아니지만, 그들이 집안일과 돌봄과 직장일을 병행하다 보면 일터에서의 업무에 부정적인 영향을 끼친다. 여성노동조합연합Coalition of Labor Union Women과 '여성 노화에 관한 전국정책자원센터National Policy and Resource Center on Women and Aging'의 공동 연구에 따르면, 직장일로 시간에 쫓기는 여성들 중 31퍼센트가 돌봄의 의무를 감당하려고 병가를 내고, 69퍼센트는 무급 휴가를 썼다.(Alcon and Bernstein, 47) 다른 연구에서는 라틴계와 아시아계 미국인 돌봄 제공자들이 백인보다 돌봄 노동을 하기 위해 결근하는 확률이 더 높았다.(*Family Caregiving*, 33)

　당장 나타날 일은 아니지만 잠재적으로 심각한 파국을 불러올 문제는 직장을 가진 돌봄 제공자들이 저임금, 저연금, 낮은 사회보장연금 혜택 등으로 장기적인 경제적 손실을 입는다는 것이다. 은퇴 자금을 모으기 위해 세금지불전 임금pre-tax wage을 사용하는 계좌로 입금되지 않는 돈까지 합산한다면 그 손실은 더 크다. 2011년 메트라이프MetLife(미국 최대 생명보험사 중 하나—옮긴이)의 연구에 따르면, 노인 돌봄 제공자의 손실된 임금, 연금, 사회보장이 1년에 거의 3조 달러에 이른다. 개별 여성 돌봄 제공자의 손실액은 32만 4,044달러다.

달리 말해서, 자립이라는 문화적 가치의 세례를 똑같이 받았음에도 유독 여성들만이 돌봄 제공자로서 자신의 시간과 에너지를 (종종 기꺼이) 희생할 뿐 아니라 미래의 재정적인 보장도 저당 잡혀야 한다. 이런 엄청난 희생이 당연시되다 보니 페미니스트나 노년학자들조차 그 규모를 분석하지 않는다. 여성의 이러한 특별한 착취는 동일하지 않은 임금과 가정폭력만큼 극적이지는 않지만, 근본적 원인은 여전히 그들의 종속적 지위에서 찾을 수 있다. 스웨덴에서 85세 이상 노인들에 대한 연구를 통해 흥미로운 젠더 차이를 찾아냈다. 과거 경험을 말할 때 남성은 강하고 적극적인 것을 회상한 반면, 여성은 가사노동과 돌봄의 버거움을 기억했다. 연구자들은 이러한 전통적 여성의 역할을 "은폐된 종속"이라고 설명했다.(Alex and Lundman, 311)

다른 각도로 보았을 때, 직원들이 나이 든 식구를 돌보느라 결근하거나 근무일이 일정하지 않으면 미국 사업체는 그로 인해 생기는 불이익과 감시·감독 비용으로 상당한 액수를 지출하게 된다. 2010년 메트라이프 보고서에서는 미국 회사가 노인 가족을 돌보는 노동자의 생산성 저하로 연간 336억 달러의 손실을 본다고 추정했다. 그들은 다른 노동자보다 병에 잘 걸리는 편이고, 집안일 때문에 직장을 그만둘 경우 회사 입장에서는 대체 비용이 든다.

남성은 한 가지 일만 하면 되지만, 많은 여성이 두 가지 일을 병행한다. 하나는 임금 노동이고, 다른 하나는 무임금 노동이다. 노동시장에서 여성의 지위가 남성에 종속되는 한 "여성은 거센 경제적 압력에 밀려 무상 돌봄 노동을 떠맡는다."(J. Allen, 223)

유색인 여성과 노동계층 여성은 저임금 업종에 묶여서 부당하게 고통당한다. 저임금 노동은 보통 돌봄 노동이 끝나기를 기다려주지 않으며, 중산층 여성들보다 혜택도 적다. 가난한 여성은 돌봄으로 인해 생기는 재정적 어려움을 해소해줄 넉넉한 임금의 전문직을 가진 남편이 있지도 않다. 가령 멕시코계 미국인 노인은 자동적으로 돌봄 제공자 역할을 떠맡을 것이라고 사람들은 쉽게 가정한다. 이는 가족이 그녀의 삶에서 유일하게 중요한 토대일 것이라고 확신하기 때문이다. 이렇게 그녀의 종속적 지위는 강화된다.(Facio, 338) '전국돌봄연맹National Alliance for Caregiving'에 의하면, 아시아계 미국인과 라틴계 돌봄 제공자들은 백인보다 월등히 젊었으며, 돌봄을 위해 자기 돈을 쓸 가능성이 높았다.(*Family Caregiving*, 8; 24) 그들 중 60퍼센트는 부모에게 들어가는 기본 경비로 매달 100~1,000달러를 더 지출한다.(Hounsell and Riojas, 9) 돌봄 제공의 한 측면인 재정적 희생은 그들이 가난해질 가능성을 강화하는 주요 원인이다.(J. Allen, 224)

로라 카츠 올슨Laura Katz Olson이 편집한《인종의 눈을 통해 본 노화: 다문화 사회에서 노인 돌보기Age through Ethnic Lenses: Caring for the Elderly in a Multicultural Society》의 주제는 노인에 대한 전통적 공경이 가정 내 돌봄으로 이어졌으나, 현재 이런 양상도 변화의 소용돌이 속에 있다는 것이다. 이는 미국에서 태어난 노인과 이민자 노인 간의 차이, 젊은 가족들의 사회적 이동, 언어의 어려움, 시골에서 도시로의 이동, 다른 인종과의 결혼, 지배 문화와 동질화됨으로써 생기는 윗세대와의 차이 등의 영향을 받은 결과다. 문화적으로 효도를 강조한다고 해서 공적 프로그램과 서비스에 대한 필요성이 없어지는 것은 아니다. 많은 노인 이민자가 폴란드 이민자들이 걸었던 전철을 밟는다. 보통은 이런 식이다. 노인은 가정에서 명예로운 지위에 있지만, 미국에는 그들을 도와줄 가족이 없을 수도 있다. 게다가 그들은 공식적인 의료제도를 몰라서, 혹은 공식 이민자의 지위가 아니라는 것을 숨기려고, 혹은 서비스가 "부끄럽게도 가족들로부터 원활한 돌봄을 받지 못한다는 인상을 줄 수 있어서" 그 서비스를 받지 못한다.(Berdes and Erdmans, 184)

백인, 중산층 여성과 비교했을 때, 가난한 여성과 유색인 여성은 만성 질병과 장애로 더 많은 고통을 당한다. 이들은 대부분 돌봄이 필요한 노인인데도 의료 서비스를 받을 가능성은 가장 적다.(Hooyman and Gonyea, "Feminist Model," 153) 1980년대 이후 치매 환자를 돌보는 사람들에게 나타나는 영향을 인종별로 연구한 자료에 따르면, 흑인과 라틴계가 백인보다 우울증과 스트레스가 적은 것으로 나타났고, 돌봄이 부담스럽다고 인식하는 정도도 약했으며, 신앙이나 기도를 통해 더 잘 대처하고 있었다.(Connell and Gibson, 355) 흑인 공동체 내부의 차이와 라틴계 내부의 차이를 연구해본다면 돌봄의 경험과 태도에 대한 미묘한 견해 차이를 구분하게 될 것이다. 아시아계 미국인의 경우 조명해야 할 이슈는, 치매로 제2언어를 잃어버릴 수 있어서 낮 동안 운영되는 양로원이라도 이용할 수 있는 사람은 영어를 말할 수 있어야 한다는 점이다.(Goodman, 111)

돌봄 연구는 돌봄 제공자가 겪는 다양한 신체적·심리적 질병을 다룬다. 다른 여성들과 마찬가지로 돌봄 제공자들 역시 남성과 비교했을 때 자율성이나 일에 대한 통제력을 덜 가지고 있다. 그것으로 인한 스트레스가 이미 집안일이나 돌봄 노동으로 생긴 스트레스와 합쳐지면서 운이 나쁠 경우 병에 걸리기도 한다.(Harrington Meyer and Herd,

101) 이런 문제에도 불구하고 여성들은 정서적인 유대, 남을 돕고자 하는 욕구, 지역의 다른 시설에 의존하고 싶지 않은 마음, 다른 식구들의 조건 등을 고려하면서 동기부여가 된다. 때로는 가족안에서의 역할 때문에 다른 대안을 도모하지 못하고 돌봄 제공자가 되기도 한다.(Rizza, 68) 인터뷰에서 돌봄 제공자들은 새로운 강점과 능력을 발견하는 데서 얻는 보상심리뿐 아니라 부모와의 친밀해진 관계에 만족을 표출한다.(70) 돌봄 노동과 임금 노동을 병행하는 경험이 "때로 묘사되는 것처럼 일률적으로 부정적인 것만은 아니다." 바깥 노동은 "모든 것을 옥죄는" 집안 책임으로부터 벗어날 수 있기에 그 자체만으로도 반가운 휴식과 같다.(Scharlach, "Caregiving," 383) 평원 인디언 가족들의 돌봄을 연구한 결과, 부담감은 낮고 보상심리는 높게 나온다. 연구자들은 그 이유로 노인을 돌봄으로써 얻는 보상심리, 가족과 신체적으로 가까워짐, 돌봄의 일을 나누어 하기, 상호성을 들었다. 그들에게 노인은 단지 받기만 하는 것이 아니라 지속적으로 주는 존재로 인식된다.(Jervis, Boland, and Fickenscher)

가족이 노인을 무임금으로 돌본다고 말할 때 돌봄 제공자는 집안의 온갖 일과 업무뿐 아니라 정서적 노동도 한다는 사실을 기억하는 것이 중요하다. 만약 가정에서 돌봄을 제공해야 하기 때문에 유급직을 떠나야 하는 경우가 발생한다면 여성들은 기회를 빼앗기고 열정마저 좌절되는 상황에 빠질 수 있다.(Healy) 일시적 위탁과 의료보험개혁법과 같은 외부 자원이 한정되어 있고 그 때문에 노인 부모가 고통을 당하면, 돌봄 제공자는 현재의 의료 체계를 비난하는 것이 아니라 자기 자신을 원망한다. 스스로 부적합하다고 생각하고, 부모가 불충분하게 부양을 받는다고 여기면서 급기야 가족 간의 불화로 연결되기도 한다. 이는 사적인 문제로 보이지만, 커다란 사회적 문제를 반영한다.(Healy)

돌봄은 또한 감정의 영역을 건드린다. 그것은 외로운 작업이기 쉽다. 돌봄 제공자는 자기 삶을 주도한다는 생각이 들지 않을 수도 있다.(Abel, "Family Care," 75) 의존적인 부모를 돌보면서 묻어두었던 분노가 촉발되기도 한다.(76) 돌봄 제공자가 직면하는 큰 어려움은 "과도한 책임감과 완전한 무력감 사이의 괴리"다.(Abel, *Who Cares*, 76) 그들은 또한 부모에게 이리저리 지시하는 것을 난감해한다.(105) 돌봄을 받는 사람에게 집중하다 보면 다른 가족에게 돌아갈 시간과 관심이 줄어든다. 한 연구는 어머니의 의존성이 높아지면서 모녀간의 갈등이 증폭되었다는 사례를 보고했다. 딸이 자신의 사회적 욕구와 부모에 대한 효도의 책임감 사이에서 갈등하고 있음을 어머니 역시 느꼈다.(Brandler, 50; 53) 고질병을 앓고 있는 연로한 부모를 돌보는 도시 거주 백인 여성들을 연구한 조사에서는 분노, 좌절, 분개가 "너무 거세서 가족이 아니라면 직접 건드려볼 수 없을 정도였다. 보기에 사소한 이슈가 도화선이 되어 그동안 쌓인 온갖 감정이 모조리 폭발하는 경우가 종종 발생한다"는 사실이 드러났다.(Archbold, 43)

돌봄을 심리적으로 설명하는 데도 한계가 있다. 모든 여성이 "보살피는 기질을 동일하게 타고났거나 표현을 잘하는 건" 아니기 때문이다. 게다가 심리적 분석으로 들어가면, 핵가족을 이상적인 것으로 간주하고 구조적 문제는 간과하는 상황이 발생한다. 현재의 제도는 공적 영역에서 발휘되는 남성적 기질을 과대평가하며, 가정에서 표현되는 여성적 가치를 지나치게 무시한다. 따라서 돌봄은 개인적 이슈로 간주된다.(Hooyman and Gonyea, *Feminist Perspectives*, 22~24) 이런 틀 안에서 문제를 다루다 보니 돌봄을 보다 동등하고 인간적인 것으로 만들 수도 있는 사회적 재편보다는 그저 돌봄 제공자의 스트레스에 초점을 맞추게 된다.(Abel, *Who Cares*, 66) 뉴질랜드의 유급 돌봄 노동자 연구에서, 돌봄이 본래 여성의 일로 간주되며, 남성 노동자는 친밀성의 문제를 해결하는 데 나서고 싶어 하지 않는다는 것이 드러났다. 노동자들은 스트레스로 아플 확률이 높은 사람은 자신들보다는 환자 가족일 것이라고 생각했다.(Kirkman)

2장에서는 인구 고령화에 대한 두려움이 사회적으로 조작된 구성물이라는 점과 연방 정부의 축소를 노리는 보수주의자들의 목표를 연결해서 설명했다. "돌봄의 책임을 연방 정부에서 지역 차원으로 전가하는 동시에 연방 정부의 지원금을 축소하고 돌봄을 개인의 몫으로 미루는 현상" 때문에 여성들은 마음이 점점 무거워진다. 또한 전통적으로 가난한 여성들을 위해 봉사하던 공적 기관이 서비스를 없애고 공공 지원을 감축함에 따라 젠더 불평등, 인종 불평등은 강화된다.(Hooyman and Gonyea, "Feminist Model," 164) 돌봄 제공자가 공공 지원을 받을 권리는 인정받지 못하고 있다.(Hooyman and Gonyea, "Feminist Model," 162; Quinn-Musgrove, 106)

다른 이슈는, 돌봐줄 가족이 없는 노인들을 간과하는 문제다. 앞으로 많은 노인이 그들을 돌볼 자녀가 없을 터인데(Abel, *Who Cares*, 177), 이는 북미, 유럽과 아시아에서도 문제로 대두된다.(Kreager and Schoroeder-Butterfill) 돌봄이 "가정과 일을 연결하는 교량이 되어주고, 여성과 남성 모두에게 선택의 여지를 줄 것"이므로 잠재적으로 여성과 남성 모두에게 유익할 것이라고 분석한 페미니스트도 있다. (Hooyman et al., 11) 커플 중 한 명이 타인의 도움이 있어야 생활할 수 있는 조건일 때 발생할 상황에 대해서도 앞으로 분석이 필요하다. 타인의 도움을 받는 생활에서 여러 일의 진행 속도가 그들에게 적합하지 않다면 아내 혹은 남편은 어떤 위기에 봉착하게 될까?

돌봄의 핵심에는 의존성과 자율성을 편 가르는 이분법이 있다. 이는 미국 노인들의 자존감을 손상시키면서 양자택일을 강요하는 사고방식의 전형이다. 어떻게 의존성이 실패와 연결되었을까? 어떻게 하면 과대평가된 자율성(과 부분적으로 환상에 불과한 자율성)이 절대적 가치라기보다는 상대적 가치로 보일 수 있을까? 노인 여성이 혼자 생활하지 못하게 돼서 미안하다고 사과하는 것이 아니라 아들이나 딸에게 "나는 도움이 필요하고, 너는 그것을 제공할 기회가 생겼다"라고 말할 수 있는 날이 과연 올까? 이 말이 우스꽝스럽게 들리는 이유는, 이미 우리가 자율성 개념을 타인으로부터 분리되어 온전히 혼자 살아가는 존재 양식이라고 믿도록 조건화되어 왔기 때문이다. 운전을 예로 들자면, 운전을 포기해야만 하는 늙은 여성은 이제 이렇게 말할 수 있다.

"이제 나는 누가 운전해주는 차를 탈 만한 나이가 되었다."[9]

미국직업치료협회American Occupational Therapy Association는 노인 운전자 앱을 운영한다.(www.aota.org/olderdriver)

혼자 알아서 하고 타인에게 짐이 되고 싶지 않은 노인 여성들은 "도움이 필요한데도 도와달라고 요청하지 않는 경우가 많다. 이런 태도는 위험한 상황에 처할 때도 마찬가지다."(Holstein, "What," 3) 과도하게 사용되는 '돌봄의 부담'이라는 말은 돌봄이 어려움의 근원이 될 수도 있지만 동시에 서로에게 긍정적인 이익이 될 수도 있다는 사실에 주목하지 못하게 한다. 일반적인 용어 '부담'은 무엇이 문제인지 힌트를 주지 않는다. 그것이 경제적 어려움인지 심리적 어려움인지 구별하지 않는다. 내가 남에게 짐이구나 싶은 심정은, 내 상황으로 나를 돌보는 자가 힘들어질 수도 있겠다는 느낌과는 다르다. '돌봄의 부담'이라는 말의 무분별한 사용은 노인을 객체화하고, 고령 인구 증가에 대한 경고음을 한층 날카롭게 만든다.(Arber and Ginn, *Gender*, 130) 게다가 부담을 강조하면 "돌봄의 행위(돌봄의 대상뿐 아니라 돌봄의 목적까지)를 가치 절하한다."(Wenger, 374) 돌봄이 부담으로 정의된다면 그것의 "구조적이고 문화적인 근원"이 끝내 보이지 않게 된다.(Holstein, "Home Care," 235) 돌봄은 미국에 정착한 많은 중국인이나 필리핀인, 베트남인에게 의무나 부담으로 이해되지 않는다. 그들은 보통 "내가 어리고 아무 힘이 없을 때 부모가 나를 돌봐주셨다. 이제는 부모가 늙으셨으니 내 차례가 되었다"라고 말한다.

'노인 돌봄'이라는 말은 노인이 아이처럼 본래 의존적이라는 고정관념을 더욱 견고하게 만든다. 또한 세대 간에 형성되는 상호긍정성이 인정받지 못한다.(Matthews and Campbell, 131) 마찬가지로, 돌보는 자와 돌봄 받는 자로 명확하게 구분함으로써 돌봄 받는 자가 자신을 돌보려고 기울이는 노고가 주목받지 못한다.(Ray, "Postmodern," 677) 영국 컬럼비아의 한 연구에서, 인터뷰한 돌봄 제공자의 94퍼센트가 돌봄 받는 사람과 친밀해지면서 자신의 일에서 보람을 느꼈다고 말했다.(Chappell, McDonald, and Stones, 320)

현 제도의 개정안으로 제시된 것 중에는 가족 돌봄 제공자를 위한 상환제, 돌봄으로 보낸 연도에 대한 사회보장연금 점수, 남성의 더 많은 합류, 가족 문제에 더 민감한 일터 분위기 등이 포함된다. 돌봄 이슈는 남녀 임금 격차를 해소해야 하는 문제와 연동된다. 임금이 불평등하다 보니 집에서 돌봄을 제공하기 위해 유급직을 포기해야 할 사람은 늘 여성이기 때문이다.(Foster and Brizius, 70) 사회보장연금 정책의 일환으로 모든 성인에게 돌봄 계좌를 만들어 필요한 곳에 쓸 수 있도록 하거나(68~69), 평화봉사단Peace Corps을 벤치마킹해 돌봄봉사단Caregiving Corps을 만드는 것도 변화를 위한 제안들이다.(McLeod and Roszak, 10) 상상력이 풍부한 기획자는 온 집을 다니면서 치매 환자가 엉뚱한 곳을 헤매거나 낙상하는 것을 사전에 예방하도록 도와주는 '돌봄로봇'을 제안하기도 한다.(Emerman, 12)

이러한 변화가 중요하기는 하지만, 쉬이 현실화될 것 같지는 않다. 여러 선진산업 국가 중에서 유일하게 미국이 노인 돌보는 책임을 양도하려고 개인주의 윤리에 빌붙어 있기 때문이다. 돌봄이 '공적 가치'라기보다는 사적인 의무로 간주되는 한, 돌봄 노동을 하는 여성은 경제적 불이익을 당하고, 그들의 사회 참여는 제한될 것이다.(Hooyman, "Women," 234~237) 돌봄은 "심오한 사적 경험인 동시에 억압적인 사회 제도"다.(Hooyman and Gonyea, *Feminist Perspectives*, 24) 여성이 돌봄을 제공하든 제공받든, 집에서 무급으로 있든 집 바깥에서 무급으로 있든, 젠더가 그들의 역할을 규정한다.[10]

은퇴

중산층 이상의 백인 남성의 경우, 남성으로서의 특권, 계층 특권, 백인 특권이 은퇴제도 안에서 모두 만난다. 이것은 마치 웅장한 오페라처럼 남성의 인생 후반기를 가득 채워 풍성하게 만든다. 다른 국가와 비교해 미국의 노인이 가장 큰 불평등을 받는 것으로 나타난다. (O'Rand and Henretta, 2) 은퇴를 개인의 관점으로 보도록 사회화된 미국인들은 사회경제적 이익과 불이익이라는 큰 그림을 보지 못한다. 매체는 파티를 즐기는 부유한 노인만 보여줌으로써 이런 이미지와는 동떨어진 삶을 살아가는 더 많은 이들에게 가야 할 시선을 차단한다. 많은 노인이 소득의 상당 부분을 재산세로 지불하고, 메디케어가 있음에도 그 어떤 세대보다 의료비로 많은 지출을 한다.(A. L. Campbell, 43)

여성 노동자가 받는 혜택은 남성의 4분의 3 수준이고(Harrington Meyer and Herd, 73), 저임금, 직장 경력의 단절, 직장 내 성차별 때문에 퇴직 소득도 남성보다 낮다.(6) 남성에 비해 상대적으로 여성이 가난해질 위험이 높아지는 다른 요인은 은퇴 이후의 시기가 더 길고, 배우자를 잃고 만성 질병에 걸릴 확률이 더 높다는 것이다.(C. Price, 9) 연금은 차별로 인해 부적절하거나 삭감된다.(Barusch, 186) 65세 이상의 남성 중 55퍼센트가 연금이 있지만, 여성의 경우는 32퍼센트에 그친다. 연금 액수도 남성의 절반이다.(Tyson, 8) 노동계층 여성과 유색 인종 여성은 백인 여성보다 더 열악한 생활을 한다. 그들은 말할 것도 없고 그들의 배우자, 가족의 임금도 상대적으로 낮은데, 이는 좋은 직업으로 연결될 수 있는 좋은 교육의 기회를 얻지 못했기 때문이다.

남성의 평균 실직 상태는 1.3년이고 여성은 11.5년이지만(Davis, Grant, and Rowland, 82), 여성노인연맹의 계산으로는 14.7년이다.(300) 이런 젠더 차이는 매우 중요하다. 만약 여성이 35년을 미처 채우지 못하고 은퇴하더라도 근무했던 햇수의 임금 총합을 무조건 35년으로 나누어 평균 낸다. 그러니 35년에서 모자라는 해는 제로로 계산되는 셈이다.(미국의 사회보장연금 계산법에서는 35년 근무기간이 기준이다. 예를 들어, 31년을 근무한 여성은 31년 동안 받은 임금을 35년으로 나누어 그 평균치로 사회보장연금 금액이 결정된다—옮긴이) 이는 그녀가 받을 혜택이 줄어든다는 뜻이다.(Williamson and Rix, 47) 여성이 노인을 돌보느라 퇴직한 돌봄 연도를 '제로 연도'로 정의하는 것은 명백한 젠더 차별이다. 여성은 사회가 그들에게 요구하는 일을 했다는 이유로 벌을 받는다. 돌봄 노동 때문에 놓친 사회보장연금 혜택의 손실은 저임금과 평균 수준의 임금을 받는 노동자들의 경우 가장 크다.(O'Rand and Henretta, 93)

연간 1만 5천 달러를 벌지 못하는 저임금 노동자는 거의 모두 여성이다. 여성은 남성보다 은퇴 후 더 오랜 세월을 살기 때문에 인플레이션이 발생할 경우 남성보다 여성이 심한 타격을 입는다.(Hartmann and English, 117; 126)

사회보장연금 제도에서 은퇴자는 임금 노동자였다가 이제는 집에 머물게 된 배우자 남성을 지칭한다. 따라서 이 제도는 맞벌이로 은퇴한 커플보다 외벌이로 은퇴한 커플에게 더 많은 혜택을 주어야 한다는 고리타분한 가설을 전제로 작동한다. 외벌이 커플이었다가 과부가 된 아내는 전체 사회보장연금의 67퍼센트를 받는 데 반해 맞벌이 커플에서 살아남은 사람은 50퍼센트만 받는다. 그러므로 사회보장연금은 분명 전통적인 결혼을 선호한다.(O'Rand and Henretta, 95) 여러 해 동안 일한 여성들은 종종 은퇴한 노동자로서보다는 은퇴한 노동자의 아내로서 더 많은 보장을 받을 자격이 주어진다. 그녀가 받는 보험금은 그녀가 임금 노동을 하지 않았을 경우 받는 금액보다 결코 더 많지 않다. 게다가 그녀는 그 제도에 꼬박꼬박 지불급여세를 내느라 손에 들어오는 수입은 줄었다.(Dailey, 94) 사회보장연금이 기혼 여성에 갖는 편견은 결혼율이 낮아지고 한 부모가 증가하는 요즘 특히 사악할 정도다.(Harrington Meyer and Herd, 15)

사회보장연금은 저소득 노동자에게 혜택이 돌아가는 소득 재분배의 기능을 하지만, 현재 형태로는 "경제적으로 이점이 많은 노동자에게 퇴직 소득이 과도하게 분배되고, 저소득 노동자에게는 적게 돌아간다."(Atchley, *Social Forces*, 464) 후자에게 불이익을 주는 두 가지 기제는 사회보장연금의 세금에서 11만 달러 이상의 소득 수입을 공제받는 것과 이자와 배당금에서 소득 공제받는 것이다.(Bergman and Bush, 42) 이런 관대하고도 겉으로 드러나지 않는 혜택이 부유한 자들에게 가는 폐단을 없애는 것이 '민영화'보다 더 공정할 것이고, 재정적으로 더 건전할 것이다. 민영화는 개혁이라는 가면을 쓰고 사회보장연금에서 공격적으로 돈을 빼돌리는 행위다.

클린턴 전前대통령은 사회보장연금도 있지만 그와 별개로 개인연금보험에도 자발적으로 가입하라고 제안했다. 그러나 이후 몇몇 지불급여세 공제를 민영화하자는 제안이 나온다면 보장제도 자체가 위험해질 수 있었다. 누가 가장 큰 위험을 감당하겠는가? 은퇴 후 들어오는 수입이라고는 사회보장연금이 전부인 사람들, 즉 여성, 유색 인종, 그리고 노동계층이다. 게다가 민영화의 비용을 조달하기 위해 바꾸어야 할 사안들(늘어나는 세금, 혜택의 감소, 최초 적용 나이의 연장, 혹은 혜택을 계산하는 데 기준이 되는 근무 햇수가 35년에서 38년으로 늘어나는 것 등) 하나하나가 그들에게 부당한 해를 입힐 것은 당연지사다. 민영화로 인한 혜택은 월스트리트로 돌아갈 것이고, 많은 대가를 치러야 하는 쪽은 보통의 미국인이 될 것이다. FDR(프랭클린 루스벨트Franklin Delano Roosevelt — 옮긴이)의 유령이 여전히 보수주의자들의 머릿속을 날아다닌다. 사회보장연금이 시작된 이래 변화를 강렬하게 요구하면서 제안된 민영화는 사회보장연금을 무대에서 몰아내려는 보수주의자들의 퇴마의식이 될 수도 있다.

최근이 되어서야 여성의 은퇴가 그들의 삶의 경험을 통해 점검되기 시작했다.[11]

"임금 노동과 무임금 노동의 절묘한 혼합과 교체가 평생을 따라다닌다. 이런 리듬은 우리가 공식 은퇴를 하든 안 하든 계속된다."(Onyx and Benton, 100)

여성의 정체성에 은퇴가 미치는 영향에 대해서도 거의 알려진 바가 없다.(C. Price, 10) 어떤 이들에게 자아정체성은 은퇴 후 역할을 확대함으로써 유지된다.(154) 그러므로 연구자들은 가정생활이 은퇴한 여성의 삶의 중심이라고 주장해서는 안 된다.(156) 바버라 카브럴Barbara Cabral에 따르면, 은퇴하기 전 재정적인 계획에만 집중하다 보면 "수십 년간의 직장 생활을 마치고 은퇴한 후 겪게 될 복잡한 심리적·영성적·사회적·신체적인 측면에 대한 준비는 허술해진다."[12]

은퇴는 계속 노동을 해야만 하는 이들, 주로 유색 인종 저소득 노동자들에게 크게 유의미한 개념은 아니다. 예컨대 흑인은 나이 65세에 직장과 직장 아닌 것의 구분이 분명해지는 사람, 사회보장연금 외에 다른 소득원을 가진 사람, 은퇴자로서의 자아정체성이 명확한 사람, 즉 은퇴의 전형적인 특징을 두루 갖춘 그런 부류가 아니다.(R. Gibson, 120) 흑인에게 노동은 평생 따라다니는 것으로, 끊어졌다가 이어지기를 반복한다. 그들은 "은퇴하지 않는 은퇴자"다.(122; 125) 흑인 남성보다는 백인 남성이 많이 벌기 때문에 흑인 배우자 연금을 받는 여성은 백인을 배우자로 둔 여성보다 적은 액수를 받는다.(Harrington Meyer and Herd, 77)

은퇴의 전통적 개념은 중산층 백인 여성에게도 맞지 않다. 은퇴는 중년에 직업 경력을 쌓기 시작해 65세에 일을 끝내기가 썩 내키지 않는 사람들까지 총괄하는 개념은 아니다. 또한 은퇴는 집안일에도 적용할 수 없다. 65세를 넘긴 여성들이 임금을 받기 위해 일을 하지만, 그들이 원하는 만큼 받으며 일하는지는 불명확하다.

"여성들에게는 복합적 욕구와 우선순위가 있다. 그들은 임금을 위한 노동도 필요하지만, 가족, 친구, 지역사회, 자기 자신에게 투자할 시간도 요구한다."(Johns, 42~43)

전문직 여성을 대상으로 한 오스트레일리아 연구에서도 비슷한 점이 눈에 띈다. 은퇴는, 업무에 전념했다가 그 대상을 레저로 바꾸는 것일 뿐 아니라 "인생과 자아의 다양한 측면을 되살려 자기가 원하는 것에 보다 창의적이고 만족스러운 방식으로 참여하기 위해 시간과 에너지를 분별 있게 균형 맞추는" 재적응의 시간을 의미한다.(Onyx and Benton, 107) 앞으로 은퇴는 지금처럼 임금 노동과 첨예하게 구별되는 것이 아닐 것이므로 다양한 대책이 세워져야 할 것이며(Hatch, 136), "노동 안팎에서 요동치는 변화"를 끌어안는 단계별 전환의 과정으로 전개되어야 할 것이다.(Hooyman et al., 16)

'교량 일자리 Bridge Jobs'(파트타임, 퇴직으로 비는 자리를 메우고 수입과 유연성이라는 장점을 제공하는 임시 유급직)는 은퇴의 강제적 특성을 위장한다. 완전고용이 불가능한 사람들은 노동시장 외곽에 대기하고 있어야 한다. 은퇴는 단순한 레저나 반짝 할인 품목이 아니며, 화요일마다 시행되는 노인 우대 할인도 아니다. 은퇴는 소득 감소의 기제다. 이 기제는 연령차별적이다. 그러나 더 중요하게 지적해야 할 부분은 여성, 유색인, 노동계층이 은퇴할 즈음 이미 임금은 낮아질 대로 낮아진 상태인 데다 은퇴를 기점으로 차별이 더욱 강화된다는 점이다.

예전에는 그저 역할의 상실로만 이해되었던 '과부 되기'는 "부, 건강, 계층의 교차 지점"으로서 그 복합성과 변형 가능성, 문화적 다양성에 대해 연구자들이 관심을 갖게 되었다.(Martin-Matthews, 339) 결혼한 적 없는 노인 여성의 17퍼센트가 가난하다.(Anzickand Weaver, 1) 여성 노인연맹에 따르면, 남편 있는 여성과 같은 연령의 과부를 비교할 때 빈곤층은 후자가 전자의 네 배에 달한다.(301) 많은 여성이 제한된 저축에 의존하며, 18퍼센트만이 연금을 받는다.(299) 사회보장연금, 연금, 저축이나 투자는 은퇴의 '세 가지 발판'으로 인식되지만, 60세 이상의 결혼하지 않은 여성에게 닥친 높은 빈곤 가능성을 고려한다면 남편을 (이성애자) 여성의 네 번째 발판이라 부를 만하다.(Johns, 15)

"직간접적으로 많은 여성이 자신의 경력보다는 결혼에 경제적 미래를 건다."(Hartmann and English, 121)

연금과 사회보장연금은 "결혼이 영구적이라는 오해"에 기반을 두고 있다.(Harrington Meyer, "family Status," 472) 노인의 이혼율이 노인 인구의 증가보다 네 배 더 빠르게 증가하고 있다.(Moody and Sasser, 301) 여성에게 이런 흐름은 가난의 위험성을 가중시킨다.(Hatch, 135) 특히 노인 흑인 여성들의 결혼율은 1990년에서 2000년까지 급격하게 감소해 결혼 여부와 사회보장연금 혜택을 연관시키는 것이 그들에게 불리하다.(Harrington Meyer, "Declining") 다른 위험은 사회보장연금의 혜택을 받는 연령이 67세로 높아질 것이라는 점이다. 62세에 은퇴하는 여성들은 그때가 되면 지금 수령하는 비율 80퍼센트보다 적은, 전체 혜택의 75퍼센트만 수령하게 될 것이다. 많은 흑인 가족에서 여성이 가장이 될 것이며, 그들 중 일부는 "기록에 남지 않는 형태"로 일하기에 혜택을 적립할 수 없다.(Malveaux, "Race," 177)

연금을 받는 여성들은 확정기여형Defined Ccontribution(노동자가 연간 임금 총액의 2분의 1 이상을 매해 자신의 계좌에 적립해 퇴직 시 적립금 운용 수익을 퇴직 급여로 수령 — 옮긴이)으로 가입하는 경우가 많은데, 그렇게 되면 가치는 유동적인 시장에 달려 있다. 이는 정해진 급여를 제공하는 전통적 확정급여형 퇴직연금Defined Benefits Pension(퇴직 시 근속 연수 등을 고려해 사전에 확정된 퇴직금을 금융회사가 연금 또는 일시금 형태로 지급하는 제도 — 옮긴이)과는 다르다. 연금 지급 방식의 이러한 전환은 저축의 본래적 위험을 고용주에서 노동자의 몫으로, 집단에서 개인의 몫으로 전가한다는 점이 핵심이다.(Harrington Meyer and Herd, 85) 이러한 흐름은 노인 여성들에게 돌아갈 불평등이 점점 더 커진다는 뜻이다.(90)

간단히 말해서, 현 제도는 많은 사람, 예를 들어 여성 돌봄 제공자들, 저임금에 제도적 혜택은 거의 받지 못하는 노동자들, "빈번하게 업종을 바꿔야만 하고, 고용주 입장에서는 온정을 베풀 필요가 없어지는 '새로운 경제' 환경 속에 던져지는 노동자들"에게는 부적합하다.(Johns, 36) 불확실성과 위험이 베이비부머 세대 여성의 은퇴의 특징이 될 것이다. 은퇴를 편안하게 여길 수 있는 이들은 전체 여성의 20퍼센트도 안 될 것이다.(Dailey, 8: 124)

현 제도의 불평등을 해소하기 위한 제안으로는, 사회보장연금의 혜택을 받는 자격을 근무 35년이 아니라 25년으로 하자는 안이 포함된다.(Malveaux, "Race," 177) 또한 과부에게 커플의 연금 혜택 가운데 가장 조건 좋은 비율을 적용하기(Anzick and Weaver, 12), 남성에게 돌봄의 책임을 공유하자고 제안하기, 세금을 제한 임금을 기준으로 해서 사회보장연금 한도 인상하기 등이 있다. 맞벌이 가족이 받는 불이익을 없앤다면 외벌이 가족에서 혼자 남은 사람만큼의 혜택을 받게 될 것이다.(Burkhauser and Smeeding, 13) 사회보장연금은 노인의 5분의 1에게는 유일한 소득원이고, 3분의 2에게는 소득의 90퍼센트다.(Calasanti and Slevin, *Age Matters*, 7) 테리사 길라르두치Teresa Ghilarducci는 사회보장연금 외에 전문적으로 관리하고 연금 배당금을 지불하는 보장성 은퇴 계좌를 추천한다.(5) IRA/401(k)(두 가지 모두 퇴직금 운용과 그에 따른 손실의 책임을 개인에게 귀속시키는 확정기여형 퇴직연금의 일종— 옮긴이) 모델이 실패하는 이유는 연금 적립 계획을 세우는 데 개인이 전문가를 능가할 수 없기 때문이다.

1981년, 대통령 자문단은 사회보장연금의 보완책으로 전국연금 제도를 제안했는데, 오늘날 생각할 수 없을 만큼 진보적이다. 지금은 여성의 혼인 여부가 퇴직 소득을 결정하는 데 상당히 큰 역할을 한다. 인생 후반기의 소득은 거의 가족과 직장 구조, 그리고 공공 정책에 의해 좌우된다.(O'Rand and Henretta, 70) 그러나 그 정책이 백인 중산층에게만 호의적이다. 2012년의《사회보장연금의 유리천장 깨기: 여성에게 돌아갈 혜택을 시대에 맞게 바꾸기 위한 제안서Breaking the Social Security Glass Ceiling: A Proposal to Modernize Women's Benefits》라는 제목의 보고서는 캐럴 에스테스, 테리 오닐Terry O'Neill, 하이디 하트만Heidi Hartmann이 작성한 것으로, 어린이나 연로한 부모를 부양하는 경우 돌봄 점수를 줄 것과 사회보장연금 부담금에서 소득 한도를 11만 달러로 올릴 것을 요청한다.("New Report," 10)

결론

계층, 인종, 젠더가 노화와 더불어 역동적으로 상호작용한다는 사실이 아직 충분히 이해되고 있지는 않다. 그러나 여성의 노년 빈곤이 성별 분업과 긴밀하게 연관되어 있음은 명약관화하다. 여성이 아무리 일을 많이 하더라도 임금이나 은퇴를 위한 점수를 확보하지 못하기 때문이다.(Harrington Meyer, "Family Status," 466~467) 많은 이들에게 인생 후반기의 재정적 어려움은 바로 오늘 시작된다. 그러므로 여성의 돌봄과 은퇴의 상관성에 더 주목해야 한다.(C. Price, 150) 고령 인구가 늘어나면서 불평등도 늘어나는 듯하다.(O'Rand and Henretta, 207) 점점 더 벌어지는 미국의 계층 간 격차는 "경제적 난관 그 이상으로 고통을 야기한다." 이에 대해 벨 훅스Bell Hooks는 "우리에게 필요한 것이 지역사회와 상호의존성임을 인정했더라면 평온이 찾아왔을 테지만, 이를 거부한 결과"라고 결론 내린다.(158) 특히 노화와 깊은 관계가 있는, 돌봄 제공자가 구현하는 비물질적 가치야말로 우리에게 부를 가져다주는 진정한 원천이다.

　우리가 노화를 전혀 다르게 경험한다 하더라도 이 과정은 계층, 인종, 젠더의 영향을 받으면서 구성된다. 이론적으로 말하자면 이것이 필연은 아니다. 만약 이익과 불이익이 보다 공정하게 분배된다면, 노화 과정의 다름은 주로 생물학적인 차이라든가 젊었을 때 자신을 어떻게 관리했는가에 따른 차이일 뿐이다. 대부분의 미국인은 개인의 노력으로 할 수 있는 것이 거의 없다는 생각에 당혹해한다. 그러나 미국이 세계보건기구가 선정한 장수 국가 순위에서 수치스럽게도 24위인 한, 개인의 노력을 극찬한다 한들 그것은 우리의 노화를 결정하는 많은 변수를 그저 손바닥으로 가리는 행위에 지나지 않을 것이다.

연령차별주의

연령차별은 인종차별, 성차별, 동성애 혐오와 같은 사회 문제의 기나긴 목록에 이름이 올라가 있다. 그러나 분석의 대상이 되기보다는 법적 소송으로 주목받을 때가 더 많다. '연령차별주의'라는 말이 로버트 버틀러에 의해 만들어진 것은 1969년이지만, 그것을 사회적·정치적·경제적·도덕적인 문제로 인식하는 수준이 아직 저급하다 보니 보건, 노년학, 여성학 영역에서 수많은 사례를 일일이 지적해야 하는 형편이다. 신뢰할 만한 공인이라면 그 누구도 성차별과 인종차별을 허용해서는 안 된다. 그러나 연령차별이 끼치는 악영향은 대법원의 판결에서도 부인되거나 사사로운 것으로 취급되어왔다.

서구 문명에서 연령차별이 얼마나 뿌리 깊게 박혀 있는지 고려한다면 이것의 집요함은 놀랄 일도 아니다. 또한 시민권운동, 여성권리운동, 동성애자의 해방운동 등과 비교했을 때 노인운동이라 할 만한 것이 없다. 40세 문턱을 넘어서는 순간부터 사람들은 셀 수 없이 다양한 조롱과 모욕의 표적이 된다. 심지어 생일카드에서도 조롱을 일삼는 것을 보면 노화에 대한 두려움과 무지를 무기 삼는 이 거대시장에서 작은 항거의 몸부림이나 저항의 낌새를 찾기는 어려운 실정이다. 늙는다는 것이 우스꽝스럽거나 당혹스러운 것이라는 메시지가 너무나 자연스러워서 많은 노인조차 같은 관점으로 자신을 본다. 이렇게 편향된 태도는 차별적 관행을 더욱 강화할 뿐이다. 그래서 별 저항 없이 나이 많은 직원을 해고하는 관행이나 젊은이들에게만 집중하는 교육제도가 유지된다.[1]

죽음에 대한 두려움이 연령차별의 주요 출발점이다. 호스피스를 충분히 이용하지 않는 것은 미국에서 죽음을 강렬하게 부인한다는 증거다. 우리 사회를 대충 싸잡아 "젊음을 숭상하는 사회"라고 부른다. 텔레비전 프로그램은 젊은이에 의해, 젊은이를 위해 편성된다. 65세를 넘긴 노인들은 어느 지역사회로 이사하면서 '회색 공포'라는 딱지가 따라붙는 경험을 한다. 이런 현상은, 캘리포니아에 도착한 사람들이 '황색 공포'라 낙인찍혀서 두려움과 회피의 대상이 되던 19세기 말 풍경과 유사하다.(Longino, 449)

개인이 가진 연령차별적 태도와 행동을 토론할 때는 낙인과 편견의 심리학을 강조하는 것이 한 방법이겠으나, 연령차별주의를 제대로 이해하려면 개인을 넘어 구조적 근원을 볼 수 있어야 하고, 권력관계를 설명할 수 있어야 한다.(N. Tompson, 379) 1980년대 바버라 맥도널드와 신시아 리치Cynthia Rich의《내 눈을 보라: 늙은 여성, 노화, 연령차별주의Look Me in the Eye: Old Women, Aging, and Ageism》와 바바 코퍼의《한물간 사람들: 여성들 사이의 연령차별주의에 대한 소고Over the

Hill: Reflections on Ageism between Women》는 연령차별주의의 구조적 뿌리로서 가부장제 가족 안에서의 여성의 종속을 탐색하고 있다.[2] 그들의 분석에 의하면, 여성은 연령차별의 희생자이면서 동시에 가해자다.

앞 장에서 계속 언급했다시피 연령차별주의의 주제는 노화에 대한 합당치 않은 두려움, 환자 역할, 노인 건강 유지를 목표로 하는 프로그램의 부재, 자신의 가치를 입증하기 위해 계속 바빠야 한다는 간곡한 유혹 등에 유유히 흐르고 있다. 연령차별주의는 다른 억압적 태도나 행동과 공존한다. 70대 라틴계 여성이 질 낮은 의료 서비스를 받는다면 성, 인종, 나이라는 세 가지 다른 층위에서 오는 편견을 동시에 경험하는 것이다. 물론 그녀는 가족 내에서라면 상당한 존경을 받을 것이다. 연령차별주의가 인종, 젠더, 성적 지향을 기반으로 한 부정적 대우를 강화한다면 각각 세밀하게 조사해야만 한다. 이번 장에서 나는 연령차별주의의 근원을 관찰하려고 한다. 그래서 고정관념, 외모 우선, 내면화된 연령차별주의, 범주로서의 '늙음' 과장하기 등을 살펴볼 것이다.

고정관념

《좋은 시절A Good Age》보다는《조이 오브 섹스The Joy of Sex》로 더 잘 알려진 영국의 노년학자 알렉스 컴퍼트Alex Comfort는 연령차별주의를 "사람이 더 이상 사람이 아니고, 똑같은 사람도 아니고, 여러 해 동안 살았다는 것 때문에 열등하고 별난 사람이 되는" 신념이라고 정의했다.(A Good Age, 35) 연령차별주의는 또한 "최선의 방식으로 제 역할다 하면서 살아가려는 것을 방해하는 신념과 관행"으로 설명되기도 한다.(Gullette, *Agewise*, 34) 빌 비더웨이Bill Bytheway에 따르면, 연령차별주의는 "지배 집단이 세대 간의 불평등을 정당화하고 유지하는 이데올로기"다.(*Ageism*, 116) 이런 것이 의식적일 수도 있고 무의식적일 수도 있기 때문에 개개인은 알게 모르게 연령차별을 행하기도 하고, 그것으로부터 피해를 입기도 한다.(Levy, "Unconscious Ageism," 335) 로버트 버틀러는 연령차별주의의 고정관념을 인종차별주의, 성차별주의와 비교한다.("Ageism," 243) 첫째, 성차별주의와 인종차별주의의 연결고리는 연령차별주의가 야기하는 손상을 강조하려는 수사적 장치이지만, 인종과 성은 평생 따라붙는 정체성인 반면, 노인은 삶의 일정 단계에서만 적용되는 정체성이라는 점에서 유사성은 거기까지다. 둘째, 이제 누구든 연령차별주의 고정관념의 표적이 될 만큼 오래 살 수 있다는 점에서 연령차별주의는 다른 차별과 구분된다. 마지막 차이는 여성과 유색인은 성차별과 인종차별 구조 속에서 자신들의 부당한 지위를 인식하는 반면, 70~80대는 하나의 정체성으로의 '노인'을 경멸하여 거리를 두려고 한다는 점이다. 나이를 기반으로 하는 차별은 인종과 성을 기반으로 하는 차별만큼이나 불합리하고 독단적이며 부당하다. 이 세 가지 차별은 겉모습으로 결정된다. 또한 특정한 형태의 연령차별주의를 지칭할 적합한 용어들이 부족한 실정이다. 예를 들자면, 치매 환자에 대한 편견을 칭하는 적절한 말은 없다.(Basting, *Forget Memory*, 26)

여성 못지않게 남성도 연령차별의 편견을 겪는다. 그러나 남성은, 늙은 여성이 단지 존재한다는 이유만으로 겪게 되는 '혐오스럽다'는 반응을 접하지는 않는다.(Copper, 19) '지저분한 늙다리'라는 조롱이 잔인하고 치사하지만, '늙은 할망구'에서 뿜어져 나오는 독한 경멸과 같은 강한 어감은 아니다. '잔소리 할망구'와 '쭈그렁 할멈'은 늙은 남성에게 향하는 '괴짜 노인'과 '늙은 방귀쟁이'보다 몇 갑절 더 부정적이다. 최근에 '괴짜 노인'이 여성과 남성 모두를 칭하는 용어로 신문과 잡지에 등장한다. 이 모멸적 용어는 심지어 《사이언티픽 아메리칸Scientific American》(유명한 미국 과학 잡지 — 옮긴이)의 기사 제목 '베이비부머에서 차고 넘치는 괴짜 노인까지'에도 등장한다.[3]

연령차별주의자는 이중적 사고로 고정관념을 강화한다. '늙음/젊음', '흑/백', '여성적/남성적'과 같은 첨예하게 구분되는 두 속성 가운데 하나는 더 귀하고 다른 하나는 덜 귀하게 가치 매김하여 한 세트로 묶는다. 이 이분법은 이미 너무나 익숙해 마음의 필터에 걸리지도 않는다. 물론 지난 20년간 젠더 차이가 덜 엄격해지면서 흑/백 이분법적 논리로는 점점 다양화되는 다문화 사회와 발맞춰 갈 수 없다는 공감대도 형성되었지만, 유독 '늙음/젊음'이라는 이분법은 그 어느 때보다 더 공고해졌다. 따라서 노화의 복잡성을 슬그머니 지운 다음 늙음을 가장 가치 없는 것으로 정의한다.

"아름다움 대 세월의 유린, 건강 대 노년을 대표하는 장애. 이처럼 첨예하게 둘로 쪼개는 이분법은 대중매체의 광고와 스토리에 일상적으로 접목된다."(Woodward, *Figuring*, xvi)

노인이 무능하고 이기적이고 타인의 경제적 안정을 위협하는 존재로 인식될 때가 종종 있다. 그들은 가난하고, 신체적으로 결함이 있고, 가족으로부터 소외되고(Quadagno, *Aging*, 9), "문화적으로 뒤처지고 늙어빠진 사람, 삐딱하게 꼬인 사람, 신세계와는 어울리지 않는 사람"

이다.(Russo, 27) 늙은 여성은 심술궂고 까다롭고 재미라고는 하나도 없다고 욕먹는다. 그 원형은 사악한 마녀, 탐욕스럽고 신경질적인 악독한 어머니, 우스꽝스럽고 힘이 없으며 볼품없고 보잘것없는 몸집의 늙은이다.(Copper, 14) 디즈니 영화에 등장하는 연령차별적·성차별적 고정관념을 분석한 연구에 따르면, 노인 여성은 보기 흉하고 사악하고 권력에 굶주렸으며 마귀 같고 탐욕스럽고 광기를 띠었다.(M. Perry, 206; 208) 연령차별주의는 노인이 그 누구보다 기대감은 낮고, 자기 삶을 장악하지 못하며, 기동성이 좋을 필요가 없다는 것을 전제로 하고 있다.[4]

쾌활하지 못한 노인 여성은 "모질고 비열하고 불평불만으로 가득찬" 사람으로 간주된다.(Healey, "Growing," 61) 이런 딱지가 붙으면, 이 모습이 그저 지나가는 일시적 기분에 의한 것이 아니라 그 사람의 정체성이라고 확신한다. 젊은 여성이 '처녀/매춘부'로 이분화되듯 늙은 여성에게는 할머니, 할망구, 노처녀 등 제한적이고 왜곡된 고정관념이 따라붙는다.

민담은 노인, 특히 노인 여성에 대한 부정적인 태도의 보고寶庫다. 동화를 보면, 노인 여성은 처음에는 친절을 베풀지만, 결국 마녀임이 들통난다. 길에서 노인 여성을 만나면 불운이 따라온다는 민간 신앙의 공식은 '악마가 직접 오지 못할 때 노파를 보낸다'라는 속담으로 요약된다. 독일 동화를 보면, 노인은 젊은이의 생명력을 흡입하기 때문에 지나치게 오래 사는 노인은 죽임을 당해도 된다. 10세기 아이슬란드의 기근을 묘사한 어느 소설에는 노인이 절벽으로 내던져지는 이야기가 나온다.[5]

걸리버는 여행 중에 스트럴드브러그 종족을 만나는데, 이들은 늙은 나이로 영생한다. 그들은 "역정 내고 욕심으로 가득 차고 침울하고 허풍이 심하고 수다스럽고" 질투하고 무능하고 친구를 사귈 수도 없고 "타고난 모든 사랑스러움이 모조리 다 죽어버린 상태이며, 즐거움과의 연결고리가 완전히 끊겼다."(Swift, 181~183) 앤서니 트롤럽Anthony Trollope의 1882년 소설 《정해진 기간The Fixed Period》에는 영국에서 독립한 한 섬에서 68세가 가까워진 사람들을 죽이자는 법을 통과시키는 주민들 이야기가 나온다. 이 제안은 노년의 불행을 사전에 막기 위한 합리적이고 진보적이며 근대적인 방법으로 옹호된다. 그러나 안락사를 선택한 첫 번째 후보자가 망설이는 가운데, 영국이 그 섬의 대통령을 해임하고, 그 법을 막기 위해 전투함을 보낸다.[6]

영국 만화를 살펴보면 세 가지 특징(나빠지는 시력, 약화되는 기억력, 줄어드는 성생활)이 눈에 띈다.(Bytheway, *Ageism*, 63) 의사들이 보는 학술지의 약물 광고 페이지를 분석했더니, 노인들이 "파괴적이고 냉담하고 변덕스럽고 통제가 되지 않는다"라고 묘사되고 있었다.(Levin and Levin, 91) 이런 묘사의 이면에는 강한 노인 여성에 대한 무의식적 두려움이 있다.

주술에 대한 비난은 종종 노인 여성을 향해 있었으나, 마녀사냥에 대한 많은 학술적 연구에서도 희생자의 나이가 분석 요인으로 주목받지는 않는다.(Feinson, 437) 왜 노인 여성이 공격의 대상이 되었을까? 학자들은 그들이 사산아, 흉작, 남성의 성적 불능 등에 책임이 있는 것으로 비난받았다는 점을 지적했다. 바버라 워커Barbara Walker는 《쭈그렁노파The Crone》에서 특정 노인 여성이 마녀로 불리게 된 이유는 고대의 원형, 파괴적 할머니 원형이 살아 있기 때문이라고 말한다.(13) 노인 여성은 응시하는 것만으로도 사람을 죽이고, 저주만 해도 죽음을 불러올 수 있다.(58) 주술을 부린다는 선고는 너무 약해서 일도 못 하고 식량만 축내는 가난한 여성을 제거하기에 좋은 방법이었다.(132) 남성의 통제를 받지 않고 사는 여성은 누구든(독신이든 과부든) 마녀로 지목당했다. 만약 의학적 지식을 많이 쌓았거나 자연세계나 동물을 특별하게 잘 이해한다면, 혹은 철학서를 읽거나 영적 조언을 퍼뜨린다는 의심을 사게 되면, 그 여성 또한 마녀로 분류되었다.(141) 지식을 습득할 시간이 많은 노인 여성이 가장 위협적일 수도 있었을 것이라는 추측은 충분히 그럴듯하다. 마녀 할망구는 "스스로 힘을 비축하는" 여성이었다.(Arber and Ginn, *Gender*, 38) 마술에 대한 책을 쓴 16세기의 한 저자는 마녀를 "늙고 절뚝거리고 눈은 침침하고 창백하고 주름투성이에 가난하고 무뚝뚝하고 미신에 사로잡힌 가톨릭 신자"로 묘사한다.(*Chase*에서 인용, 122) 동일한 조건이라 하더라도 신교도라면 마녀사냥에서 면죄되었다.

마녀사냥이 수 세기 전에 일어난 일이지만 긴 세월 동안 지속되었고 사냥꾼들의 분노가 너무나 강렬했기에 그 영향력이 완벽하게 없어진 것은 아니다. "가부장 사회에서 노인 여성이 가질 수 있는 진정한 위협적 무기는 각성을 통해 얻은 '매의 눈', 즉 냉철한 판단력일 것이다. 이들은 단단하고 흔들림 없는 평가의 잣대로 남성의 통념을 꿰뚫어 보고, 그들의 동기를 탐색한다. 아마도 마녀의 매서운 눈은 미망의 굴레에서 벗어났기에 모든 것이 훤히 보이는 그런 눈이었을 것이다" 라고 바버라 워커는 결론 내렸다.(122) 몇몇 노인 여성을 위협적 존재로 둔갑시키기 위해 반드시 그들이 예리하고 비판적인 분별력과 판단력을 갖추어야 하는 것은 아니다. 그저 남성들이 관심을 철회하는 것만으로도 충분할 수 있다.

폐경을 경험한 여성들이 권한과 지위를 획득하는 문화도 많다. 인정하기 힘든 일이지만, 유럽과 미국 문화는 노인 여성 혐오를 중요한 발판으로 삼았다. 마녀사냥은 오랜 세월 동안 묻힌 듯이 보이지만 여전히 독성을 배출하고 있는 맹독성 폐기물의 집산지다. 그것의 유산이라 할 노인 여성 혐오는 온화한 할머니 이미지, 어린아이들의 존경, 정치 영역과 매체, 사업체에서의 65세 이상 여성 배제 등의 전략으로 잘 가려져 왔다. 노인 여성을 향한 가시 돋친 모욕과 농담에는 마음속에 상존하는 혐오가 슬며시 드러난다. 이런 혐오는 질병, 침묵의 고통, 심지어 박탈까지도 노년에 어울린다고 가정하는 심보에도 있다.

특정한 단어와 구절, 말하는 방식에서도 부정적인 고정관념을 읽을 수 있다. 손자들을 돌보니 "계속 젊은 상태다"라고 말하는 사람은 위선적인 오류를 범한다. 격려한답시고 노인 여성에게 젊다고 말하는 것은 늙는 것이 나쁘다는 생각을 더욱 부추기는 꼴이다. 60세가 넘은 여성이 '젊은 여성' 같은 자세를 취한다면, 그것은 그녀가 나이 많음이 일종의 결함이라고 오래도록 확신해왔다는 뜻이다. '마음이 젊다'는 것은 흥미로운 것을 좋아하고 활동적이라는 의미로, '마음이 늙었다'는 표현은 지루하고 수동적이고 '흥을 깨는 사람'을 의미하는 것으로 통한다.(Palmore, 91) 노년학자들 역시 75세 이하를 '젊은 노인'으로, 그 이상을 '늙은 노인'으로 구분하는 연령차별적 용어를 지속적으로 쓴다. 이런 꼬리표로 집단 내부는 살짝 나이가 많은 사람과 정말 늙어빠진 사람으로 양분된다.

이모진 커닝햄이 90세를 넘기면서 찍었던 사진 선집《90세 이후 After 90》의 서문에, 힘이 넘치고 기발하고 맹렬한 프로정신을 가질 수 있는 것은 젊은이들만의 특권임에도 그녀가 그러한 '젊은이 같은 특징'을 지녔다고 칭송하는 내용이 여러 번 나온다. 이야기는 점점 수위를 높여, 그 사진작가가 "나이를 잊은 쾌활한 요정 같은 피조물이며, 검은 모직 망토를 둘러쓴 할망구이자 우리의 카메라 여신이다. 그녀는 형형한 눈빛으로 재치 있게 작업한다. 90세가 넘었는데도"라고 설명하기에 이른다.(M. Mitchell, 23) 커닝햄의 위대한 개성은 '쾌활한'과 '요정 같은'이라는 표현에서 길을 잃고, '피조물'로 그녀와 우리의 거리는 한없이 멀어진다. '우리의'라는 말마저도 마치 잘했다고 머리를 쓰다듬는 느낌이다. 커닝햄은 결코 자신을 영웅으로 보지 않는다고 분명하게 말했으나, 요구하지도 않은 잘못된 정체성이 그녀에게 이식되어버린다. '90세가 넘었는데도'에서 드러나는 놀라움은 사진작가를 깔보는 듯하다.

가령 '나이가 ○○인데 여전히 독창적이고', '여전히 매력적이다'라는 말로 노인이 자신의 능력이나 적극성을 유지하는 것이 놀랍다는 글을 쓴다면, 그때의 언어 역시 연령차별적이다.(Williams and Giles, 151) '진이 다 빠졌다'라는 말은 때로 늙음을 대변하는 말이고, '연로하다'는 '늙었다'는 말의 완곡한 표현이다. 비교는 늘 젊은이 혹은 중년을 기준으로 삼는다. 노인 여성에게 많이 사용하는 '짱짱하다feisty'라는 말은 60세 넘은 사람이 표현하는 활기, 적극성, 강한 의견이 놀랍다는 뜻을 담고 있다. '변화를 위한 노인레즈비언연맹'에서 나오는 소책자는 "당신은 슈퍼맨을 보고도 '짱짱하다'고 말하겠는가?"라고 질문한다. 활달한 애완동물에게나 어울릴 법하지만 노인 여성에게 쓰는 '한 성깔 한다spunky'라는 말도 노인을 무시하는 데 쓰인다.

어떤 잡지나 상품도 '안티 흑인', '안티 여성'이라는 라벨을 붙이지 않지만, '안티에이징'이라는 라벨은 책을 비롯해 웬만한 상품에는 다 달고 싶어 하는 꽤 인기 있는 아이템이다. 노화를 반대한다는 것은 임신이나 계절의 변화에 반대하는 것과 유사하다. 무언가를 잊어버렸을 때 흔히 쓰이는 "깜빡했네. 죽을 때가 다 되었나 보다senior moment"라는 말은 상당히 억압적이다. 열쇠를 어디 두었는지 잊은 20세 젊은이가 "깜빡했네. 20살이 되어서 그런가 보다twenties moment"라고 말하지는 않는다. 그 말에는 지위의 상실을 인정한다는 암묵적인 의미가 담겨 있다. '노약자'라는 말도 별문제 없이 들리지만, 서비스를 제공받아야 한다는 인식을 심어주는 정체성을 암시한다. 20명의 노인이 모인 집단에서도 유사성보다 개인차가 더 크게 다가온다.

심리학자와 의사소통 연구자들은 연령대가 다른 사람들의 상호작용을 관찰해 '노인 화법'을 연구했다. 노인 화법은 느린 말투, 단순한 문장 구조와 어휘, 반복이 특징이다. 이는 "반드시 노인의 이해력과 연결되는 것은 아니다."(Kemper and Harder, 656) 노인 화법에 대한 연구는 연령차별주의의 많은 실증적 증거를 제공한다. 연구자들은 사람들이 노인에게 말할 때 나오는 어투를 '아랫사람 다루는 듯한 어투'라고 설명한다. 이는 또박또박 발음하고 (건방지거나 과하게 익숙한 방식으로) 무시하는 말투, 피상적인 대화 내용, 극단적인 경우 어린아이가 쓰는 말투의 특징을 띤다.(Hummert, 162) 연구에서 조사 대상자들은 자신을 뺀 다른 노인들이 나이 때문에 그런 대접을 받는다고 생각했다.(Williams and Giles, 151) 노인을 세상살이에서 심각하게 훼손되어 심술궂어지고 우울해진 사람으로 여기는 고정관념이 있기에 거들먹거리면서 반말 비슷하게 던지는 어투가 묵과된다.(Hummert, 164)

아랫사람 다루는 듯한 어투는 노인의 자존감을 상하게 한다. 더구나 두 화자 간의 사회적 교류가 껄끄러울 때는 젊은 쪽도 영향을 받는다. 부정적인 고정관념을 강화하기 때문이다.(Hummert, 165~171) 의사와 환자의 상호작용에 대한 연구에 따르면, 젊은 환자에 비해 늙은 환자는 존중을 덜 받고, 의사는 덜 참아주고 정확한 정보를 주지 않고 개방식 질문을 덜 한다.(Williams and Giles, 138) 의료적 상황에서 거들먹거리는 어투는 대화의 톤, 단순성, 간결성에 묻어난다.

작가들이 노화를 묘사하면서 연령차별적 언어를 사용할 때는 특히 황당하다.《당신의 까다로운 연로한 부모에 대응하는 법Coping with Your Difficult Older Parent》이라는 책은 상당히 다르게 해석될 수도 있는 부모의 여러 행동을 하나의 범주로 묶어버린다. 부모 스스로 고집 부린다거나 화났다는 것을 인식하면서 하는 행동은 그저 행동일 뿐 정체성은 아니다. 더 심한 경우도 있다.《성질 고약한 노인과 함께 일하기Working with Toxic Older Adults》라는 책인데, 노년학 방면에서 꽤 정평이 난 출판사에서 발간했다.[7] 이런 모욕적인 제목은 노인을 위한다고 표방한 업종마저 노화에 대해 사악한 편견을 가지고 있음을 보여준다. 상대적으로 힘없는 지위에 있는 사람이 '성질이 고약하다'는 낙인까지 찍히면 그는 쉽게 가치 저하될 수 있다. '성질이 고약하다'는 딱지가 노인에게 붙는 순간, 그가 원하는 것이 '도움을 주는 사람'이 제공하는 서비스와 일치하지 않을 수도 있다는 당연한 개연성도 말소된다. 이 두 책의 제목에서 노인은 주변적인 반면, 저자는 전지자 입장이다. 우리와 그들을 구분하는 이분법적 사고가 명백하게 드러난다. 어떤 책도 노인의 '어른이 된 별난 자녀들'을 제목으로 삼지 않는다.

연령차별주의의 고정관념은 매체, 직장, 법, 가족 안에서 재현된다.

○ 매체

텔레비전은 연령차별주의의 주요한 근원으로 불린다.(Palmore, 98) 텔레비전에서는 "여성이 40세나 50세라도, 반드시 30세로 보여야 한다."(Mellencamp, 316) 1951년 루실 볼Lucille Ball이 〈왈가닥 루시I Love Lucy〉를 처음 찍을 때, 실제 나이는 40대였지만 29세로 나왔다.(316) 텔레비전 남성 앵커와 여성 앵커의 나이 차이는 놀랍다. 텔레비전에 모습을 보이는 노인 여성은 바버라 월터스Barbara Walters로 충분하다고 여겼기 때문에 인기 있던 앤절라 란스베리Angela Lansbury는 무대 밖으로 퇴장해야만 했다. 흑인과 여성에 대한 표현은 1950년대 이후 많은 발전을 이루었으나, 나이에 관한 한 우리는 잭 베니Jack Benny의 39번째 생일에 대한 농담(늘 자신이 39세라 함—옮긴이)이 주류 유머가 되던 시기에 살고 있다. 텔레비전을 시청할 때마다 노화와 노화 과정에 대한 부정적인 시각이 각인된다. 그러한 연령차별주의적 태도는 건강에도 부정적인 영향을 미친다.(Harwood, 9) 텔레비전 광고를 분석한 보고서에 따르면, 50세 이상의 모델이 등장하는 광고는 전체의 12퍼센트인데, 그중 4분의 3이 남성들이고 건강, 건강제품, 건강식품 등의 광고에 나오는 편이다.(Quadagno, *Aging*, 7) 텔레비전 광고에는 주책없는 노인 여성이 등장하는데 만약 그들이 더 자주 등장한다면 부정적인 고정관념을 더 강화할 수도 있다. 또한 미국의 삶을 비추는 이런 거울에서 노인 여성이 보이지 않는다는 것은 그들이 중요한 존재가 아니라는 사회적 여론을 반영한다.

영국 잡지 광고와 텔레비전 쇼에 대한 연구는 몇 가지 통념을 보여준다. 즉, '늙어가는 몸은 여성 문제이며 치료가 필요하다', '여성은 도덕적으로 체형을 유지할 책임이 있다', '그들은 열 살은 어리게 보이려고 애써야 한다', '눈에 보이는 노화 과정을 안티에이징 상품으로 막는다면 시간을 거스를 수 있다'(Coupland)[8]와 같은 것들이다. 매체의 성적 이미지가 오스트레일리아의 60세 이상 여성들에게 미치는 영향에 대한 연구에서는 자기객관화의 사례를 보여준다. 여성들은 자신의 외모를 수치스럽고 당황스럽다고 표현했다. 그러나 신체적 외양과는 별개로 자신의 특징과 강점을 잘 알고 있었으며, 매체가 그들을 "광고의 대상이면서 소비자"로 주변화한다는 점도 충분히 인식하고 있었다.(Hine, 643) 아일랜드 신문에 나타난 노인 이미지를 연구한 결과, '그래니granny' 같은 어린 사람 다루는 듯한 어투의 꼬리표를 붙이고, 허약함과 불확실성의 가설을 등장시켜 노인이 있을 곳은 주류 사회의 바깥이라는 메시지를 전하고 있다.(Fealy et al.) 미국, 영국, 독일, 인도, 중국의 잡지 광고에 노인 여성은 "등장하지 않는다."(Scholl and Sabat, 106) 영화에서 남성은 활동적이고 왕성한 노년을 즐기는 것으로 나오지만, 여성은 65년 동안 변함없는 패턴인 쇠약한 이미지로 그려진다.(Markson and Taylor, 137; 155~156)

요즘 매체는, 광고나 프로그램에서 은밀한 편견과 잘못된 표현이 여전히 존재하기는 하지만, 노골적인 인종차별이나 성차별적 메시지는 확실히 피한다.(라디오 토크 프로그램은 예외.) 독특한 점은 연령차별주의만은 라디오, 텔레비전, 신문, 시사 잡지, 토크쇼, 심지어 노인을 대상으로 하는 출판물에 조잡할 정도로 직설적으로 등장한다는 것이다. 스티븐 콜버트Stephen Colbert는《뉴욕타임스》칼럼(2007년 10월 7일)에서 "노인은 도마뱀 같다"라고 썼는데, 만약 그 대상이 다른 집단이었더라면 편집자 선에서 삭제했을 놀라운 조롱이었다.

어느 얼굴 크림 광고는 실험에 참여한 여성들에게 "몇 년은 젊어 보이는 기회가 주어졌다"라고 과장하면서, 마치 그것이 뭇 여성들이 안달 내는 엄청난 혜택인 듯 떠들었다. 다른 광고에서는 사람들에게 나이는 숨겨야 하는 것이므로 결코 강조하지 말라고 부추긴다. 크림 광고는 점을 감추라 하고, 흰 머리카락은 염색으로 감추라 한다. 늙는 것은 바람직하지 못한 것, 위장해야만 받아들여지는 것이라는 메시지를 사방으로 던지고 있다. 이런 편견의 힘을 보여주는 재미난 사례가 있다. 피부암 증가를 우려하는 피부과 전문의가 샌프란시스코의 한 기자에게 피부암에 대한 경고로 젊은이들의 일광욕을 막을 수는 없다고 말했다. 그러면서 그는 더 무시무시한 경고문을 찾아냈다.

'태닝은 당신을 일찍 늙어 보이게 할 것이다!'

매체는 노인을 환자로, 도움이 필요한 존재로, 그리하여 비용이 많이 들어가는 존재로 그린다. 그러다 보니 현실적이고 간단치 않은 노인 이미지는 잘 보이지 않는다. 그런 전략이 바로 연령차별주의에 맞서지 못하게 막는 장애물이다. 노화가 재해가 아니라 그저 과정으로 묘사된다면 매체에서 그려지는 노화의 이미지 역시 엄청나게 달라질 것이다. 그러나 활력에 넘치는 노인이라 하더라도 눈에 띄는 성과를 이루지 못한다면 매체는 그 사람을 다루지 않는다. 평범하고 건강한 노인은 친구와 가족 눈에만 보이는 사람들이다. 미국퇴직자협회가 발간하는 고령자를 위한 격월간지《현대적 성숙Modern Maturity》의 표지는 예전에는 부티 나는 운동복을 입은 이성애자 50대 커플들이 장식하곤 했다. 지금은 젊은 유명 인사들이 표지에 등장하고, 때로는 수전 서랜던Susan Sarandon 같은 중년 스타도 모델로 등장한다. 미국퇴직자협회에 가입할 정도로 나이가 들었다면 표지 모델은 되지 못한다. 매체가 노인 여성의 다양한 이미지를 보여주지 못함으로써 "성취 불가능한 문화적 표준(늙음은 어떤 방법과 수단을 동원해서라도 싸워 이겨야 하는 것)을 강화한다."(Bazzini, 542)

○ 직장

고용, 해고, 일시 해고 시 연령을 기준으로 삼지 말라는 '고용상 연령차별금지법The Age Discrimination in Employment Act, ADEA'은 1967년 통과되어 1986년 개정을 거치면서 직장에서 강제 은퇴를 철폐하게 했다. 연령차별금지법 사례는 '보상적 손해배상제도'(가해자가 고의나 악의로 불법 행위를 행할 시 실제 손해에 대해 배상하는 제도—옮긴이)와 '징벌적 손해배상제도'(실제 손해에 대한 배상에 추가로 징벌적 성격의 손해배상액을 부과하는 제도—옮긴이) 모두 허용하지 않는다는 점에서(International Longevity Center, 93) 인종, 국적, 성을 이유로 행하는 차별과 관련된 사례들 혹은 장애인복지법(1990)에 저촉되는 사례들과는 다르다.

노인 노동자들이 다른 연령의 노동자들 못지않게 효율적이고, 결근율은 낮고 직업 만족도는 높으며, 산재 발생률도 낮고 계속 학습하려는 의지는 높다는 증거가 있는데도 그들에 대한 고정관념은 계속된다. 일부 관리자들은 노인 노동자들을 변화를 거부하고 상상력이 없고 몸을 사리고 느리고 신체적으로 덜 유능하며 첨단기술에 무관심하고 훈련해도 소용없다고 판단한다.(Atchley, *Social Forces*, 234~236) 노인 노동자를 향한 분노는 불경기 동안 젊은 노동자에게 돌아갈 일자리를 그들이 쥐고 있다는 비난과 함께 거세진다. 그러나 연구는 노인의 노동 참여와 젊은이의 고용 간에 긍정적 상관관계가 있음을 보여준다. 때로 늙은 노동자는 젊은 노동자보다 "수적으로 우세하다." 그러나 "늙은 노동자가 젊은이들의 고용을 증가시키는 방법은 엄청나게 많다."(Glaeser) 고용에서는 연령차별이 가장 만연한 차별의 형태이자 입증하기 가장 어려운 영역으로 간주된다.(International Longevity Center, 78) 영국의 노동, 여성, 연령차별주의에 대한 연구에 따르면, 대상자들은 고용주에게 제공할 것이 많지만, 자신들의 능력을 보여줄 기회가 없었다고 강하게 토로했다.(Grant, 54) 재가 돌봄의 책임을 떠맡으면서 파트타임으로 일하게 된 사람들은 승진의 자격이 없다는 것을 알게 된다. 그들은 여러 방면에서 평등을 지향하는 사회적 발전이 있어왔음을 알지만, "그들의 입장에서 볼 때 사회 발전은 너무 느리고 미미하다"고 여긴다. 또한 법 제정으로 연령차별이 금지될 수 있을지 의심스러워했다.(62)

인종이나 성 편견 때문에 이미 덜 유능하다는 평가를 받은 노동자가 연령 편견의 결정적 개입으로 해고된다면 그는 이중으로 불이익을 당하는 것이다. 많은 미국 회사에서 지난 20년간 불경기에 임시 해고가 행해졌는데, 부당하게도 노인 노동자들이 주 대상이 되었으며, 그들 중 일부는 직업을 잃고 나서야 자신이 '늙은 노동자'라는 것을 깨달았다. 노인 노동자는 일단 실직하면 젊은이보다 더 오래도록 일자리를 찾아다녀야 하고, 다음 직장을 찾는다 하더라도 큰 수입 손실을 본다.(Palmore, 120~121) 2008년에서 2012년 사이에 실직 후 구직 활동을 하는 노인 노동자의 수가 두 배로 뛰었다. 50세 이상 실직 노동자의 생산성 손실의 경제적 비용은 연간 600억 달러로 추산된다.(107)

직장에서는 성차별주의와 연령차별주의가 서로 맞물려 있다. 영국의 한 대규모 노인의료센터를 조사한 결과, 여성 간호사가 여성 입주자보다 남성 입주자에게 더 양질의 서비스를 제공하는 것으로 밝혀졌다. 간호사들은 남성의 생활에 대해 더 많은 것을 알았으며, 여성 입주자를 설명하기가 더 어렵다고 했다. 연구자들은, 간호사들이 늙은 여성을 돌보면서 자신의 미래의 삶을 매일매일 연상해야 하기 때문에 이를 위협적으로 받아들이게 되고, 그 때문에 여성 입주자들과 정서적으로 거리를 두게 된다고 설명한다.(Evers, Bernard, 636에서 인용함) 도움을 요청하지 않는 노인에게까지 자신의 도움이 꼭 필요하다고 생각하는 간호사는 무의식중에 연령차별주의자가 될 수도 있다. 그러므로 간호사들이 노인을 이중 잣대로 볼 것이 아니라 매우 다양한 맥락에서 서로 다른 특징을 지닌 개별적 존재로 볼 수 있으려면 '노년의 다양한 경험'을 바탕으로 구축된 간호교육이 마련되어야 한다.(Phelan, 898~899)

○ 법

그로스Gross 대 FBL 재정팀 2009년 대법원 판결(2004년 FBL 직원이던 그로스는 다른 부서로 이동된 것이 강등이라고 확신해 연령차별금지법에 위배된다고 소송했다. 대법원은 피고에게 자신의 불이익이 연령에 의한 것임을 입증할 의무를 부과했다—옮긴이)은 다른 누구보다 노인 노동자들이 차별 사례에서 승소하는 것을 더 어렵게 만들었다. 이전에 노동자들은 나이가 고용주의 차별 행위의 유일한 요소는 아니더라도 실질적인 동기 요소임을 입증하기만 하면 되었다. 이런 분위기가 지배적이었으나, 대법원은 "오랜 법적 선례를 무시"하고 "충족하기 어려운 부당한 기준"을 세웠다.(*New York Times*, 2012. 3. 30. A24)[9] 2000년 대법원은 미국 고용인들은 연령차별 관련 소송을 연방 법원에 할 수 있다는 결정을 5 대 4로 통과시켰다.(*New York Times*, 2000. 1. 12. A1) 샌드라 데이 오코너Sandra Day O'Connor는 연령차별이 성차별이나 인종차별과는 다른 이유를, 노년은 "사람들이 정상적으로 자기 수명대로 산다면 누구나 경험하게 되는 것이므로 특정하고 편협한 소수의 일로 정의될 수 없기 때문"이라고 했다. 이에 반해, 2009년 판결의 논리가 오류인 이유는 어느 순간이든 노인들은 소수 집단이기 때문이다. 그들은 전체 인구의 13퍼센트다. 만약 노인 노동자가 차별을 받을 때 젊었을 때는 이런 대우를 받지 않았으니 이를 위안 삼으라고 말한다 해서 위로가 되지는 않는다. 게다가 나이를 빌미로 고용인들을 직장에서 내쫓는다면, 대법원의 보수주의자들은 인식하지 못하겠지만 사회가 막대한 사회적·경제적 대가를 치르게 된다.

남부에 사는 50대 초반의 한 노동자는 새로 부임한 감독으로부터 지속적으로 므두셀라Methuselah(969세까지 살았다는 전설상의 인물. 동양의 삼천갑자 동방삭—옮긴이)라는 놀림을 받았고, 결국 해고되었다. 주 법원은 그가 연령차별주의의 희생자는 아니라고 판결 내렸다. 과거에 소수 집단에 속한 사람들은 그들의 권리가 주 법원에서 완전히 보호받지 못할 때 연방 법원으로 갔다. 각 주에서 연령차별주의 사례를 들고 연방 법원의 문을 두드려도 기각되는 노동자들은 그 어떤 시민들보다 법적 보호를 받지 못하는 사람들이다.

○ 가족

위에서 언급했던 바버라 맥도널드의 《내 눈을 보라》와 바바 코퍼의 《한물간 사람들》은 연령차별주의 확산에 가족이 어떤 영향을 미치는지 검토한다. 젊은 여성들은 스스로가 어머니 쪽보다는 권력을 가진 아버지와 동일 선상에 있다고 생각하고, 노인 여성을 아버지와 자식들을 위한 하인으로 간주하도록 조건화된다.(Macdonald, 40) 늙은 여성의 '노동 에너지'는 무상이다. 그녀는 받는 것 없이 호의를 베풀거나 서비스를 제공하고 다른 가족은 그것을 그저 이용할 뿐이다.(Copper, 22) 늙은 여성은 젊은 딸의 내면에 있는 어머니를 향한 분노를 자기도 모르게 건드릴 수 있고, 그렇게 되면 그 늙은 여성은 자신에게 "투사된 적대감을 그저 어리둥절한 상태로 견뎌낸다."(Copper, 24)

할머니의 자리는 집 안이고, 그럼으로써 생기는 역할로 그녀의 존재 의미가 엄격하게 정해진다.

"그녀가 존재할 권리는 사랑과 봉사에 달려 있다."

그녀는 자신의 인생 후반기가 손자들의 어린 시절만큼 중요하다고 생각하지는 않는 듯하다.(Mcdonald, 105~106) 노인 여성은 타인에게 봉사할 능력이 줄어들 때 무기력해진다.(Sceriha, 310) 할머니는 과거이고(과거의 기억은 향수를 불러온다), 그들의 현재 근심은 주목받지 못한다.(Copper, 10~11) 전통적 가족은 인생 후반기를 성숙시키기 위해 만들어진 제도는 아니다.

물론 모든 여성이 할머니가 되는 것은 아니지만, 할머니 역할은 모든 여성에게 확대된다. 늙은 여성은 수동적이고 쾌활하고 타인을 위해 헌신하며 쉽게 통제될 수 있는 존재로 그려진다. 영화에 나오는 늙은 여성의 이미지를 살펴보면, 그들이 강하게 묘사될 때는 대개 가족 안에 있을 때다.(Markson and Taylor, 153)

어떤 여성도 전체 노인 여성을 대변할 수는 없다. 그녀가 아시아인이든 흑인이든 자기 집단의 대표가 될 수 없는 것과 마찬가지다. 그러나 어느 사회 집단 안에서나 공적인 포럼에서, 대학 학과에서나 가정에서 그녀가 유일한 노인 여성이라면 자기 집단의 대표가 되어야 한다.

어떤 가족과 사회적 배경에서는 늙은 여성이 광대의 탈을 쓴다. 이것은 나이를 거부하기 위한 전략으로, "나는 늙지 않았고, 다만 조금 다를 뿐이다!"라고 주문을 거는 것이다.(Macdonald, 92) 나는 늙은 여성이 타인의 조롱 섞인 유머의 표적이 될 위험에 노출되기보다는 스스로를 우스꽝스럽게 만드는 것을 종종 관찰했다. 이런 역동은 유색인 여성보다 백인 여성에게 더 빈번하게 일어나는 일일까? 한때 아름답다고 평가받던 여성들? 젊은 여성보다는 80대나 90대 여성들의 특징일까? 그러나 노인 여성이 마스코트처럼 대접받기 위해 광대처럼 행동할 필요는 없다.

가족 안에서 연령차별주의는 미묘하게 작동한다. 노인은 다른 사람보다 물리적 공간뿐 아니라 심리적인 여유 공간이 크지 않아도 된다는 무언의 가설이 존재한다. 보통 장모나 시어머니의 아파트는 작다.

남성들만큼이나 거침없이 이야기하고 행동반경이 큰 여성들마저도 공간은 남성이 지배하는 것이라고 생각하도록 조건화되었다. 바바 코퍼는 "길에서 사람들이 내 옆을 지나칠 때 나는 한쪽으로 비켜선다. 그러느라 내 공간은 더 좁아진다"라고 말했다.(29) 말년에 여성이 특히 자녀와 손자들과 같이 살 경우, 무의식적으로 타인의 욕구를 자신의 것보다 더 중요하다고 여기므로 자기 공간에 대한 욕심을 내지 않는다. 결국 여러 명이 함께 사용하는 양로원의 방은 공간적·심리적으로 위축될 대로 된 마지막 모습이다.

외모

몸은 변한다. 얼굴에는 주름이 생기고, 살은 늘어져서 탄탄하던 몸매가 사라진다. 거울 속에는 할머니 얼굴이 있다. 가슴도 늘어지고, 무릎과 발목이 두꺼워진다. 팔뚝은 탄력을 잃고, 복부에는 지방이 쌓인다. 음모와 겨드랑이 털은 가늘어지고, 관절은 뻣뻣해진다. 손가락은 민첩함을 잃는다. 이러한 변화도 물론 개인차가 크다.

말년에 가서 자신을 완벽하게 받아들이지 못하게 막는 걸림돌 중 하나는 (전통적 기준으로) 매력을 상실한 삶은 비극이라는 판단 기준이다. 이것은 흑인이 백인보다 지능이 떨어진다거나 여성이 남성보다 열등하다는 통념처럼 되짚어 보고 끊어낼 수 있는 고정관념이 아니라는 뜻이다. 노인 여성의 몸이 매력적이지 않다는 판단은 너무나 깊어서 빠져나올 수 없는 함정과 같다.[10] 여성들 중 중년이 되면서 변하기 시작하는 몸을 완벽하게 평온한 상태로 받아들이는 사람은 드물다. 늙은 여성의 몸에 대한 모멸은 "반유대주의자들이 유대인들에게서 느끼는 혐오, 동성애 혐오자들이 레즈비언이나 게이에게 퍼붓는 증오, 인종차별주의자들이 흑인에게 갖는 반감 등과 비슷하다. 피억압자들에게서 멀어지려는 억압자들의 반응과 같다."(Rich in Macdonald, 143)

이 문제는 백인 여성이나 유색인 여성에게도 비슷한 정도로 성가신 일일까? 이 나라에서 태어난 유색인 여성과 다른 나라에서 온 유색인 여성의 차이, 계층의 차이를 설명하기 위해서는 다양한 연령층의 여성들과 광범위하게 인터뷰를 해봐야 할 것이다. 문학에서도 이 질문을 조명하고 있다. 주디스 오티즈 코퍼Judith Ortiz Cofer, 루실 클리프턴Lucille Clifton, 메리 톨마운틴Mary TallMountain 같은 시인들이 독특하고도 섬세한 필체로 노인 여성의 몸을 사랑스럽게 묘사하고 있다. 그러나 이것이 문화를 대표한다고 곡해해서는 안 된다. 푸에르토리코인, 흑인, 아타바스카athabaskan(캐나다의 호수 이름을 딴 인디언 부족— 옮긴이)의 문화가 서로 몹시 다르다. 그런데도 늙은 여성의 몸을 바라보는 이들 시인들의 긍정적인 시선과 피셔M. F. K. Fisher가 표현한 경멸의 극단적인 차이는 놀랄 만하다. 코퍼, 클리프턴과 톨마운틴에게 힘은 늙은 몸 안에 있다. 그들은 약하고 사악하고 굴복한 육체와 굽히지 않는 불굴의 정신을 구분하지 않는다.

수전 손탁Susan Sontag에 따르면, 여성들, 특히 백인 여성들은 이중 잣대에 부딪힌다. 남성은 "얼굴을 포함한 몸 전체"로 평가되는 반면, 여성은 곧 얼굴과 동일시된다. 수용할 만한 얼굴 생김새의 범위는 여성보다는 남성의 경우 훨씬 더 관대하며, 잘 늙은 남성의 얼굴은 성숙과 품격, 관록을 드러내는 것으로 간주된다. 반면, 여성의 얼굴은 같은 상태를 유지해야 제대로 평가받는다. 여성의 얼굴은 가면이다.[11] 늙은 남성은 자신보다 훨씬 어린 여성을 아내와 동료로 원한다. 나이 든 여성을 볼 때 남성은 "모든 것을 쥔 어머니"에 대한 공포가 커지는 것을 느낀다.(Woodward, "Tribute," 87) 1873년 급진적 페미니스트 이론가인 마틸다 조슬린 게이지Matilda Joslyn Gage는 더 이상 남성들의 성적 관심의 대상이 되지 않는 여성은 "살아갈 권리를 몰수당한 것으로 취급된다"라고 썼다.(Mollenkott, 4에서 인용함) 게이지의 시대보다 많은 것이 변했지만, 늙은 여성의 몸이 흉하다는 인식은 변함이 없다.

"남성을 유혹할 만한 성적 매력이 없어지는 순간, 여성은 일반 광고에서 사라지고, 대신 그들이 요리하는 음식, 그들이 만드는 보약 광고에만 나온다. 그렇지 않으면 엉클 톰의 현대판 여성으로 어리석은 역할을 맡는다."(Reinharz, 78)

남성에게는 늙은 여성에 대한 비이성적인 두려움(Sceriha, 313)과 '원초적인 혐오감'에 상응할 만한 것이 없다는 것도 이중 규범의 일종이다.

외모에 대한 무자비한 강조로 말미암아 여성들은 젊음 중심의 문화에 몸을 맞추려고 얼굴 주름 제거수술을 하거나 몸에 다른 조치를 취한다. 젊어서는 날씬해지려고 애쓰고, 나이 들어서도 다시 희생의 대상이 된다. 주름 제거수술을 한 일부 여성들은 겉으로 보이는 늙은 외모와 내면에서 느끼는 젊은 자신 사이의 간극을 없애고 싶었다고 말한다. 그러나 이런 논리는 우리를 "올가미 씌워 끔찍한 노년으로 끌고 가는 육체와, 영원히 젊은 상태로 있는 정신"으로 이분화한다. "인위적

절개"를 하면서 노화에 저항하다 보면 자아가 분열된다.(Andrews, 301) 근사한 것처럼 선전되지만 주름 제거수술은 절단의 행위로서, 이는 앤 노글Anne Noggle이 수술하자마자 그렸던 초상화에서 여실히 드러난다. 그녀의 붓고 멍든 얼굴은 매 맞은 여성의 얼굴과 흡사하다.[12]

《노화에 직면하기Facing Age》에서 로라 허드 클라크Laura Hurd Clarke는 10년간 50~90세 여성들을 인터뷰했다. 그들의 말을 통해서 외모는 "문화 자본이 획득되고 손실되는 전쟁터이며, 외모 가꾸기는 연령차별주의와 성차별주의 이데올로기가 요구하고 치장하는, 지독하게 정치적이고 무의식적인 (……) 행위"라는 것이 드러난다.(135) 몸에 대한 자기감시와 엄격한 규율이《노화에 직면하기》의 주제다. 이 연구를 위해 인터뷰에 응했던 많은 여성이 편안하게 거울을 볼 수 없는 것은 물론, 사진첩도 들추지 못한다. 그러나 그들 중 일부는 내면화된 연령차별주의를 거부하기도 한다. 클라크는 성형외과 의사들의 의식을 알기 위해 그들도 인터뷰했다. 그들은 노인 여성들이 내면의 자기인식과 겉으로 드러나는 외모 사이에 "일관성을 얻도록" 도와주고 싶다고 말한다.(80~81) '미국 심미적 성형수술협회American Society for Aesthetic Plastic Surgery, ASAPS' 웹사이트에는 2011년 한 해 900억 건의 수술과 시술이 시행되었다는 기록이 있다. 클라크는 성형수술이 베이비부머 세대에게 점점 더 각광을 받을 것으로 전망한다.[13] 성형수술에 대한 여성의 태도를 살핀 다른 연구에서는, 일부 여성들이 자유와 개인의 선택이라는 자유주의 페미니스트 언어를 사용하면서 수술을 원하는 반면, 나머지 여성들은 신체적 외양 이외의 다른 측면을 중시하기 때문에 수술을 하지 않기로 결심했다고 전한다.(Brooks, 300~301)

유색인 여성들 중 베이비부머들은 얼굴과 몸을 바꾸라는 압박을 받을까? 광범위한 주제이지만 그동안 연구된 적은 없다. 이성애자 여성에 비해 레즈비언들은 그런 압력을 덜 받는다. 계층의 차이도 여기 개입되어야 한다. 유색인 여성이나 레즈비언들이 노화의 표시를 감추라는 압력에 대해서는 자유롭다 하더라도 연령차별주의의 편견에서만큼은 백인 이성애자 여성들과 다를 바 없다. 65세의 맥신 홍 킹스턴Maxine Hong Kinston은 회고록《나는 내 인생의 넉넉한 여백이 좋다I Love a Broad Margin to My Life》에서 자신이 여전히 예쁜지 아닌지는 "순전히 관점에 달렸다"라고 결론 내린다.(5)

많은 베이비부머들(여성과 남성 모두)이 그들의 얼굴을 젊을 때처럼 고친다면 우리는 나이 들어가는 다양한 얼굴을 보지 못할 것이다. 오드리 로드Audre Lorde는《암 저널The Cancer Journals》에 유방 절제 사실을 감추라는 압력이 있다 보니 그녀와 같은 처지에 있는 여성들은 자신의 경험을 공유할 사람들과 알고 지낼 기회를 놓친다는 회한 섞인 글을 기고했다. 50, 60, 혹은 70세로 보이는 얼굴도 마찬가지다. 성형 수술로 대변되는 나이의 거부는 원시 사회에서 볼 수 있는 강력하면서도 비이성적인 미신 같은 것이다. 비를 내려달라고 신에게 기원하는 것이나 주름과 늘어진 얼굴 살을 도려내는 것, 둘 다 주술적 사고를 의미한다. 얼굴을 바꾼 사람들은 비장한 변화를 관장하는 격노한 신들을 피하려고 한다. 성형 전문의는 제우스다. 그들이 늙지 않은 척하면 정말 늙지 않을 것이다. 그러나 그들의 기만 행위를 어느 누구도 조롱하지 않는다. 이것은 너무나 널리 퍼져서 가짜라고 이름 붙이기조차 민망하다.

클라크는 페미니스트들도 부정적인 몸의 이미지에 면역되어 있지 못하며, 연령차별주의를 내면화했다고 생각한다. 성형수술의 확대는 페미니즘이 노화에 대한 태도에 그다지 영향을 미치지 못하고 있음을 단적으로 보여준다. 1970년대 타이틀 나인Title IX(공공기금을 지원받는 학교에서의 남녀차별을 금지하는 법—옮긴이) 덕분에 많은 여학생이 학교 운동에 참여했다. 여성들에게 폐쇄적이던 직장에 많은 여성이 입사해 일하게 되었고, 1980년대 이후 직장 내 성희롱은 직장 여성에게 암초라는 것이 명확해졌다. 1990년대에는 많은 유색인 여성이 전문학교에 입학했다. 그러나 노화와 외모에 관한 한 어떠한 비교할 만한 진보도 이루어지지 않았다.

피부과 의사, 성형외과 의사, 상품 판매원 사이에 공유되는 '안티 에이징' 운동은 과학적 적합성을 얻으려고 애쓰지만 여전히 은유에 의존한다. 예를 들어, 전쟁터에 빗대어 노화 그 자체를 적군으로 상정한다.(Vincent, "Science," 950; Hurd Clarke, 127) 노인은 패잔병이고, 노년은 긍정적이거나 충만한 삶의 단계일 수 없다는 생각이 여기서 암묵적으로 통한다.(Vincent, 957) 생명노년학자 레너드 헤이플릭은 안티에이징 운동의 주장들을 회의적으로 검토한 바 있다.(1장의 주 10을 보라.)

늙은 몸이 시야에서 사라질 때 노화의 수치심은 영구적으로 자리를 굳힌다. 젊은 여성의 벗은 몸은 일요일의 《뉴욕타임스 매거진》을 위시해 어디에나 있다. 그러나 어디서 늙은 여성의 벗은 몸을 볼 수 있는가? 이것은 미개척 영역이다. 늙은 여성의 벗은 몸이 없기 때문에 모든 연령의 여성은 늙은 몸이 어떻게 생겼는지 알지 못한다. 이러한 기회의 박탈은 미적 측면과 심리적 측면 모두에 해당된다. 소수의 예술가들이 금기를 깨고 있기는 하지만, 늙은 여성의 몸으로 아름다움을 표현할 수 있는 방식은 아직 알려지지 않았다. 캐슬린 우드워드의 《나이 형상하기: 여성, 몸, 세대Figuring Age: Women, Bodies, Generations》의 책 표지는 60세가 넘은, 유방이 한쪽만 남은 누드의 여성이 한쪽 팔을 구부린 무릎 위에 걸친 채 의자에 앉아 있는 모습을 재클린 헤이든이 찍은 사진이 장식하고 있다.

베티 프리단과 매들린 올브라이트Madeleine Albright의 책 표지는 이 책이 출판되던 해의 실제 나이보다 30년은 젊었을 때의 사진이다. 유명해서 쉽게 알아볼 만한 65세가 넘은 두 명의 늙은 얼굴이 젊음의 취향에 밀려난다. 그들의 시장 가치를 강화하기 위한 전략이다. 제인 폰다Jane Fonda 전기의 표지에서 폰다는 18세로 보인다. 2011년에 발행된 바버라 조던Barbara Jordan(1936~1996. 변호사, 교육자, 정치인, 시민운동의 지도자—옮긴이) 기념우표에는 매우 젊은 여성이 등장한다. 《뉴욕타임스》(2011. 8. 31.)에 실린 로저 에버트Roger Ebert 광고는 그가 44년간 비평가로 활동했다고 하지만 사진은 25세로 보인다. 젊은 이미지가 각광받기 때문에 많은 노인이 자신의 젊은 시절의 이미지를 고수하고 싶어 하고, 그 이미지가 진짜인 척한다. 신문 부고란에 40~50년 전의 사진을 싣는 것은 현재의 늙은 모습이 수치스럽기 때문이라는 이미지를 강고하게 만든다.

늙어 보이는 것은 무시당하는 것으로 통하기도 한다. 외모 때문에 60세가 넘은 여성을 무성적인 존재로 인식하는 것은 그녀를 무시하는 한 방법이다. 루실 클리프턴은 이렇게 썼다.

나는 사람들에게 관심을 기울이지만 그들은 내게 그다지 관심이 없다는 것을 느낄 때가 있다. 그럴 때 나는 슬프거나 화가 난다. 남편과 사별한 지는 10년이 되었다. 나는, 특히 남성들이 나를 인간적 특성을 통해 보기보다는 그저 시인 혹은 교수라는 딱지로 서둘러 분류하려 한다는 것을 눈치챘다. 그들은 내 딸 또래 여성들에게 성적인 혹은 낭만적인 관심을 보인다. 그것 때문에 역정이 난다. 나는 쥐구멍에라도 들어가고 싶어서 불편하지만 아무 데나 몸을 숨긴다.(53)

어떻게 하면 노인 여성이 용기를 가지고 자신의 신체적 변화를 받아들일 수 있을까? 무엇을 가치 있게 여기고 어떤 감정의 굴곡을 거쳐야 자기 몸에서 일어나는 것을 있는 그대로 인정하게 될까? 여성의 아름다움에 대한 전통적인 통념에 그다지 흔들리지 않았을 여성도 있을 것이다. 그녀는 문화적으로 유도된 몸에 대한 혐오와 상업적 영리 간의 관련성을 간파했을지도 모른다. 어느 인종이든, 외모에 신경 쓰지 않고 나이를 거부하지 않아도 당당하게 만족하면서 살아가는 아줌마와 할머니가 있을 것이다.

내면화된 연령차별주의

식민지에 사는 사람들이 열등감의 메시지를 내면화하듯 많은 노인 여성이 자기 나이를 수치스러워한다. 이것은 연령차별주의가 취하는 가장 은밀한 형태다. 우리 사회에서 나이와 관련해 보편화된 부정적인 것들을 다 처리하려면 엄청난 노력이 필요할 것이다. 자신의 연령차별적 의식을 계속 점검하지 않는다면 "잘못된 기대와 억측들이 슬금슬금 피어 올라와 삶을 직접 체험할 수 있는 능력을 약화시킨다"라고 셰비 힐레이Shevy Healey는 쓰고 있다.("Confronting Ageism," 47) 내면화된 연령차별주의로 인해 사람들은 스스로의 능력을 정확하게 평가하지 못하고, 심지어 "타인이 그들에게 던지는 부당한 평가마저도 합리화"하게 된다.(Bodily, 251)

　그 누구보다 노인들이 앞장서서 농담과 말로 자신의 연령차별적인 고정관념을 지속하는 듯 보인다. 그러나 그들은 이런 고정관념이 그들을 왜곡하고 비하한다는 사실을 그 누구보다 잘 알고 있다. 노인을 대하는 태도에 대해 다양한 연령층을 대상으로 연구한 바에 따르면, 젊은이들의 태도는 다소 단순한 반면, 노인들은 긍정적이면서도 복잡한 태도를 지니고 있다.(Hummert, 165) 이는 내면화된 연령차별주의에 대한 저항의 징후다. 일본에서 행해진 노화 관련 태도 연구는 비록 일본 노인들이 자신의 연령 집단에 대해 많은 부정적인 의견을 가지고 있지만, 그와 동시에 "사회적 환경에 손상을 입히는 효과"를 가져왔을 수도 있는 것들로부터 스스로를 보호했다는 강한 자의식이 있었음을 보여준다.(Levy, "Inner Self," 142) 그러나 타인들이 생각하기에 당신이 속해 있을 집단에서 빠져나오기 위해서는 완벽하게 자기를 이해하면서 경계를 늦추지 않는 머리 회전이 필요한 듯하다. 거리 두기와 비슷한 이 과정이 미국 노인 사이에도 일어난다. 늙음이 수치스럽다는 가설은 '늙었다'는 말을 사용하는 회원에게 벌금을 매기는 몇몇 노인센터의 억지스러운 행동에서도 드러난다.(Palmore, 110)

실제보다 더 젊은 척하면서 나이를 밝히지 않는 것은 내면화된 연령차별주의의 한 형태다. 코퍼는 '덩치 있는 동료들'보다 '작고 귀여운' 노인 여성에게 이것이 더 쉬울 수도 있음을 관찰했다.(31) "몸 말고는 변한 것이 없다"라고 말하는 것은 자기패배적 전략이며, 이는 "우리가 살아오면서 체득한 삶의 고유한 통찰력"을 우리 손으로 뭉개버리는 자기분열 행위다.(11)

그렇다면 왜 노인들은 인종차별이나 동성애 혐오보다 연령차별주의를 더 내면화하고 있을까? 젊은이가 노인이 되기까지 50년간 노화에 대한 부정적인 고정관념을 표현하기도 하고 내면화하면서 보내기 때문이라고 설명할 수 있다.(Levy and Banaji, 66) 그러나 조부모와 특별히 친밀하게 지내던 사람들은 이러한 경험에서 벗어날 수도 있다.

느린 동작을 사과하는 행위는 내면화된 연령차별주의를 반영한다. 나는 샌프란시스코에서 버스를 타던 노인이 자신의 느림에 대해 사과하는 장면을 여러 번 목격했다. 속도를 선호하는 강한 문화적 편견 탓에 느린 동작은 곧 열등함으로 인식된다. 일부 식민지 피지배자들이 자신의 오명을 벗어보려고 지배 집단과 동일시하는 것과 마찬가지로 일부 노인 여성은 다른 노인 여성을 "보잘것없이 작은 노파"라 부르면서 탐탁지 않은 범주에서 빠져나가려고 애쓴다.[14]

내면화된 연령차별주의가 자존감, 동기 부여, 위기 돌파 능력, 그 밖의 뭐라고 표현하기 어려운 특징뿐만 아니라 신체적 능력에도 부정적인 영향을 미칠 수 있으리라는 예측은 걷는 속도와 발 회전시간(걷는 동안 한 발이 공중에 머무는 시간)에 대한 연구에 의해 뒷받침된다. 긍정의 고정관념을 활성화한다면 나이 들면서 나타나는 걸음걸이의 변화를 다시 되돌릴 수도 있을 것이라는 가설을 입증해보려는 연구자들이 있었다. 그들은 63~82세의 대상자들로 하여금 노인에 대한 긍정적이거나 부정적인 고정관념에 노출되도록 비디오 게임을 하게 했다. 긍정적 고정관념 게임을 한 이들은 걷는 속도와 발 회전시간이 상당히 증가했다. 연구자들은 노화의 고정관념이 "분명 노인들의 걸음걸이에 강력한 영향력을 행사한다"라고 결론 내렸다.(Hausdorff, Levy, and Wei, 1346) 마음과 몸의 연계는 다른 연구에서도 명확하게 드러났다. 여러 연구 결과, 노화에 대한 내면화된 부정적 고정관념은 심혈관 기능에 영향을 미치고(Levy, "Eradication," 579), 부정적 고정관념에 노출된 노인들은 손을 더 떨면서 글씨를 썼다.(Levy and Banaji, 60) 이런 연구는 다른 연구자들에게 연령차별주의의 영향을 측정할 수 있는 방법에 대해 생각하도록 자극을 준다.[15]

한 연구에서는, 캐나다 노인센터의 여성들이 스스로를 '늙지 않았다'고 여기는 것은 노화와 '협상하는' 방법이며, 그들로 하여금 부정적인 고정관념에 반박할 수 있도록 도와준다고 결론 내린다. 그러나 그들의 말을 대충 살펴보니 몸이 흉하다고 말할 때는 그 전략도 그다지 효력을 발휘하지는 못하는 것 같다.(Hurd, 431~432) 그 여성들은 자기 자신과 그들이 보기에 늙은 사람들은 분명히 다르다고 선을 긋는다. 그러나 그들은 모두 과부들이며, 늙음과 정확하게 일치하는 여러 조건을 가졌다. 게다가 그들은 병에 걸리면 '늙지 않았다'는 정신력이 무너지리란 것도 잘 알고 있다.(430) '늙지 않았다'는 굴레에 스스로 감금되는 주요한 방법 중 하나는 바쁜 상태에 있는 것이다.(427) '늙지 않았다'는 전략을 선택하려면 노화가 하나의 과정이고 자신도 거기에 포함된다는 사실을 부정해야 하기 때문에 어느 정도 자기기만이 필요하다. 무자비할 정도로 신체적 외양만으로 판단되는 사회에서 살기 때문에 그들은 '마음이 젊다'는 소박한 자기규정이 그들에게 보호색이 되어줄 것으로 굳게 믿는다. 그러나 그 효력은 일시적이다. '늙지 않았다'고 이리저리 합리화하는 것을 보고 사람들은 종종 귀엽게 봐줄만 하다고 말하지만, 이는 여지없는 실패의 징표다.

그러나 내면화된 연령차별주의를 드러낸다고 그들을 비난하는 대신 이중 의식으로 해석하는 편이 더 공정하다. 이중 의식의 한쪽 측면은, 이런 수치스러운 태도가 어떤 해악을 초래할지 인식하고 있다. 다른 측면은, 자기를 있는 그대로 수용하거나 나이를 그대로 드러내기가 어려운 것은 문화적 압력 때문이며, 그 압력의 무게가 어마어마하다는 것을 인지한다. 내면화된 연령차별주의가 초래한 유해한 사례는 놀랍게도 타인의 노화를 예사롭지 않은 통찰력으로 묘사해온 한 작가의 입에서 나온다. 그는 피셔다. 그녀의 책《늙음은 나의 자매Sister Age》후기는 명석하기까지 하다. 그러나 어느 인터뷰에서 그녀가 한 말에 주목해보자.

남편은 내게 스스로를 아끼는 여성이라면 전신 거울을 마련해 머리에서 발끝까지 샅샅이 살펴봐야 한다고 말하곤 했죠. 침대에서 약 3미터 떨어진 곳에 거울이 있어요. 1년 전 갑자기, 정말 갑작스럽게 거울 쪽으로 걸어가는 나를(난 파자마나 나이트가운 없이 자요) 다시는 마주 보지 못하겠다는 생각이 들더군요. 이상하고 못생긴…… 두꺼비같이 생긴 여자였어요. 볼품없는 작은 두꺼비 같은 몸통에 길고 가는 다리와 팔이 매달려 휘적거리고 있었답니다. 커다란 두 눈이 머리 위쪽에서 나를 응시하고 있고요. 이런 생각이 들었어요.

'세상에! 내가 왜 이래야 하지?'

그래서 나이트가운을 샀죠. 바보 같더군요. 하지만 아침마다 그것을 마주 볼 수는 없었어요. 숨을 수만 있다면 그러고 싶었죠. 그래서 긴 소매에 목까지 올라오는 긴 할머니 가운을 몇 개 마련했답니다. 예쁜 가운인데, 그런데 싫어요. 안 입는 게 좋겠지만, 그 이상하고 인간처럼 생긴 두꺼비가 나를 향해서 걸어오는 걸 아침마다 마주 대하고 싶지는 않네요.[16]

이런 식으로 몸을 혐오하는 신경질적 표현에서 피셔는 자신을 '그것'으로 강등시키고, '그것'과 '나'를 무 자르듯 단칼에 분리한다. 이것은 진실한 자아가 몸과 분리되어 존재한다는 의미다. 죽은 남편이 요구하는 뒤틀린 규칙은 실로 충격적이다.

범주로서의 늙음

늙음을 배운다는 것은 '늙음의 개념에 의탁하도록' 조건화된다는 뜻이다.(Bodily, 254) 그 개념은 이미 설명이 되어 있다. 가령 어린이 책에 나오는 전형적인 늙은 주인공은 마치 나이만이 그들을 알아볼 수 있게 하는 유일한 특성인 것처럼 묘사된다.(Sorgman and Sorensen, 120) 일단 '늙었다'는 판정을 받은 사람은 유능하고 적극적이라고 알려진 사회 구성원들과는 "차갑게 단절"되고 만다. 또한 "늙었다고 선언된 그 사람의 욕망이나 능력을 입에 올리는 사람도 없어진다"라고 바버라 마이어호프가 썼다.

"여기서 자연과 문화는 엄청난 거리를 두고 서로에게서 멀어진다."("Rites and Signs," 320)

그러나 만약 개인의 욕망과 능력을 예의주시한다면 우리는 '늙었다'는 전반적 범주를 거부할 수 있을 뿐만 아니라 몸의 변화와 그보다 더한 불가피한 변화까지도 받아들일 수 있다.

노인이 하나의 집단으로 구성될 때 수많은 다름이 모호해지고 "노화의 용광로"가 된 듯 단일한 집단이 되며, 다른 정체성은 "지배적 고정관념의 등쌀에 밀려 밖으로 추방된다."(Spector-Mercel, 75) 그러나 이것은 유색인보다 백인들에게 더 해당될 수 있다. 왜냐하면 가령 오바마의 경우, 그가 80세 즈음이 될 때 흑인으로서의 그의 정체성이 나이만큼이나 두드러질 것이 분명하기 때문이다.

일부 신문에 좋은 의도를 가지고 마련한 어르신 코너는 노인들 사이에 있지도 않은 통일성을 기정사실화했다. 예전에 운영되던 여성 코너가 여성 간의 분리를 야기하고 의도치 않게 열등감을 드러내면서 도태되어버린 것과 마찬가지로 어르신 코너 역시 뜬금없는 특별코너가 되어버렸다. 65세라는 임의의 표식은, 중요한 혜택도 받지만 타인들에게는 열려 있는 자원과 기회가 거부되는, 즉 "좋은 의도의 후원도 있지만 노골적인 욕설과 온갖 명예훼손으로 핍박받는" 새로운 계층의 등장을 예고했다.(Bytheway, *Ageism*, 14) 쇠락을 포함한 '늙었다'의 여러 의미는 만화경의 휘황찬란한 조각들처럼 수시로 바뀐다. 그 범주는 우리에게 익숙한 데다 사람들을 순위 매기는 편리한 방법이기에 고정불변인 것처럼 보인다. 부유한 백인 노인의 당당한 여유와 적극성은 그들을 모욕적인 대우로부터 보호해주겠지만, 시설에 들어가면 그저 '늙은' 축에 낄 따름이고, 재가 돌봄을 받는 처지라면 돌보는 자와 돌봄 받는 자 간의 불평등한 관계로 돌입한다. 여성 노동자의 낮은 임금이 그녀의 개인적 결함 때문이 아니라는 것은 대부분의 사람이 인식한다. 하지만 노인의 쇠퇴가 개인의 신체적 변화 과정인 동시에 사회 정책에 의한 것임을 알아차리는 사람들은 많지 않다.

인종 사이의 다름이 극대화되면 대화에 방해가 되듯, 연령의 의미가 극대화되었을 때도 솔직하면서도 상대방을 배려하는 상호작용이 방해받을 수 있다. 85세 여성과 이야기 나눌 때, 그녀와 나의 나이가 서로 다름이 크게 의식된다면 의도하지 않게 나이라는 범주가 대화를 주도한다. 이런 다름을 몹시 중요한 것으로 간주하도록 사회화된다면 그것의 영향력에서 벗어나기가 어려울 수 있다. '늙음'에 대한 주관 때문에 인식의 폭이 좁아질 수 있으니 이를 경계하자고 스스로 다짐해도 별 소용이 없다. 그녀는 과거에 해오던 대로 행동할 수 있을 것이다. 그러나 늙음이 곧 상실이라는 생각에 집중하게 되면 이러한 지속성보다는 '늙음'의 구태의연한 의미가 강화된다. 나는 늙은 여성이 길을 건널 때 그녀에게 도움을 주려고 팔을 잡아준다. 그녀에게 도움이 필요할 것이라는 생각에서 나오는 행동일 텐데, 이때 나는 늙음에 대한 기존의 개념을 염두에 둔 것이다. 나와 메디케어에 대해 이야기하기를 즐기는 친구가 있다. 그녀가 늙었으므로 그 주제에 관심을 가질 것이라고 생각한다면 나는 그녀를 단면적으로 보고 있는 것이다. 연령차별주의 고정관념에 조건화되어버린 나는 존재하지도 않는 무기력에 주목하고, 노화에는 의학적 차원과 경제적 차원만 있는 듯이 그것에만 초점을 맞춘다.

샌프란시스코 몬테피오르 노인센터에서 '노화에 관한 모든 것'이라 불리는 수업을 하면서 나는 '늙음'에만 주목하느라 무엇을 놓치고 있는지를 깨달았다. 학생들은 50세가 채 안 된 여성이 80세가 넘은 청중 앞에서 이 주제로 이야기한다는 사실에 흥미로워했다. 교실 앞좌석에 앉아 있던 한 여성은 수업에 집중하면서 활발하고 생각 깊은 코멘트를 했다. 수업이 끝난 후 나는 그녀가 센터의 복도에서 천천히 길을 더듬으며 걷고 있는 것을 보고 놀랐다. 그녀는 거의 앞을 볼 수 없었다. 만약 그것이 그녀에 대한 나의 유일한 인상이었다면 그녀의 정체성은 늙음과 허약함으로 규정되었을 것이다. 그러나 수업 시간에 나는 그녀가 완전한 기능을 갖춘 유능한 한 개별체임을 이미 보았다. 또 긴 코트와 바부슈카(러시아 여성들이 머리에 쓰는 스카프의 일종—옮긴이)를 착용하는 한 여성이 있었다. 그녀에 대한 유일한 인상은 '늙었다'는 것이었지만, 어느 날 그녀가 복도에서 여러 사람과 이야기를 나누면서 중국에 살았던 적이 있어서 중국어를 할 수 있다는 말을 하는 순간, 그녀는 개성을 가진 한 명의 인격체가 되었고, '늙었다'는 범주가 더 이상 베일처럼 그녀를 가리고 있지는 않았다.

《내 눈을 보라》에서 바버라 맥도널드는 늙음이 하나의 정체성이라고 주장하고,《한물간 사람들》에서 바바 코퍼는 "나는 모든 사람이 두려워하는 듯한 말을 받아들이겠다"(75)라고 한다. 인종, 성, 성적 지향은 확실히 서로 비슷한 구석이 있지만, '늙음'을 자신의 정체성으로

택하는 여성은 어떠한 대중적 사회운동으로부터도 지지를 받을 수 없다. 1980년대에 글을 쓴 맥도널드와 코퍼는 노인 여성을 연령차별의 문화에 근거해 행동하고 그것에 영향을 주는 단일한 성질의 집단으로 간주하는 편이었다. 그 당시는 늙은 여성이 연령차별주의 고정관념과 맞서려면 스스로 늙었다고 당당하게 말해야 했는데, 그렇게 하기를 꺼린다면 그것은 곧 내면화된 연령차별주의가 발현된 것으로 판단했다. 여성들이 노년에 대해 자부심을 가지려면 의식화가 되어야 했다. 그러나 지금 그들의 주저함은 보다 복잡해 보인다. '늙었다'는 지칭에 거부 반응을 보인다 하더라도 자신의 신체적 변화를 거부하거나 그들의 관심이 젊은 여성들과 같다고 믿는 것은 아니다. 그보다 그들은 '늙었다'는 말이 그들의 개별적 차이를 무시하고, 타인과 자신을 분리하며, 심지어 자신들의 예전 자아와도 부자연스럽게 유리시킨다고 생각한다. 늙었다는 것은 삶의 주기 중 일부에만 속하기 때문에 흑인, 여성, 혹은 게이보다 두드러지는 정체성은 아닐지 모른다. 또한 유색인, 여성, 게이에 대한 모든 고정관념적 사고는 잘못된 것이라고 공공연하게 이야기할 수 있는 반면, 인생 말년에 대한 주요한 고정관념, 즉 질병과 노년의 등치는 부인하기가 쉽지 않다. 그 둘의 연관성을 외면하지 못하기 때문이다. 고정관념은 이 두 가지를 동일 선상에 둔다.

영국 북부 노인 집단에 관한 연구에서는 그들이 누가 문턱을 넘는지(행동이 느려지는 정상적 노화에서부터 정신의 명민함을 잃고 부적절하게 행동하는 '진짜 노년'까지) 보기 위해 서로 지켜보는 내용이 나온다. 그들이 늙었다고 간주하는 사람들은 더 이상 그들과 동등한 사람들이 아니었다. '늙음'은 젊은이들이 상상하는 이미지만이 아니라 나이 든 사람들 스

스로 만드는 사회적 범주이기도 하다.(Degnen, 76~78)

'늙음'을 하나의 정체성으로 끌어안을 경우 사회적 통제의 만만한 대상이 될 수 있다는 문제가 생긴다. 인생 후반기를 연구하는 심리학자들도 즐겨 사용하고 별다른 악의가 없어 보이는 '노년의 업무'라는 말조차도 '늙음'이 타인의 요구에 짜깁기해서 맞춘 정체성이라는 의미를 담고 있다. '업무'는 노력하고 행동하는 자들에게는 좋은 말이다. 그러나 65세 혹은 70세를 넘긴 사람들, 혹은 앞으로 30년은 더 살아갈 사람들로 구성된 다양한 집단에게는 어울리지 않는 표준화된 용어처럼 보인다. 노인이 유순할 것이라는 기대는 '늙음'의 범주 안에 강요가 내재되어 있음을 암시한다. 셀리아 길Celia Gill은 자신이 사는 양로원에 비닐 식탁보를 도입하는 것을 강력하게 반대하면서 추방당할지도 모른다는 위협을 느꼈다.(*Associated Press*, 2002. 1. 10.) 94세라는 나이는 그녀에게 악명을 하나 더 추가하는 중요한 요소였다.

늙음을 배운다는 것은, 영국 학자 몰리 앤드루스Molly Andrews가 말한 것처럼, 이른바 "불로不老에의 유혹"을 피한다는 뜻이다.(301~318) 늙는다는 것은 특정한 의미가 있다. 가령 고정관념에 취약하다는 의미일 수 있다. 그러나 보다 긍정적인 측면에서 앤드루스는 "성장은 필생의 프로젝트"여서 늙으면서 산다는 것이 하나의 성취가 된다고 믿는다.(310) 인생 후반기를 그것만의 고유성을 담보한 시기로 보는 이러한 관점은 바버라 맥도널드, 신시아 리치, 바바 코퍼 등도 공유한다.

빌 비더웨이는 영국 노인 집단에 대한 연구에서 "그들은 비록 노년의 지위가 생활연령으로 정의된다는 통념은 인정하면서도 자신들에게 그대로 허용하고 싶은 마음은 전혀 없었다"라고 결론 내리면서

하나의 범주로서 노화의 문제를 조명했다.("Age Identities," 474) 노인들
이 동년배 집단과 자신을 동일시하지 않겠다고 결심할 때 그들은 부
정적인 사회적 정체성과 자신을 효과적으로 분리하지만, "자신의 중
요한 일부를 거부한다는 차원에서는 심리적으로 상처를 입을 수도 있
다."(Weiss and Lang, 162~163)

　'늙었다'는 말에 개인적으로 어떤 감정이 들든 노인들은 타인들
이 그들을 그렇게 지명하고 그 정체성이 사방에 널린 사회에서 살아가
고 있다. 65세 이상 노인들이 가진 수많은 차이(사회 계층, 교육, 수입, 정
치적 성향, 건강 상태, 관심, 지역사회에 참여하는 정도)가 조명을 받는다면 '늙
음'은 다소 가벼운 정체성의 항목이 될 수도 있다. 그러나 이런 통찰도
의료진과 타인들이 나를 '젊은 여성'으로 분류할 때 효과적으로 대응
하도록 도움을 주지는 않는다. 노인은 그들이 느끼는 만큼만 늙었다고
주장하기도 하지만, 이때 그들은 스스로를 속인다. 확실히 그들은 내부
장기만큼 늙었다. 영화 〈낯선 동행Strangers in Good Company〉에 출연한
경험에 대해 메리 메이그스는 영화에 나오는 노인 여성들은 감독 제안
으로 누드 수영 장면을 찍으면서 정말 늙었다는 것이 입증되기 전에는
자신들을 "절반 정도만 늙었다"고 여겼다고 썼다.(Chivers, 92에서 인용)

　《메인에 사는 늙은 여성Old Maine Woman》의 저자 글레나 존슨 스
미스Glenna Johnson Smith는 "'늙은 여성'이라는 강하고 현실적이고 정직
한 소리"(99)가 좋다고 하면서 "많은 노인이 거울을 보면서 자신에게
인사를 건네고, 10대나 20세 때보다는 덜 완벽한 늙은 얼굴과 늙은 몸
을 좀 더 편안하게 대하면서 살아갈 수 있지 않을까 생각한다"라는 말
을 덧붙였다.(100~101) '늙은 여성'은 아닌 게 아니라 강하고 현실적이

고 정직하다. 그리고 어느 여성이든 거울에 대고 평온하게 인사할 수 있는 것이 목표다.

늙음을 하나의 정체성으로 인식할 때 수반되는 모호함에도 불구하고 노인들 사이에 존재하는 집단의식은 상당히 바람직하다. 명예가 실추된 집단의 구성원들이 서로를 동일시하지 않는 한 사회 변화는 일어나지 않는다.(Williams and Giles, 151) '여성노인연맹', '변화를 위한 노인레즈비언연맹', '그레이 팬더스Gray Panthers'는 연령차별주의와 싸우는 것을 자신들의 특별한 사명으로 삼는다.[17] '늙음'은 하나의 정체성이라기보다는 유사성을 공유하는 집단으로 간주될 수 있다. 그러한 집단은 주변 여건에 따라 결성되고 성장하고 해체되고 다시 생겨날 수 있다. 유사성 집단에서 '늙음'은 유동적이어서 결정체는 아니며, 이러이러한 상황과 이슈와는 상관있지만 저런 이슈와는 무관하게 보인다. 그러므로 신체적 외모나 살아온 햇수에 완벽히 편해지기 위해서 '늙음'을 정체성으로 반드시 채택할 필요는 없다.

결론

노년에 진정 편안해지려면 연령차별주의에 대한 날선 인식이 필요하다. 그것이 얼마나 만연해 있고 파괴적인 영향을 미치는지, 특히 여성에게 어떠한 해를 끼치는지 잘 알아야만 한다. 연령차별의 의도가 농후한 생일카드는 가족과 친구에게 재미있게 보일 수 있다. 텔레비전의 코믹한 농담, 노인의 자기비하 유머가 우스꽝스러울 수도 있다. 그러나 이러한 사소한 말과 상품에 연령차별적 고정관념이 버티고 있다. 고정관념에 내재된 편견은 65세에도 "여전히 성장 중"이라는 기본적인 진실을 가린다.(Macdonald, 41) 사실 85세, 90세 역시 여전히 성장 중이다.

연령차별주의는 표적이 되는 대상에게뿐 아니라 그런 표현을 하는 사람들에게도 일종의 억압이다.(Laws, 11) 《한물간 사람들》의 유려한 문단이 이 점을 잘 보여준다.

연령차별주의는 젊은 여성과 늙은 여성 사이의 대화를 차단한다. 마치 거울이 그러한 것처럼. 늙은 여성은 자신의 젊은 시절 추억을 떠올리면서 젊은 여성을 볼 수 있지만, 젊은 여성은 늙은 여성에게서 자신의 미래를 볼 수 없다. 그러려고 하지도 않는다. 중요한 정보가 거울 저편에 숨겨져 있다는 사실을 인지한 젊은 여성이 얼굴을 거울 가까이 가져가 보겠지만, 그저 나이가 남겨준 불완전함의 반영만 보게 될 뿐이다. 반면, 늙은 여성은 젊은 여성의 얼굴에서 노화를 거부하는 자신의 모습을 깨닫고 씁쓸하게 쳐다보기만 한다.(Copper, 57)

에블린 로젠탈Evelyn Rosenthal은 젊은 여성이 "우리가 투명인간인 것처럼 우리를 지나치고 우리를 관통해 바라본다. 마치 우리의 존재를 부인함으로써 자신들이 늙어가는 것을 마법처럼 피할 수 있을 것 같이"(6)라는 글을 쓰면서 비슷한 문제의식을 드러낸다. 안티에이징은 그저 시장의 슬로건에 그치지 않고 삶에 대한 자세로 확장된다.

연령차별주의의 왜곡과 그것의 성차별적 수치심으로부터 우리 자신을 지키기 위해서는 나이 듦이 타인에게, 그리고 우리 자신에게 무엇을 의미하는지 살펴볼 필요가 있다. 과거의 자아가 오늘날까지 지속되고 있으며 그전처럼 가치 있다고 여긴다면 우리는 나이를 근거로 쏟아내는 절망적 평가들로부터 상처를 덜 받을 것이다. 예를 들면, '괴짜 노인'이라는 말은 단박에 남성에게는 모욕감을 주고 여성의 존재는 삭제해버리는 비열한 꼬리표다. '깨어 있는 노화'는 이런 식으로 점점 더 널리 통용되는 연령차별주의 고정관념에 온 마음으로 저항할 것을 요구한다. 수많은 영역(사회학, 심리학, 경제학, 언어학, 소비자 행동, 의사소통학, 의학 등)에 도사리는 연령 편견을 연구한다면 좀 더 근원적인 변화를 촉구할 수 있을 것이다.

1970년대에 알렉스 컴퍼트는 연령차별주의가 "어리석을 뿐 아니라 시대착오적이기에 곧 노인이 될 사람들이 잠자코 이를 따르는 일은 없을 것이다"라고 썼다.("Age Prejudice," 8) 베이비부머들은 컴퍼트의 기대대로 살까, 아니면 억압적 고정관념에 갇히게 될까? 연령차별주의는 미국 문화에 너무나 깊이 뿌리를 내리고 있어서 단순히 고령화 사회가 된다고 해서 근절될 것 같지는 않다. 연령차별주의 고정관념은 사실에 의해 도전받을 수도 있지만, 강력한 이해관계가 연령차별주의 태도에 복속되어 있기 때문에 그것과 맞붙어 싸우겠다는 전략으로는 이해당사자들의 신념과 행동을 바꿀 수 없을지도 모른다.(Angus and Reeve, 141) 가령 입법자들과 기업 리더들이 50세 이상 노동자를 재훈련하는 데 비용을 쓰지 않겠다고 선언할 때 그들에게 이익을 안겨주는 것이 바로 연령차별주의이기 때문이다.

이런 부당함과 싸우는 것은 비록 현재 그것에 관심을 가진 사람들이 소수에 불과하기는 하지만 추구할 만한 일이다. 1940년대에 시민권을 위해 싸운 사람들, 1950년대에 여성의 평등권을 주장한 사람들처럼 연령차별주의를 비판하는 사람들은 그들의 목소리가 잠겨 들어가는 것을 느낀다. 그러나 더 나은 건강, 연령차별주의의 분석, 우리 할머니 세대가 표현할 수 있었던 것보다 더 강력한 자기결정권에 대한 욕구, 같은 생각을 가진 친구들의 지원 등은 많은 노인들로 하여금, 특히 여성들로 하여금 수치심이나 사과 없이 자신의 노화를 받아들이도록 영감을 불어넣어줄 것이다.

9

대항문화로서의 노년학

LEARNING
TO BE OLD

앞 장에서는 많은 사람이 나이 들어가면서 질병이나 상실을 겪기도 하지만 노화는 그 두 가지 이상의 것임을 보여주었다. 전통적 시각으로 보자면 노화는 늙어빠진 존재로 추락하는 무시무시한 과정이며, 나이 든 사람은 매력도 잃는다. 주류 노년학에서 노화는 반드시 의료적 개입이 필요하고, 개개인이 분석의 단위라는 생명의학 관점으로 이해된다.(Estes, Binney, and Cullbertson, 51) 이런 모델이 수용되는 이유는 생명의학에 장점이 많아서가 아니라 그것이 거대한 권력을 쥐고 있기 때문이다. 계층, 인종, 젠더, 정치, 경제학, 인구학에 뿌리박힌 중요한 노화 문제는 생명의학이 제시하는 해결책으로 풀리지도 않는다.(60) 게다가 생명의학 모델은 오롯이 현대 의학만이 장수와 건강을 책임진다는 잘못된 인상을 심어준다. 그들은 사회적 향상(위생, 주거 환경, 교육 등)의 주요한 역할은 무시한다.(Estes, Biggs, and Phillipson, 85)

코리올라누스Coriolanus가 로마에서 쫓겨날 때 호기롭게 던진 "어디에나 세상은 있다"라는 말을 대항문화로서의 노년학에 적용해보자. 여러 생각의 고리들이 그것을 만들기 위해 모여든다. '대항문화로서의 노년학'이라는 말은 태도(의심하고 문제 제기하고 무엇이 빠졌는지 질문하기) 와 결과물, 둘 다를 포섭한다. 여기에는 인문학적 노년학과 비판적 노년학, 페미니스트 노년학 등이 포함된다. 대항문화로서의 노년학은 '성공적인 노화'가 제시하는 고정된 범주, 확실성, 개념을 거부한다. 늙음을 배운다는 것은 노화 연구를 꾸준히 해야 한다는 뜻이 아니다. 다만, 대항문화로서의 노년학에 어느 정도 익숙해지면 깨어 있는 의식으로 평온하게 늙어갈 수 있는 장치가 어느 정도 갖추어졌다고 할 수 있다. 이 장에서는 인문학적 노년학과 비판적 노년학을 다루고자 한다.(페미니스트 노년학은 10장에서 살펴볼 것이다.) 이를 위해 주류 노년학에서 자주 간과되어왔으나 노화의 주요 요소인 '권장된 분주함', 그리고 그것을 해체할 두 가지 요소로서 창의성과 영성을 검토한다.

인문학적 노년학

인문학은 명확한 답을 갖고 있지 않은 복잡한 문제들의 의미와 상호관련성을 연구하고 그 해결책을 도모하는 학문이다.(Kivnick and Pruchno) 여기에는 문학, 철학, 역사, 인류학, 문화연구, 종교, 예술이 포함된다. 이제는 인문학에 전 지구적 이슈, 서술 중심의 사회학, 법 이론 뿐 아니라 젠더와 인종에 관한 학제 간 연구가 포함되기는 하지만, "예술과 인문학은 여전히 신비(명확하게 설명할 수 없는 것들)에 관한 것이다."(Cole, Ray, and Kastenbaum, 7) 사실 알츠하이머를 연구하거나 건강한 노화의 목록을 작성하거나 좀 더 구체적으로 안티에이징 수사학을 검토할 때, 노화의 신비로운 측면은 쉽게 간과된다.

인문학적 노년학은 수정 보완적이고 계몽적이다. 그러므로 자연과학과 사회과학에 자리 잡은 노화 관련 기존 생각들을 새로운 관점으로 재조명함으로써 균형을 바로잡아준다. 인문학자들은 노화에 관한 '사실들'이 인생 후반기를 중립적이고 객관적으로 이해할 정보를 제시하지 않고, 대신 가치판단적 해석을 하게 한다고 주장한다. 인문학과 주류 노년학 간의 팽팽한 긴장은 "예측과 통제 대 해석과 자기실현" 간의 차이에서 기인한다.(Moody, "Humanities," 413)

인문학은 많은 노화 정책이 의존성만 키우고 기본 장점을 키우려 하지 않는다고 생각하기 때문에 노화의 영적·도덕적 차원을 복원하려고 하며, 노년의 관리에는 저항하려고 한다.(Moody, *Abundance*, 11) 이런 통찰이 힘을 얻는 것은 문자 이전, 산업화 이전 사회를 낭만화하지 않는 인류학 연구가 있기 때문이다. 인류학자들은 서구 사회의 "노화를 대하는 방식은 많은 단순사회와 비교하더라도 만족스럽지 못하고 직접적이지도 않다"는 사실을 보여준다. 또한 미국에서 노인은 "뿌리 뽑힌 집단(사회적 난민)으로서 구조적으로 소외되고 내몰린" 사람들임을 입증한다.(Meyhoff, "Aging," 107; 126) 이런 요약 덕분에 왜 미국 노인들이 두려움의 대상인지, 왜 질병이 그들에게 그리 큰 역할을 하는지, 왜 분주함이 문화적으로 권장되는지 설명하기가 수월해진다.

인문학은 노화를 규정하는 물질주의적 명제들을 의심한다. 왜냐하면 "인간이 평생 겪는 경험의 총합은 시장경제의 가치로 평가될 수 없기 때문이다."(Hazan, 19) '생산적인 노화' 모델은 시장 논리에서 나오지만, 역설적이게도 노년의 물질적 조건에서 한 발 정도 뒤로 빠져 거리를 두기 때문에 충분히 물질성을 담보하지 못한다. 가령 알츠하이머 환자는 시장의 논리로 보면 생산적이라 할 수 없는 반면, 보다 포용적인 노화 관점으로 볼 경우 그들을 위한 의미가 발견될 수 있을 것이다.

인문학자들은 노화의 부정적 관점(노화와 더불어 오는 고통, 박탈, 자아의 위축 등은 현대 문학에 놀라우리만큼 선명하게 표현된다)을 긍정적 관점으로 맞받아치지 않는다. 대신 노화를 긍정과 부정의 요소로 나누는 이분법적 사고를 뛰어넘고 싶어 한다.(Achenbaum, 426) 사실 이런 분리는 페미니스트 작가를 포함한 작가들이 노인 여성의 줄어든 몸과 영혼을 대비시킬 때 일어난다. 마치 늘 '불굴의' 것이라 부르는 영혼이 몸 바깥 어디쯤에 기거하는 것 같은 이미지를 양산한다. 혹은 에로틱한 힘과 노년이 양립 불가능하다고 설정하고 때로 그 둘을 병치시킴으로써 부조화를 극대화하기도 한다.[1]

은유는 이러한 이원론의 한계를 뛰어넘는다. 노화는 여행이고 (Cole), "삶의 충만함"이며(Moody), 성숙의 시간이다. 그것은 정체성을 숨기기도 하고 드러내기도 하는 가면이다.(Hepworth, 28) 대중문화에 비치는 거칠어지고 주름진 늙은 피부는 혐오스럽다. 그러나 은유적으로 볼 때 그러한 몸의 변화는 "더 위대한 중첩성과 더 정교한 명료성의 표현이어서 다층적 현실이 부딪히면서 생긴 풍부한 결을 간직한 사람에게만 허용된다. 익숙한 직선의 방식으로는 질서가 잡히지 않는 세상, 그 세상은 도약과 굴곡과 끝없는 횡단으로 가득 차고, 측량할 수 없는 내밀함으로 더없이 진실해지는 곳이다. 일차원적 사고로는 도달할

수 없을 만큼 심오"하다.(Berg and Gadow, 226)

　노화를 대하는 일차원적 시각과 다층적 시각은 기이하면서 '까다로운' 두 노인 여성에 대한 상당히 다른 묘사에서 극명하게 대비된다. 솔 벨로Saul Bellow의 〈노란 집을 떠나면서Leaving the Yellow House〉에 나오는 해티와, 앨리스 먼로Alice Munro의 〈스펠링Spelling〉에 나오는 플로의 경우다. 해티와 플로 둘 다 무뚝뚝하고 표독스럽다. 그러나 해티는 쌀쌀맞고 술에 절어 있으며,[2] 마음 깊숙이 늙음을 혐오한다. 반면, 먼로는 유머와 역설을 미묘하게 섞어서 플로를 사랑스럽게 만든다. 치매가 파괴적이기는 하지만, 플로를 음침하게 만들지는 않는다.

　먼로는 70대 후반 즈음 한 인터뷰에서 노화에 대해 이런 철학을 피력했다.

　　이제 나는 모든 것을 잃을 수도 있다는 것을 또렷하게 압니다. 삶을 가득 채우던 것들이 전부 사라지는 거죠. 아마 이런 일이 일어나지 못하게 하려면 계속 움직이고 뭐든 하는 수밖에 없을 겁니다. 세상일들이 저마다 할 만한 가치가 있을 거라고 여기는 마음. 그 마음을 잃어버리는 것이야말로 노년이라는 서랍장에 웅크리고 있는 야수일지도 모르죠.(《파리 리뷰Paris Review》지와의 인터뷰, 429)

　인생 후반기의 질병이나 장애는 그 어떤 것도 해볼 만한 가치가 없다는 생각을 점점 더 키우는가?

　자신의 삶을 가득 채우던 것들을 잃는다는 생각에 대해서 셰리 터클Sherry Turkle은 이런 글을 썼다.

불과 얼마 전 사람들은 해변을 걸었다. 고개를 들어 "바다를 보고 하늘과 모래와 서로를 바라보았다." 그러나 이제 그들은 머리를 숙인 채 폰을 만지작거리면서 걷는다.

○ 권장된 분주함

6장과 7장에서 주목했던 불평등은 인생 후반기의 삶을 토론할 때 종종 사장되었던 노화, 특히 여성 노화에 대한 이야기다. 그러나 빠뜨린 부분이 하나 있다. 분주함에 이 사회 노인들을 규정하는 힘이 숨어 있다는 인식이다. 그들은 질병이 인간의 조건이니 늙어서는 환자가 되는 것이 자연스럽다고 생각하라는 사회적 요구를 받는다. 같은 맥락에서 그들은 (환자가 아닐 때는) 가능한 한 바삐 지내야 한다는 명령도 받는다. 질병의 유입을 막고 처방약에 의존하는 현상은 건강을 위한다는 명목으로 쉽게 당연시된다. 흔히 바쁘지 않다고 하면 게으름, 사회성 부족, 상상력 부족으로 간주한다. 그렇다고 해서 반대급부로 분주함으로 질병을 막으려 하는 것도 다소 모호한 발상이다. 여성들은 대개 평생 바쁘다. 그러나 인생 후반기의 분주함은 나이를 거부하도록 부추기고, 감정을 무디게 하며, 익숙한 리듬에 맞춰 계속 살게 하므로 그들에게는 함정이 될 수 있다.

늙음을 배우는 것은 '바쁘게 지내라'는 명령을 따른다는 뜻이다. 분주함은 정신적 유능함, '성공적인 노화'의 가치와 동급으로 취급되기 때문이다. 은퇴를 앞둔 노동자들에게는 앞으로 무엇을 할 거냐는 질문이 쇄도한다. 막 은퇴한 사람들은 여전히 바쁘다고 말한다. 이러한 성취는 사회적으로 인정받는다. 아무것도 하지 않고 아무 계획도 없이 몇 시간째 앉아서 창밖을 우두커니 바라본다 하더라도 비난받지 않을 수 있다. 그저 바쁘지 않아서 그렇다고 시인하면 될 일이다. 그러나 현실은 다른 모습이다. '우리는 바쁜 사람들이다'라는 말은 애리조나 선시티 거주자들이 흔히 하는 자랑이다. 그곳 사람들은 "시간과 다투고", "시간을 가득 채워 공허함이 그들을 집어삼키지 못하게 한다. 남아도는 시간의 선명한 흔적이 이웃의 마음이나 몸 언저리에 나타나기 시작하면 사람들은 그들의 눈을 피한다."(Kastenbaum, 178)

계속 분주하게 지내는 노인은 적어도 한 가지 측면에서는 젊은이와 중년을 닮았다. 분주함은 연약함, 무능, 느림, 의존성과 엮일 것이 없다. 분주함은 더 이상 복잡한 일정표를 자랑할 수 없는 사람들과 정서적으로 소원해지라고 부추긴다. 어쩌면 선시티 사람들이 허세를 부리는 것처럼 사람들은 분주함을 강조함으로써 노화의 공격을 막을 수 있다고 생각한다. 분주함은 자신의 미래가 앞으로 바쁘지 않을 수도 있다는 가능성을 잊어버리게 한다. 이것은 방패요 부적이다.

코니 골드먼Connie Goldman이 70세가 넘은 예술가와의 라디오 인터뷰 제목을 '너무 바빠서 이야기할 틈이 없어요'로 정했을 때, 그녀는 인생 후반기의 활기와 창의성이라는 긍정적 이미지를 염두에 둔 것이지만, 그 제목 뒤편에는 근사한 인생의 말년을 위해 계속 바빠야 한다는 강요의 그림자가 도사리고 있다.[3]

분주함이 그들을 구원해주리라는 통념은 노인이 본래 가치 있는 존재라거나 임금 노동 이후의 삶이 진정으로 의미 있다는 신념과 정면으로 배치된다. 분주함은 실리적 가치이므로 인생 말년에 접어든 사람들이 간직할 만한 가치라 하기에는 상상력이 너무나 빈약하다. 분주함을 허용하면 중년에는 알 도리가 없고 오직 말년에만 만끽할 수 있는 고유한 의미를 놓친다. 노년학자들조차 최근까지만 하더라도 인생 후반기 영성적 성장의 가능성을 강조하더니 이제는 분주함을 무비판적으로 칭송함으로써 노화의 실용주의적 관점에 힘을 보탠다.

앨프리드 테니슨Alfred Tennyson의 유명한 독백〈율리시스Ulysses〉에서 화자는 모험으로 가득 찼던 바다에서의 삶을 고결하게 생각하고, 현재의 무료한 삶에 조바심을 낸다. 그는 동료들에게 노년은 영광의 시간이지만 또한 오욕의 시간이라고 말하면서 한 번 더 자신과 같이 길을 떠나자고 강요한다. 새로운 경험과 행동 그 자체가 미끼다.

멈춘다는 것, 끝장을 본다는 것은 얼마나 우둔한 일인가.
닦기만 한다면 번쩍이면서 쓸모 있게 될 칼을 녹슨 채 두다니,
이 얼마나 고리타분한 상황인가!

영국 빅토리아 시대의 시에서《현대적 성숙》까지 멈춤은 부식되는 것으로 비유된다.

마음을 다하고 정성을 기울이되 아무것도 하지 않은 채 명상할 수 있는 공간을 허용한다는 점에서 활동과 참여는 분주함과는 다르다. 이런 묘사는 너무 광의적이라 개인의 선택과 일정에 적용하기 어렵다. 누군가에게는 단순한 활동이 다른 사람에게는 너무 분주한 것일 수 있다. 그러나 분주함과 목적의식적인 삶에의 개입은 다르다. 이는 에릭 에릭슨Erik Erikson, 조앤 에릭슨, 헬렌 키브닉Helen Q. Kivnick의 공동 저서《활기찬 말년에의 관여Vital Involvement in Old Age》에서 제안된 것

이다.

권장된 분주함은 사회적 통제의 기능을 은밀히 조종하는 숨은 규칙이다. 한 가지 일이나 약속을 끝내고 서둘러 그다음 업무로 바쁘게 움직이는 노인은 그들 또래 집단이 냉대받는다는 사실을 알아차리지 못한다. 그들은 다른 노인과 무엇을 공유하는지 질문할 시간적 여유가 없다. 복잡한 일정에 대해 사회가 인정해주지 않는다면 어떻게 될까? 그래도 노인들은 여전히 바쁜 채 살아갈까? 어떤 이들은 건강 문제, 소진된 힘, 줄어드는 수입 등의 이유로 활동을 줄여야만 할 것이다. 어떤 이들은 아예 여가 활동을 생각조차 할 수 없다. 예를 들자면, 백인 여성과 달리 흑인 여성들은 60~65세까지 노동을 해야만 한다.

분주함을 정당화하는 흔한 이유는 바쁘게 지내면 건강에 좋다는 것이다. 어떤 이들에게는 끊임없이 일하는 것이 건강에 좋기도 하다. 그러나 은퇴로 건강해진다는 사실도 속속 입증되고 있다. 로버트 애칠리Robert Atchley는 직장인보다 같은 나이의 퇴직자들이 일반적으로 걷기 운동을 더 많이 한다는 사실을 확인했으며, 은퇴가 신체적·정신적 건강에 해롭다는 주장은 노동의 가치를 부풀리려는 잘못된 근거로 동원된다고 주장했다.(*Social Forces*, 260)

분주함을 바람직한 것으로 여기는 생각이 노년 이데올로기에 이다지 견고하게 뿌리내린 이유는 무엇일까? 그 생각은 더 이상 분주할 일이 없을 것 같은 불안을 잠재우게 도와주며, "은퇴를 하면서 고삐 풀릴 수도 있는 즐거움을 다시 사회 참여의 가치로 순치시킨다."(Ekerdt, 138~139) 이 고삐 풀리는 즐거움은 무엇이며, 왜 순치시켜야만 할까?

데이비드 에커트David Ekerdt에 따르면, 우리는 "은퇴자로서 자기만의 방식으로 여가를 즐기기 위해 삶의 속도를 늦추는 데 주저하지 않는 안식의 윤리"를 신봉할 수도 있고, "쾌락주의, 불순응주의, 태평스러운 자기탐닉"의 윤리를 채택할 수도 있다.(138~139) 말년에 어울리는 삶의 원칙으로 안식을 선택하든 쾌락주의를 선택하든 선행되어야 할 것이 있다. 미국인들은 권장된 분주함의 배후에 숨은 청교도주의를 벗어버리고, 그저 가만히 존재하면서 그 안에서 가치를 찾아야 한다. 그런데 현실적으로 이런 일이 일어날 것 같지는 않으므로 덜 극단적인 선택이 필요하다.

분주함이 잘 늙었음의 바람직한 징표로 통용되는 것은 서론에서 이야기했던 '생산적인 노화'에 대한 노년학자들의 규정과 관계가 깊다. 얼핏 보기에 이 귀중한 목표는 논란의 여지가 없어 보인다. 누가 이것을 반박하겠는가? 그러나 '생산적인 노화'라는 말이 노년학에서 인기를 끌기 몇 해 전, 인류학자 마거릿 클라크는 "노인은 우리 문화가 부여한 노동과 생산성의 가치를 잘 알기 때문에 사회적으로 승인된 역할을 통해 이 가치를 이행해야 한다는 부담감에 끊임없이 시달린다. 그리고 여기에 적응하기 위한 피눈물 나는 노력이 뒤따른다"라고 예견했다.(*Culture and Aging*, 17) 노년학자이자 윤리학자인 마사 홀스타인 Martha Holstein은 이 규범에 문제를 제기하면서 몇 가지 다른 이유를 제시한다. 생산적인 노화는 임금 노동으로 정의될 수 있다. 그렇게 되면 여성에게 불리한 불평등 노동 패턴이 강화될 것이다. 의미 있는 삶의 기준을 생산성이라는 협소한 개념으로 설정함으로써 인생 후반기의 복합성을 모호하게 만든다. 홀스타인의 관점으로 보건대, 생산성을 강조하다 보면 일차적으로 노인을 돌보는 자와 돌봄을 받는 자 사이에 형성되는 관계의 가치는 하찮아지고, "이 관계에서 개발되고 실현될 창의성과 도덕적 통합은 요원해진다."("Productive Aging," 26) 생산성 모델로 인해, 활기 있지도 독립적이지도 않은 사람들, 허약하거나 장애가 있는 노인들을 부정적인 시선으로 보는 태도가 강화될 것이라는 또 다른 위험 부담도 있다.(27)

더구나 노인 여성은 생산적인 노화를 정의하는 "결정권자가 될 가능성은 희박한" 반면, 타인의 기준에 맞추어 살아야 할 위험에 노출되어 있다.(Holstein, "Women's Lives," 236~237) 그러나 역설적이게도 "노년을 새로운 방식으로 상상함"으로써 가장 많은 것을 얻을 수 있는 것도 그들이다.(236) 분주하기를 거부하는 여성, 자기 내면의 리듬에 따라 움직이는 여성이라면 자기존중감을 갖기 위해 성취에 집착할 필요는 없다. 람 다스Ram Dass가 언급했다시피 미국인들이 "성취에서 은퇴하는 것"을 불편하게 여기지만 말이다.(83) 그녀는 때로 에고의 욕망을 편하게 내려놓음으로써 즐거움을 발견할 수 있다.

생산성은 성장, 에너지, 활동, 축적의 가치를 통해 노화를 해석한다. 그러나 "이타심, 시민정신, 경영, 창의성"을 강조하는 보다 폭넓은 노화의 관점이 필요하다.(Moody, "Age," 36; 38) 이 관점으로 보면 뭔가를 하는 데 반드시 체력이 필요한 것은 아니다. 시어도어 로작Theodore Roszak이 언급하듯, 노년의 이상으로 칭송되는 생산성은 체력의 손실을 특히 끔찍한 것으로 만든다.(108) 분주한 상태를 지속하는 것은 통제와 불굴의 힘에 대한 환상을 심어주지만, 그 환상은 오래갈 수 없다. 토머스 렌취Thomas Rentsch가 말한 것처럼, 인간의 문명은 인간이 자신의 삶을 생산, 소비하고 자연세계를 지배할 뿐만 아니라 "자신의 물질성, 육체성, 연약함, 취약성"을 이해할 때라야 비로소 가능하다.(271) 분주함은 우리의 취약성에 주목하지 않게 주의를 분산시킨다. 특히 중요하거나 중요하지 않은 신체의 미묘한 변화에 관심이 쏠리지 않게 하려는 의도를 가지고 있다.

전통 생명의학에 기반을 둔 노년학의 시각에서 보자면, 느려지는 것은 문제다. 그러나 느려짐은 증상의 일종이라기보다는 더욱 세심한 주의를 기울일 수 있는 기회라서 우리는 더 이상 "다른 경험으로 서둘러 가기 위해 지금 하는 경험을 급하게 끝내지" 않아도 된다.(Berg and Gadow, 225) 이런 생각은 느려짐을 상실(비록 건강한 노화의 일부이기는 하지만)에 대한 보상이라기보다는 전에는 가능하지 않던 무언가에 접근할 가능성이 열렸다는 취지로, 과거 경험을 뛰어넘는 확장의 개념으로 본다. 분주함은 불가피한 상태가 아니라 선택된 그 무엇이며, "공허함을 에둘러 막는 울타리"로 절묘하게 불린다.(Tim Kreider, *New York Times* 블로그, 2012. 6. 30.) 노인들조차 빠르게 움직이는 세상의 속도에 맞추고 생산적이 되라는 압력을 받기 때문에 "저속 기어로 바꾸고 자신에게 맞게 시간을 조정하는 것은 균형을 다시 잡는 방식으로 가장 적절하고도 중요하다."(Loe, *Aging Our Way*, 88)

물론 좁은 의미로 생산성을 노화와 연결하는 것도 유용하다. 연로한 노동자가 종종 노동시장 밖으로 퇴출되고, 생산 라인이 해외로 이전되면서 광범위한 해고와 실직 사태가 발생한다. 이로 말미암아 50세 이상의 많은 노동자가 노동시장으로 진출할 길이 막힌다. 역설적이게도 노인은 임금 노동의 기회가 줄어드는 불경기 같은 때에도 여전히 바쁘게 지내라는 강요를 받는다. 말년에도 여전히 긍정적인 자존감을 갖기는 어렵다. 우리의 사회적 가치는 생산성에 있는데 막상 자신에게는 "자유롭게 생산할 힘이 없어졌음"을 절감하기 때문이다.(Stannard, 13) 60세 이상 노인들을 위한 유연한 임금 노동이 광범위하게 존재하지 않는 것은 분명 구조의 문제다. 그러나 사회는 그것이 개인의 문제라고 둘러대면서 노동자들에게 각자 알아서 재훈련하고 적응하고 저임금을 수용하고 이른 은퇴를 선택하라고 강요한다. 임금 노동으로 재편입될 기회의 부족은 평생학습 프로그램이 학술적으로든 기술적으로든 제대로 갖추어지지 않기에 더욱 악화일로에 있다.

자원봉사는 아직 자신이 쓸모 있다는 이미지를 유지하는 도구로 활용된다. 그것은 미국 노인들로 하여금 계속 바쁜 생활을 하도록 유인하는 방법이지만, 바바 코퍼가 지적했듯이 노인, 특히 노인 여성의 노동력을 필요로 하는 프로젝트의 구상 주체는 노인 당사자가 아니다.(86) 《전성기Prime Time》에서 마크 프리드먼Marc Freedman은 미래의 자원봉사자들은 단순히 일손을 제공하기보다는 활동을 책임지고 싶어 할 것이라고 예측한다.

'생산적인 노화' 혹은 '착한 노화' 모델은 본래 강압적이다. 거의 늘 상 그런 모델은 비非노인들이 제안하며, 노화를 조명하기보다 비노인층이 품고 있는 불안과 욕망을 반영한다. 마거릿 워커는 많은 노년학 관련 글에서 인생 후반기의 의미를 이렇게 몰아간다고 통찰한다. 즉, "우리가 '생산적인 노화'를 충족하기 위해 계속 '바쁘게'" 지내야 한다거나, "우리도 한때는 사회가 인정해주는 분주한 사람들이었음을" 인생의 마지막 프로젝트로 입증해야 한다는 식이다.("Getting Out of Line," 104)

은퇴한 여성과 자원봉사에 대한 탁월한 연구에서 연구자들은 사회 참여가 모든 노인의 규범이 되었지만 한계가 있음을 지적한다. 인터뷰한 자원봉사자들은 그들의 일에 상당히 만족했다. 자원봉사를 하지 않는 자들 중에는 타인을 돌보느라 지쳐서 자신만을 위한 시간을 원하는 여성들도 있었다. 제3의 집단은 은퇴 후 가족을 돌보는 사람들인데, 이들 역시 자원봉사자로 인정받을 만하지만, 가족을 위해 하는 일은 자원봉사로 받아들여지지 않았다. 은퇴한 여성은 인생 후반기의 의미를 발견할 수많은 방법을 모색한다.(Nesteruk and Price) 주류 노년학이 권유하는 사회 참여가 지나치게 협소하다는 의견에 동의하는 다른 연구도 있다. 사회 참여 모델은 지난 몇십 년간 보여준 선택에 한계가 있음을 간과한다.(Rozanova, Keating, and Eales, 33) 사회 참여를 통해 잘 늙어가라는 조언은 특권층 노인에게나 어울릴 뿐이다. 더 나은 메시지가 개발되지 않는다면 건강이 허락하지 않아 사회 참여를 할 수 없는 그 밖의 주변 집단은 비난의 화살을 받을 수도 있다.(32~33)

미국에서 늙는다는 것이 자연스러운 과정으로 인식된다면 적절하게 늙어가기 위한 모델을 따로 만들 필요가 없어질 수도 있다. 일부는 생산성 개념이 확장되어 임금 노동뿐 아니라 사회적으로 유익한 활동까지 포괄해야 한다고 주장하기도 한다.(Alan Walker, 374) 돌봄 노동이 그 예다. 돌봄 노동이 보상과 연결되지 않고 여성들의 커다란 희생을 요구하는 한, 그것을 생산적이라 부른다 하더라도 임금 노동에는 있는 존중의 측면을 결코 얻지 못할 것이다.

《분노하는 노인 여성이 돼라Be an Outrageous Older Woman》에서 루스 제이컵스Ruth Jacobs는 한 여성에 대한 이야기를 전한다. 그녀는 2주에 걸쳐 매일 밤 일정이 잡히는 바람에 힘이 든다고 하지만, "달력에 빈칸이 생기면 바로 불안해진다."(98) 늙음을 배운다는 것은 분주한 삶이 진실로 만족스러운 것인지, 단순히 사회적 기대에 부응하는 것인지 알아차린다는 뜻이다. 그들이 바쁘기를 요구받는다는 사실을 아는 노인들은 바쁘다고 말할 것이다.(Ekerdt, 140~141) 노인은 중단 없는 활동을 "전문적이고 문화적인 이상"으로 받아들이도록 조건화되면서 한편으로 중압감에 시달린다.(S. Katz, *Cultural Aging*, 133)

이런 정설에 동의하지 않는 사람이 있다는 것은 놀라운 일도 아니다. 힘든 노동이 정체성의 핵심 노릇을 해왔다면 말년에 가서 그 방향을 다른 쪽으로 선회하기는 어려울 것이다. 그러나 그 분주함을 뛰어넘는다면 분명 해방과 희열을 만끽할 수 있다. 힐라 콜먼Hila Colman은 《뉴욕타임스 매거진New York Times Magazine》에 에세이 〈그저 디저트Just Desserts〉를 기고해 이런 발견에 대해 이야기했다. 80세에 그녀는 자신이 해야 한다고 느끼는 것들, 혹은 다른 사람들 생각에 그녀가 해야 한다고 믿는 것들, 가령 취미를 찾고 수업을 듣고 체육관에 가서 운동하고 나이보다 젊어 보이려고 돈과 시간을 투자하는 것 등을 생각하면 심장이 옥죄어왔다. 그러다가 노년은 새로운 경험이므로 젊을 때와는 달라져야 한다는 생각을 하게 된다. 마감 시간에 맞춰 끝내야 할 일이 더 이상 없다는 것은 꿈 같은 일이다. 그녀는 바쁘게 살아야 한다는 생각을 거부한다. 그녀는 "쓸모 있는 존재로 살아가는 데 지쳤다. 지금은 그저 존재하고 다만 멈춰서 바라보고 느끼고 생각하는, 나 자신에게 침잠해 들어가서 고요함을 즐길 수 있는 나만의 시간"이라는 결론을 내린다.(84)

이것을 쾌락주의라 하기는 난감하고, 다만 건강한 불순응이라고 부르자. 〈그저 디저트〉는 한 여성의 생각이 담긴 작품이지만, 가족을 돌보고 타인의 기대에 부응하면서 중첩된 책임을 감당하느라 과도하게 자신을 소모하면서 평생을 달려온 많은 여성의 경험이기도 하다. 어떤 지점에서 그들은 멈추고자 한다. 플로리다 스콧 맥스웰은 "그저 실존함에서 오는 고요"를 즐긴 80대 작가다. 1960년대에 출간된 그녀의 책《늙는다는 것의 의미The Measure of My Days》는 이제 고전이 되었다.

"평생 따라다니던 목표와 노고들을 이제는 버릴 수 있다. (……) 얼마나 큰 위로인지. 양심이라고? 그딴 건 던져버리고 그저 휴식하라. 안식하라."(119)

느려지는 것이 다만 신체적 변화를 의미할 때는 부정적으로 보일 수도 있다. 그러나 노화에서 이 측면은 상당히 복잡하다. "느려지는 것의 큰 축복은 사람, 문화, 일, 자연, 몸과 마음이 서로 깊이 연결되기 위해 시간과 평온함을 요구하는 것"이라고 칼 오너리Carl Honore는 말한다.(177) 인생 후반기가 되면 "우리의 존재가 모든 측면에서 느려지는데, 그 이유는 상황과 사람을 보다 성심성의껏 경험하고 돌보기 위해서다. 인생 후반기는, 신진대사가 빠르게 진행되어 힘에 넘치고 활기찬 몸으로 엄청난 속도로 거리를 달리면서 하나를 금세 끝내놓고 그다음 것으로 서둘러 가던 젊은 시절의 상황과는 다른" 때임을 관조하면서 몸과 마음의 연결을 깨닫는 시간이다.(Berg and Gadow, 225) 어쩌면 인생 후반기의 목적은 과거 몇십 년간 젊은 날의 부산스러운 잔치로 지쳐 있던 몸과 마음을 회복하는 것일지도 모른다.

창의성

권장된 분주함을 해결할 좋은 방법은 창의성이다. 창의성과 노화 연구의 권위자인 진 코헨은 창의성을 "뭔가 새로운 것을 귀중한 존재 안으로 가져오는 것"이라고 정의했다. 코헨에 따르면, 연구자들은 인생 후반기의 질병과 질병 자체를 구분한 후 "문제를 해결할 수 있는 잠재력"을 생각하는데, 가장 좋은 예로 꼽는 것이 창의성이다. 그의 글 〈창의성과 노화 연구The Creativity and Aging Study〉에는 지속적인 창의적 활동이 정신 건강과 신체 건강을 모두 향상시키는 것으로 나온다.(Creativity, 183~186) 그는 창의성이 "보편적 생명의 힘이요, 우리의 타고난 동력이며, 평생에 걸쳐 지속적인 성장을 추진하는 진화의 태생적 장치"라고 믿었다.(185) 코헨은 노인을 위한 건강 증진 프로그램이 가장 효과를 발휘하는 때는 창의적 활동과 결합했을 때라고 생각한다.(197) 《MATURE MIND: 장 노년기 두뇌를 새롭게 하는 8가지 방법The Mature Mind: The Positive Power of the Aging Brain》에서 그는 상실을 겪을 때는 새로운 기술과 재능에 대한 필요성이 절박해지는 만큼 창의성이 촉발된다고 썼다.(175)

케테 콜비츠Kathe Kollwitz, 루이스 니벨슨Louise Nevelson, 조지아 오키프 같은 이들은 단순한 예술가가 아니라 70대나 80대가 되어서야 창의성이 폭발적으로 분출한 여성들로, 이들이 말년에 보여준 창의성은 연구해볼 만한 가치가 있다. 전통적 사회화의 세례를 받은 여성의 경우, 자기 자신에 대한 의구심을 털어내고 그것이 무엇이든 마음 끌리는 것에 오롯이 집중하려면 평생이 걸린다는 뜻이다. 도리스 그룸바흐Doris Grumbach의 강단 있는 소설《실내악 Chamber Music》에는 90세 화자가 등장하는데, 그녀는 나이가 들면서 정서적으로 깊이를 더해가는 예상치 못한 변화를 보여준다. 어떤 형태로든 창작은 지나간 절망, 쇠락하는 몸, 죽은 친구들의 부재를 불러내는 방법이다. 그림 그리기, 노래하기, 정원 가꾸기, 소리 내어 웃기, 심호흡하기, 뜻밖의 일에 기뻐하기 등은 여전히 자아가 성장하리란 것을 기약하는 몸짓이다.[4]

중산층 어린이들은 예전에 어른들만 느끼던 분주함의 압력을 고스란히 견디면서 과도한 스케줄을 소화해낸다. 그들이 감시받지 않고 한가로이 어슬렁거리거나 멀리 자전거 여행을 다녀오는 일은 더 이상 없다. 이런 시대적 변화가 어린 시절에 대해 무엇을 암시하든 인생의 경로에서 한 가지 의미는 분명하다. 인생 후반기는 자유 시간이 많은 유일한 시기라는 점이다. 이제는 어린 시절부터 실종된, 대부분의 노동자는 누리지 못하는 의도된 빈둥거림, 그것은 점점 더 노년기에만 허용될 것이다. 창의성을 추구하는 것 역시 오랜 시간 유예된 즐거움이 될 전망이다. 작업의 일차적 목적이 예술이나 지적 탐색을 위한 것이 아닌 경우, 창의성 그 자체는 결국 노인과 연결될 것이다.

《죽을 때까지 삶에서 놓지 말아야 할 것들 Composing a Further Life: The Age of Active Wisdom》에서 메리 캐서린 베이트슨 Mary Catherine Bateson은 "오늘날 노화는 상상력과 배우고자 하는 의지를 요구하는 즉흥 예술이 되고 있다"라고 썼다. 길어진 수명으로 예상치 못했던 가능성이 발견된다.(19) 베이트슨은 여성들이 늘 "불연속적이면서 불확정적인 삶"을 살아왔다고 털어놓는다.(Friedan, 246에서 인용) 많은 레즈비언이 어머니 역할의 단절을 경험하고, 나이 든 레즈비언들은 또 그들

대로 커밍아웃 이전과 이후로 삶이 나뉜다. 그럼에도 불구하고 앞의 표현은 레즈비언보다 이성애자 여성들의 삶을 잘 대변한다. 90대 여성들이 만들어내는 삶의 즉흥곡은 70대 여성의 그것과 어떻게 다를까?

노동계층을 배경으로 하는 즉흥적 삶의 좋은 예는 메리 윌킨스 프리먼의 이야기 〈왜곡된 자비A Mistaken Charity〉(1887)다. 노동계층의 자매들이 어느 중산층 노인의 집으로 보내지지만, 중산층의 예의범절과 옷 입는 방식, 익숙지 않은 음식 때문에 괴로워하다 거기서 도망친다는 이야기다.

즐거움으로서의 창작이 초문화적으로 재현되지만, 창의성의 개념 자체는 특정 시간과 공간에 뿌리를 두고 있다. 작은 규모의 사회에서 노인들은 알려진 사실을 자기 개성에 따라 윤색하는 일 없이 있는 그대로 전수하리라는 기대를 받는다. 개성은 규모가 크고 기술이 발달한 사회에서나 통하기 때문이다. 그러나 이미 인식하다시피 창의성은 말년에 아주 중요한 측면이며, 권장된 분주함의 독성을 풀어줄 유용한 해독제다. 창의성의 발현 과정을 찬찬히 짚어본다면 노화를 불가피한 추락으로 보는 문화적 통념을 수정하는 데 도움이 될 수 있다. 베스 베이커Beth Baker가 요약한 창의성과 노화에 관한 연구에 따르면, 그림, 노래, 글쓰기와 같은 활동은 뇌피질에 새로운 뇌세포가 성장할 수 있도록 자극하기 때문에 건강에도 좋다.(*Washington Post*, 2008. 3. 11.) 노래는 상체 근육에 도움이 된다. 캔터베리 크라이스트처치대학교 연구원들은 노래가 스트레스를 날려주고 민첩성을 증가시켜줄 뿐만 아니라 감염, 심장마비, 뇌졸중에서 회복하는 속도도 높여준다고 말한다.(Fishman, 293)

과거와의 관계를 새롭게 정립하는 것도 창의성의 발현이다. NPR (미국 공영 라디오 방송— 옮긴이) 인터뷰에서 리자 시미오니Lisa Simeoni 는 앨프리드 브렌들Alfred Brendel에게 이미 수년 전에 녹음한 곡을 왜 다시 녹음하는지 질문했다.(2000. 4. 28.) 그는 모차르트 소나타를 배우 고 나서 한참이 지난 후 다시 그 곡으로 돌아가면 "새로운 경험의 판 을 짜기 시작할" 수 있다고 대답했다. 창의성은 개인의 기량이라는 생 각이 일반적이지만, 실은 표현할 기회와 그 표현을 수용할 청중에 달 려 있다.(Hendricks, "Creativity," 96) 앨리스 워커Alice Walker는 인터뷰에 서, 어릴 때 음악가가 되고 싶었지만 집에 피아노 살 돈이 없었고, 화가 가 되어야겠다고 생각했지만 물감 살 돈이 없었다고 술회했다. 글쓰기 는 재능이었다. 워커의 대표작《어머니의 정원을 찾아서In Search of Our Mothers' Gardens》는 퀼트와 정원 가꾸기로 창의적 재능을 키워온 흑인 노인 여성 화가들에게 헌정한 작품이다.

장난기는 창의성의 한 단면으로서 어린 시절과 관련된 특성이다. 어른들 생각에 그것은 미끄러지듯 사라지므로 귀하다.

"나이가 들면서 내면의 자유와 자신감이 충만해지고, 사회의 속 박으로부터 해방되는 느낌이 든다. 그래서 대담하고 기이한 행동도 할 수 있다."(G. Cohen, "Creativity," 195)

적절한 사례로 들 수 있는 것은 캐나다 브리티시컬럼비아 주 빅토 리아에서 시작된 사회 활동 집단인 '화난 할머니들Raging Grannies'이다. 지금은 캐나다 50여 개 이상의 도시와 미국 뉴욕에 지사가 있다. 그들 은 노인 여성의 전형적 스타일을 재현한다. 할머니들은 거리 연극, 노 래 패러디, 반전 노래를 만들고, 유별난 옷과 모자를 착용한다.(Caissie)[5]

인생 후반기가 된 지금 모든 길이 무덤으로 통한다는 통절한 인식이 있음을 고려해볼 때, 어린 시절 뭔가를 추구하던 마음은 진지하지만 잔뜩 겁을 먹고 있었던 것 같다. 그러나 놀이를 할 때면 지금 늙은 우리도 자의식 없이 온전히 현재 이 순간에 현존한다. 물론 이런 모습은 매우 친밀한 사람들('화난 할머니들'처럼 집단의 연대성 안에서도 가능하다)과 같이 있을 때나 나온다. '노화: 극단 스포츠'라는 표제를 달고 하이킹하는 막대기 모양의 그림이 그려진 이들의 티셔츠는 인생 후반기를 대하는 장난기 어린 태도를 보여준다. 달라이 라마Dalai Lama의 장난기 있는 쾌활한 정신은 그가 보여주는 가장 매력적인 특성 중 하나다.

영성

분주함의 윤리를 해체할 수 있는 또 하나의 열쇠는 영성적 가치에 대한 깨우침이다. 내가 말하는 '영성'이란 사적 차원에서 혹은 공식 종교제도와는 무관한 소규모 집단 차원에서 표현되는 태도와 신념, 실천을 의미한다. 일상을 초월하는 의미를 내면적으로 각성한다는 뜻이기도 하다. '종교'라는 말을 선호하는 세대가 있는 반면, 베이비부머들은 '영성'을 좋아한다.(Coleman, 168) 무신론자 혹은 이교도들도 영성을 포용할 수 있다는 점에서 종교와 영성은 다소 다른 말이다.《영성과 노화 Spirituality and Aging》에서 로버트 애칠리는 이런 질문에 파고든다. 매일 영성은 어떻게 자신의 모습을 드러내는가? 영성적으로 나이가 든다는 것은 무슨 의미인가? 영성은 정체성과 자아에 어떤 영향을 미치는가? 노화와 영성에 관한 통찰로 가득한 책《성찰 Still Here》에서 람 다스는 "이 모든 것은 무엇에 관한 것인가?", "이 모든 것의 흐름 안에서 나는 어디에 있는가?"라고 질문한다. 그는, 미국 노인들이 끊임없이 바쁘게 지내는 것을 당연하게 여기지만, "속도를 늦추고 내면으로 들어가다 보면 인생에서 가장 풍성한 경험들이 문을 열고 우리를 반길 것이다"(52)라고 말한다.

에세이〈회색의 손길 Touch of Grey〉에서 올리비아 에임스 호블리첼 Olivia Ames Hoblitzelle은 노화 과정에 신성한 차원이 내재한다는 개연성을 생각하는 것 자체가 벌써 "현 문화에 대항하는 극단적 행위"라고 말한다. 예를 들어, 우리는 시간이 소중하다는 것을 알게 된다.(28) 불교 신자에게 깨어 있는 노화는 "몸과 마음에서 일어나는 일체의 고통을 있는 그대로 관조하고 수용한다는 말이다. 또한 그것은 우리 내면에 어떤 자원이 있는지, 무엇으로 우리가 각성의 상태를 유지할 수 있는지 자각한다는 말이기도 하다."(29)

노년학자들은 교회 참여를 심리적으로 건강한 노화와 연관 짓지만, 이 두 가지의 연결고리를 입증할 증거가 "쏟아질 만큼 많은 것은 아니다." 한편, 어떤 연구들은 종교적인 사람들이 그렇지 않은 사람들보다 더 오래 산다는 증거를 제시한다.(Coleman, 52) 종교가 가진 독특한 특성 때문인가, 아니면 종교가 노년에 대한 의미를 담고 있기 때문인가? 여기에 대해서 지금까지 서로 상반되는 결과를 보여주는 연구들이 나오고 있다.(Dillon) 종교가 노인들에게 이익을 준다는 의견에 대해 토론하면서 해리 무디 Harry R. Moody와 제니퍼 새서 Jennifer R. Sasser는, 상관관계는 인과관계가 아니라는 점을 지적한다.(32) 한편, 기독교

성직자는 노인이 '영성적 양식과 도전'을 갈구하는 것에 대해 놀라울 정도로 연령차별주의적인 태도를 취하는 게 분명하다. 그들은 젊은이들을 끌어오는 것에 더 집중할 뿐이라는 지적도 있다.(Coleman, Mills, and Speck, 134) 독실한 신심과 영성에 대해 공부하다 보면 이 두 가지를 고정적이고 안정적인 특성으로 간주하는 가설에 부딪힌다. 어쩌면 이 때문에 어떤 이들은 종교에 충실하면서도 그 종교에 의문을 가지기도 한다.(Coleman, 28)

영성적 관점으로 보자면, 우리가 "지금 여기에 몰입하여 엄정해져야 한다는" 소망이 중압감으로 변질되지만 않는다면 "내면의 목소리를 듣고 염원이 무엇인지 깨닫는 능력이 집중될 수도 있다."(Haney, 47~48) 내면의 목소리에 의도적으로 귀를 기울이는 것만으로도 이미 입증된 명상의 효과를 취할 수 있다. 사실 이 수행은 심리적으로나 신경학적으로 뇌 기능을 향상시킨다. 명상 훈련을 함으로써 사람들은 "습관적으로나 기계적으로 대응하는 대신 성찰을 통해 응답한다."(Newberg, 86) 그것은 깊은 호흡으로의 전환이다.

교회를 통해 만들어진 사회망은 종교적 믿음만큼이나 유익하다.[6] 일신론자, 퀘이커교도, 흑인이면서 교회를 다니는 신자들이 특히 노인에게 우호적이다. 루스 제이컵스는《분노하는 노인 여성이 돼라》에서 교회에서는 모든 활동이 커플 중심으로 조직되었지만, 새로 가입한 퀘이커 집단에서는 이혼한 자신이 "이등 시민이 아니라 온전한 지위를 가진 사람"으로 대우받는 느낌이 들었다고 털어놓았다.(98) 교회 가는 것이 미국에서는 보편적이지 않은데도 노년학자들은 나이 많은 불가지론자, 무신론자, 이교도, 마녀 혹은 자신의 영성을 찾기 위해 집회나 예배를 거부하는 사람들을 유달리 연구 대상에서 배제하는 경향이 있다.

노화와 영성의 합체를 말하는 출처는 여러 개다. 먼저, 1970년대부터 인문학자들은 나이의 의미를 탐색하는 연구물들을 출판했다.[7] 둘째, 주류 종교에서 집단의 노화에 대한 인식이 생기면서 영성과 노화를 연결하는 프로그램 개발과 출판 활동이 잇달아 활성화되었다. 그 예로 1992년 '영성과 노화 연구소Institute of Spirituality and Aging'가 설립되었고, 버클리 신학대학 대학원과 통합했으며, 세인트폴에서는 멜 킴블Mel Kimble 목사가 '노화·종교·영성센터Center of Aging, Religion, and Spirituality'를 루터 신학교에 개설했다. 세 번째 영향으로 꼽는 것은 필라델피아에서 현자로 알려진 랍비 잘만 샤흐터 샬로미Zalman Schachter-Shalomi가 1986년에 설립한 '영성 성장 연구소Spiritual Eldering Institute'에서 집단이 결성되기 시작했고, 다른 여러 지역으로 확산되었다는 점이다. 지금은 '전체론 연구를 위한 오메가 연구소Omega Institute for Holistic Studies'의 지원을 받아 '깨어 있는 노화' 프로그램이 운영되고 있다.[8] '깨어 있는 노화'의 인기는 1960년대 대안운동에 참여한 사람들이 늙어가는 것과 때를 같이한다.(Atchley, *Social Forces*, 294) 전국 규모의 다학문적 집단인 '미국노화협회American Society on Aging, ASA'가 주관하는 종교, 영성, 노화에 관한 포럼은 미국노화협회 웹사이트를 통해 연례회의를 진행하고 회원들을 서로 연결해준다. 이외에도 비공식 집단들이 있는데, 이런 집단들은 노화의 영성적 차원에 관심 있는 노인들이 자발적으로 구성했다.

노화와 영성에 대한 관심은 뉴에이지의 신념, 페미니스트 영성, 미국 불교, 에설런Esalen(미국 비영리 대안교육 기관—옮긴이)의 마음-몸의 다양한 기법, 인본주의 심리학, 마사지, 변화된 의식 상태 등의 역할에 힘입기도 한다. '뉴에이지'라는 용어가 지극히 변화무쌍해 이제는 상품용 태그를 제외하고는 거의 무의미하게 되었다고는 하나, 많은 미국인, 특히 중산층의 삶을 근본적으로 바꾸어놓았으며, 향후 그들의 노화 방식을 이끌게 될 것은 의심할 여지가 없다. 뉴에이지의 영향을 받은 사람이라면 어떤 기법이나 수행 방식을 동원해서라도 분주함으로는 결코 조우할 수 없는 의미를 추구할 것이다.

반면, 북미 인디언식이라고 알려진 영성적 수행을 선택한 사람들은 인디언 문화를 도용했다 하여 비난받는다. 모호크족인 베스 브란트Beth Brant를 비롯한 다수의 인디언 작가들은 19세기 그들 땅의 침탈을 오늘날의 종교 침탈과 연결하면서 도덕적으로 강하게 반발한다. 북미 인디언식 우주론과 의례에 매혹된 백인들은 충분히 이해할 만하게도 뭔가 의미 있는 것을 추구한다. 그러나 그들은 인디언들의 믿음과 의례, 수행이 시작된 근원적 맥락을 결코 재창조할 수는 없다. 분명 북미 인디언 문화의 특징인 노인 공경은 백인들도 자기 문화의 일부로 수혈받고 싶어 하는 부분이다. 흔치 않지만 두 문화를 결합하는 경우가 있는데, 가령 애리조나 나바호족 중 일부 노인들은 여름은 가족과 보호구역에서 보내고 겨울은 양로원에서 지낸다.

노화에 접근하는 영성은 노화 과정에 존재하는 모호함과 신비의 요소를 인식하고, 노화에 맞서 싸우는 것이 무상함을 알아보고, 나이 들어가는 것에서 가치를 찾도록 우리를 고무한다.(Holstein and Waymack, 198) 이것은 아름다운 몸매와 젊은 외모로 칭송받아온 여성들에게는 곤혹스러울 수 있다. 스웨덴 노인 여성의 연구에서는, 비록 그들이 몸의 변화에 대해 부정적으로 이야기하지만, 최고로 잘 어울리는 옷을 차려입으면 자부심을 느낀다고 말한다.(Krekula, 165)

페미니스트 영성에서는 가부장적 종교가 부흥하면서 가장 크게 영향력을 잃은 것이 노인 여성인 만큼 애초에 그들이 중심이었을 것이라고 생각한다. 샬린 스프레트낙Charlene Spretnak과 스타호크 Starhawk 같은 작가들은 여성들이 존중받던 기독교 이전의 영성적 전통을 탐구한다. 페미니스트 영성은 환경운동과도 강렬하게 연계되어 있다. 페미니스트들은 중세 독일 신비주의자이자 치유자이며 대수녀원장, 작곡가, 작가, 그리고 비전을 제시하는 생태론자인 힐데가르트 폰 빙엔Hildegard von Bingen을 존경하며, 매튜 폭스Matthew Fox가 '녹색의 힘viriditas'으로 번역한 힐데가르트의 개념을 귀중하게 여긴다.[9]

노년이 개인의 성장을 허락하는 시기라는 생각은 권장된 분주함에 대항하는 대안이다. '나이 듦'은 우리에게 "개인적으로 만족할 만한 방법을 찾아 만개할 수 있는" 자유를 눈에 띄지 않게 선물한다고 마사 홀스타인은 적고 있다.("Women's Lives," 240) 성장은 영적·도덕적 업무로 구현될 수 있다. 그리하여 메이 사턴이 《지금 우리 그대로》에서 등장인물 카로 스펜서의 입을 빌려 "내 의지와는 상관없이 들어오게 된 이곳 양로원, 이 지옥에서 나는 온전히 나 자신이 될 생각이다"라고 말하게 한다.(4) 그녀는 삶의 의욕을 잠식하는 '불온한' 분노를 피하고 싶어 한다. 그러한 분노에 잠식당하는 순간 자살을 떠올릴 수도 있기 때문이다.(13) 개인의 성장이 말년에 적합한 이유는, 그때는 책임이 적어지고 경쟁력을 갖추라고 속삭이는 에고의 욕구도 바래고 타인의 의견에 구속되지도 않을뿐더러, 시간이 얼마 남지 않았다는 생각에 성장에의 동기가 자극받기 때문이다.(Kalish, 126) 그러나 여전히 돌봄 노동을 제공해야 하는 몇몇 노인 여성들도 있고, 그들의 노동 대상이 치매 환자일 경우 그 책임은 과중하기까지 하다.

개인의 성장은 편안한 노화의 일부다. 어떤 이들에게는 예전에 비수같이 꽂히던 인종차별주의, 성차별주의, 동성애 혐오, 비만 혐오 등의 메시지가 이제는 무뎌졌다는 의미일 수 있다. 비판적이거나 권위적인 부모나 배우자가 죽음으로써 노인은 자신을 더 크게 확장 수용할 수 있다. 돌봄 노동을 계속하다가 자신도 이제 도움을 받을 정도로 약해졌다는 느낌이 들면서 처음으로 부모에게 연민을 느끼기도 한다. 어떤 형태의 성장이건 많은 예술가와 작가는 노화를 "자기 자신이 되는 것"으로 본다.(Rentsch, 263) 극도로 바쁜 생활은 그런 요구를 들어줄 틈을 주지 않는다. 굳어진 신념과 관행, 그리고 '보편화된 관점'으로부터 멋지게 벗어난 탈출기의 결말 부분에서 돈 존슨Don Johnson은 "이제 나는 나만의 독특함 안으로 이완할 수 있겠다"라고 말한다.(219) 이것은 노화가 그럴 수 있음을 요약한 말이다.

틱낫한Thich Nhat Hahn의 《틱낫한 명상The Miracle of Mindfulness》과 엘런 랭어의 《마음 챙김Mindfulness》에서 두 사람 모두 현재 순간에 집중하고 지금 여기에 사는 것의 가치를 보여준다. 여기서 제시하는 훈련을 통해 우리는 노화와 더불어 찾아오는 신체적 둔화를 편하게 마주 볼 수 있다. 반드시 느려짐을 받아들일 필요는 없으나, 어떤 이들에게는 이런 변화를 수용하는 것이 영성 수행의 일부가 되기도 한다. 리어노어 프리드먼Leonore Friedman은 수필 〈러시아 인형처럼 나이 들기

Aging as a Russian Doll〉에서 "실패담이나 수치스러운 이야기를 장황하게 늘어놓지만 않는다면 그다음 일어나는 일은 사적이고 개인적인 비극이 아니라 거대한 계획 안에서 진행되는 만물의 작동이다"라고 쓴다.(77) 물론 마음 챙김은 어느 연령에서나 가능한 수행이다. 하지만 임금 노동자, 부모, 돌봄 노동자 등은 너무 바빠서 그 수행에 접근할 수 없다가 은퇴나 파트타임 노동으로 상황이 변할 때 명상과 같은 영성 수행을 시작할 수 있다. 물론 직업이 없는 삶이라 하더라도 직업을 가졌을 때만큼 바쁘지 않아야 가능하다. 충분한 시간이 있다는 생각은 우리 사회에서 사치에 가깝다. 수행은 시간과의 관계를 되돌아보면서 분주함이 실은 자처해 감염된 것임을 깨닫도록 도와준다. 우리가 조용히 침잠해 명상할 시간을 낼 때, 자아의 아직 개발되지 않은 부분에서 희미한 신호가 올 수도 있다.

고요함은 영성의 일부다. 70세가 넘은 사람들은 대형 휴대용 카세트 라디오도 없고, 머리 위로 날아다니는 해군 곡예비행팀의 비행 소리도 없고, 왕왕거리는 텔레비전 광고도 없고, 콘서트나 영화를 보는 중에 울리는 삐삐도 없고, 제트 스키, 사륜차, 강력한 모터로 돌아가는 정원용 송풍기, 상점이나 식당 등에서 호객을 목적으로 내보내는 배경 음악 같은 소음 공해가 덜 하던 시절을 기억한다. 농장이 개발자들의 손에 들어가고 언덕이 건축주에 의해 평지로 바뀌는 시기에 소음의 공격으로부터 멀찍이 떨어진다는 것은 상당히 어려운 일이다. 사방이 고요한 장소에 쉽게 갈 수 있는 미국인은 거의 없다. 파트너를 잃은 노인에게 침묵은 참담할 것이다. 수십 년간 불행한 상태로 함께 살아온 사람들 사이에 침묵이 끼어드는 것만큼 고요하지도 편안하지도 않은 경우도 드물다. 그러나 자신의 경험의 의미를 찬찬히 들여다보고자 내면으로 들어가려는 노인에게 침묵은 반갑다. 침묵은 분주함이 앗아간 정신적 힘을 복원시켜 준다. 그것은 놀라운, 그리고 때로는 달갑지만은 않은 통찰을 가져다준다. 침묵 속에서 치유의 입김을 감지한다면 무척이나 드문 선물을 받은 것이다. 노년에 식구나 의지할 친구가 가까이 있지 않을 경우, 고적함이 우리를 보호해준다.

인생 후반기의 영성은 잃어버린 신체의 힘과 기동력에 대한 보상물처럼 여겨졌으나, 그것은 이분법적 사고방식이다. 영성의 근원은 몸, 특히 호흡에 있다. 나이 들면서 호흡기가 약화되는 경향이 있기 때문에 모든 호흡 운동이 노인에게 유용하다. 호흡에 집중하면 몸의 자연스러운 리듬과 몸의 상호관련성에 대해 좀 더 민감하게 알아차릴 수 있다. 미국에서 인기를 얻고 있는 태극권과 기공 같은 아시아식 수련은 5장에서 언급했던 다양한 보디워크 방식과 요가, 명상과 같은 맥락에서 마음과 몸의 일체를 도와준다.

몸에 기반을 둔 영성은 신체 능력의 쇠퇴와 상실에 대해 솔직할 것을 요구한다. 바버라 힐리어Barbara Hillyer는 노인 여성이 이 사실을 솔직하게 털어놓으려면 "실제와는 상관없이 그저 쾌활하기만 바라는 문화적 권유를 거부하는 것부터 시작해야 한다"라고 말한다. 낙상할까봐 두려워하고 시력이나 청력의 상실을 두려워하는 그녀의 속마음은 "페미니스트는 나이가 들어서도 여전히 슈퍼우먼이고, 자신의 노화에 대해서도 늘 낙관적일 것"이라는 우리의 기대를 저버리는 것일 수도 있다.(55) 도리스 그룸바흐가 회고록《엔드 존으로 들어감Coming into the End Zone》을 출간하자 일부 독자들은 그녀가 몸의 노쇠 징후를 너무 암울하게 서술한다고 불평했다.(*Extra Innings*, 126~127) 그들은 자기네들이 좋아하는 저자가 나쁜 소식은 걸러내 주기를 바랐던 것이다.

일부 노인이 필수품을 줄이는 것은, 가령 그것이 소유물을 버리거나 더 작은 거주지로 옮기는 등의 일상적인 방식으로 드러나건, 오래된 편견, 비탄, 반감, 형제들 간의 경쟁심 등을 털어내는 것처럼 보다 내면적 방식으로 진행되건 영성을 반영하는 것일 수 있다. 느림과 고요한 상태로 있는 것을 좋아하는 사람에게는 세속의 물건이 그다지 소중하지 않다. 쇼핑몰이 그저 초현실적인 서커스처럼 보일 수도 있다. 마음을 내면으로 향하게 하는 동시에 산더미처럼 쌓인 소유물을 과감하게 처분하는 행위는 외부 세상과의 단절이 아니라 그것의 간섭을 줄이는 일이다. 이런 일이 일어날 때, 우리는 완결되었다는 말의 오래된 의미이기도 한 최고조의 고결함을 경험한다. 도리스 그룹바흐, 플로리다 스콧 맥스웰, 피셔 같은 80세가 넘은 작가들이 이런 느낌을 전한다.

늙음을 배운다는 것은, 판세를 거머쥔 물질주의의 기준으로 우선순위가 결정되거나 의미가 자리 매김되는 세상에서는 늙음의 가치가 몰락한다는 것을 알아챘다는 뜻이다. 가령 우리 사회에서는 재빨리 움직이는 것이 높은 평가를 받기에 노인은 다른 사람들보다 느리게 움직일 때 보통 사과한다. 지팡이나 보조기를 사용하는 늙은 여성은 어떻게 하면 그들의 속도가 열등한 것이 아니라 다를 뿐이라고 믿을 수 있을까? 미국 생활의 상당 부분을 대표하는 가속화는 노인에게 어떤 미묘한 해를 끼치게 될까? "느림, 때때로 멈춤, 고요하게 되돌아보기의 가치를 깨우치는 것"이야말로 인생 후반기에 반드시 필요하다.(Rentsch, 271) 그러한 가치가 영성과 연관이 있든 아니든 그것이 심리적으로 많은 이점을 안기는 것은 분명해 보인다.

영성적 가치를 모르고서는 젊음을 숭배하는 미국 물질주의 문화와 그에 상응하는 늙음 비하 문화를 연결해서 사고하기가 어렵다. 19세기 미국 작가들은 미국 건국자들의 이상을 넘보는 생산/소비 모델에 대해 우려했다. 초월주의자들은 순응을 물질주의와 연관시켰다. 월트 휘트먼Walt Whitman은 인간들의 정서적 유대로 비인간적 산업주의를 상쇄할 영성적 가치가 창출된다고 생각했다. 마거릿 풀러Margaret Fuller는, 민주주의는 여성의 협동적인 힘, 자기의존성, 노인 여성에 대한 배려, 다양한 배경을 가진 시민들에 대한 존중을 통해서만 꽃필 수 있다고 믿었다.(Avallone, 140)

최근 수십 년 동안 대기업은 다소 독립적이던 영역(교육, 예술, 국립공원)으로 진출했다. 만약 지금 당신이 요세미티 미러 호수에 비친 경관에 감탄하고 있다면, 그곳은 아마 거대 정유회사가 공원에 돈을 지원했다는 안내판 옆일 것이다.

"기업들이 공공 기관과 공간을 다시 만들고 있다."(Schor, 9)

이 모든 것이 노인들에게 의미하는 바는, 휘트먼, 에머슨, 소로, 풀러가 살던 시대보다 상업의 가치가 훨씬 더 팽배해졌으며, 노인을 하찮게 여기는 물질주의는 19세기 혹은 불과 10년 전과 비교해서도 더 기승을 부린다는 것이다.

노년학자 라스 톤스탐Lars Tornstam은 이러한 노인의 가치 저하에 대립할 대항마로서 '노년초월주의gerotranscendence'라는 개념을 제안한다. 그것의 구성 요소에는 과거 세대와 차세대의 연계에 대한 인식의 확대, 우주 생명력에 대한 깊은 깨달음, 피상적 사회 접촉에 대한 문제의식의 고양, 물질적 상품에 대한 관심의 감소, 줄어든 자기중심성 등이 있다.(41) 이런 특성들은 중년보다는 노년에게서 발견되는 경우가 많지만, 노년초월주의가 보편적이라거나 문화적 가치에서 중립적이라는 주장(45)은 상당히 의문스럽다. 이 개념이 나오게 된 연구가 스웨덴과 덴마크 사람들을 대상으로 실시된 것이기 때문이다. 그럼에도 노년초월주의 이론이 가진 장점은, 중년과 구분되는 노년만의 특성을 추구한다는 점과 '성공적인 노화'에 숨겨진 의뭉스러운 판단이 없다는 점이다.[10]

지금 살아 있는 노인의 수 자체는 생명에 대한 영성적 차원, 적어도 비물질적 차원을 돋보이게 한다. 그 인구의 상당수가 더 이상 상품과 서비스 생산 고리에 맞물려 있지 않다는 의미이기 때문이다. 즉, 워즈워스가 산업시대의 삶을 간결하게 묘사한 대로 "벌어서 써버리는" 사이클에 더 이상 매달려 있지 않다는 말이다. 그러므로 그들 인생의 의미는 물질적인 것 그 이상임이 분명하다. 그렇지 않다면 그들은 모든 생산자에게 방해만 되는 존재일 따름일 것이다. 물론 그렇게 생각하는 사람들도 많다. 그러나 그들은 비공식 노동이라 임금을 받지 못하는 노인, 특히 늙은 여성이 수행하는 일의 경제적 가치를 보지 못하거나, 우정, 지식, 삶의 경험이 지닌 보다 추상적인 가치를 모르고 있다. 나이 든 사람들은 자연스럽게 자기 삶에서 가치를 알아보고, 지속되는 실존을 바람직한 것으로 간주한다. 한편, 그들은 비생산적이라고 낙인찍힌 사람은 누구나 무시해버리는 사회에서 늙어가고 있다. 이들의 노동이 눈에 띨 정도는 아니기에 노인들은 오히려 우리 사회의 노동에 부여된 매우 거대한 가치에 은연중 도전장을 던지고 있다.

비판적 노년학

노년학은 광범위한 영역을 다룬다. 세포에서 장기까지, 개인에서 전 세계 인구에 이르기까지 다양한 주제가 즐비하다. 노년학자들은 많은 학문에 종사한다. 하지만 지식의 통합적 핵심과 학제 간 연구의 모델이 빈약하다.(Estes, Binney, and Culbertson, 50) 노년학과 노인병학이 때로 동의어로 쓰일 정도로 노년에 걸리는 병과 노년의 경계가 모호하다.

주류 노년학은 명시적이건 암시적이건 노화 과정을 관리하는 데 초점을 맞추는 반면, 비판적 노년학은 우발성, 모순, 모호성의 해석틀을 제공한다. 달리 말해서, 관리보다는 가능성의 개념으로 확장할 수 있는 통찰을 제시하고자 하는데, 이것은 일정 정도 포스트모던적 사고의 예시라 할 수 있다.

비판적 노년학은 경제학, 사회과학, 페미니즘, 인문학으로부터 노화에 대한 관점을 취하며, 1970년대 말부터 시작해 지난 10년간 특히 괄목할 만한 학문으로 발전했다. 비판적 노년학이 반드시 필요한 까닭은 주류 노년학의 숨은 가설과 가치판단적 해석으로 인해 권력과 계층, 인종과 젠더 등의 이슈가 은폐되기 때문이다. 비판적 노년학은 나이에 대한 전통적 사고방식을 문제 삼을 뿐 아니라 학문으로서의 노년학 자체를 문제 삼는다.(Zeilig, 8) 그 핵심에는 "노화에 대한 우리의 사고가 변해야만 한다"는 공감이 있다.(30) 비판적 노년학은 노화의 양적 연구를 우선시하는 태도에 의문을 제기하고, 인생 후반기를 바라보는 역사적·철학적 관점을 통합하며, 노화에 대한 문화적 이미지의 영향력을 분석한다.(Ray, "Coming of Age") 이런 식으로 노년학의 범위를 확장한다.

  비판적 노년학은 "사고의 영역, 즉 사고가 규율과 전통을 수집, 결집하고 횡단하면서 소통하는 자기장"으로 묘사되어왔다. 그 말은 즉, 비판적 노년학이 "이론적으로 불안정하고 불확정적"이며 그만큼 유연하다는 뜻이다.(Stephen Katz, *Cultural*, 86; 91) 주류 노년학이 느린 코끼리라면 비판적 노년학과 페미니스트 노년학은 같은 영역에 서식하는 재빠른 가젤이다. 이 둘은 긴밀한 연관이 있지만, 별개의 영역으로 보는 것이 유용하다. 오직 페미니스트 노년학만이 여성의 이슈에 주력한다. 노인 여성에게만 해당하는 건강 문제 연구와 몸에 대한 노인 여성의 태도 연구는 페미니스트 학자들에게서 나올 가능성이 더 크다. 그들만이 늙은 여성이 자신의 몸을 보면서 느끼는 수치심을 포함해 불쾌감의 문제까지 건드린다. 비판적 노년학자들은 세계화와 노화의 관련성을 중심으로 앞장서왔고, 페미니스트 학자들은 이제 그것을 탐색하는 단계다.

  비판적 노년학의 발판으로서 정치경제학은 "노인을 복속시키고 변방으로 밀어내는" 구조가 형성될 때 자본주의와 국가가 어떤 역할을 하는지 검토한다.(Estes, "Theoretical," 231) 에스테스는 노인의 의존성을 키우고 그들을 주도적으로 통제·지휘하는 모든 서비스 제공업자, 대행사 직원, 정책 입안자, 그 밖의 전문가들을 지칭하기 위해 '노인 겨냥 사업'이라는 말을 만들었다.("New Political Economy," 25) 비판적 노년학자들은 사회에서 권력의 배열과 불균형을 재생산하고 자신만의 영리를 추구하는 제도들을 살핀다.(Estes, Biggs, and Phillipson, 21)

주류 노년학에서는 권력과 지배의 이슈를 다루지 않는다는 것을 파악한 비판적 노년학자들이 푸코Foucault의 저술에 영향을 받아 어떻게 노인이 관리되는지, 그러한 관리에 맞서는 노인의 저항은 어떤 형태를 띠는지 질문한다. 나이 든 미국인들은 그들을 분류하고 낙인찍고 고립시키는 연령별 정책으로 인해 "상품으로 가공처리된다."(Estes, *Aging Enterprise*, 2) 도움을 제공하는 직업도 지금은 직접적인 사회적 돌봄보다는 감시 체제에 더 가깝다.(Powell, 671) 비판적 노년학은 사람 중심이 아니라 업무 중심의 도구적 성격을 띤 시장 논리가 돌봄과 같은 영역에 개입하는 것은 "적절하지도 않고 해가 될 수 있다"고 문제를 제기한다.(Holstein, "Ethics and Old Age," 638) 그러나 이미 시장 논리는 사람 중심의 돌봄 언어를 그대로 차용하는 법을 배웠다.

정치경제학은 통상적으로 "개인의 적응 여부에 과도하게 몰두하던 예전의 불균형한 시각"을 바로잡고, 국가 정책이 여러 노인 집단에 균등한 영향을 미치도록 설정되지는 않았다는 사실에 주목한다.(Alan Walker, 69; 72) 또한 고령 인구 때문에 경제 위기가 불가피하리라는 억측을 반박하고(S. Katz, "Critical," 9), "실현 가능한 비전"을 제안한다.(Estes, Biggs, and Phillipson, 152)

도덕경제에 따르면 상호호혜가 가능하다. 노인이 타인과 서로 호혜적 관계를 맺는 것에 대해서는 2장에서 다루었다. 도덕경제는 개인이 "자율적인 도덕 주체"라는 관점에 대해 시시비비를 따지고(Robertson, 85), 권리만큼이나 의무도 신중하게 생각하며, 그들이 상품화되는 시장의 논리에 의문을 제기한다.(86) 세대 간 재산 이동의 정확한 분석을 통해 나이 든 부모가 실업자 자녀를 "세계 경제의 휘몰아치는 파도에 가라앉지 않도록" 도와주는 현상을 보여준다.(Roszak, 38) 이러한 상호호혜성의 분석틀이 없다면 노인은 경제에 쓸모없는 혹이다.

주류 노년학은 다양성을 피억압 집단과 특권 집단 사이의 권력관계에 개입하는 것으로 파악하기보다는 특정 집단과 관계 있는 것으로 보는 관점의 문제를 안고 있다.(Calasanti, "Incorporating Diversity," 155) 다름에 대한 연구에서는 지배 집단을 용인할 수 없다고 했다가, 집단이 서로 분화되는 이유를 묻는 연구에서는 "지배 집단을 인종 집단과 결부시키고 모든 집단을 교차 결부시킨다."(148)(문화적 다양성은 6장과 7장에서 살펴보았다.)

전통 노년학에서는 여성의 은퇴의 거의 모든 책임이 개인에게 있다고 강조하지만, 비판적 노년학은 어떤 구조가 있기에 많은 여성이 수십 년간 노동을 해도 돈을 모으기가 어려운지를 질문한다. 삶의 만족도 조사에서 전통 노년학은 인생 후반기의 행복에 여행이 크게 기여할 것이라고 결론 내릴 것으로 예상되는 반면, 비판적 노년학자라면 그러한 결론에 깔려 있는 계층적 편견을 지적할 것이다. 전통 노년학이 직선적 시간의 개념을 동원하고, 연구 대상자와 질문자가 삶의 만족도에 대해 동일한 관점을 공유한다고 전제하다 보니 그들의 분석틀 안에서는 '삶의 다층적 복합성'이 드러날 수 없다. 그들은 사회적 연대를 간과하며, 연구 대상자의 삶이 완결된 것처럼 생각한다.(Gubrium and Lynott, 31~37) 하지만 노화는 "비직선 형태로 흐르면서 잃고 얻는 것이 동시에 일어나는 과정"이다.(Manheimer, "Wisdom," 435) 그러한 시간 인식은 전통적 척도와 테스트를 무기력하게 만들 것이다. 기존의 측정 방식이 노년학에서 중요한 역할을 할 수 있었던 것은 노년학이

사회과학이나 인문학처럼 '해석 중심'이 아니라 자연과학처럼 '계량분석법'을 이용했기 때문이다.[11]

사회 계층화 과정은 노인을 분리시킨다. 그러므로 "그런 과정이 어떻게 일어나고 어떻게 바뀔 수 있는지"를 밝히기 위해서 비판적 분석이 필요하다.(Vincent, "Globalization," 268) 어떻게 그런 과정이 바뀔 수 있을까? 여기에서 사회적 정의에 대한 비판적 노년학의 관심이 여실히 드러난다.

비판적 노년학자들은 지금껏 무소불위로 버티는 노인 대상의 약물 처방 상황에 대해 의문을 제기한다. FDA에 TV 약물 광고 금지 조항을 부활시키라고 촉구하는 것은 이들이 문제 제기하기에 좋은 출발점이 될 수 있다. 미국과 뉴질랜드에서만 이런 이상한 관행을 허용한다. 약물로 인한 무기력증, 착란, 어지러움 등으로 기력이 약해지기 때문에 처방약과 낙상의 연관성에 대해 훨씬 더 많은 연구가 필요하다.

비판적 노년학은 우리가 치매를 이해하는 것 중에서 생물학적인 것은 어느 정도이고, 사회적 해석틀로 분석해야 할 부분은 얼마나 되는지를 질문한다.(Holstein, Parks, and Waymack, 221)

생명의학의 틀 안에서 보는 노화 문제는 신체의 쇠락 혹은 개인의 적응 실패에서 오는 것이지 정부의 정책이나 사회적 불평등의 결과는 아니다.(Townsend, 19) 중요한 것은, 적응이나 적용의 개념은 노인뿐 아니라 어린이, 약자, 장애인, 이민자, 죄수, 새로운 생활을 시작하는 전과자 등에게도 해당된다는 것이다.(Hazan, 21) 개인에 대한 연구가 의미 있으려면, 그 개개인이 "늙어가는 것과 관련하여 제반 압력에 어떤 식으로 저항하는지" 그 방법을 포착해야만 한다.(Phillipson, *Reconstructing*

  노년학자와 노화 정책 입안자 모두 '생산적인 노화'와 '성공적인 노화'를 앞세워 노인의 사회적 수용을 도모한다고 하지만, 비판적 노년학과 페미니스트 노년학은 긍정적으로 들리는 그런 용어 아래 어떤 가설이 숨어 있는지 질문한다. 성공적인 노화와 생산적인 노화는 그 밑바닥에 거의 모든 것을 감수하는 개인의 책임과 개인의 노동, 심지어 인생 후반기를 가치 있게 만들기 위한 많은 것의 포기가 있기에 가능하다. 게다가 운이 따르지 않고, 불리한 계층에 속하고, 수십 년간 고달픈 육체노동에 종사하고, 자기 돌봄을 깨달을 시간이 부족할 정도라서 '성공적'이고 '생산적'인 노화가 자기 삶과는 무관하고 무의미한 사람들은 아예 논외로 내쳐진다. 이들의 논리 뒤에는, 국가는 최소한의 지지만 할 뿐, 우리 자신을 부양하고 노화를 관리할 의무는 전적으로 우리에게 있다는 가설이 있다. 이는 위계적 정신 구조에서 나온다.(Holstein and Minkler, 791) 요즘 인기 있는 안티에이징 약품도 비슷한 한계를 가지고 있다.(Holstein, "Feminist Perspective") 안티에이징 같은 이상을 실현하고 싶다면 노인의 입장에서 엄격한 자기검열과 자기규율이 필요하다. 반면, 노인이 외부의 강압적 고삐를 느슨하게 풀어 헤치고 굴곡진 울타리로부터 해방된다면 자기 방식대로 창의적이고 깨어 있는 노화를 선택할 수 있을 것이다.

  전통적으로 노년학은 실증주의에 바탕을 둔 것으로서, 양적 측정과 관찰이 가능한 현상들에 기반을 두어 지식을 얻는 철학이다. 그 영향을 받아 노년학은 노화를 질병 혹은 결핍으로 간주하고 이에 집중한다.(Manheimer, "Wisdom and Method," 427) 반면, 비판적 노년학은 과학적 자료의 본질이 연구자 관점이라는 주관적 요소와 분리될 수 없다고 주장한다.(Lynott and Lynott, 301) 달리 말해, 지식은 변화무쌍하고 상대적이고 여러 해석이 가능하며, 우리의 '인식 필터'를 거치기 마련이다.(Hendricks, "Generations," 32) 물론 그 여과지에는 우리의 생각과 연구 방식, 정치학이 포함된다.(Hendricks and Achenbaum, 33) 또한 실증주의의 확실성 대신, 다원주의, 파편화, 문화적 다양성, 주관성을 인정한다.(Polivka and Longino, 198)[12]

7장에서 논의했다시피 우리의 인식 필터는 노화에 개입된 계층, 인종, 특히 젠더의 의미를 모호하게 흐려놓는다. 노인의 태도 평가 조사에서 미래 계획을 세운다는 항목은 훌륭한 정신 상태와 정신 건강으로 해석되지만, 그 계획의 실행 능력은 중산층의 특징인 충분한 자원과 자기 삶에 대한 통제 능력에 좌우된다. 근근이 먹고사는 사람들은 그 대상이 아니다. 연구자들은 나이를 일차적 지위라고 여긴 상태에서 질문지를 작성한다. 그러나 많은 흑인, 멕시코계 미국인, 아시아인, 아메리칸 인디언들은 생존이 일차적 관심사인 사람들이다.(Dressel, Minkler, and Yen, 280)

비판적 노년학과 페미니스트 노년학 둘 다 노인들을 정치적·경제적·사회적 지배로부터 해방시킨다는 목표를 공유한다. 또한 두 학문 모두 노인들에게 어떻게 노화 과정이 전개되는지를 알려주고, 그들을 고정된 범주로 묶으려는 교묘하면서도 강압적인 메시지의 속셈을 밝히겠다는 두 가지 목적을 공유한다. 두 노년학 모두 주류 노년학에 막강한 영향을 미치는 상실의 패러다임이 왜곡되고 편향된 관점이라고 주장한다. 의료인류학자 재니스 그레이엄Janice E. Graham과 피터 스티븐슨Peter H. Stephenson에 따르면, "상실을 문제 삼는 것은 그것을 잊어 버리겠다거나 하나의 체험으로 축소하려는 것이 아니다. 그보다는 삶에 의미를 부여함으로써 상실에 직면하고 의문을 품고 적용하고 협상하고 협력하고 때로는 그것을 극복하기 위함이다."(xv) 노화를 이런 식으로 보는 비판적 관점은 특히 여성에게 유리하다. 왜냐하면 여성들의 연장된 삶이 사회 구조, 연구 뒤에 숨어 있는 오류투성이 가설들, 상실에 대한 과잉 강조, 사회보장연금이나 메디케어를 민영화하려는 시도 등에 의해 부당한 영향을 받을 수 있기 때문이다.

인문학적 노년학과 비판적 노년학, 인문학의 영향을 받은 사회과학 분야 등에서 인용한 여러 자료는 모두 오늘날 노년학의 가장 중요한 이론적 힘이 되어주고 있다. 페미니스트 노년학에는 노화에 대한 미국인의 사고방식을 바꿀 잠재력이 있다. 그러나 두 가지 커다란 장벽이 우리를 가로막고 있다. 인문학은 전반적으로 지금까지 노년학에 거의 영향을 미치지 않았으며, 인문학 전공자들은 자기네 메시지를 들을 대규모의 청중을 찾아야 한다. 맥아더 재단이 주관하는 10년 기한의 노년 연구에서 인문학 전공자들은 배제된 실정이다.(Achenbaum, 425~426) 게다가 저술가들이나 텔레비전 인터뷰어들이 노화 문제에 대해 논평할 때, 의사, 과학자, 정부 공무원, 인구 통계학자에게 도움을 구하지 철학자, 비평가, 예술가를 찾지는 않는다.(430) 그 결과, 노화에 대한 단면적 관점이 지속된다. 늙음을 배운다는 것은 적어도 사회과학 만큼이나 인문학과도 친해질 것을 요구한다.

결론

점점 많은 미국인이 은퇴 후 25~30년 이상을 더 살게 되는데, 이는 그들 부모와 조부모가 상상하지도 못했을 의미 있는 여가와 즐거움을 누릴 기회다. 그러나 이런 인구학적 변화를 인생 말년에 어울릴 만한 가치들로 대응하지 못하고, 대신 노동과 생산성이라는 중년의 가치만을 강조하고 있다.

"현명하지 못하게도 우리는 효율성, 생산성, 혹은 권력의 찬미에 취해 결국 인생 후반기의 의미를 비하하는 가치에 호응하고, 그들의 도덕적 주장에 머리를 조아린다."(Moody, "Age," 34)

이것은 근시안적일 뿐 아니라, 만약 '생산적인 노화'가 노인들, 특히 그중에서도 가장 가난한 여성들에게 배정될 공공 지원을 축소시키려는 근거가 된다면, 이는 분명 성차별에 해당된다.(Holstein, "Women's Lives," 240) 우리는 인문학을 통해 "인간으로서 우리가 만나는 한도 끝도 없는 복잡성과 (……) 혼돈의 바다에서 명료함을 건져 올린다."(Whitehouse and George, 300) 노년 이외 그 어디에도 이렇게 복잡다단한 곳은 없으며, 그만큼 명료함에 대한 갈구가 강하게 공존하는 곳도 없다.

인생의 마지막 단계를 위한 도덕적 주장은 무엇으로 구성되어야 할까? 그중 하나는 노년까지 생존하는 것은 본질적으로 좋은 것이라는 믿음일 것이다. 이는 적어도 종들이 빠르게 사라지기 시작하기 전 자연세계의 무한한 다양함과 풍요로움처럼 좋은 것이다. 오래 살면서 자신의 재능을 충분히 꽃피우는 사람들은 우리에게 인간의 잠재력이 무엇인지 보여준다. 우리는 나이와 무관하게 생명력이 아주 강한 사람과 만남으로써 혜택을 얻는다. 불과 20년 전만 하더라도 삶의 다양성은 오늘날만큼 선명하지 않았다. 노동으로부터의 장기적 해방은 지금 당장은 상상하기 어려운 성장과 쾌락, 즐거움, 깨달음의 가능성을 선사한다. 그런 희망이 없다 하더라도 노년은 본래 좋다. 심지어 그것과 함께 오는 모든 불행과 비하를 감수하고도 좋은 것이다. 노년이 본래 좋다는 가설을 받아들이기 위해 종교적 관점을 채택할 필요는 없다. 인생 후반기를 위한 도덕적 주장은 노화와 질병을 엄격하게 분리해야만 가능하다. 고질병을 앓거나 타인으로부터 배제되었을 때 절망하는 것은 상황에 대한 자연스러운 반응인데도 노년을 가치 절하하는 이유로 오도되기도 한다.

인문학적 노년학과 비판적 노년학의 통찰은 과학과 사회과학에서 통용되는 노년의 의미를 심화한다. 로버트 버틀러는 생명의 연장을 "생존의 승리"라고 말했다.(Butler and Lewis, xv) 그의 말은 우정이나 동료애 같은 일종의 선善을 암시하며 행운을 함의한다. '생존'은 우리 쪽에서 해야 할 어떤 행위다. 80세에 이르는 사람은 재생과 적응의 모델이다.《건강한 노화》에서 앤드루 웨일은 주름과 백발을 "생존의 깃발"이라 부른다.(115)

백세를 사는 사람들은 활기차고, 인격적으로 원숙하고 긍정적이며, 종종 독신을 즐기면서 산다. 인간의 삶은 모퉁이를 돌 때마다 너무나 많은 것으로부터 위협을 받기에 그저 살아남는 것만으로도 축배를 들 가치가 있다. 앞으로 생존이 무엇을 의미하든 분주함의 가치는 한계가 많아서 생존의 정의에는 끼지 못할 것이다. 분주함은 원기 왕성한 생존자들에게는 어울리겠지만, 그렇다 하더라도 그들 역시 영원히 분주함에 맞추어 살아가지는 못할 것이다. 분주함의 도덕 뒤에는 중년이 확장되어야 한다는 은밀한 소망이 있다.

대항문화로서의 노년학은 그 광범위함과 확장성, 모호한 경계선 때문에 도전과 저항도 받겠지만, 노화에 대한 새로운 사고방식을 제공할 것이다. 가령 "노화는 다른 것 못지않게 개인적 진화와 통합되는 시기"이며, 노인들이 우리 사회를 풍요롭게 만들 것이라는 확신을 제시할 수 있다.(Hadler, 172) 더 나은 삶에 대한 미국인의 유토피아적 비전이 지금 구현된 것이라고도 할 수 있는 대항문화로서의 노년학은 1960년대에 시작된 저항운동에서 그 단초를 찾을 수 있으며, 사실 좀 더 거슬러 올라가면 초월주의자들에게까지 닿는다. 그것은 깨어 있는 노화를 양성한다. 그것은 활기참, 신체 변화에의 적응, 상호의존성, 즐겁고 창의적인 정신을 특징으로 한다. 미지의 것, 통제되지 않은 것에 대한 두려움은 당연한 것이다. 분주함을 통해 그것을 막아보려는 시도 역시 이해할 만하다. 그러나 변화의 냉혹한 과정은 자신을 보호해보겠다고 꺼내 든 분주함의 카드를 무력화하고, 준비가 되든 안 되든 우리를 노년의 경계까지 밀고 가버릴 것이다.

페미니스트 노년학과 여성의 노화

메인대학교와 서던메인대학교의 여성 노화 수업을 담당하는 동안, 나는 삶의 과정에 따라 입장이 달라지는 것을 확연하게 인식할 수 있었다. 학생들에게는, 심지어 중년에 접어든 학생들조차도 노년은 마치 화성으로 가는 여행처럼 낯선 반면, 내게는 다음 야구 시즌만큼이나 임박한 것이다. 사실 이런 수업은 흔치 않은데, 좀 많아지기를 희망한다. 어쨌건 우리 사회에서는 나이에 이목이 집중된다. 학생 중 자기 나이를 모르는 이가 있다면 얼마나 이상할까? 반면, 베이비부머들은 이제 자기네 세대가 새로운 노화의 시대로 돌입했다는 사실에 대해서는 확신하지만, 8장에서 토론되었다시피 본인의 나이를 부인할 뿐만 아니라 여러 형태의 연령차별주의를 내면화하고 있다. 지금부터 젠더라는 특별한 눈으로 인생 후반기를 엄격하게 살펴보려 하니 호기심 많은 비주류 사상가로서의 자질을 발휘하기 바란다.

수업을 진행하면서 우리는 '젊었다'와 '늙었다'라는 꼬리표 중 무엇을 달았느냐에 따라 권력의 방향이 결정되고 있음에 주목했다. 분명 우리가 나서서 '늙었다'는 정체성을 취하는 것은 아니다. 다만 늙음이 우리에게서 진행되고, 그것의 의미 부여를 타인들에게 요구한다. 젠더 처럼 노화도 전시될 수 있다. 학생들이 계단을 이용할 때 나는 엘리베이터를 이용하면서 이 정체성을 행동으로 보여준다. 짐작건대 학생들의 할머니보다 나이가 더 많은 나는 학생들과 그리 다르지 않은 옷을 입지만, 대중문화에 대한 이야기로 화제가 바뀔 때는 나이 차를 실감한다.

사회적 구성물로서의 노화를 설명할 때, 나는 요실금이나 야간 시력의 저하, 혹은 아침에 경직되는 몸에 대해 이야기해야 할지 말아야 할지 고민한다. 그런 개인적인 것들을 드러내면서 움츠러들기도 하지만, 여성의 노화를 솔직하게 보여주려고 애쓰면서 첫 수업 날 짧은 바지와 소매 없는 윗옷을 입고 간다. 그렇게 하면 늙어가는 몸에서 일어나는 일에 대해 다소 상세하게 설명할 수 있기 때문이다. 내가 구부정한 등, 축 처진 팔뚝, 검버섯을 보여주면 학생들은 비상한 관심을 보인다. 어떤 학생들은 내가 가늘어지는 음모를 언급할 때 당황스러워하기도 한다.

"학생들이 당신의 셀룰라이트를 어떻게 생각하던가요?"

동료 한 명이 나중에 묻기도 한다. 나는 노화에 대한 학생들의 두려움을 진지하게 여기기 때문에 그들에게 관리도 하지 않고 운동선수의 멋진 몸도 아닌 몸을 보여주면서 그들이 두려움으로부터 벗어나도록 도와주고 싶다. 그러고는 "더 이상 생리대가 필요 없는 때가 오면 그만큼 돈을 아끼는 거죠"라고 한마디 덧붙인다.

정직하게 말하자면, 나는 그들의 신진대사와 시력과 청력, 팽팽한 피부가 부럽다는 것을 인정해야겠다. 그러나 지금 내 나이여서 오는 즐거움이 신체적 제약보다 더 크다는 것도 솔직한 내 심정이다.

수업 시간에 나는 학생들에게 늙은 여성들과 정서적 거리감을 느끼고 서로 간에 엄청난 차이가 있다고 상상하라고 요구하는 동시에, 그 여성들이 어떤 식으로 타자가 되는지 추론해보게 한다. 늙은 여성은 어떤 말이나 제스처 때문에 늙는 것이 아니라 늙음에 대해 젊은 여성이 생각하는 바를 투사함으로써 늙어간다. 가령, 그녀는 그녀가 하는 말이 '나이에 비해' 진보적이고 걸음걸이도 '나이에 비해' 활달하다는 평가를 젊은 여성들로부터 받을 수 있다. 젊은 여성들은 그녀가 자전거를 '여전히' 타거나 하이킹을 한다고 놀라워할 수도 있다.

이 장에서는 여성학이 노화를 소홀하게 다룬다는 점을 검토한 후 페미니스트 노년학과 서술 중심의 노년학을 살피고, 여성의 노년과 관련된 이슈 중 아직 다루지 않은 것들을 살펴볼 것이다.

여성학

지금은 여성학 초기 주창자들이 거의 65세를 넘겼는데, 여성학 내에 늙은 여성이 보이지 않는 이유는 무엇일까? 지난 30년간 재생산 이슈, 직장 내 불평등, 다문화 이슈, 여성에 대한 폭력 등이 우리의 관심을 끌었다. 여성학이 노화 이슈를 택하지 않는 이유는 페미니스트들이 오래도록 영향을 미쳤던 사회학, 문학, 역사, 심리학, 인류학보다 노년학의 학문적 비중이 작기 때문이다. 노화와 연관된 분야에 종사하는 이들 대부분이 여성이지만, 그들이 페미니스트 관점을 견지하지는 않으며, 지금껏 여성 노년학자와 여성학 교수진 간의 협업 연구로 생긴 이점들이 그다지 인정받지도 않았다. 또 다른 기피 이유는, 노화에 직면하려면 우리 어머니와 같아진다는 우려를 인정해야만 한다는 점 때문이다. 노화가 가져다줄 근원적 다름의 벅찬 기쁨보다 이러한 우려 쪽으로 무게 중심이 쏠린다. 내털리 앤지어Natalie Angier는 우리가 '어머니 독감' 때문에 괴롭다는 글을 쓴 적이 있다.

"딸로서 우리에게는 살무사처럼 감출 수 없는 독니가 있다."(254)

게다가 반박할 필요도 없이 노화는 몸을 변화시킨다. 여성학에 몸담고 있는 우리는 몸에 그리 많은 의미를 부여하지 않는다. 해부학이 운명이 아니라면 생물학도 운명은 아니다. 메리 울스턴크래프트Mary Wollstonecraft 이후 페미니스트들은 여성의 열등한 지위가 남성과 다른 몸에서 온 것이 아니라 관습과 전통에서 비롯되었다고 주장한다. 몸 바깥에서 근거를 찾아야 했으므로 우리는 여성학을 하면서 60세를 넘겼지만 60세 넘은 여성들에게서 시선을 거두어버렸다. 젠더처럼 노화가 사회적으로 만들어지고, 문화가 신체적 변화에 의미를 부여하고 또 결정하기도 하지만, 몸 역시 이에 못지않게 중요하다.

여성학을 공부하는 학생이든 교수든 일반 사람들처럼 학문적 유행의 영향을 받다 보니 우리 눈에도 노화는 인기 있는 주제가 아니다. 우리는 노인, 특히 여성이 오명을 쓰고 있다는 사실을 알면서도 무의식적으로 그 주제를 피한다. 달리 말해서, 우리 역시 내면화된 연령차별주의에 감염되어 있다. 다른 사람들과 다를 바 없이 페미니스트들도 신체적 변화와 사회적 권력의 약화를 꺼리게 되고, 그러다 보니 노화가 전도유망한 연구 주제로 보이지도 않는다.(Arber and Ginn, *Gender*, 30) 여성의 노화에 대한 비이성적 공포가 긴 그림자를 드리우고 있다고 바바 코퍼는 말한다. 그것은 사람들을 세대별로 재배치하고, "여성의 정체성이 연속되지 못하게 작동한다. 그러나 페미니스트로서 성공적으로 저항하려면 연속적 정체성이 반드시 필요하다."(55) 수업 시간에 비이성적 공포를 검토하는 것은 임금 차별이나 낙태 문제보다 더 어렵다.

늙은 여성에 관한 논문은 여성학에 관심 있는 독자를 위한 정기물이나 교재에 실리지 않으며, 여성학 학회에서도 늙은 여성들이 주변화되기는 마찬가지다. 물론 주목할 만하고 가치 있는 드문 예외도 있다. 레니 마셜Leni Marshall이 편집한《미국여성학회 저널NWSA Journal》(2006년 봄호)에서 노화와 연령차별주의를 다룬 적이 있다.

베티 프리단은《나이의 본령》에서 그 이슈와 관련한 글을 여럿 내놓았으나, 그다지 큰 반향을 일으키지는 못했다. 바버라 맥도널드와 신시아 리치의《내 눈을 보라》는 종종 언급되는 편이고, 바바 코퍼의《한물간 사람들》은 거의 인용되지 않을뿐더러 절판되었다. 이 책들은 독창적이고 도발적이어서 연령차별주의에 대한 연구나 여러 프로그램을 개발할 계기가 될 수도 있었으나, 그런 일은 일어나지 않았다. 페미니스트들이 아마 언젠가는 재생산, 노동, 인종주의, 여성 폭력 등과 같은 주제에서 부당함을 인식해 연구에 몰입하던 때와 같은 수준으로 노화 연구에 집중할 날이 올 것이다. 여성학에서 '늙었다'는 더 이상 50세와 폐경을 의미하지 않을 것이며, 65~75세 여성들의 엄청난 다양성에 주목하게 될 것이다.

여성학 안에서 우리는 세 가지 주요한 인구학적 흐름을 눈여겨봐야 한다. 첫째, 고령 인구로의 전환, 둘째, 여성의 수명 연장, 셋째, 소수 인종 노인의 급속한 증가. 이런 변화로 21세기 미국 여성들의 삶이 근본적으로 재편될 것이다. 우리의 가르침과 글에서 이 세 가지 흐름에 대한 지식을 통합하지 못한다면 학문으로서의 여성학은 신뢰를 상당히 훼손당할 것이다.

페미니스트 노년학

나는 노년학gerontology의 'geron'이 그리스어로 '늙은 남자'를 뜻하므로 노년학은 늙은 남자를 연구하는 학문이라는 말을 학생들에게 한다. 이는 노벨의학상 수상자인 러시아의 생물학자 일리야 메치니코프Ilya Mechnikov가 1903년에 만든 말이다. 나는 페미니스트 입장에서 늙은 여성을 연구한다는 뜻의 '노인여성학gerastology'을 제안한다. 물론 이 조어가 적절하지 않다는 것을 안다. '페미니스트 노년학'은 특정한 입장이 개입된 지식임을 암시하므로 이 용어도 다소 부족하긴 하다. 노인여성학은 페미니즘에서 시작된다. 미국뿐 아니라 캐나다, 유럽, 오스트레일리아 출신의 학자들이 지난 25년 동안 인상적인 연구를 수행하면서 노년학을 사회학, 문학, 간호학, 문화연구, 인류학과 같은 학문들과 결합했다. 21세기 이전 노인 여성에 대한 글의 초점은 건강과 은퇴, 연령차별주의에 맞추어져 왔다.[1] 지금은 그 외에도 다른 측면의 노화에 대해 보다 섬세한 연구가 나오고 있다. '노화하는 여성'은 '노화하는 여성들'로 대체되고, 그들 사이에 존재하는 극단의 다양성 또한 분명하게 인식되고 있다.

페미니스트 노년학은 권력관계, 여성과 남성의 정체성, 본질적으로 다른 삶의 기회들에 권력이 행사되는 방식 등을 강조한다.(Netting, 241) 마거릿 워커는 글에서 이론적으로나 실생활에 존재하는 불평등한 권력의 분배는 "스스로 재생산되며 서로를 강화하고 합법화할 것이다"라고 썼다.(*Moral Contexts*, 207~208) 페미니스트 학자들은 연구자와 연구 대상자 사이의 권력 차이를 잘 알고 있으며, 이는 주류 노년학에서는 제기되지 않는 이슈다.

페미니스트 노년학은 발전해가고 있다. 노인 여성에 대한 많은 것이 아직 알려지지 않거나 연구가 제대로 되지 않고 있기 때문에 우리의 작업은 더욱 흥미진진할 것이다. 또한 여성들에게 돌아갈 혜택의 가능성을 전망하면서 우리는 1970년대 페미니스트 사상의 전성기에 느꼈던 뜨거운 열망에 다시 접속된다. 그때 우리는 지식이 우리를 자유롭게 할 것으로 믿었으며, 실제로 어느 정도는 그러했다. 하지만 하나의 체계로서의 지식은 해체되었고, 해방을 가져올 것으로 여겼던 작업의 상당 부분과 희망 가운데는 비현실적인 것도 있을 것이다. 반면, "문화에 의해 형성되는 노화"(마거릿 굴렛의 용어를 차용함)의 방식을 좀 더 심오하게 이해한다면 연령차별주의의 고정관념을 거부하고 보다 자유로워질 것이다. 혹은 있는 그대로의 자신을 좋아하게 될 수도 있다.

늙은 사람들에게 집중하는 연구가 거의 없지만, 85세 이상의 사람들에 대한 메이카 로의《우리 방식으로 늙어가기》는 좋은 본보기가 된다. 로는 광범위한 인용과 설명을 통해 그녀가 연구한 대상자들을 생생하게 살려내며 자신의 해석을 절묘하게 잘 편집했다. 자기만의 방식으로 늙어가는 사람들은 먹는 것, 소비하는 것, 의료적 돌봄을 구하는 것, 일상적 삶의 속도를 조정하는 것 등에서 절제와 신중함을 중요하게 여긴다. 로가 말하는 노인들의 특징은 "평생 자기관리와 신중함의 정신을 지키는 것"이다.(70ff.)

○ 힘과 변화

이 주제는 여성의 노화가 가져오는 위험과 기회를 설명하면서 앞장에서 이미 다루었던 이야기다. 페미니스트들은 여성의 행동이 전적으로 환경에 의해 결정되는 것은 아니라는 맥락에서 '행위자'를 강조한다. 비록 여성들이 사회적 지위와 코호트에 따라 "다양하게 구성"되지만, "무엇이든 이용해 비하와 지배에 저항한다."(Markson, "Communities," 501) 문학 작품에서 이런 사례를 찾을 수 있다. 앨리스 워커의 단편 소설 〈환대받는 식탁The Welcome Table〉에서 한 흑인 노인 여성이 교회로부터 인종차별을 받아 쫓겨난 후 예수에게 가는 자신만의 길을 발견한다. 수전 글래스펠Susan Glaspell의 희곡 〈사소한 것들Trifles〉에서 농장 여성들은 폭력 남편을 죽인 이웃 여성에게 불리하게 작용할 수도 있는 증거를 감춘다. 지배에 저항하는 다양한 형태는 노인 여성들이 서로에게서 발견하는 이질성만큼이나 다양하다. 강고한 개인주의 윤리로 버티는 이들은 집단 생활을 하거나 지지 집단의 돌봄을 받으면서 사는 사람들이 내리는 선택과는 다른 선택을 할 것이다. 계층의 특권은 노인 여성에게 보호막이 되어주기도 하지만, 동시에 신체적 노화의 표시를 감추도록 몸을 바꾸라는 압력이 되기도 한다.

비교문화 연구에 따르면, 많은 사회에서 여성들이 나이가 들면서 힘과 지위의 상승을 확보한다. 노인 여성은 힘에 넘치는 유능한 지도자다.(Linda Cool and McCabe, 108) 그러므로 북미의 주류 사회에서 노인 여성이 강력한 인물로 활약하지 못하는 현상은 생물학적인 장애 때문이 아니라 문화적인 장애에 가로막혔기 때문이다. 예전이나 지금이나 인디언 사이에서는 분명 많은 노인 여성이 강력한 힘을 발휘한다. 이로쿼이 연맹Iroquois nation의 오논다가Onondaga 부족 여성들이 그 예다. 내털리 앤지어는 《여자, 그 내밀한 지리학Woman: An Intimate Geography》에서 할머니의 식량 채집 기술이 손자의 생존 기회를 높이는 데 도움을 주기 때문에 진화론적으로 "폐경 이후 강건함을 선택하는" 양상을 인류학적으로 입증한다.(248) 크리스틴 혹스Kristen Hawkes는 '할머니 가설Grandmother Hypothesis'을 제안한 이로서, "인류의 수명 연장은 우리 조상 할머니들의 재생산 역할이 남긴 유산이다"라는 글을 썼다.[2] 그러니 폐경 후의 강건함은 이례적인 것이 아니라 일상적인 것이라 해도 무방하다.

어떤 노인 여성들은 서로에게 비공식적인 도움을 주는데, 이는 사회과학 연구자들이 포착하기 어려운 여성 노화의 중요한 측면이다. 이런 도움을 공식화한다면 자칫 늙은 여성의 욕구가 사적으로 모두 충족될 수도 있다는 인상을 줄 수 있다. 재가 의료 서비스나 메디케이드의 단절로 생기는 빈틈이 개인의 노력으로 벌충될 수 있다고 비칠 수도 있는 것이다. 그러나 또 한편으로 '또래 돌봄'은 기관에서 제공하는 돌봄이나 가족에 의한 돌봄에 비길 만한 대안이기도 하다. 또래 돌봄은 노인 여성들의 조직망을 실현하는 것일 수도 있는데, 여기서 그들이 "직접 구상하고 경영하는" 돌봄의 방식을 개발할 수도 있다.(Fiore, 247)[3] 여성의 수명이 늘어나기 때문에 그러한 조직망 역시 귀중해질 것이다.

이전 장에서 언급했던 주제인 노인 여성이 가진 변화의 잠재력에 대해 글로리아 웨이드 게일스Gloria Wade-Gayles는 이런 은유를 써서 표현했다.

> 늘 누가 와서 나를 방해하고 나를 이용할 수 있었다. (……) 나는 뿌리 내리기 용도로 사람들이 가지를 꺾어 가는 식물 같은 처지였다. 이쪽에서 하나, 저쪽에서 또 하나. (……) 서늘한 칼날을 느낄 때가 여러 번 있었지만, 회한은 없었다. 덕분에 내 뿌리가 그만큼 단단해지기 때문이었다. (……)
> 그러나 그런 식물도 가만히 내버려두어야 할 때, 가지치기 횟수를 줄여야 할 때, 밝은 햇살 속에서 스스로 양분을 모으기 위해 방해받지 않고 있어야 할 때가 있다. 내게는 지금이 그런 때다.(20)

여성의 노화에 대한 연구 결과, 과정이 결과보다 더 중요하다는 결론에 이르렀다. 여성들은 웨이드 게일스가 묘사한 것처럼 변화와 변형을 거친다. 우리는 이런 변화를 조명할 일차적 자료(수백 개의 일기, 편지, 회상록, 구전으로 내려오는 역사, 소설, 시, 희곡, 인터뷰, 연설, 에세이, 그리고 계층과 인종이 다른 여성들 간에 오간 대화 등)가 필요하다. 캐나다 전국영화협회National Film Board of Canada에서 제작한 훌륭한 다큐멘터리 〈낯선 동행〉은 다양한 노인 여성의 과거와 현재의 삶을 들여다보게 한다. 출연자 중 한 명인 메리 메이그스는 그녀의 책《낯선 이들과의 동행에서 In the Company of Strangers》에서 영화를 만든 과정과 여기에 참여하면서 겪었던 변화에 대해 묘사하고 있다.

웨이드 게일스는 흑인 여성들만이 전할 수 있는 흑인 여성들만의 노화 관련 책을 찾을 수 없게 되자 일차적 자료의 중요성을 깨달았다고 강조한다. 그녀는 "인종차별주의가 연령차별주의를 악화시키고, 연령차별주의는 계층에 의해 더욱 악화되는" 방식을 설명하려 했다.(14) 불행하게도 많은 탁월한 흑인 작가들이 요절했는데, 이들 중에는 오드리 로드, 팻 파커Pat Parker, 바버라 크리스천, 토니 케이드 뱀버라Toni Cade Bambera, 론다 윌리엄스Rhonda Williams, 준 조던June Jordan, 옥타비아 버틀러Octavia Butler 등이 있다. 폴라 건 앨런은 〈인디언 서머Indian Summer〉에서 "지금 내 삶에서 겪는 경험과 일맥상통할 이야기들, 늙은 여성들을 위해 늙은 여성들의 손으로 쓴 것을 실제로 본 적이 없다"라고 말한다.(186)

북미의 많은 이들이 느끼는 노년의 가장 큰 변화는 운전대를 더 이상 잡지 못하는 것이다. 이 능력의 상실은 사회적·종교적·심미적 상실이고, 여가 활동의 부재로 연결되면서 삶의 공식적인 낙후로 받아들여진다.(Carp, 256) 여성은 이런 개인적 수치심을 어떻게 견딜까? 어떤 이들에게는 더 이상 운전하지 않아도 되어서 안심이 되겠지만, 이런 변화는 또한 삶을 위축시킨다. 우리 문화에는 인생 후반기로 접어들고 있음을 기념하는 통과의례가 따로 없다. 혼자 힘으로 사는 것, 혹은 자율성을 소중한 문화적 가치로 의식하는 바람에 노인들은 안전 운전을 할 수 없을 때가 되어서도 계속 운전하려고 한다. 아마 그들은 더 이상 운전하지 않는 것을 자아 상실과 동일시하는 듯하다.

○ 방법

양적 분석이 그 자체만으로, 혹은 질적 방법과 병행할 때 유용하다고 믿는 페미니스트가 있는 반면, 양적 방법을 아예 거부하는 페미니스트도 있다. 노인과 관련한 양적 연구가 그들의 인식과 관심을 중심으로 구성되려면 질적 연구로 균형을 맞추어야만 한다. '변화를 위한 노인레즈비언연맹'은 '우리가 빠진 우리에 관한 연구는 있을 수 없다'라는 슬로건을 내걸고 있다. 가령, 《미국의학협회 저널》이 보고하듯이 노인 다섯 명 중 한 명은 낙상의 원인이 되기도 하는 신경안정제와 항우울제 처방을 받는다는 통계가 있지만(2001. 12. 12) 그 수치만 보아서는 노인 여성 개개인이 그 약물 때문에 어떤 식의 영향을 받을지 알 수는 없다.

페미니스트 학자들은 성찰을 중시한다. 우리는 시간과 공간, 젠더, 인종, 종교, 계층에 의해 형성되는 정체성이 우리 노동에 어떤 식으로 영향을 미치는지, 반대로 노동은 우리의 정체성 형성에 어떻게 개입하는지 성찰을 통해 깨달을 수 있다.(Crawford and Kimmel, 3) 반면, 노년학자들은 "자신들의 연구 기법에 대해 이상하리만큼 성찰적이지 않다."(Estes, Binney, and Culbertson, 63) 페미니스트 방법론은 "노년기가 가뜩이나 여러 면에서 힘든데, 그중에서도 가장 어려운 처지에 놓이게 되는" 노인들이 경험하는 특별한 삶의 면면들을 다룬다.(Hooyman et al., 10) 협력 역시 학제 간 연구만큼이나 가치를 인정받는 연구 방법이다.

노화 모델로서 개인주의가 부적합하다는 주장은 소규모 시골 지역 여성들에게는 하나의 딜레마다. 대중교통이 불충분한 것은 건강한 노화에 큰 걸림돌이다. 그러나 그들은 그 문제가 제도의 실패 때문이 아니라 개인 탓이라서 개별적으로 대처하는 것 이외에 달리 방도가 없다고 생각한다. 그렇다면 그들은 '성공적이지 못하게' 늙어가는가? 이럴 경우, 신체적 변화와는 무관한 사회경제적 문제가 노인 여성들의 기동성을 저해하고, 그 결과 그들의 힘과 에너지는 약화된다.

페미니스트들은 개인주의에 동승한 경쟁 위주의 태도, 각자의 관심은 타인의 관심과 단연코 다르다는 믿음, 고령 인구에 대한 과장된 두려움 같은 것에 의문을 제기한다.(Grimshaw, 175) 많은 여성의 삶이 타인들에게 서비스를 제공하는 것과 깊은 연관이 있다. 페미니스트들 역시 예외는 아니라서 타인의 이해에 관심을 기울이는 동시에 자신의 이해도 확실하게 주장해야 한다는 어려운 문제에 봉착한다.(184)

○ 이론

입장이론은 사람들이 자신의 경험과 환경에 따라 각기 다른 지식틀을 개발하기(Hirschmann, 167) 때문에 지식은 보편적이기보다는 특정한 것이라는 전제를 깔고 있다.(Hekman, 25) 집단으로서의 여성은 특별한 지식에 접근할 수 있으니 백인 남성보다 사회의 더 진실한(혹은 덜 오류에 빠진) 현실 이미지를 파악하기에 유리한 입장인가?(Harding, 185) 흑인 여성의 경우, 그들 입장의 핵심에는 "투쟁의 유산"이 있다.(Collins, "Defining," 581)

어떤 이들은 늙은 여성들이 노화에 관해 특별한 지식을 가지고 있다고 주장한다. 셰비 힐레이는 노년학 전공 인증서가 노화의 전문가 자격을 보장하지는 않는다고 믿는다. 노인들 스스로가 "유일한 전문가들"이다.("Diversity," 109) 그러나 노화는 개인이 감당해야 하는 과정일 뿐 아니라 보이지 않는 손이 개입된 사회적 구성물이다. 반면, 힐레이는 개인의 경험에 지나치게 큰 비중을 둔다. 늙어간다고 해서 생물학적 노화를 이해한다거나 타 문화의 노인에 대한 인식 방식, 노화와 관련한 연방 관료주의의 복잡성 등을 저절로 파악할 수 있는 것은 아니다. 노년학의 지식은 제한적이고 편파적이고 검증되어야 할 대상이지만, 어느 정도 익숙해지면 사회적 통제에 맞설 백신이 될 수도 있다. 노인 여성이 노화에 대해 특별히 잘 알고 있을 것이라는 생각은 그럴듯하다. 하지만 과연 어떤 노인 여성이란 말인가? 페미니스트 이론은 '여성'이 보편적 범주가 아니라고 지적한다. '노인 여성'도 보편적 범주가 아닐진대, 누가 노화에 대해 특권적 지식을 가지고 있단 말인가? 한편으로는 이 주제에 대해 가장 면밀하게 주목하고 있는 사람들이라고 말할 수도 있겠다.

'상호교차성'이라는 용어는 법률학자 킴벌리 크렌쇼Kimberle Cren-shaw가 처음 도입했다. 그것은 사회적 정체성(가령 성, 젠더, 나이, 가시적인 소수성, 이민자)의 다층적 측면 사이를 오가는 동시적 상호작용을 일컫는다. 덧붙이자면 다층적 차원의 사회적 정체성은 "광의의 권력제도, 지배, 억압의 관계망 안에서" 설명된다.(Koehn and Kobayashi, 136) 이러한 상호교차는 우리의 정체성, 타인을 대하는 방식과의 관련성 속에서 작용하며, 나아가 정책 구성의 지점에서도 작용한다.(136) 게다가 상호교차성은 "피억압 집단에서조차 지배-종속 관계가 있다"는 것을 인식한다.(Roseberry, 28) 상호교차성 접근 방식의 이점을 보여주기 위해 토니 칼라산티Toni Calasanti는, 젠더의 눈으로 볼 때는 여성의 빈곤율이 남성보다 더 높지만, 인종의 렌즈를 통해 본다면 노인 흑인 여성이 백인 여성보다 훨씬 더 높은 빈곤율을 보인다는 것을 드러낸다고 지적한다.("Theorizing Feminist," 473) 상호교차성 접근 방식에 의하면, 노인 흑인 여성의 "힘은 그녀의 적극성에 대한 인종차별주의·성차별주의적 금지를 어떻게 경영하느냐에 따라 미묘하게 달라진다."(Mitchell and Bruns, 122)

○ 용어

페미니스트 노년학자들은 65세 혹은 70세 이상 된 사람들을 지칭하는 '연장자elderly'라는 말에 문제를 제기한다. 왜냐하면 그 말은 그들을 사물화하고 있으며, 그들이 사회에 부과한다고 여겨지는 '부담'과 연계해 사용하기 때문이다. 그 용어는 "그들의 정체성이 그저 나이가 많아진다는 이유로 부여되는 것처럼 보이고, (……) 그들이 온전한 인간의 생명을 지닌 개체라는 사실을 무시한다."(Overall, *Aging*, 223) 다른 용어 '늙은이aged'는 어쩌면 동정적 뉘앙스를 담고 있어서인지 이미 노년학 문헌에서는 사라졌다. 또한 '의존적 연장자', '허약한 연장자', '돌봄의 부담'과 같은 말들은 주의 깊게 검토할 필요가 있다. 일부 페미니스트 노년학자들이 간편하게 사용하는 '우대'는 그들보다 덜 유능해 보이는 이들에 대한 덕담이다.(다양성과 다문화주의가 좋은 느낌을 주는 말인 것처럼.) 노인 여성들에게 권력이 무슨 의미로 다가오는지 질문하는 사람이 있었는가?

○ 모델

젊은 페미니스트들과 중년의 페미니스트들은 때로 노인 여성에게 자신의 소망을 그대로 투사하기가 다반사고, 그렇게 해서 도출한 노인 여성의 역할은 제한적일 가능성이 크다. 바버라 맥도널드는 사람들이 자신을 역사의 저장소로 보거나, 그녀가 어느 젊은 여성의 할머니를 닮았다는 말을 들으면 분개한다.(124) 〈미래 계획Future Plans〉이라는 시에서 케이트 반스Kate Barnes는 늙은 자신을 상상한다.

그 누구에게도 내 행동을 설명할 필요가 없으니 나는
모양 빠지는 펠트 모자를 백발 위에 걸치고,
구멍 난 운동화를 신고 너덜너덜한 옷을 입어도 상관없어.
정원을 돌보지 않아 잡초가 무성해도 괜찮아.

이런 이미지가 젊은 여성들에게 호소력 짙게 다가가는 까닭은 이것이 비전통성이나 기이함을 연상시키기 때문일 테지만, 과연 나이 든 여성들이 젊은 여성들보다 비인습적 스타일의 옷을 입거나 그런 행동을 더 많이 하게 될까? 늙은 여성이라면 혁명적이거나 타인이 함부로 대할 수 없는 존재여야 한다는 페미니스트들의 소망이 노인 여성에게 투사될 때, 우리는 그들을 낭만화하는 중이다.

노인 여성이 종종 연구 대상에서 제외되고, "가시권에서 멀어지고 권력의 문화적 공간"(Frexias et al., 55)으로부터 배제된다는 사실을 당신이 알아차린다면 때로 그들을 과하게 칭찬함으로써 그들을 위로해보려고 할 수도 있다. 그러나 당신의 말투는 아랫사람 대하는 것처럼 들릴 수 있다. 노인 여성들이 "복잡하고 섬세한 삶"(56)을 살고 있다는 말은 그것이 늙은 여성의 본디 특성이라는 암시를 던진다. 물을 필요도 없이 그러한 일반화는 삶의 특정한 단계에서 일부 늙은 여성들의 삶에만 어울린다.

도리스 레싱Doris Lessing은 타인에게 모델이 되는 것이 위험하다는 것을 알게 되면서 버트런드 러셀Bertrand Russell을 인용하곤 한다. 그는 "친애하는 멋진 노인 남성으로 추앙"받았다가 이후 환상에 사로잡힌 팬들과 제자들에 의해 부당한 공격을 받기에 이르렀다. 도리스는 "나는 현명한 늙은 여성으로 나를 변신시키려는 유혹에 넘어가지 않으려고 무진 애를 써야만 했다"(302)라고 고백했다.

할멈crone 이미지는 힘과 자부심을 준다고 해서 젊은 페미니스트들과 중년의 페미니스트들에게 인기가 있다. 많은 사회에서 할멈은 "영광의 시민"(Labowitz, 228)으로서, 하고 싶은 말을 자유롭게 하는 사람이었다.(Onyx, Leonard, and Reed, 176) 이런 개념들이 매력적이기는 하다. 하지만 할멈이 부정적 고정관념(보기 흉하게 시들어버린 노인 여성)을 긍정적인 것으로 대체한다는 맥락으로 봐서는 노화의 사회적 구성 과정을 보여줄 뿐이다. 그들은 여전히 연대학이 고정된 의미를 부여한다고 주장한다. 50세가 넘은 여성을 단지 나이 때문에 현명하고 힘이 있다고 선언하는 것도 곧 그들의 개성을 가리는 행위다. 그들을 제대로 보지 않으려는 방편이다. 늙은 여성도 계속 성장한다고 생각하는 사람들은 그녀를 받들어 모시려고 하지 않는다. 긍정적인 고정관념을 억지로 소환하려는 시도는 노화로부터 부정적 독소를 제거해보겠다는 소망에서 그러는 것이라고 이해할 만하지만, 자칫 그것이 늙은 여성의 표식

과 상징이 될 수도 있다.[4]

　게다가 여성들이 긍정적으로 할멈의 고정관념을 갖게 된다면 백인 여성들은 자신의 경험을 보편적 경험으로 오해할 수 있다. 할멈은, 비하되는 노인 여성의 이미지를 보상하려고 백인이 채택한 유럽 인물이다. 흑인, 라틴계, 아메리칸 인디언, 아시아계 미국인 여성들은 이런 전통의 수혜를 입지 않는다. 할멈에 버금갈 만한 라틴 문화권 용어로는 '쿠란데라스curanderas'가 있다. 많은 사람이 권력을 가진 존경받는 할머니나 다른 여성 친척들과 함께 살면서 커왔다.[5] 페미니스트들은 그들을 닮은 평범한 사람들에 주목하기보다는 비범한 늙은 여성들을 구체화하려고 애써왔다. 예컨대 메이 사턴 작품의 수준은 그녀의 독자층을 넓혀주었고, 주제의 희귀성은 그녀를 우상으로 만들었다.

　노화 이론가들의 연구는 말년에 대한 새로운 관점을 제시한다. 마거릿 굴렛의 책《문명이 가져다준 늙음Aged by Culture》과《나이에 관하여Agewise》, 캐슬린 우드워드의 수필〈지혜를 거슬러Against Wisdom〉는 노화에 대한 긍정적 고정관념에 도전하고, 노인 여성이 지닌 분노를 활용할 것을 제안한다. 우드워드는《나이 형상하기: 여성, 몸, 세대》를 편집했는데, 그 책에서 텔레비전과 영화에 나오는 늙은 여성들에 대한 묘사, 사진과 그림 등을 분석했다.《나이 형상하기》에는〈헬로, 돌리! Hello, Dolly!〉를 리바이벌한 캐럴 채닝Carol Channing에 대한 에세이가 수록되었다. 앤 바스팅은 채닝이 변화하고 있으며, "같은 상태에 머문다는 것은 정말 끔찍한 일이다"(260)라고 결론 내렸다. 토니 칼라산티가 편집한《노화연구학 저널Journal of Aging Studies》중 페미니스트 노년학을 집중적으로 다룬 한 호와 루스 레이Ruth Ray, 마사 홀스타인, 캐럴 에스테스, 앤 와트브라운Anne Wyatt-Brown의 글은 이런 논쟁이 단지 여성에게만 혜택을 주는 것이 아니라 모든 노인에게 잠재적으로 이점을 안겨줄 것이라고 주장한다.[6]

○ 노화 연구에 대한 페미니스트 비판

연구 대상자로서 노인 여성들은 상당히 일관되고 누구나 알 만한 특성을 지닌 별개의 집단으로 간주되어왔다. 연구자는 대체로 연구 대상자보다 높은 지위에 있으며 가장 접근하기 수월한 대상자, 그러니까 전형적으로 그들과 비슷한 사람들을 연구한다. 연구 결과로 나온 결론이나 의문점은 미래 연구의 기틀이 된다. 이런 닫힌 순환고리 안에서는 술책을 부려도 잘 감추어진다. 노화를 말하면서 활동, 기여, 독립을 강조하는 화법에는 "가치 있는 활동에 대한 가부장적 전제"가 작동하고 있기 때문에 이를 검토해볼 필요가 있다.(Mitchell and Bruns, 120) 예를 들자면, 자원봉사를 강조하면서 "사회 안전망에 틈이 생길 경우 그 느슨해진 곳을 메우도록 일반 사람들을 사회화한다."(Netting, 246)

전통 노년학 연구에는 세 가지 기본 결함이 있다고 린다 개넌Linda Gannon이 말한다. 남성주의, 생물학적 결정론, 그리고 이원론이 그것이다.(9~10) 남성의 삶이 준거의 지점이고, 평가의 기준이다. 무엇이 정상적인지를 정의할 권한이 남성에게 있다. 은퇴 연구에서 먼저 남성을 연구한 후 색다른 사례로서 여성의 경우를 보태는 방식은 애초부터 여성의 경험을 분석 대상으로 상정해 시작하는 연구와는 다르다.(Krekula, 160) 볼티모어 노화 장기 연구는 1958년 시작된 이래 20년간 여성을 배제한 채 진행되었다. 노년학 학생들은 에릭 에릭슨과 대니얼 레빈슨

Daniel Levinson의 인생 단계 이론 읽기 과제를 수행하지만, 이 학자들의 중심에는 "애착, 연결, 관계는 무시하고" 분리, 성취, 자율성과 같은 가치를 중요하게 여기는 남성적 모델이 있다. 그러므로 이런 모델이 여성의 성장을 설명하는 데 적용된다면 여성들은 "열등하고 부족하고 정상이 아닌" 모습으로 분석된다.(LeVande, 168) 게다가 에릭슨과 레빈슨 모델은 나이가 들면서 달라지는 여성들 간의 차이도 간과한다.(168) 페미니스트들 역시 어린이와 사춘기들 간의 애착과 연결, 관계를 다루지, 늙은 여성들 사이의 그런 특성은 살피지 않는다.(171) 말년에 에릭슨은 지혜가 인생의 초기 과정부터 계속 존재하지 않다가 인생 후반기가 되면서 갑자기 등장하는 기적은 일어나지 않는다는 사실을 깨닫고, 노년이라는 특별한 영역에 대한 생각을 수정했다.(Hoare, 192)

생물학적 결정론은 재생산을 여성의 일차적 목적으로 규정했기에 폐경은 삶의 단계적 전환이 아니라 일종의 '결핍증'이다.(Gannon, 9) 여성과 남성의 차이 혹은 백인과 소수 집단의 차이는 생물학적 차이에 기인한다. 모든 여성은 동일한 성질의 집단으로 종종 취급된다. 예를 들자면, 연구자들은 백인 여성의 높은 골다공증 발생률에 초점을 맞추기 때문에 중년 흑인이나 노인 흑인 여성에게는 골다공증 증세가 흔하지 않다는 것을 짚어내지 못한다. 이원론은 여성과 남성, 공적인 것과 사적인 것, 몸과 마음, 주관과 객관 등 서로 상반되는 쌍을 만든다.(Gannon, 2~6) 문제는 과도한 단순화와 왜곡뿐 아니라 한쪽 범주(가령 젊음)를 우월한 것으로 치켜세우느라 나머지 범주(늙음)를 비하한다는 점이다.

양적 연구에서 젠더가 하나의 변수로 등장하면 그것은 "여성을 단일 차원으로 단순화하고 이질성을 무시하는 데 활용된다."(Lopata, 116) 젠더의 영향은 복합적이고 광범위하다. 가령 늙은 여성의 삶은 낮은 수입, 더 많은 고질병, 더 강력한 지지 조직망, 더 많은 사회 활동, 배우자 없음, 더 긴 수명 등의 특징을 띤다.(D. Gibson, 443) 초기 연구는 기관에 수용된 사람들(대부분 여성)과 나이 든 사람들 중에서도 가장 연로한 사람들은 집계하지 않아 애초 오류투성이 샘플로 진행되었다.(Herzog, 138; 140) 조사와 인터뷰를 바탕으로 한 연구에서는 어떤 주제나 상황을 예시하려는 목적으로 노인 여성에 대한 정보를 극히 소량 제공하는 것으로 만족한다. 데이터상에서 총체적 여성의 존재는 사라지고 없다.

그동안 노인 여성에 대한 연구는 그들이 가족 내 역할을 통해서만 살아간다는 가설로 인해 한계가 있었으나, 앞으로는 그들의 개인적 특성을 강조해야 할 것이다.(Sinnott, 150~151) 즉, 가족을 중심으로 한다거나 가족에 의존해왔던 기존 연구의 지향을 대신할 대안이 탐색되어야 할 것이다. 또한 미래 연구는 가족의 의미를 확장해 동성애자, 양성애자, 트랜스젠더 노인으로 구성된 가족도 포함해야 할 것이다. 더 이상 이혼한 여성, 남성 파트너와 헤어진 사람들, 과부, 결혼한 적 없는 레즈비언, 결혼한 적 없는 이성애 여성 등을 '미혼' 범주로 한꺼번에 묶어서는 안 된다. 여성들이 "남성과 교제해서 삶의 효용성이 높아진다면 다소 수명이 짧아진다 하더라도 이를 마다하지 않을 것"이라는 언급(Posner, 280)은 여성의 종속을 당연시하면서 모든 여성은 이성애자일 뿐만 아니라 모든 이성애 여성은 인생의 후반기까지 남성과의 교제를 원한다고 단정한다. 심지어 '효용성'은 노인 여성의 삶에 어울리지 않는 분석 도구라는 것도 지적해야 할 점이다.

효용성은 그러나 다른 맥락에서는 중요하다. 고관절 골절로 고생하는 쪽은 남성보다는 여성이 더 많다. 고관절 골절 환자의 25퍼센트가 원상태를 회복하고, 25퍼센트는 사망하며, 나머지는 어느 정도 영구 손상을 입는다는 사실은 충분히 예측 가능하고 불가피하게 보이지만, 스칸디나비아 국가들의 경우 고관절 골절 환자의 76퍼센트가 집으로 돌아가고, 1년 후에도 잘 지낸다.(Margolies, 33~34) 고관절 골절로 고생하는 미국인의 4분의 3도 1년 후 돌아다닐 수 있어야만 한다. 그러므로 낙상 예방은 유방암만큼이나 연구자들과 매체가 주목해야 할 주제로서 효용성이 크다.

페미니스트들은 노년학에서 인기 있는 주제인 회상이 왜 어떤 출판물에서는 '개입'으로 언급되는지 질문할 수 있다. 개입이라는 말이 사용된다는 것은 초점을 창의적 과정에서 경영 기술로 바꾼다는 의미다. 나의 인생 이야기는 나만이 통제할 수 있는 모든 것일 수 있다. 사회복지사, 보건 서비스 제공자, 노인센터 원장, 그 누구든 좋은 의도로 노인들에게 '힘을 실어주는' 말을 한다. 그러나 그들에게 미치는 전문가의 영향력은 전반적으로 검토되지 않은 채로 있다. 양로 윤리에 대한 논문에서 샐리 개도는, 임상적 상황에서 "전문가의 드러나지 않은 몸과 환자의 벗은 몸의 차이는 권력의 표현일 뿐 아니라 권력이 나오는 근원이기도 하다"라고 적었다.("Covenant," 9) 회상은, 자신의 개인 신상을 알릴 필요가 없고, 바로 그 이유로 권력을 쥘 수 있는 누군가가 주체가 되는 다른 종류의 노출이다.(회상의 다른 측면에 대해서는 3장에서 논의했다.)

주류 노년학은 유색인 여성을 주변화하고 무시하는 경향이 있다. 여러 인종 집단을 대상으로 하는 연구에서 일반적으로 백인을 표준치로 설정한 후 다른 인종 집단을 단순 비교한다. 이런 방식은 백인이 아닌 다른 특정 집단에만 존재하는 독특한 질병과 노화의 특징이 연구자의 눈에 잡히지 않는다는 한계가 있다.(Miles, "Aging," 119) 단순히 흑인의 노화 정보를 노년학 커리큘럼에 보태는 것만으로는 고정관념으로 가득 찬 태도를 바꾸기에 충분치 않다. 그러므로 흑인 연구 과정이 따로 필요하다.(Conway-Turner, 586) 노년학과 비교했을 때 여성학은 인종 차별주의에 반대하는 연구를 훨씬 더 많이 수용하고 있으며, 학생들에게 벨 훅스, 퍼트리샤 윌리엄스Patricia Williams, 글로리아 안잘두아 같은 작가들의 작품을 읽도록 요구한다. 비록 이런 작가들이 노화를 직접 다룬 것은 아니지만, 인종차별주의, 대중문화, 법, 차이, 억압의 상호 교착 체계에 대한 이들의 분석은 사회노년학에 영향을 미칠 만하다.

비록 노인 백인 여성의 연구 출판물이 아메리칸 인디언 여성, 아시아인, 흑인 여성, 라틴계 여성 연구보다 수적으로 우세하기는 하지만, 여성학 국제 데이터베이스에는 노인 소수자 여성들에 대한 석·박사 논문의 수많은 목록이 저장되어 있다. 주제는 건강, 스트레스, 빈곤, 조부모 역할, 본국으로부터의 탈출, 사회적 부양, 문화적 신념, 과부 되기, 레저 등이다. 유색인 여성들은 확대가족이 있다는 점에서 백인보다 더 유리하지만, 이것은 또한 더 많은 요구가 그들에게 주어진다는 의미이기도 하다. 많은 할머니가 여전히 부모 노릇에서 벗어나지 못한다.

○ 서술 중심의 노년학

서술은 페미니스트 노년학의 핵심이며, 노년학 지식으로 간주되어야 한다. 지어낸 이야기든 자서전적 이야기든 구전으로 전달하는 형태를 취한 이상 그것은 노인 여성의 삶 속에 깃든 뉘앙스, 복합성, 모순, 난데없이 일어나는 온갖 것들을 전달한다. 페미니스트 노년학의 문제는 개인적 서술, 특히 유색인 여성의 삶을 담은 서술이 너무 부족하다는 점이다.(글로리아 웨이드 게일스와 폴라 건 앨런이 이야기했던 바다.) 우리가 지나치게 자주 무시당하는 "주변인의 목소리를 귀 기울여 듣고 해석하는 것"(McDowell, 24)을 목표로 설정했다면 더더욱 구술 역사가 절실하게 필요하다. 그 안에서 노인 여성은 해석하는 자가 될 수 있다. '스펠만 독립 학술회Spelman's Independent Scholars'가 만들고 웨이드 게일스가 편집한 구술 역사서 2권인《그들의 기억, 우리의 보물Their Memories, Our Treasures》에는 60~104세에 이르는 남부 아프리카계 미국인 여성 스물세 명의 인생 이야기가 펼쳐진다. 유색인 여성과 시골에 사는 백인 여성을 포함한 비교 연구 프로젝트 역시 무척 귀중한 작업이 될 것이다. 흑인 여성이 전하는 인생 이야기에는 지배 문화와 흑인 문화에 대해 흑인으로서 갖는 첨예한 인식, 즉 '이중 의식'이 전제되기 때문에 백인 문화 규범에 대한 수용과 거부가 동시에 담겨 있다. 저자들은 그들의 지역사회 안에서 자아정체성을 유지한다.(Ray의 "Feminist Readings," 125에 인용된 Etter-Lewis)

《노화의 인문학 연구 안내서Guide to Humanistic Studies of Aging》를 소개하면서 편집자들은 "지식을 추구하고 재현하는 본질적 형태로서의 서술의 재발견"은 노년학에 엄청난 영향을 미치고 있다고 말한다. 서술은 노화에 대한 과학적 지식을 과하게 강조하는 것에 반발한다. 주관적 지식 역시 이에 못지않게 중요하기 때문이다.(Cole, Ray, and Kastenbaum, 10) '우리의 삶 읽기'라는 개념에 따르면, 우리가 말하는 이야기는 "광대하고 무한한 텍스트이며, 생생하게 살아 있는 소설"로서, 그 의미는 시간이 지나야 드러난다.(Randall, 22) 서술은 우리가 몸에 부여하는 의미, 몸과 우리 자신의 관계를 탐색한다는 점에서 신체적 노화를 꿰뚫어 보고 통찰하게 한다.(Kenyon et al., xiii)[7] 흔히 인문학과 동일시되기도 하는 노화에 대한 서술은 또한 노년학의 사회적 역할(Barusch, "Narrative Gerontology," 3)과 사회학(본 장 '페미니스트 노년학' 376쪽을 보라, Loe)에서의 최근 연구를 언급한다. 서술 중심의 노년학은 사회 정책을 비판할 수도 있다.(Zeilig, 11)

노인은 어떤 동기로 그들의 이야기를 털어놓을까? 진 코헨은 상상력과 호기심을 관장하는 우뇌가 작동한다고 설명한다.("Creativity," 194) 그러나 서술 중심의 노년학은, 삶을 서술하면서 불확실하고 파편적이고 계시의 순간을 짚어내지 못하고 과감하게 핵심을 찌르지 못할 때는 한계에 부딪히기도 한다.(Zeilig, 19) '블룸즈버리 그룹Bloomsbury Group'(런던 블룸즈버리에 살던 버지니아 울프Virginia Woolf를 중심으로 모인 예술가 집단—옮긴이)의 마지막 생존자 중 한 명인 프랜시스 파트리지 Frances Partridge가 101세 때 쓴 일기장에는 "나는 죽고 싶다. 이 세상을 하직하고 싶다. 그러나 어떻게 해야 하는지 확신이 들지 않는다. 나는 또한 잘 살고 싶다는 소망을 버릴 수도 없다. 누구나 삶의 본능이 있어서 살려고 발버둥 친다"(Bytheway, *Unmasking Age*, 143에서 인용)라는 글이 적혀 있다.

로널드 블라이드는《겨울 풍경》에서 어느 영국 마을에 거주하는 노인들을 인터뷰하고, 그들의 이야기를 자신의 관찰과 같이 엮어서 보여주었다. 앨런 치넨Allan Chinen의《그 이후 영원히In the Ever After》는 여러 문화에서 수집한 노인 이야기를 담고 있다. 바버라 마이어호프는 캘리포니아 베니스에 사는 은퇴한 유대인들 사이에 회자되는 노인 이야기를 발견했다.《죽을 날을 세다Number Our Days》는 다큐멘터리 형식을 빌린 그들에 대한 이야기다. 크리스틴 랜젤리어Kristin Langellier는 프랑스계 미국인들 사이에 떠도는 할머니 이야기의 의미를 연구했는데, 그 이야기는 대가족, 고된 노동, 가난, 차별, 종교 등을 문화 보존의 힘으로 강조하고 있다. 마리온 바르텐부르크Marion Yorck von Wartenburg는 독일 레지스탕스에 참여한 회고록을 베를린에서 말년을 보내면서 썼다. 책에서 그녀는 늙는다는 것이 젊다는 것보다 더 쉽다고 하면서, "당신은 행동을 통해서보다는 그저 현존함을 통해 더 많은 것을 살아낸다"(80)라고 결론 내린다.《노스탤지어 너머Beyond Nostalgia》에서 루스 레이는 함께 일하는 사람들이 서술하는 이야기의 주제를 설명하면서 글 쓰는 과정에 집단이 어떤 영향을 미치는지에 대해 묘사한다.

19세기 작가 세라 오언 주잇Sarah Orne Jewett과 메리 윌킨스 프리먼이 쓴 늙은 여성들에 관한 소설에는 강한 의지를 지닌 인물들이 등장하며, 플로리다 스콧 맥스웰과 도리스 그룸바흐 같은 현대 작가들은 노화에 대한 다채로운 태도와 몸의 노쇠에 대한 솔직한 평을 전하고 있다. 19세기 가장 매력적인 노인 여성의 초상은 세라 오언 주잇의 〈벳시 레인의 비행The Flight of Betsey Lane〉에 나오는 주인공이다. 이 이야기에서 노년은 정상적인 삶의 일부로 그려진다. 가난한 농장에서 사는 벳시와 그녀의 친구들은 질병에 시달리면서 그것을 불평한다. 그러한 상황이 상세하게 묘사되고 있지만, 질병과 노화가 서로 동급으로 연결되지는 않는다. 활기차고 독립적인 여성인 벳시는 마침내 긴 여행을 하기 위해 처음으로 자기가 평생 살던 마을을 벗어난다. 주잇은 생애에서 가장 의미 있는 경험을 말년에 가서 하게 되는 한 여성을 상상한 것이다. 그런 가능성을 포착한 동시대 작가는 거의 없다.

노인들의 구술이 전문 작가의 도움으로 출간되는 회고록에서나 루스 레이가 《노스탤지어 너머》에서 이야기하는 것처럼 집단 작업의 성과로 완성되는 단편들을 보고 판단하건대, 이혼한 노인이 문제거리라고 거명되는 일은 없다. 이야기들은 알츠하이머를 앓는 여성들의 말에서 반전과 도약을 포착해 병리에 인간의 향기를 접목한다. 예를 들면, 엘리너 푹스Elinor Fuchs의 〈출구 만들기Making an Exit〉에서는 그녀의 어머니에 대한 악랄하면서도 유머러스한 설명이 나온다. 제인 룰Jane Rule의 소설 《기억 장치판Memory Board》은 치매를 수려한 필체로 통찰력 있게 설명한다.

《늙는다는 것의 의미》에서 플로리다 스콧 맥스웰은 80대가 되면 평온해지리라고 기대했으나 여전히 계속되는 감정적 소용돌이를 경험하면서 느낀 놀라움을 설명한다. 서술은 노화에 대한 감정을 전달하지만, 여성의 서술은 부정적 감정을 대담하게 담아내지는 못한다.

"여성(특히 백인 중산층 미국 여성)의 인생 글쓰기에서 거의 찾아볼 수 없는 것들이 있다. 그것은 의지, 주체성, 이동성, 대담성, 독립, 비판, 분노, 전투성, 솔직함과 같은 언어들이다."(Ray, "Feminist Readings," 119)

샌프란시스코를 무대로 하는 이사벨 메이나드Isabelle Maynard의

〈펠 가의 집The House on Fell Street〉의 주제는 더럽고 좁은 방을 떠나려고 하지 않는 러시아 노인 환자와 사회복지사 간의 힘겨루기다. 화자는 사회복지사다. 그녀는 환자의 욕구(방에 있으면 위층에서 러시아인 수녀들이 노래하는 소리를 들을 수 있다)가 자신이 제공하는 제도적 서비스보다 더 중요하다는 것을 조금씩 깨달아간다.

미국인의 스토리텔링과 문화 전파에 관한 에세이에서 레니 마셜은 노인들이 항상 현명하지는 못하겠지만, 자기네 문화와 연결되어 살아가는 사람들은 "집단의 역사와 지식을 가장 많이 축적하고 있으며, (……) 그런 지식을 보유하고 그것을 (……) 보통 이야기 형식으로 (……) 전파한다는 이유만으로 그들은 존중받는다"라고 적는다.("Kiss," 38)

발 나폴레옹Val Napoleon의 이야기 〈내 할머니의 피부My Grandmother's Skin〉에 나오는 헤데이크는 늙은 여성의 아름다움에 대해 꿈을 꾸는 책략가다. 그녀는 "온갖 모양과 크기의 몸과 주름에서 아름다움이 뿜어져 나오는 것을 꿈꾼다. (……) 그녀는 전 세계의 늙어가는 모든 여성을 그저 늙은 것이 아니라 아름다움이 다른 형태로 변화하고 변형하는 것으로 바라보게 된다. 그것도 불현듯이."(85)

관련 이슈들

○ 몸/전형

늙은 몸에 초점을 맞추는 것은 늙은 여성을 대상화한다는 점에서 억압적인 것으로 비쳤다. 그러나 페미니스트 노년학은 "주관성과 성찰을 주장함으로써 몸의 영토를 (……) 복원한다."(Twigg, "Body," 71) 몸은 물질적인 동시에 사회적 구성물이다.(Calasanti, "Ageism," 9; Laz, 505) 늙은 여성에게 특별한 딜레마는 외모가 "일차적 차원의 체현"이어서 (Laz, 514) 주름, 눈 밑 주름, 처진 피부, 검버섯이 자존감을 떨어뜨린다는 점이다. 늙은 몸은 변한다. 그러나 변화가 그저 악화를 의미하는 것만은 아니어서(Chivers, xxv), "우리 몸은 생각보다 훨씬 더 유연하고 우아하며 적응력과 유순성이 탁월하다"(McDowell, 39)라고 하는 이도 있다. 그러나 이런 일반화는 요가, 태극권, 기공 등으로 수련하지 않는 이상, 매우 연로한 여성이거나, 한때는 활동적이거나 유연했더라도 이제 70대와 80대에 접어든 여성들에게는 도움이 되지 않을 것이다. "열등성의 생산"(McDowell, 48)이라는 측면에서 신체의 특성은 상당히 중요하다. 늙은 여성의 몸은 젊은 여성과 늙은 남성에 비해 열등할 뿐만 아니라 혐오스럽다고 간주된다. 중서부 지역의 어느 미용실에서 민족지적 연구를 한 프리다 퍼먼은, 나이 든 고객은 자신의 늙어가는 몸을 수치스러워하는 동시에 아름다움과 날씬함에 대한 문화적 기준에 저항하기도 한다는 사실을 발견했다.(12~17) 그들은 또한 점점 나이 들어가면서 이점도 있다는 것을 알게 되었다. '저항'은 젊은 페미니스트들과 중년의 페미니스트들이 노인 여성에게서 발견하고 싶어 하는 태도다. 그러나 줄리아 트위그Julia Twigg가 지적했다시피 "저항은 상당히 애매모호한 용어다." 또한 나이를 부인하는 태도와 나이에 저항하는 태도 사이의 갈등은 쉽사리 해소될 수도 없다.("Clothing," 299)

노인 여성의 태도에 대한 또 다른 연구에 따르면, 베이비부머들은 노화 과정에 '인위적 개입'을 시도하고 싶어 하는 경향이 있다. 반면, 노인 여성들은 그들의 신체적 변화를 그대로 받아들이는 편이었다.(Hurd Clarke and Griffin, 198) "자기비판적 시선으로 자신의 몸을 습관적으로 감시하다가 만성 불안이 생긴 노인 여성들도 있다. 페미니스트 접근법은 그들에게 불안의 정체를 알아차리고 내면의 명민함을 다시 깨우도록" 유도한다.(Mitchell and Bruns, 124)

젊어 보이려는 전략은 '늙었다'라는 꼬리표에 대한 두려움을 감춘 상태로 움켜쥔 패다. 흑인 혹은 동성애자로서의 정체성은 본디 어떤 부정적인 그림자도 담고 있지 않은 반면, '늙었다'는 정체성은 부분적으로 쇠락의 의미로 통한다. '성공적인 노화'라든가 '생산적인 노화' 같은 용어는 이런 사정을 얼버무린다. 어느 정도의 쇠약은 말년에 불가피한 사실처럼 보인다. 예방약이나 공중보건의 힘을 빌려 쇠약해지는 시점을 늦추고 그 심각성을 감소시키기는 하겠지만, 완벽하게 피할 수는 없는 듯하다. 젊은 페미니스트들과 중년의 페미니스트들은 늙은 여성들에게 무차별적 칭찬을 쏟아내면서 자신에게 들이닥칠 운명에는 눈길을 주지 않는다. 릴리언 루빈Lillian Rubin은 자신의 실제 나이 82세보다 젊어 보인다는 칭찬을 받았을 때 양가감정이 드는 순간을 놓치지 않았다. 그녀는 그 말이 참 좋지만 수치스럽기도 하다. "비록 나도 그들(노인들) 중 한 명이란 것을 알지만" 그들처럼 보이지 않는다는 것이 의미심장하게 받아들여지기 때문이다.(47) 50대인 한 사회복지사가 머리 염색을 그만두자 동료는 "난 당신을 좋아해요. 하지만 아직 흉해 보일 준비는 되어 있지는 않아요"라고 반응했다.

타인들이 보기에 부적절한 방식으로 옷 입는 노인 여성들은 "젊은 애들 따라 하는 주책"이라고 조롱받는데, 이 말은 오직 여성들에게

만 적용된다.(Twigg, "Clothing," 295~296) 늙어서 비하되고 있다는 것을 스스로 알기에 여성들은 몸은 그리 중요한 것이 아니라거나 몸이 자신의 전부는 아니라고 대꾸한다. 하지만 이 전략은 좌절을 불러오고, 몸과 거리를 두게 한다. 우리는 거울을 보면서 외모에 아무런 가치 판단도 하지 않고서 "이것이 지금 내 얼굴이야"라고 말하는 법을 배울 수 있을까? 과거의 모습을 떠올리면서 가슴 저미는 통증이 밀려왔다가 갈 수도 있다.

  페미니스트 신념과 몸의 이미지를 조사한 26개 연구를 검토한 결과를 보면 여성들은 여전히 날씬함을 대상화하는 메시지에 관심이 간다. 하지만 페미니스트 신념을 추구할 때는 날씬해지려는 욕구가 약화되고, 몸에 대한 만족도도 낮지 않았다.(Mumen and Smolak, 187) 이런 연구에서 흑인 여성들은 다른 집단 여성들보다 자신의 몸에 대해 더 높은 만족도를 보였다.(188: 194) 페미니즘이 명확한 방어적 이점을 발휘할 수 있는 이유는 세 가지다. 첫째, 페미니즘에 의한 비판적 사고는 "문화적으로 유포되는 억압적 메시지가 내면화되지 않도록" 예방 차원에서 도움을 준다. 둘째, 페미니즘에 입각한 집단 행동으로 자립성이 향상될 수 있다. 셋째, 페미니스트들은 몸에 집중하라는 문화적 명령어를 따르기보다는 자기에게 유익한 쪽을 선택하라는 격려의 메시지에 힘을 낼 수 있다.(194)

  여성들이 마음은 늙지 않았다고 말하는 순간, 마치 자아와 몸이 상충하는 것처럼 이 둘을 분리하는 이분법이 분명하게 드러난다. 페미니스트 노년학자들은 이를 해결해야 하는 어려움에 봉착한다. 비슷한 분열이 예술가 앨리스 닐Alice Neel에 관한 《보스턴 글로브》 기사에 등장한다. 기사는 80세 널의 누드 자화상은 싣지 않고 이런 설명을 달고 있다.

"턱을 위쪽으로 많이 당겨 올리는 바람에 머리가 캔버스의 윗부분을 스칠 정도고, 덕분에 아래로 처진 가슴과 배가 덜 흉측해 보인다. 육체의 패배는 불가피하나, 정신은 이를 모면했다."(Temin, C1)

비록 육체에 속하는 턱을 통해 예술가를 칭찬하려고 노력하지만, 동시에 그녀를 희생자로 몰아가려는 복선이 도처에 깔려 있다. 이런 평가는 나쁜 육체를 좋은 정신으로 상쇄하겠다는 의도에서 출발했다. 거의 모든 미국 문화가 그러하지만, 이 기사에서도 노인 여성은 스스로를 대변하지 않고 누군가에 의해 대변된다. 늙은 육체는 젊음에 대한 열렬한 숭배를 통해 '패배자'라는 판결을 받을 뿐이다. 늙어가는 여성의 몸에 대한 경멸이 지배적 관점으로 통용되는 한, 노인 여성의 개성은 고사하고 말 것이다. 그들은 파토스의 전령일 뿐이다.

바버라 힐리어는 에세이 〈늙은 여성의 전형: 침묵The Embodiment of Old Woman: Silence〉에서 여성이 겪는 신체적 변화에 대한 기록이 거의 존재하지 않는 까닭을 묻는다. 신체 변화에 대한 침묵이 깊어갈수록 늙어가는 여성의 몸은 "말할 수 없는 주제거나 적어도 주목받지 못하는 것"으로 홀대된다.(53) 신체적 변화에 대해 토론하는 것은 나이 들어가는 여성들의 자기 돌봄의 일환이자 정상적인 관습으로 자리 잡아야 한다. 그러나 현실적으로는 폐경이 나이 든 여성에게 가장 중요한 신체적 사건으로 간주되고, 늙은 몸은 중요하지 않은 듯 그저 '성공적인 노화'를 읊조리면서 활동이나 성취에만 집중한다. 노년학자들 역시 질병이나 사회 문제를 지적할 때를 제외하고는 신체적 변화에 대해

질문하지 않는다. 늙은 여성이 뻣뻣한 관절이나 불안한 걸음걸이에 대해 이야기를 꺼내면 그녀는 보채고 떼쓰는 사람 취급을 받는다. 자신의 몸에서 겪는 일을 정직하게 설명하는 늙은 여성은 명랑해야 한다는 사회적 기대에 부응하지 못한다.(48~55)

나이 들어가는 몸에 주목하는 방법을 우리는 어떻게 우리나 타인들에게 가르칠 수 있을까? 무엇으로 몸에게 친밀하고 따뜻한 눈길을 줄 수 있을까? 늙은 몸에 대한 연구가 많아진다면 앉기, 걷기, 서기, 운전하기와 같은 일상적 행동을 보다 편안하게 할 방법도 많아질 것이다. 어떻게 하면 보다 수월하고 보다 깊게 호흡할 수 있을까? 늙은 여성을 위한 마사지 클럽을 상상해보라. 몸에 대한 수치심도 없고, 주름살이나 늘어진 피부, 두꺼워진 복부를 송구스러워할 필요도 없는 곳, 어떠한 자기비하의 유머도 없는 곳이 될 것이다. 그 유머야말로 뿌리째 뽑아야 할 내면화된 연령차별주의, 늙었다는 자기조롱의 마지막 보루일 것이므로.

○ 장애

대중문화에서는 노화와 장애를 동일하게 취급하지만, 사실은 그렇지 않다. 물론 동일하지 않다고 해서 서로 연결되어 있는 지점까지 간과해서는 안 된다. 어떤 이들에게는 장애와 질병이 노화의 정상적인 특성일 것이고(Wendell, 136), 어떤 이들은 장애를 불러오는 주거 환경에서 살 수도 있다.(Oldman, 797) 장애인 권리운동을 모델 삼아 노인 스스로 집단행동을 할 수도 있다. 장애인들은 전문가의 통제에 대해 적어도 제한된 방식으로나마 싸워왔고, 그 결과 연구와 서비스 개발에 관여하게 되었다.(Oldman, 796) 페미니스트 철학자 크리스틴 오버롤Christine Overall은 장애와 노화는 "그것들의 생물학적 토대가 고정 불변의 것으로 추정되고 있으나, 실은 사회적으로 창안되어 지탱되고 정교화된다"("Old Age," 131)라고 말한다.

노년처럼 장애도 그 세계에 속하지 않은 사람의 눈으로는 이해하기 어렵다. 몸을 장악해야 한다는 통념은 장애를 가진 사람과 노인을 모두 억압한다.(Morell, 230~231) 늙어가는 몸을 이해하려면 메리 펠스타이너Mary Felsteiner의 〈관절 보호: 관절염에 관한 사적인 이야기, 공적인 이야기Casing My Joints: A Private and Public Story of Arthritis〉와 같은 연구가 더 많이 필요하다. 여기서 그녀는 여성의 질병으로 류머티즘 관절염의 의미를 파고들어 간다.

○ 주거

노년학자들은 노인들이 본디 외롭거나 고립된 사람들이라는 고정관념을 반박하기 위해 가족과의 접촉 횟수를 통계 수치로 인용하지만, 만남의 질은 측정 불가능하다. 75세가 넘는 여성의 절반 이상이 혼자 사는데, 이런 패턴은 최적의 신체적·심리적 건강에 도움이 되지 않는다. 그러나 사실 많은 노인 여성이 혼자 사는 것을 선호한다고 말한다. 그들은 의무로부터 벗어난 것을 좋아한다. 매일 친구들과 만나면 동료의식의 욕구가 충족될까? 자신의 집, 아파트, 혹은 방에 혼자 사는 늙은 여성들은 극단적인 개인주의를 위해 비싼 비용을 지불한다. 혼자 살기는 개인의 선택 사항으로 여겨지지만, 어쩌면 사회 환경에 조건화된 방식으로 대응하는 것일 수 있다.

노인 여성들이 집단으로 산다고 하면 기숙사나 양로원에 수용되어 함께 기거하는 그림만 그려진다. 그러나 여러 여성이 집단을 형성해 각자의 자금을 한데로 모은다면 개인 거주 공간과 공동 영역(식당, 세탁실, 여가 활동실, 서재)을 가질 수 있으며, 가족과 살거나 혼자 살 때보다 공간을 자신들 취향에 맞게 배치할 수도 있다. 지금은 혼자 사는 것이 일반적이지만, 집주인이나 이웃의 자격으로 함께 살면서 서로 독립적인 생활을 영위할 수 있다. 그러나 많은 여성이 그러한 배치를 계획할 수 없는 까닭은 그들의 생활이 친구가 아니라 가족 중심으로 돌아가기 때문이다. 가족은 노인 여성의 욕구를 충족시키려고 조직된 것이 아니다. 그러니 이제부터는 대안적 삶의 형태로 재구성할 수도 있을 것이다. 노인을 위한 주거를 계획한다고 하면 왜 사람들은 그들이 결혼한 부부나 독신 여성일 것이라고 생각할까? 왜 두 명 혹은 그 이상의 여성이 모여 살지 않을까?(Burwell, 202) 다른 대안은 '따로 같이 살기Living Apart Together, LAT'로서, 스칸디나비아와 독일에서는 흔한 형태이고, 미국에서도 점점 더 일반화되어가는 중이다. 예전에는 노인의 웰빙을 강화하지 못하고 나이로 차별하는 주거 형태였다면, 이제 여러 세대로 구성되는 새로운 주거 방식으로 균형을 잡을 수 있다. 이는 '그레이 팬더스'의 창시자 매기 쿤Maggie Kuhn이 선택하고 옹호하는 거주 방식이다.

미국의 도시를 보다 노화 친화적인 장소로 만들려는 전국 규모의 노력이 부재한 것이 현 실정이다. 그러므로 지역에서 '에이징 인 플레이스aging-in-place'(살던 집과 공동체에서 안전하고 자립적으로 살기 위해 주거 공간을 리모델링하는 것—옮긴이)를 지지하는 주민발안이 성립된다면 바람직한 발전을 기대할 수 있을 것이다. 이는 특히 그다지 풍족하지 않은 사람들도 이용할 만하기에 더욱 고무적이다. 이런 계획은 자조, 독립, 소비주의와 같은 전통적 미국 가치를 지지하고 있기도 하다.(Scharlach, "Creating")

○ 학대

주류 노년학에서는 노인 학대가 주로 돌봄 노동자들의 스트레스 혹은 역기능적 가족 패턴 때문이라고 분석한다. 이러한 설명은 마치 '10대 폭력'이라는 말이 대부분의 가해자가 남성이라는 사실을 숨기는 것처럼 젠더를 고려하지 않는다. 노인 학대에 대한 현재의 접근 방식으로는 가해자로서의 남성이 드러나지 않기 때문에(Whittaker, 147), 페미니스트 대안은 노인 학대를 가부장적 가족 안으로 배치하는 것이다.(156) 여성들 역시 가해자가 될 수 있다는 설명을 덧붙이면서, 이러한 관점은 어떻게 권력이 여러 상황에서 힘을 발휘하는지 묻는다.(152) 이원론적 사고는 여성을 구타당하는 사람이거나 학대받는 노인으로 생각하도록 유도하지만, 둘 다 아니다. 많은 노인 여성이 스스로를 구타당하는 여성으로 생각하지 않으므로 구타당하는 여성을 위한 서비스를 찾지 않는다.(Vinton, 87)

시골 지역 노인 여성들 사이에 발생하는 가정폭력 연구에 따르면, 지리적 고립, 저소득, 사회 서비스의 부족, 자립에 대한 강한 가치 부여, 외지인에 대한 불신 등이 학대 문제를 복잡하게 한다.(Teaster, Roberto, and Dugar, 636~637) 총기 소지와 가정 내 남성의 역할에 대한 종교에 가까운 신념도 학대 발생의 요소다. 학대받는 노인을 돕는 활동가들은 학대 가해자들이 지팡이나 휠체어를 희생자 손이 닿지 않는 곳에 두거나 서명해야 할 수표를 찾지 못하도록 안경을 숨겨둔다고 말한다. 어느 연구에 의하면, 가해자들은 배우자라기보다는 다 큰 애 같았다.(Moody, *Aging Concepts*, 6th ed., 232)

아일랜드의 노인 학대 조사에 따르면, 학대는 모든 계층에서 발생하며, 가장 흔한 형태는 재정적 학대와 심리적 학대다. 연구자들은 많은 학대가 보고되지 않은 채로 묻히는데, 그것은 피해자가 두려워하기 때문이거나, 혹은 보고를 못 하도록 가해자가 피해자를 막기 때문이라고 분석한다.(Naughton et al.)[8]

엘리자베스 워런Elizabeth Warren이 만든 소비자재정보호국Consumer Financial Protection Bureau의 산하 조직인 '미국 노인을 위한 재정보호사무국Office of Financial Protection for Older Americans'은 현재 전 미네소타 검찰총장 휴버트 험프리 3세Hubert H. Humphrey Ⅲ가 맡고 있다.

○ 세계화

전통 노년학과 인문학적 노년학 모두 나이와 노화를 "국가 기관 내부에서만 거의 배타적으로 다루는 사안"으로 생각해왔다.(Kunow, 300)[9] 그러나 페미니스트들은 비록 정부 부처의 정책 입안자들이 일반적으로 노화에 집중한다 하더라도 여성의 욕구는 특히 비정부 기관이 잘 대변하고 있다고 꼬집는다.(P. Davidson et al., 1032)

보건 관련 이슈에서 젠더 중립적 정책은 여성에게 해를 끼치거나 편견을 초래할 것이다. 그러므로 행정이나 건강 관련 관리직에서 여성이 중요하고 권위적인 역할을 맡아야만 여성에게 필요한 것이 적절하게 해결될 수 있다.(1040) 젠더에 기반을 둔 폭력은 여성이 나이가 들면서 장기적 건강 문제로 꾸준히 드러나는데, 이는 세계 모든 나라의 공통적 현상이다.(1035)

그 밖의 전 세계적 이슈는 선진국과 개발도상국의 수명 차이인데, 가히 깜짝 놀랄 만하다. 일본의 기대수명은 남성이 79세, 여성이 86세지만, 시에라리온은 남성이 39세, 여성이 42세다.(Carstensen, *A Long Bright Future*, 48~49)

'세계화'라는 말은 돈, 시장, 노동을 연상하게 한다. 하지만 세계화의 결과, 가족이 세계를 넘나들면서 이동하고 다양한 사회에서 생활함에 따라 "새로운 형태의 노화"가 등장한다.(Phillipson, "Ageing," 117) 예컨대 가정의 의미가 흔들릴 것이다.(Phillipson, "Dynamic Nature," 148) 그러므로 노년학자들은 정체성과 인생 후반기의 변화와 같은 개념을 더 심도 있게 이해하고 파악하되, 자기 문화만을 고집하지 말아야 할 것이다.

초국가적 금융회사와 세계적 기업의 권력이 커감에 따라 시민권의 본질, 시민의 건강과 사회적 돌봄의 권리 등에 대한 문제가 발생한다.(Estes, Biggs, and Phillipson, 143) 세계화는 경제적 이익과 건강보건의 혜택을 제공해야 하는 국가의 역할을 감소시킨다. 이와 더불어 개인과 집단의 노화, 특히 노인 여성의 노화에 깊이 관여하는 불평등이 양산될 수 있다.(Estes, "Critical," 93) 현대 서구 문화는 개인의 자율성을 높게 평가하지만, 권력을 주도하는 세력은 그것에 반대할 것이다. 도태된 국가주의, 다양한 근본주의, 그리고 "무차별적 마케팅, 규제 철폐, 민영화"를 통해 세계적 문화를 만들려는 초국가적 기업들의 욕망이 이런 권력들의 대표로 부상할 것이다.(Polivka and Longino, 188) 이런 현상은 자율성이나 탄력받은 노화의 개념에 어떤 의미일까?

이런 권력의 주체들은 세계적이라는 개념을 노화와 연결함으로써 고령(그리고 그 용어로 지칭되는 모든 사람)을 국가의 관리로부터 격리시켜 세계 시장의 보이지 않는 손아귀에 넘겨주려고 무진 애를 쓴다.(Kunow, 296) 이로써 고령 인구는 이것저것 요구하는 자의 입장에서 상품으로 전락한다. 그러나 분명한 것은 "인생 후반기의 신비와 역설은 시장의 도구적 논리로 쉽게 해석되지 않는다"는 것이다.(317)

이런 냉정한 평가와 더불어 페미니스트 노년학자들은 많은 나라의 여성들이 다원주의와 개인주의 같은, 자본주의가 연상되는 가치를 거부한다는 사실을 곱씹어야 한다.(King and Calasanti, 154) 세계적으로 발생하는 일은 "민주주의를 향한 단선적 진보"보다 훨씬 더 복잡할 것이다.(153) 미국 경제는 외국인 노동력에 점점 더 의존할 것이다. 가령 필리핀에서 온 간호사들 중 많은 이가 (다른 가족의) 노인들을 위해서는 임금을 받는 돌봄 노동을 하고 가족을 위해서는 무임금 돌봄 노동을 제공하면서 본국으로 돈을 보낼 것이다. 이주한 아시아계 여성들은 이주한 남성들보다 적은 임금을 받고 일하지만, 지속적으로 본국에 임금의 상당 액수를 보낸다. 필리핀 인구의 절반 정도가 해외로 나간 노동자가 보내주는 돈에 의지하고 있다.(Calasanti, "Context," 141) 점점 많은 여성들, 특히 라틴계 여성들이 두 문화의 영향을 받으면서 늙어갈 것이다. 그들은 일자리를 찾으러 본국을 떠나왔다. 그런 현상이 그들의 노화 과정에 어떤 영향을 미칠까?

다른 이슈는 미국의 노화 모델이 전혀 어울리지 않을 것 같은 엉

뜻한 나라로 수출된다는 점이다. 인도의 노인 돌보는 날과 재가 노인을 위한 봉사의 날은 부유한 인도 노인들만 혜택을 보는 프로그램이지 대다수 빈곤층 노인은 그 대상이 아니다.(L. Cohen, *No Aging*) 노인을 겨냥한 처방약품의 해외 수출에 감추어진 식민지적 의미에 대해 주류 노년학자들보다는 비판적 노년학자 또는 페미니스트들이 문제를 제기할 가능성이 크다. 대규모 제약회사가 전 세계적으로 사업을 확장해나감에 따라 그 기업에 대한 정밀 조사가 더 많이 실시되어야 함은 분명하다.

   ○ 앞으로 연구되어야 할 과제

   많은 주제가 더 철저하게 조사되어야 한다. 가령 가정폭력의 피해자로서의 노인 여성, 현재 연금이 없어진다면 중년 여성들에게 미치게 될 영향, 노인 돌봄의 경제적·사회적 가치를 인정하는 사회보장연금의 혜택 점수, 다중 처방약물이 노인 여성의 신체에 미치는 부정적 영향, 매체가 생산하는 노인 여성 비하 이미지, 아시아계 미국인 여성과 라틴계처럼 서로 다른 집단에서 나타나는 노화의 차이, 청력 상실과 더불어 진행되는 사회적 고립 등의 문제가 아직 풀리지 않은 채 남아 있다. 또한 지역사회를 기반으로 한 참여 연구가 더 많이 필요하다.(Holstein and Minkler, 790) 연로한 부모를 돌봐야 한다는 상황적 절박함 때문에 여성이 비자발적으로 은퇴하는 사례에 대한 연구가 실시되어야 한다. 불경기로 인해 65세 이상의 사람들이 받게 되는 심각한 피해 양상 같은 주제들 역시 시급하다.

   우리는 인종, 젠더, 계층, 노화가 서로 실타래 꼬이듯 뒤섞여 있다는 것을 안다. 그러나 이런 현상을 충분히 파악해 일반화 단계까지 가려면 개인의 서술을 포함해 설문지 활용 등 다양한 방법으로 다양한 여성을 장기간 연구한 결과가 필요하다. 그러한 작업이 있어야만 쇠약함이 다면적이고 변화무쌍하다는 사실이 명백하게 밝혀질 것이고, 더이상 '쇠약한 노인'이라는 말이 정체성의 핵심을 차지하지 않을 것이다. 우리는 또한 노인 여성이 단순한 환경의 희생자가 아니라 아무리 주변으로 밀려나더라도 스스로 행동하는 주체자임을 안다. 그러나 이런 태도가 개인이나 집단에 어떻게 작용하는지는 여러 사례를 통해 보다 선명하게 밝혀져야만 한다.

결론

포스트모더니즘은 '여성', '늙었다'와 같이 예전부터 당연시하던 범주들에 시비를 걸고 권위 있는 선언들이 과연 타당한지 도전하면서 학문적 전문화를 요구하는 쪽과 이익 집단의 관계를 복잡하게 만든다. 그러나 페미니스트들이라고 해서 권위 있는 이론이나 정치적 선언을 쉽게 거절하는 것은 아니다. 여성들은 억압받고 있으며, 페미니즘의 목표는 그러한 여성의 삶을 증진시키는 데 있기 때문이다.(Gagnier, 24) 학계의 페미니스트들은 "사회생활의 '진실'이라고 규정할 만한 사실들로 구성된 단 하나의 완결된 현실이 '저기 어디쯤' 있을 것이라는" 믿음을 포기해야 한다고 생각한다.(Stanley, 263) 모든 것을 상대적이고 우연적이라고 판단하는 태도 역시 위험이 따른다는 것도 인정한다. 이런 관점으로라면 고통을 경감시키려는 정치적 행동이 무상하고 요원하게만 보이기 때문이다. 게다가 정체성의 유연함, 모호성, 우발성, 다원성을 지나치게 강조한다면 대중문화의 과도한 개인주의를 강화할 뿐 아니라 "개인이 알아서 책임지게 하는 근시안적 정치학"을 고무시킬 수도 있다.(Wylie, 171)

베이비부머들이 65세에 이르게 될 즈음 경제는 건실하지 않을 수 있고, 노인의 일상생활이 사회보장연금과 메디케어가 없던 시절 노인의 삶으로 퇴행할 수도 있다.(Binstock, "Responsibility," 304) 지구 온난화, 생화학의 공포, 공기 오염과 수질 오염, 유전자 조작 음식, 항생제와 호르몬제를 농장 가축에게 더 많이 투여하는 것 등이 수명에 어떤 영향을 미칠지 정부도 과학자도 예측할 수 없다. 현재 여성의 긴 수명을 생각할 때 노년학자들, 특히 페미니스트 노년학자들은 그것이 어떤 혜택을 가져올지에 대해서뿐만 아니라 많은 노인 여성에게 적정 소득과 보건을 약속하지 못하는 사회 정책이 어떻게 여성의 수명을 억압하는지도 질문해야 한다.

노화는 "여성의 자원과 능력의 한계를 시험대에 올려놓는 삶의 궁극적인 역경"이라고 불려왔다.(Gaylord, 64~65) 여성의 자원과 일정 정도의 역량이 노화의 정치학에 의해 대략 결정될 것이므로 페미니스트 노년학자들은 '성공적인 노화', '생산적인 노화' 혹은 불평등과 권력의 차이를 위장하는 그 어떤 예측에 대해서도 의심해야만 한다. "모든 사람에게 맞는 단 하나의 사이즈"와 같은 노화 모델은 여성들에게 적절하지 않다. 가령 분주하게 지내야 한다는 압력 때문에 노인 여성은 노년학자들, 심지어 일부 페미니스트 학자들이 그들에게 적합할 것이라고 판단한 서비스 제공자 역할을 마지못해 연장할 수 있다. 페미니스트들은 젠더의 사회적 구성을 잘 이해하지만, 사회적 구성물로서의 노화에 대한 이해는 부족하다.

가장 절박한 질문은 우리(늙은 여성들, 가정 안팎에서의 서비스 제공자, 연구자, 학생, 선생님, 상품과 서비스 제공자)가 어떻게 말년에 접어든 여성들의 건강과 복지, 사회적 지위를 향상시킬 수 있겠는가다. 이 질문은 두 가지에 집중한다. 하나는 늙은 여성의 삶이고, 나머지는 그들의 삶으로 인해 가능해지는 전문적 연구다. 30년 전 낸시 다탄Nancy Datan은 노인 여성들은 연령차별주의의 편견과 차별로 "노년의 지평이 좁아지는" 이중적 불이익을 당하겠지만, 그들의 인생 후반기에 깃든 잠재력은 남성들보다 더 클 것이라는 글을 썼다.(124)

오늘날 여성과 남성 둘 다 훨씬 좁아진 노년의 입지에 봉착해 있다. 그러나 다탄의 역설은 여전히 여성의 노화를 잘 정의하고 있다. 그것은 위기, 즉 위험과 기회다.

학생들이 여성과 노화 수업 시간에 어떤 내용을 취하든 나는 그들의 두려움이 완화되기를 바란다. 특정한 주제들(빈곤, 기동성의 상실, 연령차별 등)은 현실적인 걱정거리다. 그러나 늙어감에 대한 일반화된 두려움은 안으로 조용히 잠식해 들어와 우리를 쇠약하게 만드는 성질이 있기에 반드시 페미니스트들이 그 정체를 명료하게 밝혀야만 한다. 만약 학생들이 겪게 될 노화가 단순히 타인의 생각이나 태도를 반영하면서 전개되고, 심지어 그 타인의 태도가 사회적으로 구성된 것이라면, 그런 열악한 상황에서 얼마만큼의 자유를 확보하고 나서야 학생들이 자기 방식대로 늙어갈 수 있을 것인가? 나아가 그들은 자신의 방식이 무엇인지 어떻게 결정할 수 있겠는가? 향후 수년간 타인들이 그들의 노화를 과하게 의식할 것이고, 그로써 노화에 대한 이미지가 형성될 것이다. 그들은 그 이미지를 충분히 숙지해야만 한다. 그래야 그것에 대항할 수 있기 때문이다. 그런 후에야 그들은 유색인, 가난한 여성들, 장애를 가진 여성들과 함께 그들의 왜곡된 이미지를 바로 세우면서 정신적 에너지를 확장할 필요성을 공유할 것이다.

우리 페미니스트들은 노인 여성을 일괄적으로 현명하다거나 보편적으로 억압받는다는 식으로 보는 본질주의적이고 감상적이며 궁극에 가서는 선심 쓰는 듯한 관점으로 후퇴할 수는 없다. 위계질서 중심의 사회에서 경험과 지위를 쌓은 덕분에 몇몇 노인 여성은 노화에 대한 특별하고 진실한 지식을 갖출 수도 있을 것이다. 이런 지식을 무시하던 때도 있었지만, 이제는 그 지식이 실로 중요해진다. 물론 현명한 노인 여성이라는 범주는 철회될 수 있다. 노인 여성 인구가 막 새롭게 꽃피어나려는 역사적 순간, 의미는 사실 특수성 안에 있다. 모델은 거의 없다. 그러나 우리는 즉흥적으로 만들어낸다. 훗날에는 아마 우리가 그 모델을 구성할 것이다.

노화의 역설

노화는 모순과 풍자, 역설로 가득 차 있다. 생활연령은 의미가 있기도 하고 없기도 하다. 별로 특별한 것이 없는데도 노화 과정은 골칫거리나 질병이라는 믿음, 두려움, 부인에 의해 특별한 것이 된다. 말할 필요도 없이 이런 것은 문화적으로 결정된 태도들이다. 노화하는 몸에 여러 의미가 각인되는 것은 우리가 지금 여기서 나이 들어가기 때문이다. 노인들은 비용이 많이 드는 질병 때문에 노심초사하는데, 건강 증진 프로그램은 정작 그들을 외면한다. 우리 사회는 노인에 대한 공경심이 낮지만, 많은 노인들 내면에는 사회에 이익이 될 잠재력이 아직 싹을 틔우지 못한 채 잠들어 있다. 우리가 그 잠재력을 얼마나 놓치고 있는지 짐작이 안 된다. 그러나 말년에 발생하는 우울증과 알코올 중독, 노환은 의미 있는 사회적 역할이 그들에게 주어지는 순간 상당 부분 감소할 것이다. 현명한 노인의 역할은 산업사회에서는 통하지 않는 말이다. 그러나 미국 사회의 오래된 신념을 폐기하는 것도 계속되어서는 안 될 일이다. 고령 인구가 많은 능력을 보유하고 있다면 그들의 수가 증가하는 만큼 그것을 펼칠 기회도 주어져야 한다.

인생 후반기에 접어들수록 우리는 몸에 더 많이 주목해야 한다. 물론 지나치게 관심을 기울이다가 환자 역할과 약물 과다 투여로 이어질 경우 과유불급이 될 수도 있다는 것 역시 유념할 일이다. 노화의 주된 주제는 쇠약으로 여겨지지만, 아직 많은 이에게 노년은 성숙의 계절이고, 자기 자신이 되어가는 시간이다. 여성들에게 노년은 자유와 제한을 동시에 선사하는 때다. 잠재된 힘과 창의성이 발현된다면 자유를 얻을 것이고, 고질병이나 경제적 어려움이 생긴다면 삶의 가능성이 위축될 것이다. 노화는 점점 더 여성적 현상이 되어간다. 보건, 공공 정책, 노년학은 80세가 넘는 여성들의 수적 증가를 인정하려고 하지 않고, 여성학은 여전히 젊은이나 중년에 초점을 맞추고 있다. 노인 인구는 다문화로 구성되는 반면, 노화를 다루는 기관들은 단일한 문화를 고집한다.

노화는 우리가 통제할 수 있는 영역이기도 하고 그렇지 못한 영역이기도 한데, 각 영역의 상당 부분이 계층과 인종, 젠더의 영향 아래 있다. 이런 역설은 노화에 대한 우리의 책임이 부분적이라는 뜻이므로 다소 마음이 홀가분해진다. '성공적인 노화'라거나 '생산적인 노화'와 같은 규범은 노화의 모든 책임을 우리에게 전가한다. 그러나 이제 우리는 사회보장연금이나 메디케어가 성공적이지 못하거나 생산적이지 못하다고 평가할 수 있다. 편안한 노화 혹은 깨어 있는 노화일 때, 모델이기보다는 가능성을 가진 존재일 때, 사회적 힘이 노화에 영향을 미치고 있음을 인식한다. 이 책에서 서술한 주장은 이런 사회적 힘을 다루고 개인주의가 노화 철학으로는 한계가 있음을 지적하고자 시도한 것들이다. 그러나 순응하지 않는다는 맥락에서의 개인주의는 노화 과정에서 참작되어야 할 또 다른 가치이기도 하다. 연령차별주의 메시지를 무시하는 노인들은 자신의 장단에 맞추어 행진한다. 남성의 지배를 뛰어넘을 만큼 성장한 여성들, 자신의 마음을 알고 스스로의 의견을 말하는 여성들은 순응하지 않는 자들이다.

짚어야 할 다른 역설도 있다.

"우리 각자 더 이상 과거의 자신이 아니면서 동시에 과거의 자신이다. (……) 노화는 부단한 과정이며, 복합적이고 느리다. 비록 우리 개인의 정체성에 그 지속성이 내재되어 있기는 하지만, 분명 노화는 우리 삶을 바꾸고 타인과의 관계를 변화시킨다."(Bytheway, *Unmasking Age*, 21)

어떤 이에게는 변화가 노화의 가장 중요한 표식이 될 것이다. 그것이 신체적 변화든 성장의 예후든 상관없다. 연속성이 더 분명한 표식으로 다가오는 사람도 있을 것이다.

세 번째 역설은 돌봄 전문가들이 운영하는 노인을 위한 조직과 대행사들 중 상당수가 돌봄과는 상반되는 측면들을 가지고 있다는 점이다. 그들은 '어르신'이라는 다소 임의적인 분류에 기대어 어르신들의 요구(때로 의존성도 지어낸다)가 있다고 주장할 뿐만 아니라 노인의 요구와 자체 프로그램이 서로 어울린다고 생각한다. 물론 이런 조직 중 많은 곳이 노인들에 의해 운영되기도 하고, 노인이 자신들에게 더 잘 맞는 서비스를 결정할 수도 있다. 혹은 그들의 요구가 무엇이든 그것이 연령차별 모델에 맞지 않는다고 결정하기도 한다. 노인의 지혜에 대한 경건함이 있기는 하지만, 그들은 관리가 필요한 사람들로 대우받는다. '노인'을 한 곳에 집합시키면 서비스를 제공하는 자들은 편리하겠지만, 노인들의 입장에서는 최선이 아니다. '연장자'보다는 좀 더 경의를 담은 '어르신'이라는 말조차 달갑지 않은 과도한 명칭일 수 있다.

《나이 듦을 배우다》는 비노인층과의 차이를 강력하게 강조하는 '늙음'의 천편일률적 범주들을 거부하는 책이다. 노화가 주로 생물학 영역이라는 개념은 문화적 노화를 모호하게 하기 때문에 반대한다. 생물학적 과정이라는 측면을 고려하더라도 재생, 회복과 치유의 능력이 제대로 평가받지 못한다는 점에서 노화가 오해될 소지가 있다. 나는 노년학 전반을 지배하는 백인 중산층 남성의 편견, 연령차별주의의 고정관념, 권장된 분주함, 인구 고령화의 책임을 노인에게 떠넘기기 등에 저항할 것을 촉구한다. 또한 65세 이상의 여성들을 가능한 한 다양하게 묘사하려고 애써왔다. 그리고 대항문화로서의 노년학을 대략 설명했다.

다른 문화의 사례들을 통해 우리는 미국에서 늙어가는 방식이 그저 하나의 방식에 불과하다는 것을 알게 된다. 네팔의 어떤 계층에서는 60세가 넘으면 1인용 가마를 타고 마을을 통과하는 관습이 있는데, 미국에서 노인을 대하는 정신 자세와는 너무나도 다른 마음에서 마련하는 축하연이다.[1]

노화가 의료 행위의 대상이 되는 것을 거부하는 것이 지금 당장은 대단히 어렵다. 그러나 우리는 적어도 그것의 위험성과 한계를 알 수 있다. 특히 여성들은 더욱 잘 알아야 할 필요가 있다. 무엇보다 《나이 듦을 배우다》는 약물 과다 복용, 의약산업이 우리의 노화에 휘두르는 알려지지 않은 전형을 거부하도록 촉구한다. 저항 다음에 할 일은 인생 후반기를 새롭게 이해하고 경험하는 방법, 일부 쇠락에 직면해서도 성장을 강조하는 방법을 상상하는 것이다. 몸과 마음의 분열은 극복되어야 한다. 허약함과 의존성에 접착된 오명은 걷어내야 한다. 시민권운동과 여성운동으로 불붙었던 의식의 변화와 비슷한 변화가 이러한 과업을 이루기 위해 필요할 것이다.

이야기와 시, 희곡과 회고록, 구술 역사와 인터뷰를 통해 노화에 대해 복잡하지만 현명한 해석이 가능해질 것이고, 더 많은 노인 여성이 자신의 경험을 글로 쓰고 이야기함으로써 노화의 여러 측면을 이해하는 폭은 확장될 것이다. 인생 후반기에 대한 우리의 인식 형성에 인문학이 좀 더 커다란 역할을 한다면, 또한 인문학이 생명의학과 사회과학의 균형을 잘 잡을 수 있다면, 노년을 알아가는 새로운 방식이 등장할 수도 있을 것이다. 힘, 회복력, 지식과 기술의 재발견은 벨마 월리스Velma Wallis가 다시 들려준 아타바스카의 전설인《가장 따뜻한 집Two Old Women》의 주제다. 기근이 한창일 때 마을에서 내쫓긴 여성들이 엄청난 난관을 헤치고 살아남아 마침내 자기네 부족의 생명을 구한다. 메인 주에 있는 판즈워스 박물관의 니벨슨 화랑에는 〈고대인The Ancient One〉(1953~1955)이라는 제목이 붙은 여성의 에칭판화가 있다. 그 인물 어디에도 두려움이나 감정의 소용돌이는 찾아볼 수 없으며, 그렇다고 로맨틱한 흔적도 없다. 이 놀라운 작품에서 루이스 니벨슨은 사회적 구성물로서의 노화를 뛰어넘고 있다. 우리도 이와 같이 뛰어넘을 수 있지 않겠는가?

맺음말

주

한국 독자를 위한 저자의 말

1   Fierce with Reality: literature on aging(Lanham, MD: Hamilton Books, 2017).

들어가기 전에

1   미국 의료보험개혁법에 있는, 65세 이상 대상자들에게 무료 검진을 제공하겠다는
     항목은 건강한 노화를 선호하는 정책의 좋은 예다.

머리말: 멋지게 나이 들어간다는 것

1   '성공적인 노화'에 대해 비판하면서 줄리아 로자노바Julia Rozanova는, '성공적인 노
     화'의 주창자들이 추천하는 사회적 개입을 하지 못하거나 상품을 구매할 여유가
     없는 노인들은 비난의 화살을 받거나 낙인찍힐 수 있다고 설명한다.(221)

2   Brent Green, "Internal Colonialism vs. the Elderly," *Berkeley Journal of Sociolo-*
     gy (1979): 129~149. 브렌트 그린은 로버트 블러너Robert Blauner가 흑인 미국인에
     게 처음 적용한 개념을 채택했다.

1 문화적 통념과 늙음

1   인류학적 연구를 개략적으로 살펴보려면 Christine L. Fry, "Social Anthropology

and Aging," in *The SAGE Handbook of Social Gerontology*, ed. Dale Dannefer and Chris Phillipson(Los Angeles: SAGE, 2010)을 보라. 또한 Barbara Myerhoff, "Rites and Signs of Ripening: the Intertwining of Ritual, Time, and Growing Older," in *Age and Anthropological Theory*, ed David Kertzer and Jennie Keith(Ithaca, NY: Cornell University Press, 1984); Sharon Kaufman, "The Age of Reflexive Longevity: How the Clinic and Changing Expectations of the Life Course Are Re-Shaping Old Age," in *A Guide to Humanistic Studies in Aging*, ed. Thomas R. Cole, Ruth A. Ray, and Robert Katenbaum; and *Contesting Aging and Loss*, ed. Janice E. Graham and Peter H. Stephenson도 참조하라.

2   재클린 헤이든의 작품은 "In the Unrelenting Eye of the Camera: Images of Our Own Mortality," Zoe Ingalls's *Chronicle of Higher Education*, January 7, 2000, B2 에 수록되어 있다. 이 논문에는 구부정한 여성의 놀라운 누드 사진이 실려 있는데, 이는 죽을 수밖에 없는 운명에 대한 연민보다는 힘과 강렬함을 불러일으킨다.

3   프리다 월터에 대해서는 노화에 관해 내가 편집한 책《현실과 치열하게》(Topsham, ME: Just Write Books, 2007)에 실린 "Old in Spirit: A Gerontology Internship"에서 상술했다.

4   노인과 전문의이며 컬럼비아대학교 메일맨 공중보건 대학원의 학장인 린다 프리드Linda P. Fried는 노쇠, 허약함에 대해 광범위하게 연구했다. Karen Pennar, "A Firm Diagnosis of Frailty"(*New York Times*, June 26, 2012, D1).

5   노화 이론에 대한 논문에서 제이슨 파월Jason L. Powell은 푸코의 저항과 관련한 사상을 논의한다.

6   *The Troll Garden*에 수록된 〈폴 이야기〉(1905)에는 흥미로운 동성애적 의미도 숨겨져 있다.

7   이 주제를 포괄적으로 다룬 책은 Lois Banner, *In Full Flower: Aging Women, Power, and Sexuality: A History*(New York: Knopf, 1992)이다.

8   캐슬린 우드워드의 수필 〈지혜를 거슬러〉 참조.

9   마거릿 굴렛의 책 *Declining to Decline*(Charlottesville: University Press of Virginia, 1997)에서 노화가 명예로움에서 추락하는 것이라는 신념을 논의하고 있다.

10 레너드 헤이플릭은 인간 게놈 프로젝트를 주도하는 학자들과 의견을 달리한다. 그

들은 게놈이 완벽하게 독해되면 노화 과정이 조정될 수 있다고 믿는다. 그는 그들이 "유전적인 통제를 받지 않는 과정으로서의 노화와 간접적으로 영향을 받는 장수 결정성 간의 구분을 놓쳤다고 생각한다.("From Here to Immortality," *Public Policy and Aging Report* 14, no. 2[2004]: 5) "Anti-Aging Medicine: The Hype and the Reality—Part 2," *Journal of Gerontology: Biological Sciences* 59A, no. 7(2004): 649~651, and "Anti-Aging Medicine: Fallacies, Realities, Imperatives," *Journal of Gerontology: Biological Sciences* 60A(2005) 참조. 안티에이징 의료사업의 주장이 설득력 있게 반박되고 있는 저서는 Arlene Weintraub, *Selling the Fountain of Youth*; Alan Peterson & Kate Seer, "In Search of Immortality: The Political Economy of Anti-Aging Medicine"(*Medicine Studies* 1, no. 3(2009): 267~279)이다.

2 노인 인구에 대한 공포

1   "Beyond Apocalyptic Demography"가 앤 로버트슨Anne Robertson의 저서 *Critical Gerontology: Perspectives from Political and Moral Economy*, ed. Meridith Minkler and Carroll L. Estes(Amityville, NY: Baywood, 1999)에 실려 있는 제목이다. 스티븐 카츠Stephen Katz는 "apocalyptic demography"라는 표현을 *Disciplining Gerontology*(Carlottesville: University Press of Virginia, 1996)에서 사용한다. James H. Schulz and Robert H. Binstock, "the Phony Threat of Population Aging," chapter 2 in *Aging Nation: The Economics and Politics of Growing Older in America*(Westport, CT: Praeger, 2006) 참조.

2   *Aging for the Twenty-First Century*, ed. Jill Quandagno and Debra Street(New York: St. Martin's, 1996)는 노인에게 갈 혜택 때문에 어린이 빈곤이 발생하는 것이 아니라는 점과, 유럽과는 달리 미국은 폭넓은 가족 부양 프로그램이 없다 보니 사회보장연금이 보수주의자들의 집중포화에 노출된다는 점을 지적한다.(413~414) 《뉴욕타임스》의 칼럼니스트 밥 허버트Bob Herbert가 기술했듯이 "조부모의 목을 졸라서 그들이 힘겹게 확보한 사회보장연금 은퇴 보조금을 빼앗는 것은 국가의 고질병을 고치는 해답이 될 수 없다."(2011. 1. 25. A23)

3   "Social Security—It's a Women's Issue" by The National Council of Women's Organizations' Task Force on Women and Social Security(Washington, DC: NCWO, n.d.)를 참조하라. 또한 Madonna Harrington Meyer and Pamela Herd,

Market Friendly or Family Friendly: The State and Gender Inequity in Old Age(New Your: Russel Sage Foundation, 2007)도 참조하라.

4   조사는 2012년 3월에 이루어졌다. 길라르두치에 의하면, 20년 전 그 수치는 거의 75퍼센트에 달했다. 직원후생 연구소의 2007년 조사에서는 직원의 3분의 2가 사회복지연금과 메디케어의 혜택을 받지 못할 것이라고 생각하는 것으로 나타났다.

5   제도를 이용한 사기는 로라 카츠 올슨의 *The Not-So-Golden Years*(Lanham, MD: Rowman & Littlefield, 2003)에 기술되어 있다. 미국 보건사회복지성의 웹사이트는 의료 사기가 보다 정교해진다고 밝힌다. 오바마 재임 기간 동안 의료 사기 전담 조사자들의 수 역시 증가했다.

6   '미국 고령사회 아카데미National Academy on an Aging Society'에서 발표한 "Demographics Is Not Destiny"에서도 많은 요소가 사회보장연금과 메디케어의 지급 능력을 결정하기 때문에 어떠한 위기도 나타나지 않는다는 결론을 내린다. Ellen M. Gee and Gloria Gutman, eds., *The Overselling of Population Aging*(Oxford: Oxford University Press, 2000) and Robert H. Binstock, "The Doomsters Are Wrong," *AARP Bulletin*, March 2007, 33. 참조.

7   '소수 인종 건강관리국Office of Minority Health'의 자료에 따르면, 미국 흑인은 백인보다 수명이 5년 짧다. '인디언 건강 서비스'에 따르면, 아메리칸 인디언의 기대수명은 나머지 미국인들보다 6년이 짧다. 워싱턴대학교 '건강계측평가 연구소Institute for Health Metrics and Evaluation'는 흑인 여성의 기대수명은 69.6~82.6세인 데 반해 흑인 남성은 59.4~77.2세라는 보고서를 발표했다.(2011. 6. 15.) 워싱턴대학교 보건학과의 크리스토퍼 머리에 따르면, 뉴저지 버건 카운티의 아시아계 미국인 여성들은 91세로 전국에서 가장 높은 기대수명을 보이고 있다. 미네소타 주 스턴스 카운티의 백인 여성들의 기대수명은 83세다. 북부 평원의 저임금 거주자들의 기대수명은 남성이 76세, 여성은 82세다. 기대수명이 가장 높은 곳은 뉴햄프셔, 버몬트, 로드아일랜드, 코네티컷, 유타, 워싱턴, 노스다코타, 미네소타다. 장수를 즐기는 직업도 있다. 수녀, 교수, 교향악 지휘자, 연주자, 과학자, 배우, 예술가, 저널리스트, 성직자, 의사 등이다.(Carstensen, *A Long Bright Future*, 92~93)

3 노인의 질병과 사회적 역할

1   알츠하이머에 대한 최근의 생각을 보려면 D'Alton and Daniel R. George, "Ch-

anging Perspective on Alzheimer's Disease: Thinking outside the Amyloid Box," *Journal of Alzheimer's Disease* 25, no. 4(2011): 571~581: Claudia Chaufan et al., "Medical Ideology as a Double—Edged Sword: The Politics of Cure and Care in the Making of Alzheimer's Disease," *Social Science and Medicine* 74, no. 5(2012): 788~796 참조.

2   매년 알츠하이머 연구에 들어가는 5억 달러는 국립보건원의 암 연구비 60억 달러, 심장병 연구비 40억 달러와 비교하면 턱없이 적은 규모다.(*Aging Today*, May-June 2012, 3) 심장병으로 인한 노인 사망이 암 사망보다 높기에 국립보건원의 연구비 우선순위에도 의아한 점이 있다. 알츠하이머 재단에 의하면, 의회 할당 비용으로 비교할 때, 국립보건원 1달러당 노화 관련 전국 연구소는 3.6센트 비율이다.(Lauran Neergaard, "Budget Crisis Imperils Research on Aging," *Associated Press*, May 17, 2011) 2012년 5월 오바마 행정부는 알츠하이머에 대한 포괄적 정보 수집을 위해 보건사회복지성 웹사이트를 만들었다.(www.alzheimers.gov)

3   개인의 경험으로 분석한 것들을 모은 탁월한 글은 마거릿 굴렛의《나이에 관하여》중 치매에 관한 장, "Overcoming the Terror of Forgetfulness"이다. 벨 훅스 역시 "A Community of Care," in *Belonging: A Culture of Place*(Routledge, 2009)에서 어머니의 치매에 관해 감동적으로 적어놓았다.

4   65세 이상의 미국인 중 절반이 알츠하이머에 걸렸다는 생각은 심각한 오류에 빠진 연구에서 비롯됐다. Christiane Northrup, 565를 보라.《뉴욕타임스》건강 관련 칼럼니스트인 제인 브로디는 기억력에 문제가 있던 환자가 일주일에 150분 동안 활발하게 걷기 운동을 한 후 인지 기능 향상을 보였다는 오스트레일리아 연구를 소개했다.(2011. 9. 5. D7)

5   치매 약물에 대한 훌륭한 비판을 보려면 Janice E. Graham, "The Science, Politics, and Everyday Life of Recognizing Effective Treatments for Dementia," in *Contesting Aging and Loss*, ed. Janice E. Graham and Peter H. Stephenson(Toronto: University of Toronto Press, 2010)을 참조하라. 또한 Margaret Lock, "Alzheimer's Disease: A Tangled Concept," in *Complexities: Beyond Nature and Nurture*, eds. Susan McKinnon and Sydel Silverman(Chicago: University of Chicago Press), 2005도 참조하라.

6   《기억을 잊어라》에서 앤 바스팅은 더 나은 선택 방식들을 추천한다. "노인을 포용

하라"; "치매에 관한 복잡한 이야기를 이해하라"; "경청하기, 침묵, 현재 이 순간을 가치 있게 여겨라."(155~165)

7   말년 자원봉사 활동의 좋은 점에 관해서는 *Aging News*, Institute on Aging, University of Wisconsin-Madison(Fall-Winter 2011)을 참조하라.

8   Linda Gannon, *Women and Aging: Beyond the Myths*(New York: Routledge, 1999), 46. 이 탁월한 책은《건강한 노화》의 여러 장에 인용되기도 했으며, 노인 여성의 건강에 관한 대규모의 연구 결과물이다.

9   David Gutmann, *Reclaimed Powers: Toward a New Psychology of Men and Women in Later Life*(New York: Basic, 1987), 152~153. 데이비드 구트만의 책 3장과 4장은 인생 후반기의 양성성을 다룬다. 저자는 이러한 역할 전이가 여러 문화에서 나타난다는 자신의 주장을 뒷받침하는 수많은 인류학 연구를 인용한다. 그러나 토니 칼라산티와 캐슬린 슬레빈Kathleen F. Slevin은 이 주장이 다소 의심스럽다는 의견이다.(12)

10 삶 되짚어보기를 처음 구상할 때 버틀러는 이것이 평온이 아니라 우울을 유발할 것이라고 말했다. 이것은 이 개념에 대한 현재 토론에서 간과되고 있는 것에 대한 경고이기도 하다. "The Life Review: An Interpretation of Reminiscence in the Aged," *Psychiatry* 26(1963): 65~76.

11 삶을 되짚어 보고 회상하는 것에 관해서는 Ruth Ray, *Beyond Nostalgia*(Carlottesville: University Press of Virginia, 2000); Anne Wyatt-Brown, "The Future of Literary Gerontology," in *Handbook of Aging and the Humanities*, 2nd ed., ed. Thomas R. Cole, Robert Kastenbaum, and Ruth Ray(New York: Springer, 2000); Kathleen Woodward, "Reminiscence and the Life Review," in *What Does It Mean to Grow Old*, ed. Thomas R. Cole and Sally Gadow(Durham, NC: Duke University Press, 1986); Juliette Shellman, Everol Ennis, and Karen Bailey-Addison, "A Contextual Examination of Reminiscence Functions in Older African Americans," *Journal of Aging Studies* 25, no. 4(2011): 348~354; Mary O'Brien Tyrrell and Anita Hecht, "Life Stories as Heirlooms: The Personal History Industry," in *Transformational Reminiscence: Life Story Work*, ed. John A. Kunz and Florence Gray Soltys(New York: Springer, 2007); Mary O'Brien Tyrrell, *Become a Memoirist for Elders*(St. Paul: Memoirs, Inc., 2012); William L. Randall, Suzanne M.

Prior, and Marianne Skarborn, "How Listeners Shape What Tellers Tell: Patterns of Interaction in Life Story Interviews and Their Impact on Reminiscence by Elderly Interviewees," *Journal of Aging Studies* 20, no. 4(2006): 381~396; Dale Dannefer and Richard A. Settersten, "The Study of the Life Course: Implications for Social Gerontology," in *The SAGE Handbook of Social Gerontology*, eds. Dale Dannerfer and Chris Phillipson; and *Storying Later Life: Issues, Investigations and Interventions in Narrative Gerontology*, eds. Gary Kenyon Ernst Bohlmeijer, and William Randall(Oxford: Oxford University Press, 2011)을 보라. 마거릿 워커에 따르면, "단 하나의 단선적 이야기 안에 일관성을 유지하려는 욕망은 서구 문화의 특성일 수도 있다."(Moral Contexts, 195) 서술 중심의 노년학을 보려면 10장을 참조하라.

4 약물 과잉의 표적이 된 미국 노인 세대

1   제인 브로디는 노인을 대상으로 한 부적절한 의료 행위 혹은 잠정적인 부적절한 의료 행위 53건을 확인할 수 있는 비어스 범주Beers Criteria의 가이드라인을 인용한다. 이 목록은 2012년 '미국 노인학과협회American Geriatrics Society'가 업데이트했다. 협회는 환자가 약과 복용량을 잘 지킬 수 있도록 한 장짜리 약과 보충제 일지를 제공한다. http://www.healthingaging.org/resources/resource:my-medication-diary/.

2   펜실베이니아 의과대학의 캐서린 셰리프 박사는 "Drugs and Older Women," 6에서, 다국적 제약회사인 와이어스에 여성 건강에 대한 연구 단위가 있으며, 화이자는 당뇨와 폐암 치료제에 대한 여성의 반응을 관찰한다는 사실을 인용했다.

3   한 예로, 1986년 피터 라미Peter Lamy는 노인에게 처방된 약의 25퍼센트가 불필요하거나 비효율적이며("Geriatric Drug Therapy," *American Family Physician* 34, no. 6), TV 광고에 힘입은 수요 증가와 엄청나게 늘어난 약제의 수 때문에 그 수치가 훨씬 더 높아질 것이 틀림없다고 썼다. 이 논문이 조금 예전의 것이긴 하지만, 노인과 약리학 분야에서의 라미의 탁월성 때문에 이 논문을 인용한다.

4   "A Drumbeat on Profit Takers"에서는 《뉴잉글랜드 의학 저널》의 전 편집자 두 사람에 대한 평을 쓰고 있다. 그 두 사람은 마샤 에인절과 아놀드 라이먼인데, 이들은 '의료의 상업적 찬탈'에 반대한다.(Abigail Zugar, *New York Times*, March 20, 2012, D1) 마샤 에인절의 *The Truth about the Drug Companies: How They Deceive Us*

and What to Do about It(New York: Random House, 2004)과 휴 브로디의 *Hooked: Ethics, the Medical Profession, and the Pharmaceutical Industry*(Lanham, MD: Rowman & Littlefield, 2007) 이 두 책에서는 의약산업에서 광범위하게 횡행하는 사기 행각과 그것이 의사와 의료 저널에 미치는 은밀한 영향력에 대해 조심스럽게 입증한다. 멜로디 피터슨Melody Petersen은 경미한 증세를 과장하고 새로운 질병을 만들어내는 것과 같은 시장 행위에 대해 *Our Daily Meds*(New York: Farrar Strus Giroux, 2008)에서 피력한다. 또한 Shannon Brownlee, "Big Pharma's Golden Eggs: Marketing, Not Research, Is Now the Core of the Drug Industry," *Washington Post*, April 6, 2008, BW03을 참조하라. 부패한 의료 행위를 폭로하는 내부고발자가 된 전 산업노동자들은 Cynthia Fitzgerald(*New York Times Sunday Magazine*, November 18, 2007); Christopher Lee, "Drugmakers, Doctors Get Cozier," *Washington Post*, April 29, 2007, A3; Patricia Barry, "Doctors Still Chummy with Drug Sales Reps," *AARP Bulletin* 48, no. 6(2007): 4; Stephanie Saul, "Merck Wrote Drug Studies for Doctors," *New York Times*, April 16, 2008, C1; Emily Ramshaw and Ryan Murphy, "Payments to Doctors by Pharmaceutical Companies Raise Issues of Conflict of Interest," *New York Times*, November 24, 2011 등이다. 또한 G. Allen Power, "The pill Paradigm," chapter 2 of *Dementia beyond Drugs*, 21~30도 참조.

5   2001년 주요 신문의 한 연속 기사는 신약의 위험성, 회사들의 결탁으로 인한 경쟁 와해하기, 공짜 여행으로 의사들에게 리베이트 주기, 신약의 불필요한 생산, FDA의 부적합한 규제 등에 대한 경각심을 불러왔다. 자회사 약품으로 처방하도록 의사에게 뇌물을 준 한 제약회사는 8억 7,500만 달러의 벌금을 물었다.(*Boston Globe*, 2001. 10. 7. B1) 그 대규모 사기 사례는, 당뇨병 치료약 아반디아Avandia에 심장병 유발 위험이 있다는 안전 문제를 보고하지 않았으며, 승인되지 않은 우울증 약제를 사용했다는 사유로 2012년 7월 사업부가 글락소스미스클라인GlaxoSmithKline을 이겨 30억 달러의 증여를 이끌어내면서 소규모 범죄로 축소되었다.(*Philadelphia Inquirer*, July 2, 2012; *Boston Globe*, July 4, 2012)

6   이 점에 대해서는 마틸 로스차일드Matile Rothschild에게 고마움을 전한다.

7   바이옥스Vioxx(진통소염제 — 옮긴이)의 위험성을 보고하지 않았던 머크Merck 회사의 경우를 포함한 약물 실험 문제는 Northin Hadler, *Rethinking Aging*, 27~43에

서 다루고 있다. 치매 치료제 아리셉트Aricept의 문제 분석, 건전한 과학에 기초한 영국 연구자들의 회의론, FDA의 현명하지 못한 승인 등에 관해서는 Ira Rosofsky, *Nasty, Brutish, and Long*, 143~154를 보라.

8 '약물역학과 통계과학 연구소Office of Pharmacoepidemiology and Statistical Science', '의약품 평가 연구센터Center for Drug Evaluation and Research', FDA의 의학박사 폴 셀리그먼Paul Seligman으로부터 정보 입수.

9 타미 쿠라시모Tami Kurashimo와의 개별적 대화에서 인용.

5 건강한 노화

1 ACA 분석을 위해서는 "The Affordable Care Act: A Way toward Aging with Dignity in America," *Generations* 35, no. 1(Spring 2011); Jeff Madrick, "Obama & Health Care: The Straight Story," in *New York Review of Books* 59(June 21, 2012): 45~47을 보라.

2 운동과 노화에 관한 연구 결과물의 해석과 관련한 자료로는 Linda Gannon, *Women and Aging*(New York: Routledge, 1999), 55~67; 140~141; 159~162를 보라.

3 태극권에 관해서는 Gary Kenyon, "On Suffering Loss, and the Journey to Life: Tai Chi as Narrative," in *Storying Later Life*, eds. Gary Kenyon, Ernst Bohlmeijer and William L. Randall을 보라.

4 《건강한 노화》에서 앤드루 웨일은 의식적으로 느리고 깊고 고요하게 숨 쉬면서 호흡에 집중하라고 권한다.(209) 웨일의 두 장으로 된 CD 'Breathing: The Master Key to Self Healing'은 1999년 샴발라Shambhala에서 만들었다. 호흡기법의 효과에 대한 임상적 증거에 관해서는 Richard P. Brown and Patricia L. Gerbag, "Yoga, Breathing, Meditation, and Longevity," *Annals of the New York Academy of Sciences* 1172(2009): 54~62를 보라.

5 Anna Morgan, "Just Keep Breathing," in *Fierce with Reality: An Anthology of Literature on Aging*, ed. Margaret Cruikshank(Topsham, EM: Just Write Books, 2007), 95.

6 활성산소에 관해서는 Gary Null, *Power Aging*(New York: New American Library, 2003), 45~46, 157~160; Andrew Weil, *Healthy Aging*(New York: Knopf, 2005), 73~76; and Kelvin J. A. Davies in *Handbook of Theories of Aging*, 2nd ed., ed. Vern

L. Bengtson et al.을 참조하라.

7 노화와 관련해 비타민과 유류 보충제의 분석을 보려면 David Haber, *Health Promotion and Aging*, 4th ed.(New York: Springer, 2007) 참조.

8 퍼듀대학교 명예교수 바로 타일러Varro E. Tyler의 약초 연구는 약초 제조업자들과 재정적으로 엮이지 않았기 때문에 폭넓은 지지를 얻고 있다. 스티븐 포스터Steven Foster와 함께 그는 *Tyler's Honest Herbals: A Sensible Guide to the Use of Herbs and Related Products*(New York: Haworth, 1999)를 저술했다.

9 캐슬린 데스메슨즈는 *The Sugar Addict's Total Recovery Program*(New York: Ballantine, 2000)을 썼다. 설탕중독에 관한 보다 상세한 토론을 위해서는 William Manahan, M.D., *Eat for Health*(Tiburon, CA: H. J. Kramer, 1988), 6~9장을 보라.

10 우울증에 관해서는 Peter D. Kramer, *Against Depression*(New York: Viking, 2005); Linda L. George, *Handbook of Aging and the Social Sciences*, ed. Binstock and George를 보라.

11 자연식 무독성 치료법은 "약물, 화학요법, 방사선 등과 같은 즉각 효과가 나타나는 방식보다 열등한 것으로 간주된다. 약물 없는 자연치료 방법의 장점이 연구 기록을 통해 확인되지만 무시된다. 보완 처치를 제공하는 치료법 역시 경시된다. 그들의 가치를 입증하는 연구도 마찬가지로 무시된다."(Christiane Northrup, *Women's Bodies*, 8)

12 메인 주 블루힐에서 침술사로 일하는 비키 콘 폴라드Vicki Cohn Pollard로부터 입수한 정보.

13 메인 주 월폴에서 롤핑요법사로 공인받은 애니 와이먼Annie Wyman으로부터 입수한 정보.

14 "Alternative Currents," WERU radio, Blue Hill, Maine, April 7, 2000을 주관한 벨라 존슨Bella Johnson과 낸시 워스Nancy Werth가 나눈 펠든크라이스 관련 토론.

15 2000년 4월 17일 메인 주 왈도버러에 있는 다운이스트 마사지 스쿨에서 제인 버딕Jane Burdick은 펠든크라이스를 시연했다.

16 트래거Trager 요법, 로미Lomi 심리요법, 로젠법Rosen Method, 알렉산더 테크닉Alexander Technique 등이 여기에 해당된다. 이런 여러 체계를 포괄적으로 조사한 것은 Thomas Claire, *Bodywork*(New York: William Morrow, 1995)에서 찾을 수 있다. 마다 프로스카우어Marda Proskauer는 비록 자신의 이름을 딴 운동 체계를 남기

지는 않았으나, 몸으로 하는 치유와 교육을 위해 여러 운동을 만들어내는 데 중요한 역할을 한 사람이었다. 그녀는 융 학파의 분석가이며 신체요법가였고, 샌프란시스코에서 수년간 호흡 수업을 진행했다. 그녀는 호흡이 의식과 무의식을 잇는 다리이고, 충분히 숨을 내뱉는 것이 중요하다고 생각했다. 프로스카우어는 *Ways of Growth*, ed. Herbert Otto(New York: Viking, 1968)에서 자신의 작업과 관련한 논문을 썼다.

17 "Telomeres and the Arithmetic of Human Longevity," by Abraham Aviv and John D. Bogden, in *The Future of Aging: Pathways to Human Life Extension*, edited by Gregory M. Sahy et al.(New York: Springer, 2010)을 보라. 말단소립에 관한 엘리자베스 블랙번의 강의를 온라인으로 보려면 www.bioseminars.org를 보라.

18 건강한 노화를 보여주는 주의 랭킹을 보면 코네티컷이 1등이고, 미네소타가 2등이다. Charles Lockhart and Jean Giles-Sims, *Aging across the United States*(University Park: Pennsylvania State University Press, 2010), 173.

6 건강한 노화의 정치학

1 소수 인종 노화 관련 연구를 위한 지원 센터는 미시간대학교, 노스캐롤라이나대학교, 샌프란시스코 캘리포니아대학교, 그랜드포크스 노스다코타대학교에 있다. 소수 인종 노화는 '전국 미국원주민 노화 자원센터National Resource Center on Native American Aging', '전국 흑인 노인센터 및 코커스National Caucus and Center on Black Aged', '전국 히스패닉 노화위원회', '전국 인디언 노화위원회', '아시아 태평양 노화 자원센터Pacific Asian Resource Center on Aging'의 주된 주제다. *Closing the Gap*은 미국 보건사회복지성 공중보건부 '소수 인종 건강관리국'에서 발간하는 소식지다. 미국노화협회에서는 다문화에서의 노화 네트워크를 다루는 계간 소식지 *Diversity Currents*를 발간한다.

2 저자들은 하나의 범주로서의 '인종'은 '우리'와 '그들'을 가르는 '타자화'의 관행을 재생산하는 개념이라고 생각한다.

3 국립노화연구소가 후원하는 '건강과 은퇴 연구'는 히스패닉계와 아프리카계 미국인들 중 50세가 넘은 2만 명가량을 대상으로 전국적으로 오랜 기간에 걸쳐 조사했다.(HRS, *Data on Aging in America*, NIA and the University of Michigan, February 2011)

4   Valentine M. Villa et al., "Hispanic Baby Boomers: Health Inequities Likely to Persist in Old Age," *Gerontologist* 52, no. 2(2012): 166~176을 보라.

5   인류학에 관한 이야기나 아메리칸 인디언의 노화에 대한 태도에 관한 언급은 오클라호마 대학 보건센터의 건강증진학 교수이자 센터장인 로버트 존Robert John의 2008년 3월 18일 사적 대화에서 나왔다.

6   폐경에 대한 페미니스트 관점을 위해서는 Margaret Morganroth Gullette, "Hormone Nostalgia: Estrogen, Not Menopause, Is the Public Health Menace," in *Agewise*(Chicago: University of Chicago Press, 2011)를 보라.

7   Jessica Kelly-Moore, "Disability and Ageing: The Social Construction of Causality," in *The SAGE Handbook of Social Gerontology*, eds. Dannefer and Phillpson; and S. M. Greco and C. Vincent, "Disability and Aging: An Evolutionary Concept Analysis," *Journal of Gerontological Nursing* 37, no. 8(2011):18~27을 보라.

7 노화를 결정하는 변수들

1   사나 루Sana Loue는 '인종'과 '민족성' 두 용어의 복잡성과 헷갈리는 지점을 *Assessing Race, Ethnicity, and Gender Health*(New York: Springer, 2006)에서 탐색한다. 연구자들은 이 용어가 무엇을 의미하는지, 왜 연구 대상 인구를 설명하기 위해 그 용어를 쓰는지 설명해야 한다.(Loue, 108)

2   인종과 노화에 대한 연구를 보려면 Jacquelin L. Angel and Ronald J. Angel, "Minority Group Status and Healthful Aging: Social Structure Still Matters," *American Journal of Public Health* 96, no. 7(2006): 1152~1159; K. Whitfield, "Minority Populations and Cognitive Aging," in *Handbook of Cognitive Aging*, ed. Scott M. Hofer and Duane Francis Alwin(Thousand Oaks, CA: SAGE, 2008); R. W. Schrauf, "Intracultural Variation in Cross-Cultural Gerontology," *Journal of Cross-Cultural Gerontology* 24, no. 2(2009); Nancy Chu and A. Renee Leasure, "Aging in America: Quality of Life among Older Vietnamese Women Immigrants," *Journal of Cultural Diversity* 17, no. 3(2010): 105~109; Judith Treas and Daisy Carreon, "Diversity and Our Common Future: Race, Ethnicity and the Older American," *Generations* 34, no. 3(2010): 38~44; Tingjian Yan, Meril Silverstein, and Kathleen H. Wiber, "Does Race/Ethnicity Affect Aging Anxiety

in American Baby Boomers?" *Research on Aging* 33, no. 4(2011): 361~378; Lynn McDonald, "Theorizing about Ageing, Family and Immigration," *Ageing and Society* 31, no. 7(2011): 1180~1201; Liz Lloyd, Kate Wite, and Eileen Sutton, "Researching the End of Life in Old Age: Cultural, Ethical and Methodological Issues," *Ageing and Society* 31, no. 3(2011): 386~407; May L. Wykle, "'Age Old' Health Disparities: Daunting Challenges in the New Millennium," in *Aging Well: Gerontological Education for Nurses and other Healthcare Professionals*, ed. May L. Wykle and Sarah Hall Gueldner(Burlington, MA: Jones & Barlett Learning, 2011); and Susan W. Hinze, Jielu Lin, and Tanetta E. Andersson, "Can We Capture the Intersections? Older Black Women, Education, and Health," *Women's Health Issues* 22, no. 1(2012): 91~98을 참조하라. 아랍계 미국인 노인, 아메리칸 인디언, 몽족(베트남의 소수 민족—옮긴이), 일본 노인의 특별한 이슈에 대한 연구를 보려면 E. Percil Stanford and Gerard Koskovich, eds., *Diversity and Aging in the 21st Century*(Washington, DC: AARP, 2010) 참조.

3   젠더 이슈를 보려면 Madonna Harrington Meyer and Pamela Herd, *Market Friendly or Family Friendly? The State and Gender Inequality in Old Age*(New York: Russel Sage, 2007); Linda R. Gannon, *Women and Aging: Transcending the Myths*(London: Routledge, 1999); Toni M. Calasanti and Kathleen F. Slevin, eds., *Age Matters: Realigning Feminist Thinking*(New York: Routledge, 2006); the feminist gerontology issue of the *Journal of Aging Studies* 18, no.1(2004), edited by Calasanti; Leni Marshall, ed. Aging and Ageism issue of *The National Women's Studies Association Journal* 18, no. 1(2006) 참조.

4   페기 매킨토시Peggy McIntosh의 영향력 있는 글 "White Privilege: Unpacking the Invisible Knapsack" in *Women: Images and Realities*, 3rd ed., ed. Amy Kesselman, Lily D. McNair, and Nancy Schniedewind(New York: McGraw-Hill, 2003)는 중산층 특권에 대해 생각하는 데 도움이 되었다.

5   사회노년학 교재인 *Worlds of Difference: Inequality in the Aging Experience*, edited by Eleanor Palo Stoller and Rose Campbell Gibson(Thousand Oaks, CA: Pine Forge Press, 1994)은 노동계층의 노인과 유색인이 중심이다. 편집인들은 문학 소재와 분석 논문을 병치해 놓았다.

6 노인 레즈비언에 대한 초기 일부 연구는 샤론 라파엘Sharon Raphael과 미나 로빈 슨Mina Robinson(Meyer)에 의해 이루어졌다. "The Older Lesbian-Love Relation-ships and Friendship Patterns," *Alternative Lifestyles* 3, no. 2(1980): 207~229 를 보라. 또한 Marcy Adelman, *Long Time Passing: Lives of Older Lesbians*(Boston: Alyson, 1987)도 보라. 성적 지향과 노화에 관한 다른 연구는 G. H. Herdt and Brian de Vries, eds., *Gay and Lesbian Aging: Research and Future Directions*(New York: Springer, 2004); Douglas Kimmel, Tara Rose, and Steven David, eds., *Gay, Lesbian, Bisexual, Transgender Aging: Research and Clinical Perspectives*(New York: Columbia University Press, 2006); Nancy J. Knauer, *Gay and Lesbian Elders: History, Law and Identity Politics in the U.S.*(London: Ashgate, 2010); Dana Rosenfeld, "Lesbian, Gay, Bisexual and Transgender Ageing: Shattering Myths, Capturing Lives," in *The SAGE Handbook of Social Gerontology*, eds. Dale Dannefer and Chris Phillipson; Loree Cook-Daniels, "Transgender Elders: What Providers Need to Know and Don't Need to Know," *Diversity and Aging*, ed. E. Percil Stanford and Gerard Koskovich(Washington, DC: AARP, 2010); Paige Averett, Intae Yoon, and Carol L. Jenkins, "Older Lesbians: Experiences of Aging, Discrimination and Resilience," *Journal of Woman and Aging* 23, no. 3(2011): 216~232; Stephanie A. Jacobson, "HIV/AIDS Interventions in an Aging U.S. Population," *Health and Social work* 36, no. 1(2011): 149~156; James Masten, *Aging with Aids: A Gay Man's Guide*(Oxford: Oxford University Press, 2011); Steven P. Wallace et al., "The Health of Aging Lesbian, Gay, and Bisexual Adults in California," *UCLA Center for Health Policy Research*(March, 2011): 1~7; Daniel Redman, "Can Intergener-ational Connection Battle Ageism within the Gay Community?" *Aging Today* (March-April 2012): 4; Amber Hollibauigh, "Sex, Senior Living and LGBTQ Elders: Willful Ignorance Is no Longer an Option," *Aging Today*(July-August 2011): 1; 12; and Elizabeth Price, "Gay and Lesbian Careers Ageing in the Shadow of Dementia," *Ageing and Society* 32(2012): 516~532 참조. 메트라이프 에서 출간한 "Still out, Still Aging: the Study of LGBT Baby Boomers" in 2010 도 참조하라.

7 바버라 맥도널드와 신시아 리치, 바바 코퍼의 연구가 9장과 10장에 인용되었다.

루시 위너Lucy Weiner와 캐런 이턴Karen Eaton이 제작한 비디오 "Golden Threads"
는 노인 레즈비언 집단을 설립한 93세의 크리스틴 버턴Christine Burton을 다루고
있으며, PBS의 Point of View 시리즈의 일부다. 이본 웰본Yvonne Welbon의 영화
'Living with Pride: Ruth Ellis at 100'은 디트로이트의 어느 레즈비언의 이야기를
담았다.

8   National Alliance for Caregivers/AARP, March 2009. 돌봄의 가치가 2009년 이
     후 실질적으로 증가한다고 추측하는 것이 안전하다.

9   운전에 대해서는 2007년 10월 12일 빅토리아대학교 노화센터에서 대화 중 필리
     스 맥기Phyllis McGee가 한 말에서 참고했다.

10   돌봄을 주제로 한 자료로는 Emily K. Abel, *Hearts of Wisdom: Caring for Kin
     1850~1940*(Cambridge, MA: Harvard University Press, 2001); Martha Holstein
     and Phyllis Mitzen, eds., *Ethics in Community-Based Elder Care*(New York: Spring-
     er, 2001); Laura Katz Olson, *The Not-So-Golden Years: Caregiving, the Frail Elderly,
     and the Long-Term Care Establishment*(Lanham, MC: Rowman & Littlefield, 2003);
     and Agneta Stark, "Warm Hands in Cold Age: On the Need of a New World
     Order of Care," in *Warm Hands in Cold Age*, ed. Nancy Folbre, Lois B. Shaw, and
     Agneta Stark(New York: Routldge, 2007); Anna Zajicek et al., "Intersectionality
     and Age Relation: Unpaid Care Work and Chicanas," in *Age Matters*, ed. Toni
     M. Calasanti and Kathleen F. Slevin(New York: Routledge, 2006); Neena L.
     Chappell and Karen Kusch, "The Gendered Nature of Filial Piety: A Study of
     Chinese Canadians," *Journal of Cross Cultural Gerontology* 22(2007): 29~45; Jane
     Gross, *A Bittersweet Season: Caring for Our Aging Parents—and Ourselves*(New York:
     Knopf, 2011)를 보라. Paula Spencer Scott, "Ways to Avoid Stress in Eldercare:
     what at Risk Groups Should Know," *Bay State Banner*, March 15, 2012, 1: 14;
     Ira Rosofsky, *Nasty, Brutish and Long: Adventures in Eldercare*(New York: Avery
     Penguin, 2009); Clare L. Stacey, *The Caring Self: The Work Experiences of Home Care
     Aides*(Ithaca: Cornell University Press, 2011); and Sandra S. Butler, Sara Ward-
     amasky, and Mark Brennan, "Older Women Caring for Older Women: The Re-
     wards and Challenges of the Home Care Aide," *Journal of Women and Aging* 24,
     no. 3(2012): 194~215 참조. 돌봄 노동자 역할을 하는 노인에 관대해서는 Loe,

Aging Our Way, 162~176을 보라. 재가 돌봄 노동자를 조직하자는 캠페인을 설명하는 자료로는 Laura Flanders, "Can 'Caring across Generations' Change the World?" *The Nation*, April 30, 2012, 21~25를 보라.

11 여성의 은퇴에 관해서는 Vanessa Wilson-Ford, "Poverty among Elderly Black Women," *Journal of Women and Aging* 2, no. 4(1990): 5~20; Madonna Harrington Meyer and Pamela Herd, *Market Friendly or Family Friendly? The State and Gender Equality in Old Age*(New York: Russel Sage Foundation, 2007); Jeffrey A. Burr and Jan E. Mutchler, "Employment in Later Life: A Focus on Race/Ethnicity and Gender," *Generations* 31, no. 1(2007); the retirement chapter of Ageing Societies by Sarah Harper(London: Hodder Armold, 2006); Kanika Kapur and Jeannette Rogowski, "How Does Health Insurance Affect the Retirement Behavior of Women?" *Inquiry* 48, no. 1(2011): 51~67; Heidi Hartmann and Ashley English, "Older Women's Retirement Security: A Primer," *Journal of Women, Politics and Policy* 30, nos. 2/3(2009). Kerry Hannon, "Can Boomer Women Afford to Retire?"(*Forbes*, February 8, 2012); and Barbara A. Rutrica and Karen E. Smith, "Racial and Ethnic Differences in the Retirement Prospects of Divorced Women in the Baby Boomer and Generation X Cohorts," *Social Security Bulletin* 72, no. 1(2012): 23~36 참조. 은퇴에 대한 보다 일반적인 자료로는 Ben Lenox Kail, Jill Quadagno, and Jennifer Reid Keene, "The Political Economy Perspective on Aging," in *Handbook of Theories of Aging*, 2nd ed., ed. Vern L. Bengtson et al.(New York: Springer, 2009); S. E. Rix, "Recovering from the Great Recession: Long Struggle Ahead for Older Americans"(Washington, DC: AARP Public Policy Institute, 2011); M. Heidcamp, Nicole Corre, and Carol E. Van Horn, "The 'New Unemplyables': Older Job Seekers Struggle to Find Work during the Great Recession"(Boston College Sloan Center on Aging and Work, November 2010); Martha Burk, "Take off the Cap," *Ms. 21*, no. 1(2011): 46~48; and Larry Polivka, "The Growing Neoliberal Threat to the Economic Security of Workers and Retirees," *Gerontologist* 52, no. 1(2012):133~143을 보라. The WiserWoman newsletter from the Women's Institute for a Secure Retirement도 좋은 자료다.(www.wiserwoman.org)

12 Barbara Cabral, "The Transition of Single, Childfree Professional Women Involved in Social Activism and Creative Praxis in Retirement," California Institute of Integral Studies, San Francisco, April 2010.

8 연령차별주의

1 국제수명센터International Longevity Center의 반 연령차별주의 태스크포스 팀은 온라인으로 122쪽짜리 보고서 *Ageism in America*(2011)를 발표했다. 국제수명센터는 컬럼비아대학교 공중보건대학원과 같은 계열이다.

2 《내 눈을 보라》의 초판은 1983년에 발간되었는데, 확장판으로 1991년 재발행되었다. 두 판본 모두 맥도널드와 리치가 챕터를 번갈아가면서 집필했다. 인용을 분명하게 밝히기 위해 인용하는 챕터에 따라 저자의 이름을 적었다.

3 간편한 옥스퍼드 영어사전에 따르면, '괴짜 노인geezer'은 남성을 비꼬는 용어일 뿐, 반드시 노인에게 해당되는 것은 아니다. 메리엄 웹스터 대학사전은 이 용어의 어원을 스코틀랜드 용어 'guiser'에서 찾는데, 이는 이상하거나 기행을 일삼는 사람, 특히 늙은 남자를 뜻한다. 옥스퍼드 영어사전에 따르면, 데이비드 허버트 로렌스David Herbert Lawrence는 'guiser'를 무언극 배우를 칭할 때 사용했다. 그러므로 이 말은 한때 가면을 쓰고 즐겁게 만들어주는 사람이라는 뜻의 긍정적인 의미로 쓰였다. *Scientific American* 기사는 vol. 11, no. 2(2000): 22~25에 실려 있다.

4 허리케인 카트리나가 한창일 때 인종과 계층의 편견이 극명하게 드러났는데, 연령의 편견 역시 사망 수치에서 폭로되었다. 사망자의 78퍼센트가 51세 이상이었고, 39퍼센트가 75세 이상이었다. Margaret Morganroth Gullette, "The Oldest Have Borne the Most: Katrina and the Politics of Later Life," chapter 3 of *Agewise*에 따르면, 구조요원들은 가장 취약한 사람들에게 거의 주의를 기울이지 않았다.

5 노인을 유기하거나 살해하는 사회가 종종 있었으나, 보통 그 이유는 식량의 절대적인 부족 때문이었다. 이누이트 부족이 노인을 부빙浮氷에 둔다는 잘 알려진 사례는 오해의 여지가 있다. 그 관습은 일부 이누이트들 사이에서만 행해졌으며, 노인들 스스로 자기 삶을 끝내야 할 때를 결정했기 때문이다. 일본 민담 '오바스테야마', 즉 '노인들의 산'은 나이 든 부모를 산에 버리고 오는 풍습을 전한다. 먼저 작별 의식이 치러지고 가족이 애도하는 과정이 있다.

6 트롤럽은 《정해진 기간》에서 영국이 자신의 의지를 관철하기 위해 너무나 쉽게

군사력을 사용한다는 것을 보여줌으로써 대영제국을 풍자했다.

7 Barbara Lane and Grace Lebow, *Coping with Your Difficult Older Parent*(New York: Avon 1999); Gloria M. Davenport, *Working with Toxic Older Adults*(New York: Springer, 1999).

8 안티에이징 상품의 사용에 역설이 있다는 것을 한 연구가 보여주고 있다. 여성은 젊은 외모를 유지하고 싶지만, 노화를 긍정적으로 수용하고 싶기도 하다. 그들은 안티에이징 상품의 가격과 효과에 의문을 품지만, 여전히 그것을 사용한다. 그들은 외모를 가꾸고 싶으면서도 동시에 자연스럽게 늙어가기를 원한다. Amy Muise and Serge Demarais, "Women's Perceptions and Use of 'Anti-Aging' Products," *Sex Roles* 63(2010): 126~137. 보톡스는 신경세포를 죽이기 때문에 신경성 독성 물질에 속하며, 소량으로 사용되면 근육의 움직임을 방해한다. 보톡스는 본래 사시, 과도한 눈 깜박임, 목 근육 이상 증세를 치료하는 데 사용되었다.

9 문제시되지 않은 한 선례는 법원의 2008년 판결로서, 고용주는 노인 노동자에게 부당한 영향을 미치는 일시 해고가 연령에 기반을 둔 것이 아니라 다른 '합당한 요소'에 근거한다는 사실을 반드시 입증해야만 한다. 린다 그린하우스Linda Greenhouse의 분석을 보려면 "Justice, in Bias Case. Rule for Older Workers"(*New York Times*, June 20, 2008, A5)를 참조하라. 연령에 기반을 둔 차별이 위헌이라고 말하는 것은 "놀라서 펄쩍 뛸 일이다"라고 앤터닌 스칼리아Antonin Scalia 대법관이 말했다.(*New York Times*, Oct 14, 1999, A2) 직장 내 차별과 연령차별주의의 여러 측면이 Todd D. Nelson, ed., *Ageism: Stereotyping and Prejudice against Older Persons* (Cambridge, MA: MIT Press, 2002); Malcolm Sargeant, ed., *Age Discrimination and Diversity*(Cambridge: Cambridge University Press, 2011)에서 다루어지고 있다. 연령차별주의에 초점을 맞춘 *Aging Today*의 2012년 3~4월호 또한 참조하라.

10 Julia Twigg, "Fashion and Age: The Role of women's Magazines in the Constitution of Aged Identities," in *Representing Ageing: Image and Identity*, ed Virpi Ylanne(Houndsmills, Basingtoke, Hampshire: Palgrave Macmillan, 2012)을 보라.

11 Susan Sontag, "The Double Standard of Aging," in *The Other Within: Feminist Explorations of Women and Aging*, ed. Marilyn Pearsall(Boulder, CO: Westview, 1997). 수전 손탁의 글은 1972년 처음 발표되었으며, 여성과 노화에 대한 고리타분한 시선을 표현하고 있다. 그녀는 노년을 '시련', '난파선'이라 부른다. 그러나 그

녀 자신이 나이가 들면서 "노화는 생물학적 사태라기보다는 사회적 판단에 더 가깝다"라고 인식한다.(21)

12 Anne Noggle, *Silver Lining*(Albuquerque: University of New Mexico Press, 1983). 이 사진집에 실린 주름 제거수술 후의 사진 하나가 *Women and Aging*, ed. Jo Alexander et al.(Corvaliis, OR: Calyx Books, 1986)에 재수록되어 있다.

13 다른 관점을 참조하려면 Margaret Morganroth Gullette, "Plastic Wrap: Turning against Cosmetic Surgery," chapter 5 of *Agewise*를 보라.

14 샌프란시스코에 사는 작가 주디 맥린Judy MacLean과 대화하면서 이 점이 명확해졌다.

15 엘런 랭어의 연구는 연령차별주의 고정관념이 신체적 능력에 영향을 미친다는 것을 입증했다.

16 피셔와의 인터뷰는 Connie Goldman, *The Ageless Spirit* 2nd ed.(Minneapolis, MN: Fairview Press, 2004)에 나온다. 피셔는 인생 후반기에 대한 가장 멋진 초상 중 하나를 《늙음은 나의 자매》(1984)에 썼다.

17 매기 쿤(1905~1995)은 장로교회에서 은퇴를 강요받고 1970년 그레이 팬더스를 창립했다. 에너지 넘치는 웅변가이자 리더였던 그녀는 많은 미국인으로 하여금 연령차별주의를 인식하게끔 이끌었다. 쿤에 대해서는 Jeanne E. Bade, *Contemporary Gerontology* 6, no. 4(2000): 104~108에서 다루고 있다. 또한 그녀는 기분 좋은 영화 'Maggie Growls'의 소재이기도 한데, 여기서는 쿤과의 인터뷰와 애니메이션이 같이 등장한다.(Barbara Attie and Janet Goldwater, 2002) 쿤의 업적에 대한 탁월한 평가를 보려면 Carroll Estes and Elena Protacolone, "Maggie Kuhn: Social Theorist of Radical Gerontology," *International Journal of Sociology and Social Policy* 29, nos 1/2(2009): 15~26을 참조하라. 그레이 팬더스는 직업, 주거, 환경, 건강, 군사비 등을 관심 있게 다룬다. Sally Brown and Brooke Hollister, "Aging, Outrage and the Occupy Movement: Gray Panthers Join in, Speak out about Putting Profits over People," *Aging Today* 33, no. 2(2012): 8과 www.graypanthers.org를 참조하라.

9 대항문화로서의 노년학

1 루스 레이의 *Endnotes*(2008)에는 인생 후반기의 에로틱한 힘이 아름답게 묘사되

어 있다.

2 노인을 알코올 중독자로 묘사하는 것은 그리스와 로마 극의 전형에서 시작되었다. 현대 작가들이 이런 연결고리에 의존하는 이유는 조사해봄직하다. 만취한 인물은 우스꽝스러운 설정이며, 그 한 가지 정체성만 가지고 있다.

3 Connie Goldman Productions, 1985. 위스콘신 공중파 라디오를 통해 방송되었던 이 특출한 시리즈는 피셔, 루이스 니벨슨, 존 휴스턴John Huston, 벌 아이브스Burl Ives 등과의 인터뷰도 성사시켰다. 이것은 Goldman, *The Ageless Spirit: Reflections on Living Life to the Fullest in Midlife and the Years Beyond* 2nd ed.(Minneapolis, MN: Fairview Press, 2004)에 다시 등장한다. Goldman, *Who Am I Now That I'm Not Who I Was? Conversations with Women in Mid-Life and Beyond*(Minneapolis: Nodin Press, 2009) 역시 참조하라.

4 창의성과 노화에 관해서는 Robert Kastenbaum, "Creativity and the Arts," In *Handbook of the Humanities and Aging*, 2nd ed., ed. Thomas R. Cole, Robert Kastenbaum, and Ruth E. Ray(New York: Springer, 2000); Gene D. Cohen, "Creativity and Aging: Psychological Growth, Health and Well-Being," in *A Guide to Humanistic Studies in Aging*, eds. Cole, Ray and Kastenbaum; and Anne Wyatt-Brown's introduction to *Aging and Gender in Literature*, ed. Anne Wyatte-Brown and Janice Rossen(Charlottesville: University Press of Virginia, 1993)을 참조하라. 이 선집에는 마거릿 굴렛의 탁월한 에세이 "Creativity, Aging, Gender: A Study of Their Intersections 1910~1935"가 수록되어 있다. 또한 "Arts and Aging," the Spring 2006 issue of *Generations*(vol. 30, no. 1); "Creative Uncertainty," chapter 6 of Ellen Langer's, *Mindfulness*(Reading, PA: Addision-Wesley, 1989)도 참조하라. '이타카대학교 노년학 연구소The Gerontology Institute at Ithaca College'에는 '창의성과 노년 센터Center for Creativity and Aging'가 있다. 노년의 창의성에 대한 좋은 사례를 보려면 Meika Loe, *Aging Our Way*, 98~101을 참조하라.

5 회원 이디스Edith는 '화난 할머니들'이 "다른 사람들이 정상이라고 생각하는 모든 것을 노골적으로 무시하는 행위를 흡족해한다"라고 했다. "우리가 하는 말은 매우 전투적으로 들린다."(Caissie, 138)

6 종교와 노화에 관한 연구의 요약분이 필요하다면 Robert Atchley, *Social Forces and Aging*(Belmont, CA: Wadsworth, 2000) 11장을 보라. *Aging and the Meaning of*

Time, ed. Robert Atchley and Susan H. McFadden(New York: Springer, 2001)에 수록된 몇몇 에세이는 노화와 영성을 다루고 있다. 이 주제에 대한 탁월하면서 간략한 토론을 위해서는 Margaret Urban Walker, "Getting Out of Line: Alternatives to Life as a Career" in *Mother time: Women, Aging, and Ethics*, ed. Margaret Urban Walter(Lanham, MD: Rowman & Littlefield, 1999)를 보라. 또한 Atchley, "Spirituality," in *The Handbook of the Humanities and Aging*, 2nd ed.(New York: Springer, 2000); Mel Kimble and Susan H. McFadden, eds., *Aging, Spirituality, and Religion*(Minneapolis: Augsburg Fortress Press, 2003); Susan H. McFadden and Janet L. Ramsey, "Encountering the Numinous: Relationality, the Arts, and Religion in Later Life," in *A Guide to Humanistic Studies in Aging*, eds. Thomas Cole, Ruth Ray, and Robert Kastenbaum; and Lydia K. Manning, "An Exploration of Paganism: Aging Women Embracing the Divine Feminine," *Journal of Religion, Spirituality and Aging* 22, no. 3(2010): 196~210도 보라.

7 데이비드 반 태슬David Van Tassel은 *Aging and the Completion of Being*(Philadelphia: University of Pennsylvaniz Press, 1989)을 편집했다. 또한 Christine Overall, *Aging, Death, and Human Longevity: A Philosophical Inquiry*(Berkeley: University of California Press, 2003)도 참조하라. *Aging Today*는 미국노화협회가 간행하는 것으로, 인문학과 노화에 관한 논문을 게재했다. "Aging and Human Values"는 해리 무디 Harry R. Moody가 편집하는 온라인 소식지다.

8 Zalman Schachter-Shalomi and R. S. Miller, *From Age-ing to Sage-ing*(New York: Warner Books, 1997)을 보라. 웹사이트는 www.sage-ingguild.org이다.

9 Matthew Fox, *Illuminations of Hildegard of Bingen*(Santa Fe, NM: Bear Books, 1985).

10 라스 톤스탐은 그의 책 *Gerotranscendance*에서 그의 이론의 기초가 되는 정보를 수집하기 위해 우편 조사를 사용했다고 밝혔다.(78) 그는 가치와 의미에 대한 상당히 주관적인 질문을 다루기 때문에 개인 면담에서 나오는 결과물이 그의 결론을 강화했을 수도 있다.

11 시간에 대한 독창적이고 자극적인 탐색을 원한다면 Peter H. Stephenson, "Age and Time: Contesting the Paradigm of Loss in the Age of Novelty," in *Contesting Aging and Loss*, edited by Janice E. Graham and Peter H. Stephenson을 보라.

12 앞 장에서 인용된 여러 자료가 비판적 노년학의 사례들이다. 그 밖에 Katz, "Thinking of Age: Personal Reflections on Critical Gerontology," *Journal of Aging Studies* 22, no. 2(2008): 140~146; J. Brandon McKelvey, "Globalization and Ageing Workers: Constructing a Global Life Course," *International Journal of Sociology and Social Policy* 29, nos. 1~2(2009): 49~59; Diane Sedgly, Annette Pritchard, and Nigel Morgan, "Tourism and Ageing: A Transformative Research Agenda," *Annals of Tourism* 38, no. 2(2011): 422~436; and Pamela Gravagne, "The Becoming of Age: How Discourses of Aging and Old Age in Contemporary Popular Film both Reinforce and Reimagine the Narrative of Aging as Decline," doctoral dissertation, American Studies, University of New Mexico, 2012도 있다.

10 페미니스트 노년학과 여성의 노화

1 마릴린 피어솔Marilyn Pearsall의 선집 *The Other within Us*(Boulder, CO: Westview, 1997)는 저명한 초기 페미니스트들의 저술 일부를 담고 있다. 예컨대, 폴린 바트 Pauline Bart의 늙은 유대인 여성에 대한 에세이, 재클린 존슨 잭슨Jacqueline Johnson Jackson의 늙은 흑인 여성들에 대한 에세이, 엘리자베스 막슨Elizabeth W. Markson과 베스 헤스Beth B. Hess의 도시에 사는 늙은 여성들에 대한 에세이가 수록되어 있다.

2 Kristen Hawkes, "Grandmothers and the Evolution of Human Longevity," *American Journal of Biology* 15, no. 3(2000): 380~400. 또한 Whitehouse and George, 293~294; Carstensen, *A long Bright Future*, 129~130도 보라.

3 상호호혜성과 상호의존성에 대한 애니타 실버스Anita Silvers의 글, 재가 돌봄에 대한 마사 홀스타인의 글, 나이대별로 따로 사는 주거 형태에 대한 존 트론토Joan C. Tronto의 글을 보라.

4 Barbara Walker, *The Crone*(San Francisco: Harper and Row, 1985); Ursula Le-Guin, "The Space Crone" in *The Other within Us*, ed. Marilyn Pearsall을 보라.

5 이 부분에서 나는 미사 퀸타네일스Mirtha Quintanales에게 고마움을 표한다.

6 이사벨 메이나드(1929~2007)는 샌프란시스코에서 사회사업가로 은퇴했으며, 구전역사가이자 희곡 작가로 50대부터 많은 저술 활동을 시작했다. 대표작으로 *China Dreams: Growing Up Jewish in Tientsin*(Iowa City: University of Iowa, 1996)이 있다. 70대에 메이나드는 그림과 작곡을 배웠다. 〈펠 가의 집〉은 노화에 관한 논문

들을 모아둔 나의 선집,《현실과 치열하게》에 실려 있다.

7   *Storying Later Life: Issues, Investigations, and Interventions in Narrative Gerontology*,
    eds. Gary Kenyon, Ernst Bohlmeijer, and William Randall을 보라.

8   Briony Dow and Melanie Joosten, "Understanding Elder Abuse: a Social Rights
    Perspective," *International Psychogeriatrics* 24, no. 6(2012): 853~855도 보라.

9   세계화와 노화에 관한 논문 몇 편이 *The SAGE Handbook of Social Gerontology*, eds.
    Dannefer and Phillipson에 수록되어 있다. 가령 불평등에 관해서는 앤절라 오란
    드Angela O'Rand, 캐틀린 아이작Katelin Isaacs, 레슬리 로스Leslie Roth의 글이, 가족에
    관해서는 아리엘라 로웬스타인Ariela Lowenstein, 루스 카츠Ruth Katz의 글이, 이주에
    관해서는 토니 원스Tony Warnes의 글이, 사하라 주변 아프리카에 관해서는 이사벨
    라 아보딘Isabella Abordin의 글이 실려 있다.

맺음말: 노화의 역설

1   사티얌 바라코티Satyam Barakoti는 나에게 네팔의 1인승 가마에 대해 말해주었다.

참고 문헌

Abel, Emily K. "Family Care of the Frail Elderly: Framing an Agenda for Change." *Women's Studies Quarterly 17*, nos. 1–2(1989): 75–85.

_____. *Who Cares for the Elderly? Public Policy and the Experiences of Adult Daughters.* Philadelphia: Temple University Press, 1991.

Achenbaum, W. Andrew. "Afterword." In *Handbook of the Humanities and Aging.* 2nd ed. Edited by Thomas R. Cole, Robert Kastenbaum, and Ruth E. Ray. New York: Springer, 2000.

Ackerman, Felicia. "The More the Merrier." *Dialogue: Canadian Philosophical Review* 45, no. 3 (July 2006): 549–58.

Adams, Chris. "FDA Scrambles to Police Drug Ads' Truthfulness." *Wall Street Journal*, January 2, 2000, A24.

Agronin, Marc E. "The New Frontier in Geriatric Psychiatry: Nursing Homes and Other Long-Term Care Settings." *Gerontologist 38*, no. 3 (1998): 388–91.

Alcon, Arnaa, and Judith Apt Bernstein. *Women of Labor Speak Out on Retirement, Finances, Health Care, and Caregiving.* Waltham, MA: National Policy and Resource Center on Women and Aging, Brandeis, n.d.

Alex, Lean, and Berit Lundman. "Lack of Resilience among Very Old Men and Women: A Qualitative Gender Analysis." *Research and Theory for Nursing Practice* 25, no. 4 (2011): 302–16.

Allen, Jessie. "Caring Work and Gender Equity in an Aging Society." In *Women on the Front Lines*, edited by Jessie Allen and Alan Piper. Washington, DC: Urban Institute, 1993.

Alle, Paula Gunn. "Indian Summer." In *Long Time Passing: Lives of Older Lesbians*, edited by Marcy Adelman. Boston: Alyson, 1986.

————. *Off the Reservation*. Boston: Beacon, 1998.

American Association of Retired Person (AARP). Minority Affairs. *A Portrait of Older Minorities*. Washington, DC: AARP, 1995.

Andrews, Molly. "The Narrative Complexity of Successful Ageing.: *International Journal of Sociology and Social Policy* 29, nos. 1–2 (2009): 73–83.

————. "The Seductiveness of Agelessness." *Ageing and Society* 19 (1999): 301–18.

Angel, Jacqueline L. "Coming of Age: Minority Elders in the United States." *Gerontologist* 40, no. 4 (2000): 502–7.

Angel, Jacqueline L., and Ronald J. Angel. "Minority Group Status and Healthful Aging: Social Structure Still Matters." *American Jounal of Public Health* 96, no. 7 (2006): 1152–59.

Angell, Marcia. *The Truth about the Drug Companies: How They Deceive Us and What to Do about It*. New York: Random House, 2005.

Angier, Natalie. *Women: An Intimate Geography*. New York: Anchor Books, 1999.

Angus, Jocelyn, and Patricia Reeve. "Ageism: A Threat to 'Aging Well' in the 21st Century." Journal of Applied Gerontology 25, no. 2 (2006): 137–52.

Annan, Kofi. Address at Ceremony Launching the International Year of Older Persons (1999). *Journal of Gerontology: Psychological Sciences* 54B, no. 1 (1999): P5–P6.

Anzaldúa, Gloria. "Introduction" to *Making Face, Making Soul: Haciendo Caras*, edited by Gloria Anzaldúa. San Francisco: Aunt Lute Book, 1990.

Anzick, Michael A., and David A. Weaver. "Reducing Poverty among Elderly Women." ORES Working Paper Series, no. 87, Office of Research, Evaluation, and Statistics, Social Security Administration, 2001, 1–25.

Applebome, Peter. "Second Acts and Beyond." *New York Times*, November 22, 1998, sec. 4, 1.

Arber, Sara. "Gender and Later Life: Change, Choice, and Constraints." In *The Futures of Old Age*, edited by John A. Vincent, Chris R. Phillipson, and Murna Downs. London: Sage, 2006.

Arber, Sara, and Jay Ginn, eds. *Connecting Gender and Ageing*: A Sociological Approach. Buckingham: Open University Press, 1995.

————. *Gender and Later Life*. London: Sage, 1991.

Archbold, Patricia A. "The Impact of Parent Caring on Women." *Family Relations* 32, no. 1 (1983): 39–45.

Arluke, Arnold, and John Peterson. "Accidental Medicalization of Old Age and Its Social Control Implications." In *Dimensions: Aging, Culture, and Health*, edited by Christine L. Fry. New York: Praeger, 1981.

Atchley, Robert C. *Social Forces and Aging*. 9th ed. Belmont, CA: Wadsworth, 2000.

————. *Spirituality and Aging*. Baltimore: Johns Hopkins University Press, 2009.

————. "Spirtuality and Aging. *Religious Studies Review* 37, no. 3 (2011): 188.

Avallone, Charlene. "The Red Roots of White Feminism." In *Teaching and Research in the Academy*, edited by Mary Anderson et al. East Lansing: Michigan State University Women's Studies

Program, 1997.

Baars, Jan. "Chronological Time and Chronological Age: Problems of Temporal Diversity." In *Aging and Time: Multidisciplinary Perspectives*, edited by Jan Baars and Henk Visser. Amityville, NY: Baywood, 2007.

Baltes, Margret M. *The Many Faces of Dependency in Old Age*. Cambridge: Cambridge University Press, 1996.

Barker, Judith C. "Lesbian Aging: An Agenda for Social Research." In *Lesbian and Gay Aging: Research and Future Directions*, edited by Gilbert Herdt and Brian de Vries. New York: Springer, 2004.

Barker, Pat. "Alice Bell." *Union Street*. New York: Putnam, 1983.

Barnes, Kate. *Where the Deer Were: Poem*. Boston: David R. Godine, 1994.

Barusch, Amanda S. "Narrative Gerontology Comes into Its Own." *Journal of Gerontological Social Work* 55, no. 1 (Januaty 2012): 1–3.

_____. *Older Wonen in Poverty*. New York. Springer, 1994.

Basting, Anne Davis. "Dolly Descending a Staircase: Stardom, Age, and Gender in Times Square." In *Figuring Age: Woman, Bodies, Generations*, edited by Kathleen Woodward. Bloomington: Indiana University Press, 1999.

_____. *Forget Memory. Creating Beeter Lives for People with Dementia*. Baltimore: Johns Hopkins University Press, 2009.

Bateson, Mary Catherine. *Composing a Further Life*. New York: Knopf, 2010.

Bayne-Smith, M. "Health and Woman of Color: A contextual Overview." In *Race, Gender, and Health*, edited by M. Bayne-Smith. Thousand Oaks, CA: Sage, 1996.

Bazzini, Doris G. "The Aging Woman in Popular Films: Underrepresented, Unattracrive, Unfriedly, and Unintelligent." *Sex Roles* 36, nos. 7–8 (1997): 531–44.

Behuniak, Susan M. "The Living Dead? The Construction of People with Alzheimer's Disease as Zombies." *Aging and Society* 31, no. 1 (2011): 70–92

Beizer, Judith. "Medications and the Aging Body: Alteration as a Function of Age." *Generations* 8, no. 2 (1994): 13–17.

Bellow, Saul. "Living the Yellow House." In *Literature and Aging: An Anthology*, edited by Martin Kohn, Carol Donley, and Delese Wear. Kent, OH: Kent State University Press, 1992.

Bennett, James. "Hidden Malnutrition Worsens Health of Elderly." *New York Times*, October 10, 1992, sec.1, 10.

Berdes, Celia, and Mary Erdmans. "Aging in Polonia: Polish and American Elderly." In *Age through Ethic Lenses: Caring for the Elderly in a Multicultural Society*, edited by Laura Katz Olson. Lanham, MD: Rowman & Littlefield, 2001.

Berg, Geri, and Sally Gadow. "Toward More Human Meaning of Aging." In *Fierce with Reality: An Anthology of Literature about Aging*, edited by Margaret Cruikshank. Topsham, ME: Just Write Books, 2007.

_____. "Public Policy and Minority Elders." In *Serving Minority Elders in the 21st Century*, edited by May L. Wykle and Amasa B. Ford. New York: Springer, 1999.

Birren, James. "Theories of Aging: Personal Perspective." In *Handbook of Theories of Aging*, edited by Vern Bengtson and K. Warner Schaie. New York: Springer, 1999.

Bishop, Christine E. "Perscription Grigs and Elders in the 21st Century," In *Challenges of an Aging Society*, edited by Rachel Pruchno and Michael A. Smyer. Baltimore: Johns Hopkins University Press, 2007.

Black, Helen K., and Robert L. Rubinstein. *Old Souls: Aged Women, Poverty, and the Experience of God*. New York: Aldine De Gruyter, 2000.

Blakeslee, Sandra. "A Decade of Discovery Yields a Shock about the Brain." *New York Times*, January 4, 2000, D1.

Blythe, Ronald. *The View in Winter*. New York: Harcourt Brace, 1979.

Bodili, Christopher. "I Have No Opinions. I'm 73 Years Old!' Rethinking Ageism." *Jornal of Aging Studies* 5, no. 3 (1991): 245–64.

Bonner, Josheph, and William Harris. *Healthy Aging*. Claremont, CA: Hunter House, 1988.

Bonnesen, Jaye L., and Elizabeth O. Burger. "Senior Moment: The Acceptability of an Ageist Phrase." *Journal of Aging Studies* 18, no. 2 (2004): 123–42.

Boorstein, Sylvia. Foreword to *Aging as a Spiritual Practice* by Lewis Richmond. New York: Gotham Books Penguin, 2012.

Chrisine Cassel. New York: New York University Press, 1999.

_____. *We Live Too Short and Die Too Long*. New York: Bentam, 1991.

Bowling, Ann. "Aspirations for Older Age in the 21st Century: What Is Successful Aging?" *International Journal of Aging and Human Devolopment* 64, no. 3 (2007): 263-97.

Bowron, Craig. "Our Unreliable Attitudes about Death through a Doctors' Eyes." February 17, 2012. www.washingtonpost.com/opinions/our-unrealistic-views-of-death-through-a-doctors-eyes/2012/01/31/gIQAeaHpJR_story.html.

Brandler, Sondra M. "Aged Mothers, Aging Daughters." *NWSA Jornal* 10, no. 1 (1998): 43–56.

Brant, Beth. "Anodynes and Amulets. In *Writing as Witness: Essay and Talk*. Toronto: Women's Press, 1994.

Brody, Hugh. *Hooked: How Medicine's Dependence on the Pharmaceutical Industry Undermines Professional Ethics*. Lanham, MD: Rowman & Littlefield, 2007.

Brody, Jacob A. "Postponement as Prevention in Aging." In *Delaying the Onset of Late-Life Dysfuction*, edited by Robert N. Butler and Jacob. New Yock: Springer, 1995.

Brody, Jane. "Americans Gamble on Herbs as Midecine." *New York Times*, February 9, 1999, D1.

_____. "Changing Nutritional Needs Put the Elderly at Risk because of Inadequate Diets" *New York Times*, February 8, 1990, B7.

_____. "Drunk on Liquid Candy: U.S. Overdoses on Sugar." *New York Times*, November 24, 1998, D7.

_____. "Too Much Medicine, and Too Few Checks." *New York Times*, April 17, 2012, D7.

Brooks, Abigail. "Growing Older in a Surgical Age: An Analysis of Women's Lived Experiences and Interpretations of Aging in an Era of Cosmetic Surgery." Doctoral dissertation, Graduate School of Arts and Sciences, Boston College, 2008.

Brown, David. "Life Expectancy Drops for Some U.S. Women." *Washington Post*, April 22, 2008, A1.

Buell, John. "Drug Prices That Fuel Monopolies." *Bangor Daily News*, October 12, 2000, A11.

Burkhauser, Richard V., and Timothy M. Smeeding. *Social Security Reform: A Budget Neutral Approach to Reducing Older Women's Disproportionate Risk of Poverty*. Syracuse, NY: Maxwell School of Citizenship and Public Affairs/Center for Public Research, 1994.

Burton, Linda M., Peggye Dilworth-Anderson, and Vern L. Bengtson. "Creating Culturally Relevant Ways of Thinking about Diversity and Aging: Theoretical Challenges for the Twenty-First Century." In *Diversity: New Approaches to Ethnic Minority Aging*, edited by E. Percil Stanford and Fernando M. Torres-Gil. Amityville, NY: Baywood, 1992.

Burwell, Elinor J. "Sexism in Social Science Research on Aging." In *Taking Sex into Account: The Policy Consequences of Sexist Research*, edited by Jil McCalla Vickers. Ottawa: Carleton University, 1984.

Burtler, Robert. "Ageism: Another Form of Bigotry." *Gerontologist* 9 (1969): 243–46.

_____. "Butler Reviews Life Review." *Aging Today* (July–August 2000): 9.

_____. "New World of Longevity: 12 Ideas for Vital Aging." September 1999. www.ncoa/news.

_____. "Revolution in Longevity." In *Delaying the Onset of Late-Life Dysfuctions*, edited by Robert Butler and Jacob A. Brody. New York: Springer, 1995.

_____. *Why Survive? Being Old in America*. New York: Harper and Row, 1975.

Butler, Robert, and Myrna I. Lewis, eds. *Aging and Mental Health*. 3rd ed. Columbus: Charles E. Merrill, 1986.

Butler, Sandra S., and Barbara Hope. "Relying on Themselves and Their Communities: Healthcare Experience of Older Rural Lesbians." *Outward* 5, no. 1 (1998): 2.

Bytheway, Bill. "Age-Identities and the Celebration of Birthdays." *Aging and Society* 25 (2005): 463–77.

_____. *Ageism*. Bristol, PA: Open University Press, 1995.

_____. *Unmasking Age: The Significance of Age for Social Research*. Bristol: The Policy Press, 2011.

Caissie, Linda. "The Raging Grannies: Narrative Construction of Gender and Aging." In *Storying Later Life*, edited by Gary Kenyon, Ernst Bohnmeijer, and William L. Randall. Oxford: Oxford University Press, 2011.

Calasanti, Toni. "Ageism, Gravity, and Gender: Experiences of Aging Bodies." *Generations* (Fall 2005): 8–12.

_____. "Bringing in Diversity: Toward and Inclusive Theory of Retirement." *Journal of Aging*

Studies 7, no. 2(1993): 133–50.

_____. "A Feminist Confronts Ageism." *Journal of Aging Studies* 22, no. 2 (2008): 152-57.

_____. "Gender and Ageing in the Context of Globalization" in *Social Gerontology*, edited by Dale Dannerfer and Chris Phillipson. Los Angeles: SAGE, 2010

_____. "Gender Relations and Applied Research on Aging." *Gerontologist* 50, no. 6 (2010): 720–34.

_____. "Incorporating Diversity: Meaning, Levels of Research, and Implications for Theoty." *Gerontologist* 36, no. 2 (1996): 147–56

_____. "Is Feminist Gerontology Margianl?" *Contemporary Gerontology* 11, no. 3 (2005): 107–11.

_____. "Theorizing Age Relations." In *The Need for Theory*, edited by Simon Biggs, Ariela Lowenstein, and Jon Hendricks. Amityville, NY: Baywood, 2003.

_____. "Theorizing Feminist Gerontology, Sexuality, and Beyond: An Intersectional Approach" In *Handbook of Theories of Aging*, 2nd ed., edited by Vem L. Bengtson et al. New York: Springer, 2009.

Calasanti, Toni M., and Kathleen F. Slevin, eds. *Age Matters*. New York: Routledge, 2006.

Calasanti, Toni M., and Anna M. Zajicek. "A Socialist-Feminist Approach to Aging: Embracing Diversity" *Journal of Aging studies* 7, no. 2 (1993): 117–31.

Calbom, Cherie, and Maureen Keene. *Juicing for Life*. Garden City, NY: Avery, 1992.

Callahan, Daniel. "Age, Sex, and Resource Allocation" In *Mother Time: Women, Aging, and Ethics*, edited by Margaret Urban Walker. Lanham, MD: Rowman & Littlefield, 1999.

Callahan, James J. "Imagination: A Resource Policy" *Gerontologist* 38, no. 3 (1999): 388.

Cameron, Kathleen A. "Drug Risk Should Not Be Ignored" *Aging Today* (November-December 1999): 10.

Campbell, A. L. *How Policies Make Citizens: Senior Political Activism and the American Welfare State*. Princeton, NJ: Princeton University Press, 2003.

Campbell, Steve. "Alien Stirs Up Drug Industry with Senior Discount Bill." *Maine Sunday Telegram*, June 30, 1999, 1A.

Cappeliez, Philippe, and Jeffrey Dean Webster. "Mneme and Anamnesis: The Contribution of Involuntary Reminiscences to the Construction of a Narrative Self in Older Age." In *Storying Later Life*, edited by Gary Kenyon, Ernst Bohlmeijer, and William L. Randall. Oxford: Oxford University Press, 2011.

Carp, Frances M. "Living Arrangements for Midlife and Older Women" In *Handbook on Women and Aging*, edited by Jean M. Coyle. Westport, CT: Greenwood, 1997.

Carstensen, Laura L. "Growing Old or Living Long: Take Your Pick." *Issues in Science and Technology* 23, no. 2 (2007): 41–50.

_____. *A Long Bright Future: Happiness, Health, and Financial Security in an Age of Increased Longevity*. New York: Public Affairs, 2011.

Caselli, Graziella. "Future Longevity among the Elderly." In *Health and Morality among Elderly Populations*, edited by Graziella Caselli and Alan D. Lopez. Oxford: Clarendon Press, 1996.

Cassel, Christine K. "Ethics and the Future of Aging Research" *Generations* 16, no. 4 (1992): 61–65.

_____, ed. *The Practical Guide to Aging*. New York: New York University Press, 1999.

Cathcart, Mary, and Joanne D'Arcangelo. "A Leap Ahead for Women's Health Care" *Bangor Daily News*, August 23, 2011.

Chappell, Neena, Lynn McDonald, and Michael Stones. *Aging in Contemporary Canada*. 2nd ed. Toronto: Pearson Education Canada, 2008.

Chase, Karen. *Old Age and the Victorians*. Oxford: Oxford University Press, 2009.

Chaufan, Claudia, et al. "Medical Ideology as a Double-Edged Sword: The Politics of Cure and Care in the Making of Alzheimer's Disease." *Social Science and Medicine* 74, no. 5 (March 2012): 788–95.

Chen, Feinian, Guangya Liu, and Christine A. Mair. "Intergenerational Ties in Context: Caring for Grandchildren in China." *Social Forces* 90, no. 2 (2011): 571–94.

Chinen, Allan B. *In the Ever After: Fairy Tales and the Second Half of Life*. Wilmette, IL: Chiron/ 1989.

Chivers, Sally. *From Old Woman to Older Women: Contemporary Culture and Women's Narratives*. Columbus: Ohio State University Press, 2003.

Christian, Barbara. "The Race for Theory." In *Making Face, Making Soul: Haciendo Caras*, edited by Gloria Anzaldúa. San Francisco: Aunt Lute Books, 1990.

Chu, Nancy, and Renee A. Leasure. "Aging in America: Quality of Life among Older Vietnamese Women Immigrants." *Journal of Cultural Diversity* 17, no. 3 (Fall 2010): 105–9.

Claire, Thomas. *Bodywork*. New York: William Morrow, 1995.

Clark, Margaret. "Contributions of Cultural Anthropology to the Study of the Aged." In *Cultural Illness and Health*, edited by Laura Nader and Thomas Maretzki. Washington, DC: American Anthropological Society, 1973.

_____. "Cultural Values and Dependency in Later Life" In *Aging and Modernization*, edited by Donald O. Cowgill and Lowell D. Holmes. New York: AppletonCentury-Crofts, 1972.

Clark, Margaret, and Barbara Anderson. *Culture and Aging: An Anthropological Study of Older Americans*. Springfield, IL: Charles c. Thomas, 1967.

Clark Thomas. "The Role of Medications in the Lives of Older Adults: An Overview." *Generations* 35, no. 4 (Winter 2011): 6–11.

Clifton, Lucille. "The Things Themselves" In *What We Know So Far: Wisdom among Women*, edited by Beth Benatovich. New York: St. Martin's, 1995.

Cohen, Gene D. "Creativity and Aging: Psychological Growth, Health, and Well Being" In *A Guide to Humanistic Studies in Aging*, edited by Thomas R. Cole, Ruth E. Ray, and Robert Kastenbaum. Baltimore: Johns Hopkins University Press, 2010.

_____. *The Mature Mind: The Positive Power of the Aging Brain*. New York: Basic, 2005.

Cohen Lawrence. *No Aging in India: Alzheimer's, the Bad Family, and Other Modern Things*. Berkeley: University of California Press, 1998.

_____. "No Aging in India: The uses of Gerontology." *Culture, Medicine, and Psychiatry* 16 (1992): 123–61.

Cole, Thomas R. *The Journey of Life*: A Cultural History of Aging in America. Cambridge: Cambridge University Press, 1992.

Cole, Thomas R., et al., eds. *Voices and Visions of Aging: Toward a Critical Gerontology*. New York: Springer, 1993.

Cole, Thomas R., Ruth Ray, and Robert Kastenbaum, eds. *A Guide to Humanistic studies in Aging*. Baltimore: Johns Hopkins University Press, 2010.

Coleman, Peter G. "Religious Belonging and Spiritual Questioning: a Western European Perspective on Ageing and Religion. In *Valuing Older People*, edited by Ricca Edmondson and Hans-Joachim von Kondratowitz. Bristol: The Policy Press, 2009.

Coleman, Peter G., Marie A. Mills, and Peter Speck. "Ageing and Belief: Between Tradition and Change." In *The Futures of Old Age*, edited by John A. Vincent, Chris R. Phillipson, and Murna Downs. London: Sage, 2006.

Colette. *The Blue Lantern*, tr. Roger Senhouse. New York: Farrar, Straus, Giroux, 1963.

Collins, Patricia Hill. "Defining Black Feminist Thought." In *The Woman That I Am*, edited by D. Soyini Madison. New York: St. Martin's, 1997.

_____. "Toward a New Vision: Race, Class, and Gender as Categories of Analysis and Connection." In *Women's Voices, Feminist Visions*, edited by Susan M. Shaw and Janet Lee. Mountain View, CA: Mayfield, 2001.

Colman, Hila. "Just Desserts." *New York Times Magazine*, May 3, 1998, 84.

Comfort, Alexander. "Age Prejudice in America." *Social Policy* 7, no. 3 (1976): 3–8.

_____. *A Good Age*. New York: Crown, 1976.

Connell, C. M., and G. D. Gibson. "Racial, Ethnic, and Cultural Differences in Dementia Caregiving: Review and Analysis." *Gerontologist* 37 (1997): 355–64.

Conway-Turner, Katherine. "Inclusion of Black Studies in Gerontology Courses." *Journal of Black Studies* 25, no. 5 (1995): 577–88.

Cook-Daniel, Loree. *Transgender Elders and Significant Others, Friends, Families' and Allies (SOFFAs): A Primer for Service Providers and Advocates*. Milwaukee, WI: Transgender Aging Network, 2007.

Cool, Linda E. "The Effects of Social Class and Ethnicity on the Aging Process." In *The Elderly as Modern Pioneers*, edited by Philip Silverman. Bloomington: Indiana University Press, 1987.

_____. "Ethnicity: Its Significance and Measurement." In *New Methods for Old-Age Research*, edited by Jennie Keith and Christine L. Fry. South Hadley, MA: Bergin & Garvey, 1986.

Cool, Linda E., and Justine McCabe. "The 'Scheming Hag' and the 'Dear Old Thing': The Anthropology of Aging Women" In *Growing Old in America*. 3rd ed. Edited by Beth B. Hess and Elizabeth w. Markson. New Brunswick, NJ: Transaction, 1986.

Cool, Lisa Collier. "Forgotten Women: How Minorities Are Underserved by Our Healthcare System" In *Women's Health Annual Editions 98/99*, edited by Maureen Edwards and Nora L. Howley. Guilford, CT: Dushkin McGraw-Hill, 1998.

Coontz, Stephanie. *The Way We Never Were: American Families and the Nostalgia Trap*. New York: Basic, 1992.

Copper, Baba. *Over the Hill: Reflections on Ageism between Women*. Freedom, CA: Crossing Press, 1988.

Coupland, Justine. "Time, the Body and the Reversibility of Aging: Commodify the Decade." *Ageing and Society* 29, no. 6 (August 2009): 953–76.

Coyle, Jean M., ed. *Handbook on Women and Aging*. Westport, CT: Greenwood, 2001.

Crawford, Mary, and Ellen Kimmel. "Promoting Methodological Diversity in Feminist Research" *Psychology of Women Quarterly* 23 (1999): 1–6.

Crimmins, Eileen M. "Defining Disability and Examining Trends" *Critical Issues in Aging*, no. 2 (1998): 10–11.

Cross, Suzanne L, Angelique G. Day, and Lisa G. Byers. "American Indian Grand Families: A Qualitative Study Conducted with Grandmothers and Grandfathers Who Provide Sole Care for Their Grandchildren." *Journal of Cross-Cultural Gerontology* 25 (2010): 371–83.

Cruikshank, Margaret, ed. *Fierce with Reality: An Anthology of Literature on Aging*. Topsham, ME: Just Write Books, 2007.

Currey, Richard. "Ageism in Health Care: Time for a Change." *Aging Well* 1, no. 1 (2008): 16–21.

Dailey, Nancy. *When Baby Boom Women Retire*. Westport, CT: Praeger, 1998.

D'Alton, Simon, and Daniel R. George. "Changing Perspectives on Alzheimer's Disease: Thinking outside the Amyloid Box" *Journal of Alzheimer's Disease* 25, no. 4 (2011): 571–81.

Dannefer, Dale, and Chris Phillipson, eds. *The SAGE Handbook of Social Gerontology*. Los Angeles: SAGE, 2010.

Dannefer, Dale, et al. "On the Shoulders of a Giant: The Legacy of Matilda White Riley for Gerontology." *Journal of Gerontology: Social Sciences* 60B, no. 6 (2005): S296–S304.

Dass, Ram. *Still Here: Embracing Aging, Changing, and Dying*. New York: Riverhead, 2000.

Datan, Nancy. "The Lost Cause: Aging Women in American Feminism." In *Toward the Second Decade*, edited by Betty Justice and Renate Pore. Westport, CT: Greenwood, 1981.

Davidson, Patricia M., Michelle DiGiacomo, and Sarah J. McGrath. "The Feminization of Aging: How Will This Impact on Health Outcomes and Services?" *Health Care for Women International* 32, no. 12 (2011): 1031–45.

Davidson, Warren. "Metaphors of Health and Aging: Geriatrics as Metaphor." In *Metaphors of Aging in Science and the Humanities*, edited by Gary Kenyan, James E. Birren, and Johannes J. F. Schroot. New York: Springer, 1991.

Davis, Karen, Paula Grant, and Diane Rowland. "Alone and Poor: The Plight of Elderly Women." In *Gender and Aging* edited by Lou Glasse and Jon Hendricks. Amityville, NY: Baywood, 1992.

Deaton, Gail, et al. "The Eden Alternative: An Evolving Paradigm for Long-Term Care." In *Annual Editions Aging*, 02/03, edited by Harold Cox. Guilford, CT: Dushkin McGraw-Hill, 2002.

de Beauvoir, Simone. *The Coming of Age.* Translated by Patrick O'Brian. New York: Norton, 1996. Paris: Editions Gallimard, 1970.

Degnen, Cathrine. "Minding the Gap: The Construction of Old Age and Oldness amongst Peers" *Journal of Aging Studies* 21, no. 1 (2007): 69–80.

Delany, Sarah Louise, and Annie Elizabeth Delany. *Having Our Say: The Delany Sisters' First 100 Years.* New York: Kodansha International, 1993.

Dembner, Alice. "Hip Fractures a Mortal Test for Elders and for Medicare." *Boston Globe*, December 10, 2006, A1.

_____. "Research Integrity Declines." *Boston Globe*, August 22, 2000, E1.

de Medeiros, Kate. "The Complementary Self: Multiple Perspectives in the Aging Person." *Journal of Aging Studies* 19, no. 1 (2005): 1–13.

DeParle, Jason. "Early Sex Abuse Hinders Many Women on Welfare." *New York Times*, November 28, 1999, 1.

Diller, Vivian, and Jill Muir-Sukenick. *Face It: What Women Really Feel as Their Looks Change.* Carlsbad, CA: Hay House, 2010.

Dillon, Michele. "Integrating the Sacred in Creative Ageing." In *Valuing Older People*, edited by Ricca Edmondson and Hans-Joachim von Kondratowitz. Bristol: The Policy Press, 2009.

Dilworth-Anderson, Peggye, and Monique D. Cohen. "Theorizing across Cultures." In *Handbook of Theories of Aging*, edited by Vern L. Bengtson et al. New York: Springer, 2009.

Donohue, Julie. "A History of Drug Advertising: The Evolving Roles of Consumers and Consumer Protection." *Milbank Quarterly* 84, no. 4 (2006): 659–99.

Donovan, Josephine, and Carol J. Adams, eds. *Beyond Animal Rights: A Feminist Caring Ethic for the Treatment of Animals.* New York: Continuum, 1996.

Doress-Worters, Paula B., and Diana Lasker Siegal, eds. *The New Ourselves Growing Older.* New York: Simon & Schuster, 1994.

Dowries, Peggy, ed. *The New Older Woman.* Berkeley: Celestial Arts, 1996.

Dressel, Paula. "Gender, Race, and Class: Beyond the Feminization of Poverty in Later Life." In *The Other Within: feminist Explorations of Women and Aging*, edited by Marilyn Pearsall. Boulder, CO: Westview, 1997.

Dressel, Paula, Meredith Minkler, and Irene Yen. "Gender, Race, Class, and Aging: Advances and Opportunities." In *Critical Gerontology: Perspectives from Political and Moral Economy*, edited by Meredith Minkler and Carroll L. Estes. Amityville, NY: Baywood, 1999.

"Drugs and Older Women: How to Protect Yourself." *Women's Health Advocate* (September 1997): 4–6.

"Drugs Fuel Health Costs." *AARP Bulletin* 41, no. 1 (2000): 8.

Eastman, Peggy. "Drugs That Fight Can Hurt You." *Modern Maturity* 40, no. 3 (1999): 14–16.

Eaton, Susan C. "Eldercare in the United States: Inadequate, Inequitable, but Not a Lost Cause." *Feminist Economics* 11, no. 2 (2005): 37–51.

Ebersole, Priscilla, and Patricia Hess. *Toward Healthy Aging*. 5th ed. St. Louis: Mosby, 1998.

Edmonds, Mary McKinney. "The Health of the Black Aged Female." In *Black Aged*, edited by Zev Harel, Edward A. McKinney, and Michael Williams. Newbury Park, CA: Sage, 1990.

Eichenwald, Kurt, and Gina Kolata. "A Doctor's Drug Studies Turn into Fraud." *New York Times*, May 17, 2000, A1.

Ekerdt, David. "The Busy Ethic: Moral Continuity between Work and Retirement." In *Annual Editions: Aging*. 13th ed. Edited by Harold Cox. Guilford, CT: Dushkin McGraw-Hill, 2000.

Emerman, Jim. "Futurecare: The Web, Virtual Services, and Even 'Carebots.'" *Aging Today* 22, no. 1 (2001): 11–12.

Emerson, Ralph Waldo. "Self-Reliance." 1841; 1847. *The Heath Anthology of American Literature*. 3rd ed. Vol. 1. Edited by Paul Lauter. Boston: Houghton Mifflin, 1998.

Epstein Helen, "Flu Warning: Beware the Drug Companies." *New York Review of Books* 58, no. 8 (May 12, 2011): 57–61.

Erikson, Joan. *The Life Cycle Completed*. Extended Version. New York: Norton, 1997.

Estes, Carroll L. *The Aging Enterprise*. San Francisco: Jossey-Bass, 1979.

————. "The Aging Enterprise Revisited." In *Critical Gerontology: Perspectives from Political and Moral Economy*, edited by Meredith Minkler and Carroll L. Estes. Amityville, NY: Baywood, 1999.

————. "Critical Gerontology and the New Political Economy of Aging." In *Critical Gerontology*, edited by Meredith Minkler and Carroll L. Estes. Amityville, NY: Baywood, 1999.

————. "A Feminist Perspective on the Privatization of Social Security." Paper presented at the annual meeting of the Gerontological Society of America, Chicago, November 17, 2001.

————. "The New Political Economy of Aging." In *Critical Perspectives on Aging*, edited by Meredith Minkler and Carroll L. Estes. Amityville, NY: Baywood, 1991.

————. "Social Security Privatization and Older Women: A Feminist Political Economy Perspective." *Journal of Aging Studies* 18 (2004): 9–26.

————. "Theoretical Perspectives on Old Age Policy: A Critique and a Proposal." In *The Need for Theory: Critical Approaches to Social Gerontology*. Amityville, NY: Baywood, 2003.

Estes, Carroll L., Simon Biggs, and Chris Phillipson. *Social Theory, Social Policy, and Ageing: A Critical Introduction*. Maidenhead, Berkshire: Open University Press, 2003.

Estes, Carroll L., Elizabeth Binney, and Richard Culbertson. "The Gerontological Imagination: Social Influences on the Development of Gerontology, 1945-Present." *Ingternational Journal of Aging and Human Development* 35, no. 1 (1992): 49–65.

Estes, Carroll L., and Liz Close. "Public Policy and Long-Term Care." In *Aging and Quality of Life*, edited by Ronald P. Abeles et al. New York: Springer, 1994.

Estes, Carroll L, and Karen w. Linkins. "Decentralization, Devolution, and the Deficit: The Changing Role of the State and the Community." In *Resecuring Social Security and Medicare: Understanding Privatization and Risk*, edited by Judith Gonyea. Washington, DC: Gerontological Society of America, 1998.

Estes, Carroll L, and Steven P. Wallace. "Globalization, Social Policy, and Ageing: A North American Perspective." In *The SAGE Handbook of Social Gerontology*, edited by Dale Dannefer and Chris Phillipson. Los Angeles: SAGE, 2010.

Evans, W. and D. Cyr-Campbell. "Nutrition, Exercise, and Healthy Aging." *Journal of the American Dietetic Association* 97, no. 6 (1997): 632–38.

Facio, Elisa. "Chicanas and Aging: Toward Definitions of Womanhood." In *Handbook on Women and Aging*, edited by Jean M. CoyIe. Westport, CT: Greenwood 1997.

Fahs, Marianne C. "Preventative Medical Care: Targeting Elderly Women in an Aging Society." In *Women on the Front Lines*, edited by Jessie Allen and Alan Pifer. Washington, Dc: Urban Institute, 1993.

Family Caregiving in the U.S.: Findings from a National Survey. Washington, DC: National Alliance for Caregiving and AARP, 1997.

Farris, Martha, and John w. Gibson. "The Older Woman Sexually Abused as a Child: Untold Stories and Unanswered Questions." *Journal of Woman and Aging* 4, no. 3 (1992): 31–44.

Fealy, Gerald, et al. "Constructing Ageing and Age Identities: A Case Study of Newspaper Discourses." *Aging and Society* 32, no. 1 (Jan. 2012): 85–102.

Featherstone, Mike, and Andrew Wernick, eds *Images of Aging: Cultural Representations of Later Life*. New York: Routledge, 1995.

Feinson, Margorie Chary. "Where Are the Women in the History of Aging?" *Social Science History* 9, no. 4 (1985): 429–52.

Felsteiner, Mary Lowenthal. "Casing My Joints: A Private and Public Story of Arthritis" *Feminist Studies* 26, no. 2 (2000): 273–85.

Fiore, Robin N. "Caring for Ourselves: Peer Care in Autonomous Aging" In *Mother Time: Women, Aging, and Ethics*, edited by Margaret Urban Walker. Lanham, MD: Rowman & Littlefield, 1999.

Fishman, Ted. *Shock of Gray*. New York: Scribner, 2010.

Fiske, Amy, and Randi S. Jones. "Depression." In *The Cambridge Handbook of Age and Ageing*, edited by Malcolm L. Johnson et al. Cambridge: Cambridge Universify Press, 2006.

Flaherty, Julie. "Preaching the Merits of a Multistep Program." *New York Times*, June 13, 1999, p. 3.

Flanders, Laura. "A Campaign about Caring." *The Nation*, April 30, 2012, 21–25.

Fleming, Juanita. "Ensuring Racial and Ethnic Diversity in the Health Professions." *Healthcare Trends and Transitions* 6, no. 4 (1995): 24–32.

Foner, Nancy. "Caring for the Elderly: A Cross-Cultural View." In *Growing Old in America*. 3rd ed. Edited by Beth B. Hess and Elizabeth W. Markson. New Brunswick, NJ: Transaction Books, 1986.

Foster, Susan E., and Jack A. Brizius. "Caring Too Much? American Women and the Nation's Caregiving Crisis." In *Women on the Front Lines*, edited by Jessie Allen and Alan Pifer. Washington, DC: Urban Institute, 1993.

Fraser, Joy, and Janet Ross Kerr. "Psychophysiological Effects of Back Massage on Elderly Institutionalized Patients." *Journal of Advanced Nursing* 18 (1993): 238–45.

Freedman, Marc. *Prime Time*. New York: Public Affairs, 1999.

_____. "Senior Citizens: A New Force in Community Service." In *Annual Editions: Aging*, edited by Harold Cox. Guilford, CT: Dushkin McGraw-Hill, 2000.

Freeman, Mary E. Wilkins. "A Mistaken Charity" In *A Humble Romance and Other Stories*. New York: Harper and Brothers, 1887.

_____. "A Village Singer" In *A New England Nun Other Stories*. New York: Harper and Brothers, 1891.

Freixas, A., B. Luque, and A. Reina. "Critical Feminist Gerontology in the Back Room of Research." *Journal of Women and Aging* 24, no. 1 (2012): 44–58.

Freund, Katherine. "Surviving without Driving: Creating Sustainable Transportation for Seniors." Speech to the Muskie Forum, Muskie School of Public Service, University of Southern Maine. Maine Public Radio, January 11, 2002.

Frey, William F. "Mapping the Growth of Older America: Seniors and Boomers." Washington, DC: Brookings Institution, June 2007.

Friedan, Betty. *The Fountain of Age*. New York: Simon & Schuster, 1993.

Friedman, Leonore. "Aging as a Russian Doll" In *Being Bodies: Buddhist Women on the Paradox of Embodiment*. Boston: Shambhala, 1997.

Fry, Christine L. "Out of the Armchair and Off the Veranda: Anthropological Theories and the Experiences of Aging" In *Handbook of Theories of Aging*. 2nd ed. Edited by Vern L. Bengtson et al. New York: Springer, 2009.

Fry, Prem S., and Corey L. M. Keyes, eds. *New Frontiers in Resilient Aging: Life Strengths and Wellness in Late Life*. Cambridge: Cambridge University Press, 2010.

Fullmer, Elise M, Dena Shenk, and Lynette J. Eastland. "Negative Identity: A Feminist Analysis of the Social Invisibility of Older Lesbians." *Journal of Women and Aging* 11, nos. 2–3 (1999): 131–48.

Fulmer, Terry, et al. "The Complexity of Medication Compliance in the Elderly: What the Literature Tells Us." *Generations* 24, no. 4 (2000-2001): 43–48.

Furman, Frida Kerner. *Facing the Mirror: Older Women and Beauty Shop Culture.* New York: Routledge, 1997.

Fyhrquist, F., and O. Saijonmaa. "Telomere Length and Cardiovascular Aging." *Annals of Medicine* 44, supplement 1 (2012): S138–42.

Gabbay, Sarah G., and James J. Wahler. "Lesbian Aging: Review of a Growing Literature." *Journal of Gay and Lesbian Social Sciences* 14, no. 3 (2002): 1–21.

Gadow, Sally. "Covenant without Care: Letting Go and Holding On to Chronic Illness." In *The Ethics of Care and the Ethics of Cure*, edited by Jean Watson and Marilyn Ann Ray. New York: National League for Nursing, 1988.

————. "Frailty and Strength: The Dialectic in Aging," *Gerontologist* 23, no. 2 (1983): 144–47.

————. "Whose Body, Whose Story? The Question about Narratives in Women's Health Care." *Soundings* 77, nos. 3-4 (1994): 295–307.

Gagnier, Regenia. "Feminist Postmodernism: The End of Feminism or the End of Theory?" In *Theoretical Perspectives on Sexual Difference*, edited by Deborah Rhode. New Haven, CT: Yale University Press, 1990.

Gamliel, Tova, and Haim Hazan. "The Meaning of Stigma: Identity Construction in Two Old-Age Institutions." *Ageing and Society* 26, no. 3 (2006): 355–71.

Cannon, Linda R. *Women and Aging: Trandscending the Myths.* New York: Routledge, 1999.

Gamer, J. Dianne. "From the Editor." *Journal of Women and Aging* 23, no. 4 (2011): 281–82.

Gawande, Atul. "The Way We Age Now." *New Yorker*, April 30, 2007: 50–59.

Gaylord, Susan. "Women and Aging: A Psychological Perspective." In *Women as They Age.* 2nd ed. Edited by J. Dianne Garner and Susan O. Mercer. New York: Haworth, 2001.

Gee, Ellen M. "Voodoo Demography, Population Aging, and Canadian Social Policy." In *The Overselling of Population Aging*, edited by Ellen M. Gee and Gloria Gutman. Oxford: Oxford University Press, 2000.

Gee, Ellen M., and Gloria Gutman, eds. *The Overselling of Population Aging.* Oxford: Oxford University Press, 2000.

George, Linda K. "Social Factors, Depression, and Aging." In *Handbook of Aging and the Social Sciences*, edited by Robert H. Binstock and Linda K. George. Amsterdam: Elsevier, 2011.

Geronimus, Arline T., et al. "Do U.S. Black Women Experience Stress-Related Accelerated Biological Aging?" *Human Nature* 21 (2010): 19–38.

Gerth, Jeff, and Sheryl Gay Stolberg. "Drug Firms Reap Profits on Tax-Backed Research." *New York Times*, April 23, 2000, 1.

Ghilarducci, Teresa. "Our Ridiculous Approach to Retirement." *New York Times* Sunday Review, July 22, 2012, 5.

Gibson, Diane. "Broken Down by Age and Gender: The 'Problem of Older Women' Redefined." *Gender and Society* 10, no. 4 (1996): 433–48.

Gibson, Rose Campbell. "Reconcephializing Retirement for Black Americans." In *Worlds of Dif-*

ference: Inequality in the Aging Experience, edited by Eleanor Palo Stoller and Rose Campbell Gibson. Thousand Oaks, CA: Pine Forge, 1994.

Glaeser, Edward P. "Goodbye Golden Years." *New York Times*, November 20, 2011.

Goldberg, Carey. "New Life inside the Depressed Brain." *Boston Globe*, November 19, 2007, D1.

Gomberg, Edith S. "Alcohol and Drugs." In *Encyclopedia of Gerontology*, edited by James E. Birren. Vol. 1. New York: Academic Press, 1996.

Goodman, Catherine Chase. "The Caregiving Roles of Asian American Women." *Journal of Women and Aging* 2, no. 1 (1990): 109–20.

Gould, Jean, ed. *Dutiful Daughters: Caring for Our Parents As They Grow Old*. Seattle: Seal Press, 1999.

Could, Ketayun. "A Minority-Feminist Perspective on Women and Aging." *Journal of Women and Aging* 1 (1989): 195–216.

Gould, Mary-Louise. "Overcoming Blindness: Facing the Effects of Trauma and Interpersonal Violence; What One Holotropic Breathwork Practitioner Has Learned." *The Inner Door. Association for Holotropic Breathwork International* 11, no. 4 (1999): 1, 6.

Grady, Denise. "In Heart Disease, the Focus Shifts to Women." *New York Times*, April 18, 2006, D1.

_____. "Scientists Say Herbs Need More Regulation." *New York Times*, March 7, 2000, D1.

Graham, Janice E., and Peter H. Stephenson, eds. *Contesting Aging and Loss*. Toronto: University of Toronto Press, 2010.

Grant, Diane. "Older Women, Work and the Impact of Discrimination." In *Age Discrimination and Diversity*, edited by Malcolm Sargeant. Cambridge: Cambridge University Press, 2011.

Gravagne, Pamela. "The Becoming of Age: How Discourses of Aging and Old Age in Contemporary Popular Film Both Reinforce and Reimagine the Narrative of Aging as Decline." Doctoral dissertation, American Studies, University of New Mexico, 2012.

Green, Brent. "Internal Colonialism vs. the Elderly." *Berkeley Journal of Sociology* (1979): 129–49.

Grimshaw, Jean. *Philosophy and Feminist Thinking*. Minneapolis: University of Minnesota, 1986.

Gross, Jane. *A Bittersweet Season: Caring for Our Aging Parents—and Ourselves*. New York: Knopf, 2011.

_____. "How Medicare Fails the Elderly." *New York Times*, October 16 2011.

Grumbach, Doris. *Coming into the End Zone: A Memoir*. New York: Norton 1991.

_____. *Extra Innings: A Memoir*. New York: Norton, 1993.

Gubrium, Jaber F., and James Holstein. "Constructionist Perspectives on Aging." In *Handbook of Theories of Aging*, edited by Vem L. Bengtson and K. Warner Schaie. New York: Springer, 1999.

Gubrium, Jaber F., and Robert J. Lynott. "Rethinking Life Satisfaction." *Human Organization* 42, no. 1 (1983): 30–38.

Gullette, Margaret Morganroth. "Age, Aging." In *Encyclopedia of Feminist Literary Theory*. New York: Garland, 1997.

_____. *Aged by Culture*. Chicago: University of Chicago Press, 2004.

_____. "Age Studies as Cultural Studies." In *Handbook of the Humanities and Aging*. 2nd ed. Edited by Thomas R. Cole, Robert Kastenbaum, and Ruth E. Ray. New York: Springer, 2000.

_____. *Agewise: Fighting the New Ageism in America*. Chicago: Chicago University Press, 2011.

_____. *Declining to Decline: Cultural Combat and the Politics of Midlife*. Charlottesville: University Press of Virginia, 1997.

Haber, David. *Health Promotion and Aging*. 4th ed. New York: Springer, 2007.

_____. "Life Review: Implementation, Theory, Research, and Therapy." *International Journal of Aging and Human Development* 63, no. 2 (2006): 153–70.

Hadler, Nortin M. *Rethinking Aging: Groimng Old and Living Well in an Overtreated Society*. Chapel Hill: University of North Carolina Press, 2011.

Hall, Stephen S. "The Older and Wiser Hypothesis." *New York Times Magazine*, May 6, 2007, 58–66.

_____. "Prescription for Profit." *New York Times Magazine*, March 11, 2001, 40–45.

Haney, Mitchell R. "Social Media, Speed, and Listening to Oneself." *Listening* 46, no. 1 (Winter 2011): 37–50.

Harding, Sandra. "Conclusion: Epistemological Questions." In *Feminist Methodologies*, edited by Sandra Harding. Bloomington: Indiana University Press, 1987.

Harper, Mary S. "Aging Minorities." *Healthcare Trends and Transition* 6, no. 4 (1995): 9–20.

Harper, Sarah. *Ageing Societies: Myth, Challenges, and Opportunities*. London: Hodder and Arnold, 2006.

Harrington Meyer, Madonna. "Declining Marital Rates and Changing Eligibility for Social Security." Paper presented at the annual meeting of the Gerontological Society of America, Chicago, November 17, 2001.

_____. "Family Status and Poverty among Older Women: The Gendered Distribution of Retirement Income in the United States." In *Aging for the 21st Century*, edited by Jill Quadagno and Debra Street. New York: St. Martin's, 1996.

Harrington Meyer, Madonna, and Pamela Herd. *Market Friendly or Family Friendly? The State and Gender Inequality in Old Age*. New York: Russell Sage, 2007.

Hamngton Meyer, Madonna, and Wendy M. Parker. "Gender, Aging, and Social Policy." In *Handbook of Aging and the Social Sciences*, edited by Robert H. Binstock and Linda K. George. Amsterdam: Elsevier, 2011.

Hartmann, Heidi, and Ashley English. "Older Women's Retirement Security: A Primer." *Journal of Women, Politics, and Policy* 30, nos. 2–3 (2009): 109–40.

Hartzband, Pamela, and Jerome Groopman. "Rise of the Medical Expertocracy." *Wall Street Journal*, March 31-April 1, 2012, C3.

Harwood, Jake. "What We Watch: An Alternate — and Ageist Reality with Dubious Health Effects." *Aging Today* 33, no. 2 (March-April 2012): 9, 13.

Hatch, Laurie Russell. "Women's and Men's Retirement: Plural Pathways, Diverse Destinations." In *Social Gerontology*, edited by David E. Redburn and Robert P. McNamara. Westport, CT: Auburn House, 1998.

Hausdorff, Jeffrey M., Becca R. Levy, and Jeanne Y. Wei. "The Power of Ageism on Physical Function of Older Persons: Reversibility of Age-Related Gait Changes." *Journal of the American Geriatric Society* 47 (1999): 1346–49.

Hayflick, Leonard. "From Here to Immortality." *Public Policy and Aging Report* 14, no. 2 (2004): 1–7.

Hazan, Haim. *Old Age: Constructions and Deconstructions*. Cambridge: Cambridge University Press, 1994.

Healey, Shevy. "Calling the Question: Confronting Ageism." Paper presented at the National Women's Studies Association, Akron, Ohio, June 1990.

———. "Confronting Ageism: A Must for Mental Health." In *Faces of Women and Aging*, edited by Nancy D. Davis, Ellen Cole, and Esther D. Rothblum. New York: Haworth, 1993.

———. "Diversity with a Difference: On Being Old and Lesbian." *Journal of Gay and Lesbian Social Services* 1, no. 1 (1994): 109–17.

———. "Growing to Be an Old Woman." In *Women and Aging*, edited by Jo Alexander et al. Corvallis, OR: Calyx Books, 1986.

Healy, Tara. "Women's Ethic of Care in Its Social and Economic Context: Implications for Practice." Paper presented at the Women and Aging Conference of Mabel Wadsworth Women's Health Center, Husson College, Bangor, Maine, November 20,1999.

Heilbrun, Carolyn. Letter to the Editor. *Women's Review of Books* 17, no. 5 (February 2000).

Hekman, Susan. "Truth and Method: Feminist Standpoint Theory Revisited." In *Provoking Feminisms*, edited by Carolyn Alien and Judith A. Howard. Chicago: University of Chicago Press, 2000.

Hendricks, Jon. "Creativity over the Life Course: A Call for a Relational Perspective." *International Journal of Aging and Human Development* 48, no. 2 (1999): 85–111.

———. "Generations and the Generation of Theory in Social Gerontology." *International Journal of Aging and Human Development* 35, no. 1 (1992): 31–47.

———. "Practical Consciousness, Social Class, and Self-Concept: A View from Sociology," in *The Self and Society in Aging Processes*, edited by Carol D. Ryff and Victor W. Marshall. New York: Springer, 1999.

Hendricks, Jon, and W. Andrew Achenbaum. "Historical Development of Theories of Aging." In *Handbook of Theories of Aging*, edited by Vern Bengtson and K. Warner Schaie. New York: Springer, 1999.

Hendricks, Jan, and Laurie Russell Hatch. "Theorizing Lifestyle: Exploring Agency and Structure in the Life Course." In *Handbook of Theories of Aging*. 2nd ed. Edited by Vern L. Bengtson et al. New York: Springer, 2009.

Hepworth, Mike. "Images of Old Age." In *Handbook of Communication and Aging Research*, edited by Jan F. Nussbaum and Justine Coupland. Mahwah, NJ: Lawrence Erlbaum, 1995.

Herd, Pamela, Stephanie A. Robert, and James S. House. "Health Disparities Among Older Adults: Life Course Influences and Policy Solutions." In *Handbook of Aging and Social Sciences*, edited by Robert H. Binstock and Linda K. George. Amsterdam: Elsevier, 2011.

Herzog, A. Regula. "Methodological Issues in Research on Older Women." In *Health and Economic Status of Older Women*, edited by A. Regula Herzog, Karen C. Holen, and Mildred M. Seltzer. Amityville, NY: Baywood, 1989.

Hewitt, Rich. "New Aged." *U Maine Today* (Spring 2012): 2–5.

Hillyer, Barbara. "The Embodiment of Old Women: Silences." *Frontiers* 19, no. 1 (1998): 48–60.

Himmelstein, David u., and Steffie Woolhandler. "\ Am Not a Health Reform" *New York Times*, December 15, 2007, A35.

Hine, Rochelle. "In the Margins: The Impact of Sexualised Images on the Mental Health of Ageing Women." *Sex Roles* 65 (2011): 632–46.

Hirschmann, Nancy J. *Rethinking Obligation: A Feminist Method for Political Theory.* Ithaca, NY: Cornell, 1992.

Hoare, Carol Wren. *Erikson on Development in Adulthood: New Insights from Unpublished Papers.* Oxford: Oxford University Press, 2002.

Hoblitzelle, Olivia Ames. "Touch of Grey" *Shambhala Sun*, March 2011, 27–29.

Hogan, Paul. "It's Not Just Your Father's Longevity Anymore! Aging Is Not the Problem." Speech delivered at the Metropolitan Club, New York, February 28, 2011. *Vital Speeches of the Day* (May 2011): 184–87.

Hollibaugh, Amber, Jim Campbell, and Ana Olivera. "Aging Gay Men and Lesbians: Challenges, Resources, and Community Responses." AARP Conference, Diversity in the 21st Century, Los Angeles, June 20, 2007.

Holstein, Martha. "Ethics and Aging: Retrospectively and Prospectively." In *A Guide to Humanistic Research on Aging*, edited by Thomas R. Cole, Ruth E. Ray, and Robert Kastenbaum. Baltimore: Johns Hopkins University Press, 2010.

————. "Ethics and Old Age: The Second Generation" In *Social Gerontology*, edited by Dale Dannefer and Chris Phillipson. Los Angeles: SAGE, 2010.

————. "A Feminist Perspective on Anti-Aging Medicine" *Generations* 25, no. 2 (2001): 38–43.

————. "Home Care, Women, and Aging: A Case Study of Injustice." In *Mother Time: Women, Aging, and Ethics*, edited by Margaret Urban Walker. Lanham, MD: Rowman & Littlefield, 1999.

————. "Long-Term Care, Feminism, and an Ethics of Solidarity" In *Challenges of an Aging Society*, edited by Rachel A. Pruchno and Michael A. Smyer. Baltimore: Johns Hopkins

University Press, 2007.

_____. "The 'New Aging': Imagining Alternative Futures." In *Evolution of the Aging Self*, edited by K. Warner Schaie and Jan Hendricks. New York: Springer, 2000.

_____. "Productive Aging: A Feminist Critique." *Journal of Aging and Social Policy* 4, nos. 3–4 (1992): 17–34.

_____. "What Is Home Care?" *Park Ridge Center Bulletin* (September-October 1999): 3–4.

_____. "Women and Productive Aging: Troubling Implications." In *Critical Gerontology*, edited by Meredith Minkler and Carroll L. Estes. Amityville, NY: Baywood, 1999.

_____. "Women's Lives, Women's Work: Productivity, Gender, and Aging." In *Achieving a Productive Aging Society*, edited by Scott A. Bass, Francis G. Caro, and Yung-Ping Chen. Westport, CT: Auburn House, 1993.

Holstein, Martha, and Meredith Minkler. "Self, Society, and the 'New Gerontology.'" *Gerontologist* 43, no. 6 (2003): 787–96.

Holstein, Martha, Jennifer A. Parks, and Mark H. Waymack. *Ethics, Aging, and Society: The Critical Turn*. New York: Springer, 2011.

Holstein, Martha, and Mark Waymack. "The Contributions of Philosophy and Ethics in the Study of Age." In *Enduring Questions in Gerontology*, edited by Debra J. Sheets, Dana Burr Bradley, and Jon Hendricks. New York: Springer, 2006.

Honore, Carl. *In Praise of Slowness: Challenging the Cult of Speed*. New York: HarperCollins, 2004.

Hooks, Bell. *Where We Stand: Class Matters*. New York: Routledge, 2000.

Hooyman, Nancy. "Research on Older Women: Where Is Feminism?" *Gerontologist* 39, no. 1 (1999): 115–18.

_____. "Women as Caregivers of the Elderly: Implications for Social Welfare Policy and Practice." In *Aging and Caregiving: Theory, Research, and Policy*, edited by David C. Biegel and Arthur Blum. Newbury Park, CA: Sage, 1990.

Hooyman, Nancy, Collette V. Browne, Ruth Ray, and Virginia Richardson. "Feminist Gerontology and the Life Course: Policy, Research and Teaching Issues." *Gerontology and Geriatric Education* 22, no. 4 (2002): 3–26.

Hooyman, Nancy, and Judith Gonyea. "A Feminist Model of Family Care: Practice and Policy Directions." In *Fundamentals of Feminist Gerontology*, edited by J. Dianne Garner. New York: Haworth, 1999.

_____. *Feminist Perspectives on Family Care*. Thousand Oaks, CA: Sage, 1995.

Hounsell, Cindy, and Alma Morales Riojas. "Older Women Face Tarnished 'Golden Years.'" *Aging Today* (March–April 2006): 7, 9.

Hsu, Caroline. "The Greening of Aging." U.S. *News and World Report*, June 11, 2006.

Hudson, Robert B. "Privatizing Old-Age Benefits: Re-emergent Ideology Encounters Organized Interests." In *Resecuring Social Security and Medicare: Understanding Privatization and Risk*, edited by Judith Gonyea. Washington, DC: Gerontological Society of America, 1998.

Hudson, Robert B., and Judith Gonyea. "Baby Boomers and the Shifting Political Construction of Old Age." *Gerontologist* 52, no. 2 (2012): 272–82.

—. "The Evolving Role of Public Policy in Promoting Work and Retirement." *Generations* 31, no. 1 (2007): 68–75.

Hulko, Wendy, et al. "Views of First Nation Elders on Memory Loss and Memory Care in Later Life." *Journal of Cross Cultural Gerontology* 25 (2010): 317–42.

Hummert, Mary Lee. "Stereotypes of the Elderly and Patronizing Speech." In *Interpersonal Communication in Older Adulthood*, edited by Mary Lee Hummert et al. Thousand Oaks, CA: Sage, 1994.

Hurd, Laura C. "'We're Not Old!': Older Women's Negotiations of Aging and Oldness." *Journal of Aging Studies* 13, no. 4 (1999): 419–39.

Hurd Clarke, Laura. *Facing Age: Women Growing Older in an Anti-Aging Culture*. Lanham, MD: Rowman & Littlefield, 2010.

Hurd Clarke, Laura, and Meredith Griffin. "The Body Natural and the Body Unnatural: Beauty Work and Aging." *Journal of Aging Studies* 21 (2007): 187–201.

Hurley, Ben, and Iris Reuter. "Aging, Physical Activity, and Disease Prevention." *Journal of Aging Research* 2011. http://www.ncbi.nlm.nih.gov/pmc/articles/PMC3124955. Accessed April 17, 2012.

Hurtado, Aida. "Strategic Suspensions: Feminists of Color Theorize the Production of Knowledge." In *Knowledge, Difference, and Power*, edited by Nancy Goldberger et al. New York: Basic, 1996.

Hynes, Denise M. "The Quality of Breast Cancer Care in Local Communities: Implications for Health Care Reform." *Medical Care* 32 (1994): 328–40.

Innes, J. Bruce, et al. "Beyond the Myths of Aging." *Critical Issues in Aging*, no. 1 (1997): 42–45.

"In Search of the Secrets of Aging." NIH Publication no. 93-2756. Bethesda, MD: National Institutes of Health, National Institute on Aging, 1996.

International Longevity Center (ILC-USA). Anti-Ageism Task Force. *Ageism in*. New York: ILC, 2006.

Jackson, Jacquelyne Johnson. "Aging Black Women and Public Policies." *Black Scholar*, May–June 1988, 31–43.

Jackson, Jacquelyne Johnson, and Charlotte Perry. "Physical Health Conditions of Middle-Aged and Aged Blacks." In *Aging and Health: Perspectives on Gender, Race, Ethnicity, and Class*, edited by Kyriakos S. Markides. Newbury Park, CA: Sage, 1989.

Jackson, James S., Ishtar O. Govia, and Sherrill L. Sellers. "Racial and Ethnic Influences over the Life Course." In *Handbook of Aging and Social Sciences*, edited by Robert H. Binstock and Linda K. George. Amsterdam: Elsevier, 2011.

Jackson, Pamela Braboy, and David R. Williams. "The Intersection of Race, Gender, and SES." In *Gender, Race, Class, and Health: Intersectional Approaches*, edited by Amy J. Schulz and Leith

Mullings. San Francisco: Jossey-Bass, 2006.

Jacobs, Ruth Harriet. *Be an Outrageous Older Woman*. New York: HarperCollins, 1997.

_____. "Friendships among Old Women." In *Women, Aging, and Ageism*, edited by Evelyn R. Rosenthal. New York: Harrington Park Press, 1990.

Jacoby, Susan. *Never Say Die: The Myth and Marketing of Old Age*. New York: Pantheon, 2011.

Jervis, Lori L. "Aging, Health, and the Indigenous People of North America." *Journal of Cross-Cultural Gerontology* 25 (2010): 299–301.

Jervis, Lori L., Mathew E. Boland, and Alexandra Fickenscher. "American Indian Family Care-Givers' Experiences with Helping Elders." *Journal of Cross-Cultural Gerontology* 25 (2010): 355–69.

Jewett, Sarah Orne. "The Flight of Betsey Lane." In *A Native of Winby and Other Stories*. Boston: Houghton Mifflin, 1893.

John, Robert. "Aging among American Indians: Income Security, Health, and Social Support Networks." In *Full-Color Aging*, edited by Toni P. Miles. Washington, DC: Gerontological Society of America, 1999.

_____. "Native Americans and Alaska Natives." In *Encyclopedia of Health and Aging*, edited by Kyriakos S. Markides et al. Los Angeles: Sage, 2007.

John, Robert, Patrice Blanchard, and Catherine Hagan Hennessy. "Hidden Lives: Aging and Contemporary American Indian Women." In *Handbook on Women and Aging*, edited by Jean M. Coyle. Westport, CT: Greenwood, 1997.

John, Robert, Catherine Hagan Hennessy, and Clark H. Denny. "Preventing Chronic Illness and Disability among Native American Elders." In *Serving Minority Elders in the 21st Century*, edited by May L. Wykle and Amasa B. Ford. New York: Springer, 1999.

Johns, Elizabeth. "Redefining Retirement: Women Who Continue to Work after Age 65." Master's thesis, University of Maine, 2002.

Johnson, Colleen L. "Cultural Diversity in the Late-Life Family." In *Handbook of Aging and the Family*, edited by Rosemary Blieszner and Victoria Hilkevitch Bedford. Westport, CT: Greenwood, 1995.

Johnson, Colleen L., and Barbara Barer. *Life beyond 85 Years: The Aura of Survivorship*. New York: Springer, 1997.

Johnson, Don Hanlon. *Body, Spirit, and Democracy*. Berkeley: North Atlantic Books Somatic Resources, 1994.

Jolanki, Outi. "Talk about Old Age, Health, and Morality." In *Valuing Older People: A Humanistic Approach to Ageing*. Edited by Ricca Edmondson and Hans-Joachim von Kondratowitz. Bristol: The Policy Press, 2009.

Jones, Helen. "Visibility and Consent: The Sexual Abuse of Elderly Women." In *Foucault and Aging*, edited by Jason L. Powell and Azrini Wahidin. New York: Nova Science, 2006.

Joyce, Kelly, and Laura Mamo. "Graying the Cyborg: New Directions in Feminist Analyses of

Aging, Science, and Technology." In *Age Matters*, edited by Toni M. Calasanti and Kathleen F. Slevin. New York: Routledge, 2006.

Kalache, A., S. M. Barreto, and J. Keller. "Global Aging." In *Cambridge Handbook of Age and Ageing*, edited by Malcolm L. Johnson. Cambridge: Cambridge University Press, 2005.

Kalish, Richard. "The New Ageism and the Failure Models." In *Aging and the Human Spirit*, edited by Carol LeFevre and Perry LeFevre. Chicago: Exploration Press, 1985.

Kane, Robert L. "What Havoc Will the Baby Boomers Wreak?" In *Social Structures: Demographic Changes and the Well-Being of Older Persons*, edited by K. Warner Schaie and Peter Uhlenberg. New York: Springer, 2007.

Kane, Robert L., and Rosalie A. Kane. "HCBS: the Next Thirty Years." *Generations* 36, no. 1 (2012): 131–34.

Kane, Rosalie A. "Thirty Years of Home-and-Community Based Services: Getting Closer and Closer to Home." *Generations* 36, no. 1 (2012): 6–13.

Kaplan, George A. "Behavioral, Social, and Socioenvironmental Factors Adding Years to Life and Life to Years." In *Public Health and Aging*, edited by Tom Hickey, Marjorie A. Speers, and Thomas R. Prohaska. Baltimore: Johns Hopkins University Press, 1998.

Kaplan, George A., and William J. Strawbridge. "Behavioral and Social Factors in Healthy Aging." In *Aging and Quality of Life*, edited by Ronald Abeles et al. New York: Springer, 1994.

Kaplan, Sheila. "The New Generation Gap: The Politics of Generational Justice." *Common Cause* 13, no. 2 (1987): 13–15.

Kastenbaum, Robert. "Encrusted Elders: Arizona and the Political Spirit of Postmodern Aging." In *Voices and Visions of Aging: Toward a Critical Gerontology*, edited by Thomas R. Cole et al. New York: Springer, 1993.

Katz, Ira R. "Late-Life Suicide and the Euthanasia Debate: What Should We Do about Suffering in Terminal Illness and Chronic Disease?" *Gerontologist* 34, no. 5 (1997): 269–71.

Katz, Stephen. "Critical Gerontology Discourse: Nomadic Thinking or Postmodern Sociology?" *Discourse of Sociological Practice* (Spring 2000): 7–11.

———. *Cultural Aging: Life Course, Lifestyle, and Senior Worlds*. Peterborough, ON: Broadview Press, 2005.

———. *Disciplining Old Age: The Formation of Gerontological Knowledge*. Charlottesville: University of Virginia Press, 1996.

Katz, Stephen, and Kevin McHugh. "Age, Meaning, and Place: Cultural Narratives and Retirement Communities." In *A Guide to Humanistic Studies in Aging*, edited by Thomas R. Cole, Ruth Ray, and Robert Kastenbaum. Baltimore: Johns Hopkins University Press, 2010.

Kaufman, Sharon. "The Age of Reflexive Longevity: How the Clinic and Changing Expectations of the Life Course Are Reshaping Old Age." In *A Guide to Humanistic Studies in Aging*, edited by Thomas R. Cole, Ruth E. Ray, and Robert Kastenbaum. Baltimore: Johns Hopkins University Press, 2010.

Kaye, Lenard, with Keith Shortall. "Maine Voices." Maine Public Radio, June 5, 2012.

Kelchner, Elizabeth. "Ageism's Impact and Effect on Society: Not Just a Concern for the Old." *Journal of Gerontological Social Work* 32, no. 4 (1999): 85–100.

Kelley-Moore, Jessica. "Disability and Ageing: The Social Construction of Causality." In *Social Gerontology*, edited by Dale Dannefer and Chris Phillipson. Los Angeles: SAGE, 2010.

Kemper, Susan, and Tamara Harden. "Experimentally Disentangling What's Beneficial about Elderspeak from What's Not." *Psychology and Aging* 14, no. 4 (1999): 656–70.

Kennedy, Jae, and Meredith Minkler. "Disability Theory and Public Policy: Implications for Critical Gerontology." In *Critical Gerontology: Perspectives from Political and Moral Economy*, edited by Meredith Minkler and Carroll L. Estes. Amityville, NY: Baywood, 1999.

Kenyon, Gary, Ernst Bohlmeijer, and William L. Randall, eds. *Storying Later Life: Issues, Investigations, and Interventions in Narrative Gerontology*. Oxford: Oxford University Press, 2011.

Kimmel, Douglas, Tara Rose, and Steven David, eds. *Lesbian, Gay, Bisexual, and Transgender Aging: Research and Clinic Perspectives*. New York: Columbia University Press, 2006.

King, Neil, and Toni Calasanti. "Empowering the Old: Critical Gerontology and Anti-Aging in a Global Context." In *Aging, Globalization, and Inequality: The New Critical Gerontology*, edited by Jan Baars et al. Amityville, NY: Baywood, 2006.

Kingson, Eric. "Perspectives on the Economic Implications of the Aging of Baby Boomers." In *Social Structures: Demographic Changes and the Well-Being of Older Persons*, edited by K. Warner Schaie and Peter Uhlenberg. New York: Springer, 2007.

Kingson, Eric, and Jill Quadagno. "Social Security: Marketing Radical Reform." In *Critical Gerontology: Perspectives from Political and Moral Economy*, edited by Meredith Minkler and Carroll L. Estes. Amityville, NY: Baywood, 1999.

Kingston, Maxine Hong. *I Love a Broad Margin to My Life*. New York: Vintage, 2011.

Kirkman, Allison. "Caring from 'Duty and the Heart': Gendered Caring and Alzheimer's." *Women's Studies Journal* 25, no. 1 (2011): 2–16.

Kivett, Vira. "Rural Old Women." In *Handbook on Women and Aging*, edited by Jean M. Coyle. Westport, CT: Greenwood, 1997.

Kivnick, Helen Q., and Rachel Pruchno. "Bridges and Boundaries: Humanities and Arts Enhance Gerontology." *Gerontologist* 51, no. 2 (2011): 142–44.

Kiyak, H. Asuman, and Nancy R. Hooyman. "Minority and Socioeconomic Status: Impact on Quality of Life in Aging." In *Aging and Quality of Life*, edited by Ronald Abeles et al. New York: Springer, 1994.

Kleyman, Paul. "The Economic Crisis Facing Seniors of Color." New American Media. http://greenlining.org/publications/pdf/613/613.pdf. Accessed July 16, 2012.

Knight, Eric L., and Jerry Avorn. "Use and Abuse of Drugs in Older Persons." *Gerontologist* 39, no. 1 (1999): 109–11.

Knox, Richard. "Living Longer Is the Best Revenge." *Boston Globe Magazine*, May 23, 1999, 40.

Koehn, Sharon, and Karen Kobayashi. "Age and Ethnicity." In *Age Discrimination and Diversity*, edited by Malcolm Sargeant. Cambridge: Cambridge University Press, 2011.

Koenig, Harold, et al. "Mental Health Care for Older Adults in the Year 2020: A Dangerous and Avoided Topic." *Gerontologist* 34, no. 5 (1994): 674–79.

Kolata, Gina. "Estrogen Use Tied to Slight Increase in Risks to Heart." *New York Times*, April 5, 2000, A1.

Kontos, Pia C. "Embodied Selfhood: Ethnographic Reflections, Performing Ethnography, and Humanizing Dementia Care." In *Contesting Aging and Loss*, edited by Janice E. Graham and Peter H. Stephenson. Toronto: University of Toronto Press, 2010.

Kotlikoff, Laurence J., and Scott Burns. *The Coming Generational Storm: What You Need to Know about America's Economic Future*. Cambridge, MA: MIT Press, 2004.

Kreager, Philip, and Elisabeth Schroeder-Butterfill. *Ageing without Children: European and Asian Perspectives*. New York: Berghahn, 2005.

Krekula, Clary. "The Intersection of Age and Gender: Reworking Gender Theory and Social Gerontology." *Current Sociology* 55 (2007): 155–71.

Kryspin-Exner, Ilse, Elisabeth Lamplmayr, and Anna Feinhofer. "Geropsychology: The Gender Gap in Human Aging—a Mini-Review." *Gerontology* 57 (2011): 539–48.

Kunow, Rudiger. "Old Age and Globalization." In *A Guide to Humanistic Studies in Aging*, edited by Thomas R. Cole, Ruth E. Ray, and Robert Kastenbaum. Baltimore: Johns Hopkins, 2010.

Kunz, John, and Florence Gray Soltys, eds. *Transformational Reminiscence: Life Story Work*. New York: Springer, 2007.

Kunzmann, Ute. "Wisdom." In *The Encyclopedia of Aging*. 4th ed. Vol. 2. Edited by Richard Schulz. New York: Springer, 2006.

Labouvie-Vief, Gisela. "Dynamic Integration Theory: Emotion, Cognition, and Equilibrium in Later Life." In *Handbook of Theories of Aging*. 2nd ed. Edited by Vern L. Bengtson et al. New York: Springer, 2009.

———. "Women's Creativity and Images of Gender." In *Women Growing Older: Psychological Perspectives*, edited by Barbara F. Turner and Lillian E. Troll. Thousand Oaks, CA: Sage, 1994.

Labowitz, Shoni. *God, Sex, and Women of the Bible*. New York: Simon & Schuster, 1998.

Lamphere-Thorpe, Jo-Ann, and Robert J. Blendon. "Years Gained and Opportunities Lost: Women and Healthcare in an Aging America." In *Women on the Front Lines*, edited by Jessie Allen and Alan Pifer. Washington, DC: Urban Institute, 1993.

Lamy, Peter. "Actions of Alcohol and Drugs in Older People." *Generations* 12, no. 4 (1988): 9–13.

———. "Geriatric Drug Therapy." *American Family Physician* 34, no. 6 (1986): 118–24.

Langellier, K. M., and Eric E. Peterson. *Story Telling in Daily Life: Performing Narrative*. Philadelphia: Temple University Press, 2004.

Langer, Ellen J. *Mindfulness*. Reading, MA: Addison-Wesley, 1989.

_____. *The Power of Mindful Learning.* Reading, MA: Addison-Wesley, 1997.

Langford, Jean M. *Fluent Bodies: Ayurvedic Remedies for Postcolonial Imbalance.* Durham, NC: Duke University Press, 2002.

Lassiter, Judith. *Relax and Renew: Restful Yoga for Stressful Times.* Berkeley: Rodmell Press, 1995.

Laws, Glenda. "Understanding Ageism: Lessons from Feminism and Postmodernism." *Gerontologist* 35, no. 1 (1995): 112–18.

Laz, Cheryl. "Age Embodied." *Journal of Aging Studies* 17 (2003): 503–19.

Le Carré, John. "In Place of Nations." *The Nation,* April 9, 2001, 11–13.

Lessing, Doris. *Walking in the Shade.* 3Vol.2. 1949–1962. New York: Harper Perennial, 1998.

LeVande, Diane I. "Growth and Development in Older Women: A Critique and Proposal." In *Doing Feminism: Teaching and Research in the Academy,* edited by Mary Anderson et al. Lansing: Michigan State Women's Studies Program, 1997.

Levin, Jack, and William Levin. *Ageism.* Belmont, CA: Wadsworth, 1980.

Levy, Becca R. "Eradication of Ageism Requires Addressing the Enemy Within." *Gerontologist* 41, no. 5 (2001): 578–79.

_____. "The Inner Self of the Japanese Elderly: A Defense against Negative Stereotypes of Aging." *International Journal of Aging and Human Development* 48, no. 2 (1999): 131–44.

_____. "Unconscious Ageism." In *Encyclopedia of Ageism,* edited by Erdman Palmore, Laurence G. Branch, and Diana K. Harris. New York: Haworth Pastoral Press, 2005.

Levy, Becca R., and Mahzarin R. Banaji. "Implicit Ageism." In *Ageism,* edited by Todd D. Nelson. Cambridge, MA: MIT Press, 2002.

Lieberman, Trudy. "How the Media Has Shaped the Social Security Debate." *Columbia Journalism Review* Campaign Desk. April 18, 2012.

Lock, Margaret. "Alzheimer's Disease: A Tangled Concept." In *Complexities: Beyond Nature and Nurture,* edited by Susan McKinnon and Sydel Silverman. Chicago: University of Chicago Press, 2005.

Loe, Meika. *Aging Our Way: Lessons for Living from 85 and Beyond.* New York: Oxford, 2011.

_____. "Doing It My Way: Old Women, Technology and Wellbeing." *Sociology of Health and Illness* 32, no. 2 (February 2010): 319–34.

Longino, Charles F. "The Gray Peril Mentality and the Impact of Retirement Migration." *Journal of Applied Gerontology* 7, no. 4 (1988): 448–55.

Longman, Philip J. "The World Turns Gray." *U.S. News and World Report,* March 1, 1999, 30–39.

Lopata, Helen Znaniecka. "Feminist Perspectives on Social Gerontology." In *Handbook of Aging and the Family,* edited by Rosemary Blieszner and Victoria Hilkevitch Bedford. Westport, CT: Greenwood, 1995.

Lopes, Alexandra. "Aging and Social Class." In *Age Discrimination and Diversity,* edited by Malcolm Sargeant. Cambridge: Cambridge University Press, 2011.

Lorber, Judith. *Gender and the Social Construction of Illness.* Walnut Creek, CA: Alta Mira, 2000.

Loue, Sana. *Assessing Race, Ethnicity, and Gender in Health*. New York: Springer, 2006.

Louie, Kem B. "Status of Mental Health Needs of Asian Elderly." In *Serving Minority Elders in the 21st Century*, edited by May L. Wykle and Amasa B. Ford. New York: Springer, 1999.

Lugones, Maria. "Playfulness, 'World' Travelling, and Loving." In *The Woman That I Am: The Literature and Culture of Contemporary Women of Color*, edited by D. Soyini Madison. New York: St. Martin's, 1994.

Lyder, Courtney H., et al. "Appropriate Prescribing for Elders: Disease Management Alone Is Not Enough." *Generations* 24, no. 4 (2000–2001): 55–59.

Lynott, Robert J., and Patricia Passath Lynott. "Critical Gerontology." *Encyclopedia of Aging*. Vol. 1. Edited by David J. Ekerdt. New York: Thomson Gale, 2002.

Macdonald, Barbara, with Cynthia Rich. *Look Me in the Eye: Old Women, Aging, and Ageism*. 2nd ed. Minneapolis: Spinsters Ink, 1991.

Macy, Joanna. "Gratitude: Where Healing the Earth Begins." *Shambhala Sun*, November 2007, 48–51.

Malveaux, Julianne. "Gender Differences and Beyond: An Economic Perspective on Diversity and Commonality among Women." In *Theoretical Perspectives on Sexual Difference*, edited by Deborah L. Rhode. New Haven, CT: Yale University Press, 1990.

———. "Race, Poverty, and Women's Aging." In *Women on the Front Lines*, edited by Jessie Allen and Alan Pifer. Washington, DC: Urban Institute, 1993.

Manahan, William. *Eat for Health*. Tiburon, CA: H. J. Kramer, 1988.

Manheimer, Ronald J. Review of *Handbook of Emotion, Adult Development, and Aging*. *Gerontologist* 38, no. 2 (1998): 262–67.

———. "Wisdom and Method: Philosophical Contributions to Gerontology." In *Handbook of the Humanities and Aging*, edited by Thomas R. Cole, David D. Van Tassel, and Robert Kastenbaum. New York: Springer, 1992.

Mann, Charles C. "Swallowing Hard: Review of *Bitter Pills: Inside the Hazardous World of Legal Drugs* by Stephen Fried." *New York Times Review of Books*, June 13, 1998.

Manning, Lydia K. "Experiences from Pagan Women: A Closer Look at Croning Rituals." *Journal of Aging Studies* 26, no. 1 (January 2012): 102–8.

Margolies, Luisa. *My Mother's Hip: Lessons from the World of Eldercare*. Philadelphia: Temple University Press, 2004.

Markides, Kyriakos S. "Aging, Gender, Race, Ethnicity, Class, and Health: A Conceptual Overview." In *Aging and Health*, edited by Kyriakos S. Markides. Newbury Park, CA: Sage, 1989.

———. "Minorities and Aging." In *The Encyclopedia of Aging*. Vol. 2. Edited by Richard Schulz. New York: Springer, 2006.

Markides, Kyriakos S., Jeannine Coreil, and Linda Perkowski Rogers. "Aging and Health among Southwestern Hispanics." In *Aging and Health*, edited by Kyriakos S. Markides. Newbury Park, CA: Sage, 1989.

Markson, Elizabeth. "Communities of Resistance: Older Women in a Gendered World." *Gerontologist* 39, no. 4 (1999): 495–502.

_____. "Gender Roles and Memory Loss in Old Age: An Exploration of Linkages." In *Growing Old in America,* 3rd ed. Edited by Beth B. Hess and Elizabeth Markson. New Brunswick, NJ: Transaction Books, 1986.

Markson, Elizabeth W., and Carol A. Taylor. "The Mirror Has Two Faces." *Ageing and Society* 20 (2000): 137–60.

Marshall, Leni, ed. Aging and Ageism issue. *National Women's Studies Association Journal* 18, no. 1 (2006).

_____. "The Kiss of the Spider Woman: Native American Storytellers and Cultural Transmission." *Journal of Aging, Humanities, and the Arts* 1, no. 1 (2007): 35–52.

Marshall, Peter, et al. "Personality and Longevity: Findings from the Georgia Centenarian Study." *Age* 28 (2006): 343–52.

Martin, Linda. "Demography and Aging." In *Handbook of Aging and the Social Sciences,* 7th ed. Edited by Robert H. Binstock and Linda K. George. Amsterdam: Elsevier, 2011.

Martin-Matthews, Anne. "Revisiting Widowhood in Later Life." *Canadian Journal on Aging/La Revue Canadienne du Vieillissement* 30, no. 3 (2011): 339–54.

Martinez, Iveris L., et al. "Invisible Civic Engagement among Older Adults: Valuing the Contributions of Informal Volunteering." *Journal of Cross-Cultural Gerontology* 26, no. 1 (March 2011): 23–37.

Matthews, Anne Martin, and Lori D. Campbell. "Gender Roles, Employment, and Informal Care." In *Connecting Gender and Age,* edited by Sara Arber and Jay Ginn. Buckingham: Open University Press, 1995.

Maynard, Isabelle. "The House on Fell Street." In *Fierce with Reality,* edited by Margaret Cruikshank. Topsham, ME: Just Write Books, 2007.

McDaniel, Susan. "A Sociological Perspective on Women and Aging as the Millennium Turns." In *Women As They Age,* 2nd ed. Edited by J. Dianne Garner and Susan O. Mercer. New York: Haworth, 2001.

_____. "Women and Aging: A Sociological Perspective." In *Women As They Age,* edited by J. Dianne Garner and Susan O. Mercer. New York: Haworth, 1989.

McDonald, Kim. "Sport Scientists Gain New Respect as They Shift Focus to the Elderly." *Chronicle of Higher Education,* September 25, 1998, A15–A16.

McDowell, Linda. *Gender, Identity, and Place: Understanding Feminist Geographies.* Minneapolis: University of Minnesota Press, 1999.

McFadden, Susan. "Feminist Scholarship as a Meeting Ground for Age and Disability Studies." *Gerontologist* 41, no. 1 (2001): 133–37.

McGeehan, Patrick. "Health Care Drives Job Growth in Region, but with Many Jobs That Pay Poorly." *New York Times,* May 25, 2007, C13.

McLendon, Amber N., and Penny S. Shelton. "New Symptoms in Older Adults: Disease or Drug?" *Generations* 35, no. 4 (Winter 2011–2012): 25–29.

McLeod, Beth Witrogen, and Theodore Roszak. "Tomorrow's Caregivers: New Opportunities, New Challenges." *Aging Today* 22, no. 1 (2001): 9–10.

McQueen, Anjetta. "Prescriptions Reportedly Claim Growing Share of Health Costs." *Boston Globe*, March 12, 2001, A3.

Megret, Frederic. "The Human Rights of Older Persons: A Growing Challenge." *Human Rights Law Review* 11, no. 1 (2011): 37–66.

Meigs, Mary. *Beyond Recall.* Edited by Lise Weil. Vancouver, BC: Talonbooks, 2005.

_____. *In the Company of Strangers.* Vancouver, BC: Talonbooks, 1991.

Meilaender, Gilbert. "Thinking about Aging." *First Things* (April 2011): 37–43.

Mellencamp, Patricia. "From Anxiety to Equanimity: Crisis and Generational Continuity on TV, at the Movies, in Life, in Death." In *Figuring Age: Women, Bodies, Generations*, edited by Kathleen Woodward. Bloomington: Indiana University Press, 1999.

Meyers, Diana Tietjens. "Miroir, Memoire, Mirage: Appearance, Aging, and Women." In *Mother Time: Women, Aging, and Ethics*, edited by Margaret Urban Walker. Lanham, MD: Rowman & Littlefield, 1999.

Michocki, K. J., et al. "Drug Prescribing for the Elderly." *Archives of Family Medicine* 2, no. 4 (1993): 441–44.

Miles, Steven H. "Sexuality in the Nursing Home: Iatrogenic Loneliness." *Generations* 23, no. 1 (1999): 36–44.

Miles, Toni P. "Aging and the New Multicultural Reality." *Gerontologist* 39, no. 1 (1999): 118–20.

_____. "Living with Chronic Illness and the Policies That Bind." In *Full-Color Aging*, edited by Toni P. Miles. Washington, DC: Gerontological Society of America, 1999.

Minkler, Meredith. "Scapegoating the Elderly: New Voices, Old Theme." *Journal of Health Care Policy* 18 (1997): 6–12.

Minkler, Meredith, and Carroll L. Estes, eds. *Critical Gerontology: Perspectives from Political and Moral Economy.* Amityville, NY: Baywood, 1999.

Mitchell, Margaretta. "Imogene through Her Camera." Introduction to *After 90.* Seattle: University of Washington Press, 1977.

Mitchell, Valory, and Cindy M. Bruns. "Writing One's Own Story: Women, Aging, and the Social Narrative." *Women and Therapy* 34 (2011): 114–28.

Mollenkott, Virginia Ramey. "Ageism." *Dictionary of Feminist Theologies*, edited by Letty Russell and J. Shannon Clarkson. Louisville, KY: Westminster John Knox Press, 1996.

Montgomery, Sy. "A Return to Native Foods." *Boston Globe*, March 7, 2000, A1.

Moody, Harry R. *Abundance of Life.* New York: Columbia University Press, 1988.

_____. "Age, Productivity, and Transcendence." In *Achieving a Productive Aging Society*, edited by Scott Bass et al. Westport, CT: Auburn House, 1993.

_____. "Bioethics and Aging." In *Handbook of Aging and the Humanities,* edited by Thomas R. Cole et al. New York: Springer, 2000.

_____. "The Humanities and Aging: A Millennial Perspective." *Gerontologist* 41, no. 3 (2001): 411–15.

_____. "Overview: What Is Critical Gerontology and Why Is It Important?" In *Voices and Visions of Aging,* edited by Thomas R. Cole et al. New York: Springer, 1993.

Moody, Harry R., and Jennifer R. Sasser. *Aging: Concepts and Controversies.* 7th ed. Los Angeles: SAGE, 2011; 6th ed. Los Angeles: SAGE, 2010.

Moore, Thomas J. "FDA Math Needs Warning Label." *Boston Globe*, December 3, 2000, D1.

_____. *Prescription for Disaster: The Hidden Dangers in Your Medicine Cabinet.* New York: Simon & Schuster, 1998.

_____. "Why Estrogen's Promise Fell Short." *Boston Globe*, April 9, 2000, A1. Morell, Carolyn. "Empowerment Theory and Long-Living Women: A Feminist and Disability Perspective." *Journal of Human Behavior in the Social Environment* 7, nos. 3–4 (2003): 225–36.

Morgan, Anna. "Just Keep Breathing." In *Fierce with Reality: An Anthology of Literature on Aging,* edited by Margaret Cruikshank. Topsham, ME: Just Write Books, 2007.

Mosteller, Sue. Preface to *Finding My Way Home* by Henri Nouwen. New York: Crossroad Publishing, 2001.

Mulnard, Ruth, et al. "Estrogen Replacement Therapy for Treatment of Mild to Moderate Alzheimer's Disease: A Randomized Controlled Trial." *Journal of the American Medical Association* 238, no. 8 (February 23, 2000): 1007–15.

Munro, Alice. Interview in *The Paris Review Interviews II,* edited by Philip Gorevitch. New York: Picador, 2006.

_____. "Spelling." In *The Beggar Maid.* New York: Knopf, 1978.

Murnen, Sarah K., and Linda Smolak. "Are Feminist Women Protected from Body Image Problems? A Meta-analytic Review of Relevant Research." *Sex Roles* (2009): 186–97.

Myerhoff, Barbara. "Aging and the Aged in Other Cultures: An Anthropological Perspective." In *Remembered Lives: The Work of Ritual, Storytelling, and Growing Older,* edited by Marc Kaminsky. Ann Arbor: University of Michigan, 1992.

_____. *Number Our Days.* New York: Simon & Schuster, 1980.

_____. "Rites and Signs of Ripening: The Intertwining of Ritual, Time, and Growing Older." In *Age and Anthropological Theory,* edited by David Kertzer and Jennie Keith. Ithaca, NY: Cornell University Press, 1984.

Myerhoff, Barbara, and Virginia Tufte. "Life History as Integration: Personal Myth and Aging." In *Remembered Lives:* The Work of Ritual, Storytelling, and Growing Older, edited by Marc Kaminsky. Ann Arbor: University of Michigan, 1995.

Napoleon, Val. "My Grandmother's Skin." In *I Feel Great about My Hands and the Unexpected Joys of Aging,* edited by Shari Graydon. Vancouver: Douglas & McIntyre, 2011.

Naughton, Corina, et al. "Elder Abuse and Neglect in Ireland: Results from a National Prevalence Survey." *Age and Ageing* 41, no. 1 (2012): 98–103.

Nelson, Hilde Lindemann. "Stories of My Old Age." In *Mother Time: Women, Aging, and Ethics,* edited by Margaret Urban Walker. Lanham, MD: Rowman & Littlefield, 1999.

Ness, Jose, et al. "Use of Complementary Medicine in Older Americans: Results from the Health and Retirement Study." *Gerontologist* 45, no. 4 (2005): 516–24.

Nesteruk, Olena, and Christine A. Price. "Retired Women and Volunteering: the Good, the Bad, and the Unrecognized. *Journal of Women and Aging* 23, no. 2 (2011): 99–112.

Netting, F. Ellen. "Bridging Critical Feminist Gerontology and Social Work to Interrogate the Narrative of Civic Engagement." *Affilia: Journal of Women and Social Work* 26, no. 3 (2011): 239–49.

Neuhaus, Ruby, and Robert Neuhaus. *Successful Aging.* Lanham, MD: University Press of America, 1992.

Newberg, Andrew B. "Spirituality and the Aging Brain." *Generations* 35, no. 2

(2011): 83–89. "New Report Shows Inequity in Women's Earnings Continues with Social Security." *Aging Today* 33, no. 4 (July–August 2012): 10.

Neysmith, Sheila. "Feminist Methodologies: A Consideration of Principles and Practice for Research in Gerontology." *Canadian Journal on Aging/La Revue Canadienne Du Vieillissment* 14, supplement 1 (1995): 100–118.

Nikola, R. J. *Creatures of Water.* Salt Lake City, UT: Europa Therapeutic, 1997.

Northrup, Christiane. *Women's Bodies, Women's Wisdom.* New York: Bantam, 1998.

Nussbaum, Paul D. "Brain Health: Bridging Neuroscience to Consumer Application." *Generations* 35, no. 2 (2011): 6–12.

Nydegger, Corinne N. "Family Ties of the Aged in Cross-Cultural Perspective." In *Growing Old in America.* 3rd ed. Edited by Beth B. Hess and Elizabeth Markson. New Brunswick, NJ: Transaction Books, 1986.

Oakley, Robin. "Empowering Knowledge and Practices of Namaqualand Elders."In *Contesting Aging and Loss,* edited by Janice E. Graham and Peter H. Stephenson. Toronto: University of Toronto Press, 2010.

O'Brien, Sharon J., and Patricia Vertinsky. "Elderly Women, Exercise, and Healthy Aging." *Journal of Women and Aging* 3 (1990): 41–65.

Older Women's League. "The Path to Poverty: An Analysis of Women's Retirement Income." In *Critical Gerontology,* edited by Meredith Minkler and Carroll L. Estes. Amityville, NY: Baywood, 1999.

Oldman, Christine. "Later Life and the Social Model of Disability: A Comfortable Partnership?" *Ageing and Society* 22 (2002): 791–806.

Ollenburger, Jane C., and Helen A. Moore. *A Sociology of Women.* 2nd ed. Upper Saddle River, NJ: Prentice Hall, 1998.

Olshansky, S. Jay, et al. "Potential Decline in Life Expectancy in the 21st Century." *New England Journal of Medicine* 352, no. 11 (March 17, 2005): 1138–45.

Olson, Laura Katz, ed. *Age through Ethnic Lenses: Caring for the Elderly in a Multicultural Society.* Lanham, MD: Rowman & Littlefield, 2001.

_____. *The Not-So-Golden Years: Caregiving, the Frail Elderly, and the Long-Term Care Establishment.* Lanham, MD: Rowman & Littlefield, 2003.

_____. "Women and Old Age Income Security in the United States." In *Aging in a Gendered World.* Santo Domingo: INSTRAW, 1999.

Onyx, Jenny, and Pam Benton. "What Does Retirement Mean for Women?" In *Revisioning Aging: Empowerment of Older Women,* edited by Jenny Onyx, Rosemary Leonard, and Rosslyn Red. New York: Peter Lang, 1999.

Onyx, Jenny, Rosemary Leonard, and Rosslyn Reed, eds. *Revisioning Aging: Empowerment of Older Women.* New York: Peter Lang, 1999.

O'Rand, Angela M., and John C. Henretta. *Age and Inequality.* Boulder, CO: Westview, 1999.

Ory, Marcia G., and Huber R. Warner, eds. *Gender, Health and Longevity: Multidisciplinary Perspectives.* New York: Springer, 1990. "Our Mothers, Ourselves: Older Women's Health Care." In *Annual Editions: Women's Health 98/99.* Guilford, CT: Dushkin McGraw-Hill, 1998.

Overall, Christine. *Aging, Death, and Human Longevity: A Philosophical Inquiry.* Berkeley: University of California Press, 2003.

_____. "Old Age and Ageism, Impairment and Ableism: Exploring the Conceptual and Material Connections." *National Women's Studies Association Journal* 18, no. 1 (2006): 126–37.

Ovrebo, Beverly, and Meredith Minkler. "The Lives of Older Women: Perspectives from Political Economy and the Humanities." In *Voices and Visions of Aging,* edited by Thomas R. Cole et al. New York: Springer, 1993.

Palmore, Erdman B. *Ageism.* 2nd ed. New York: Springer, 1999.

Pan, Cynthia, Emily Chai, and Jeff Farber. *Myths of the High Medical Cost of Old Age and Dying.* New York: International Longevity Center USA, 2007.

"Part D Disaster." *The Alliance* [Maine People's Alliance] (Summer 2006): 12.

Patterson, Michael C. and Susan Perlstein. "Good for the Heart, Good for the Soul: The Creative Arts and Brain Health in Later Life." *Generations* 35, no. 2 (Summer 2011): 27–36.

Pear, Robert. "Gap in Life Expectancy Widens for the Nation." *New York Times,* March 23, 2008, 14.

_____. "In a Shift, Medicare Pushes Bids." *New York Times,* April 12, 2012, B1.

_____. "Medicare Spending for Care at Home Plunges by 45%." *New York Times,* April 21, 2000, A1, A18.

Peck, Richard A., and Iva Lim Peck. "Tai Chi Chuan for Pain Management." *Pain Practitioner* 9, no. 4 (1999): 1–2.

Peron, Emily P., and Christine M. Ruby. "A Primer on Medication Use in Older Adults for the

Non-Clinician." *Generations* 35, no. 4 (Winter 2011–12): 12–18.

Perry, Daniel. "Entrenched Ageism in Healthcare Isolates, Ignores and Imperils Elders." *Aging Today* 33, no. 2 (2012): 1, 10.

Perry, Merry G. "Animated Gerontophobia: Ageism, Sexism, and the Disney Villainess." In *Aging and Identity: A Humanities Perspective,* edited by Sara Munson Deats and Lagretta Tallent Lenker. Westport, CT: Praeger, 1999.

Phelan, Amanda. "Socially Constructing Older People: Examining Discourses which Can Shape Nurses' Understanding and Practice." *Journal of Advanced Nursing* 67, no. 4 (2011): 893–903.

Phillipson, Chris. "Ageing and Globalization." In *Social Theory, Social Policy: A Critical Introduction,* edited by Simon Biggs, Carroll L. Estes, and Chris Phillipson. Maidenhead, Berkshire: Open University Press, 2003.

——————. "The Dynamic Nature of Societal Aging in a Global Perspective." In *Enduring Questions in Gerontology,* edited by Debra J. Sheets, Dana Burr Bradley, and Jon Hendricks. New York: Springer, 2006.

——————. *Reconstructing Old Age: New Agendas in Social Theory and Practice.* London: Sage, 1998.

Polivka, Larry. "The Growing Neoliberal Threat to the Economic Security of Workers and Retirees." *Gerontologist* 52, no. 1 (2012): 133–43.

Polivka, Larry, and Charles F. Longino Jr. "The Emerging Postmodern Culture of Aging and Retirement Security." In *Aging, Globalization and Inequality: The New Critical Gerontology,* edited by Jan Baars et al. Amityville, NY: Baywood, 2006.

Poor, Susan, Candace Baldwin, and Judy Willett. "The Village Movement Empowers Older Adults to Stay Connected to Home and Community." *Generations* 36, no. 1 (2012): 112–17.

Porcino, Jane. "Psychological Aspects of Aging in Women." In *Health Needs of Women as They Age,* edited by Sharon Golub and Rita Jackaway Freedman. New York: Haworth, 1985.

Posner, Richard. *Aging and Old Age.* Chicago: University of Chicago Press, 1995.

Pousada, Lidia. "Hip Fractures." *The Encyclopedia of Aging.* 2nd ed. Edited by George L. Maddox. New York: Springer, 1995.

Powell, Jason L. "Social Theory, Aging, and Health and Welfare Professionals: A Foucauldian 'Toolkit.'" *Journal of Applied Gerontology* 28, no. 6 (2009): 669–82.

Power, G. Allen. *Dementia beyond Drugs: Changing the Culture of Care.* Baltimore: Health Professions Press, 2010.

Price, Christine Ann. *Women and Retirement: The Unexplored Tradition.* New York: Garland, 1998.

Price, Elizabeth. "Gay and Lesbian Carers: Ageing in the Shadow of Dementia." *Ageing and Society* 32 (2012): 516–32.

Pruchno, Rachel. "Not Your Mother's Old Age: Baby Boomers at Age 65." *Gerontologist* 52, no. 2 (2012): 149–52.

Pruchno, Rachel A., and Michael A. Smyer. *Challenges of an Aging Society: Ethical Dilemmas, Political Issues.* Baltimore: Johns Hopkins University Press, 2007.

Quadagno, Jill. *Aging and the Life Course.* Boston: McGraw-Hill, 1999.

_____. *One Nation Uninsured: Why the U.S. Has No National Health Insurance.* Oxford: Oxford University Press, 2005.

_____. "Social Security and the Myth of the Entitlement 'Crisis.'" *Gerontologist* 36, no. 3 (1996): 391–99.

Quinn-Musgrove, Sandra L. "Extended Caregiving: The Experience of Surviving Spouses." In *Women, Aging, and Ageism,* edited by Evelyn R. Rosenthal. New York: Harrington Park, 1990.

Randall, William L. "Memory, Metaphor, and Meaning: Reading for Wisdom in the Stories of Our Lives." In *Storying Later Life,* edited by Gary Kenyon, Ernst Bohlmeijer, and William Randall. Oxford: Oxford University Press, 2011.

Rao, Shoba S. "Prevention of Falls in Older Patients." *American Family Physician* 72, no. 1 (2005): 81–88.

Ray, Ruth E. *Beyond Nostalgia: Aging and Life-Story Writing.* Charlottesville: University Press of Virginia, 2000.

_____. "Coming of Age in Critical Gerontology." *Journal of Aging Studies* 22, no. 2 (2008): 1–4.

_____. *Endnotes: An Intimate Look at the End of Life.* New York: Columbia University Press, 2008.

_____. "Feminist Readings of Older Women's Life Stories." *Journal of Aging Studies* 12, no. 2 (1998): 117–27.

_____. "A Postmodern Perspective on Feminist Gerontology." *Gerontologist* 36, no. 5 (1996): 674–80.

_____. "Researching to Transgress: The Need for Critical Feminism in Gerontology." *Journal of Women and Aging* 11, nos. 2–3 (1999): 171–84.

_____. "Social Influences on the Older Woman's Life Story." *Generations* (Winter 1999–2000): 56–62.

Red Horse, John G. "American Indian Elders: Unifiers of Families." *Social Casework* 61 (1980): 490–93.

Reed, Alyson. "Health Care Special: Women, Disparities, and Discrimination." *Civil Rights Journal* 4, no. 1 (1999): 42–48.

Reich, Robert B. "Broken Faith: Why We Need to Renew the Social Contract." *Generations* 22, no. 4 (1998–1999): 19–24.

Reinhardt, Uwe E. "How to Lower the Cost of Drugs." *New York Times,* January 3, 2000, A19.

Reinharz, Shulamit. "Friends or Foes? Gerontological and Feminist Theory." In *The Other Within: Feminist Explorations of Aging,* edited by Marilyn Pearsall. Boulder, CO: Westview, 1997.

Rendell, Jane, Barbara Penner, and Iain Borden, eds. *Gender, Space, Architecture.* London: Routledge, 2000.

Rentsch, Thomas. "Aging as Becoming Oneself: A Philosophical Ethics of Late Life." *Journal of*

Aging Studies 11, no. 4 (1997): 263–72.

"Report Calls Substance Abuse, Addiction by Older Women 'Epidemic.'" *Women's Health Weekly*, June 15, 1998, 2–4.

"Researchers Warn of Drug Price Crisis." *Portland Press Herald,* July 27, 1999, 8A.

Riley, Matilda White, and John W. Riley Jr. "Structural Lag: Past and Future." In *Age and Structural Lag,* edited by Matilda White Riley, Robert L. Kahn, and Anne Foner. New York: Wiley, 1994.

Rimer, Sara. "Caring for Elderly Kin Is Costly, Study Finds." *New York Times,* November 27, 1999, A8.

Rizza, Carolyn C. "Caregiving: A Deeply Felt Human Need." In *Social Gerontology,* edited by David E. Redburn and Robert P. McNamara. Westport, CT: Auburn House, 1998.

Robert, Stephanie A., and James S. House. "Socioeconomic Status and Health over the Life Course." In *Aging and Quality of Life,* edited by Ronald P. Abeles et al. New York: Springer, 1994.

Roberto, Karen. "The Study of Chronic Pain in Later Life: Where Are the Women?" *Journal of Women and Aging* 6, no. 4 (1994): 1–7.

Robertson, Ann. "Beyond Apocalyptic Demography: Toward a Moral Economy of Interdependence." In *Critical Gerontology,* edited by Meredith Minkler and Carroll L. Estes. Amityville, NY: Baywood, 1999.

Rodeheaver, Dean. "When Old Age Became a Social Problem, Women Were Left Behind." *Gerontologist* 27, no. 6 (1987): 741–46.

Rodeheaver, Dean, and Nancy Datan. "The Challenge of Double Jeopardy: Toward a Mental Health Agenda for Aging Women." *American Psychologist* 43, no. 8 (1988): 648–54.

Rose, Michael. *The Long Tomorrow: How Advances in Evolutionary Biology Can Help Us Postpone Aging.* Oxford: Oxford University Press, 2005.

Roseberry, Lynn. "Beyond Intersectionality: Toward a Post-Structuralist Approach to Multiple Discrimination." Online Social Science Research Network, Sept. 1, 2010. ssrn.com/abstract=1686774.

Rosenfeld, Dana. "Lesbian, Gay, Bisexual and Transgender Ageing: Shattering Myths, Capturing Lives." In *The SAGE Handbook of Social Gerontology,* edited by Dale Dannefer and Chris Phillipson. Los Angeles: SAGE, 2010.

Rosenthal, Evelyn R. "Women and Varieties of Ageism." In *Women, Aging, and Ageism,* edited by Evelyn R. Rosenthal. New York: Harrington Park, 1990.

Rosofsky, Ira. *Nasty, Brutish, and Long: Adventures in Eldercare.* New York: Avery Penguin, 2009.

Rossi, Alice. "Sex and Gender in the Aging Society." In *Our Aging Society,* edited by Alan Pifer and Lydia Bronte. New York: Norton, 1986.

Roszak, Theodore. *America the Wise.* Boston: Houghton Mifflin, 1998.

Roush, Wade. "Live Longer and Prosper." *Science* 273 (July 5, 1996): 42.

Rowe, John W., and Robert L. Kahn. *Successful Aging*. New York: Pantheon, 1998.

Rozanova, Julia. "Discourse of Successful Aging in *The Globe & Mail:* Insights from Critical Gerontology." *Journal of Aging Studies* 24 (2010): 213–22.

Rozanova, Julia, Norah Keating, and Jacquie Eales. "Unequal Social Engagement for Older Adults." *Canadian Journal of Aging* 31, no. 1 (2012).

Rubin, Lillian B. 60 on Up: *The Truth about Aging in America*. Boston: Beacon Press, 2007.

Ruddick, Sara. "Virtues and Age." In *Mother Time: Women, Aging, and Ethics*, edited by Margaret Urban Walker. Lanham, MD: Rowman & Littlefield, 1999.

Russo, Mary. "Aging and the Scandal of Anachronism." In *Figuring Age*, edited by Kathleen Woodward. Bloomington: Indiana University Press, 1999.

Sager, Alan, and Deborah Socolar. "Let's Seek a Drug Price Peace Treaty." *AARP Bulletin* 42, no. 6 (2001): 29.

Said, Edward. *Out of Place: A Memoir*. New York: Vintage Random, 1999.

Sankar, Andrea. "'It's Just Old Age': Old Age as a Diagnosis in American and Chinese Medicine." In *Age and Anthropological Theory*, edited by David Kertzer and Jenny Keith. Ithaca, NY: Cornell University Press, 1984.

Sapiro, Virginia. *Women in American Society: An Introduction to Women's Studies*. 4th ed. Mountain View, CA: Mayfield, 1999.

Sarton, May. *As We Are Now*. New York: Norton, 1973.

Scannell, Kate. "An Aging Un-American." *New England Journal of Medicine* 355, no. 14 (October 5, 2006): 1415–17.

Sceriha, Madge. "Women and Ageing: The Dreaded Older Woman Fights Back." In *Women's Health*. 3rd ed. Edited by Nancy Worcester and Marianne H. Whatley. Dubuque, IA: Kendall Hunt, 2000.

Schaie, K. Warner. "Intellectual Development in Adulthood." In *Handbook of the Psychology of Aging*. 4th ed. Edited by James E. Birren. San Diego: Academic Press, 1996.

Scharlach, Andrew E. "Caregiving and Employment: Competing or Complementary Roles?" *Gerontologist* 34, no. 3 (1994): 378–85.

_____. "Creating Age-Friendly Cities." *Ageing International* 37, no. 1 (2012): 25–38.

Schmidt, Robert M. "Preventative Healthcare for Older Adults: Societal and Individual Services." *Generations* (Spring 1994): 33–38.

Scholl, Jane M., and Steven R. Sabat. "Stereotypes, Stereotype Threat and Ageing: Implications for the Understanding and Treatment of People with Alzheimer's Disease." *Ageing and Society* 28 (2008): 103–30.

Schor, Juliet. "The New Politics of Consumption." *Boston Review* (Summer 1999): 4–9.

Schulz, James H., and Robert H. Binstock. *Aging Nation: The Economics and Politics of Growing Older in America*. Westport, CT: Praeger, 2006.

Scott-Maxwell, Florida. *The Measure of My Days*. New York: Alfred Knopf, 1968.

Seltzer, Mildred. Review of *Women Growing Older: Psychological Perspectives*, by Barbara Turner and Lillian E. Troll. *Contemporary Gerontology* 1, no. 3 (1994): 101–3.

Sharpe, Patricia A. "Older Women and Health Services: Moving from Ageism toward Empowerment." *Women and Health* 22, no. 3 (1995): 9–23.

Sherman, David. "Geriatric Psychopharmacotherapy: Issues and Concerns." *Generations* 18, no. 2 (1994): 34–39.

Sinnott, Jan. "Developmental Models of Midlife and Aging in Women: Metaphors for Transcendence and for Individuality in Community." In *Handbook on Women and Aging*, edited by Jean M. Coyle. Westport, CT: Greenwood, 1997.

Sison, Alan. "Mental Functioning May Predict Mortality in Elderly." *Medical Tribune*, January 29, 2000. www.metrib.com.

Skinner, John H. "Aging in Place: The Experience of African American and Other Minority Elders." *Generations* 16, no. 2 (1992): 49–51.

Slevin, Kathleen. "If I Had Lots of Money I'd Have a Body Makeover: Managing the Aging Body." *Social Forces* 88, no. 3 (2010): 1003–20.

Small, Gary. "Predicting Alzheimer's 20 Years in Advance of Symptoms." *Aging News*. Newsletter of the Institute on Aging, University of Wisconsin–Madison (Fall–Winter 2010): 1.

Small, Helen. *The Long Life*. Oxford: Oxford University Press, 2010.

Smith, Glenna. *Old Maine Woman*. Yarmouth, ME: Islandport Press, 2011.

Smith, James. "New Directions in Socioeconomic Research in Aging." In *Aging and Quality of Life*, edited by Ronald P. Abeles et al. New York: Springer, 1994.

Sorgman, Margo I., and Marilou Sorensen. "Ageism: A Course of Study." *Theory into Practice* 23, no. 2 (1984): 119–23.

Spector-Mercel, G. "Never-Ending Stories: Western Hegemonic Masculinity Scripts." *Journal of Gender Studies* 15, no. 1 (2006): 67–82.

Stanford, E. Percil. "Diverse Black Aged." In *Aging and Inequality*, edited by Robynne Neugebauer-Visano. Toronto: Canadian Scholars Press, 1995.

————. "Mental Health, Aging, and Americans of African Descent." In *Serving Minority Elders in the 21st Century*, edited by May L. Wykle and Amasa B. Ford. New York: Springer, 1999.

Stanford, E. Percil, and Gerard Koskovich. *Diversity and Aging in the 21st Century*. The Power of Inclusion. Washington DC: AARP, 2010.

Stanford, E. Percil, and Donna L. Yee. "Gerontology and the Relevance of Diversity." In *Diversity: New Approaches to Ethnic Minority Aging*, edited by E. Percil Stanford and Fernando M. Torres-Gil. Amityville, NY: Baywood, 1992.

Stanley, Liz. "The Impact of Feminism on Sociology in the Last Twenty Years." In *The Knowledge Explosion: Generations of Feminist Scholarship*, edited by Cheris Kramarae and Dale Spender. New York: Teachers College Press, 1992.

Stannard, David. "Dilemmas of Aging in a Bureaucratic Society." In *Aging and the Elderly: Perspectives from the Humanities*, edited by Stuart Spicker, Kathleen Woodward, and David Van Tassel. Atlantic Highlands, NJ: Humanities Press, 1978.

Stavig, G. R., et al. "Hypertension among Asians and Pacific Islanders in California." *American Journal of Epidemiology* 119, no. 5 (1984): 677–91.

Steckenrider, Janie. "Aging as a Female Phenomenon." In *New Directions in Old Age Policies*, edited by Janie Steckenrider and Tonya M. Parrott. Albany: SUNY Press, 1998.

Steinman, Michael. "Handle with Caution." Letter to the Editor, *New York Times*, April 23, 2012.

Sternberg, Robert J. "Older but Not Wiser: The Relationship between Age and Wisdom." *Ageing International* 30, no. 1 (2005): 5–26.

Stolberg, Sheryl Gay. "Alternative Medical Care Gains a Foothold." *New York Times*, January 31, 2000, A1, A6.

———. "The Boom in Medications Brings Rise in Fatal Risks." *New York Times*, June 3, 1999, A1.

———. "Drug Switching Saves Money, but There Is a Cost." *New York Times*, June 13, 1999, sec. 4, 3.

———. "FDA Pushes for Prescription Drug Guides." *New York Times*, June 4, 1999, A23.

———. "Gasping for Breath." Two-part series. *New York Times*, October 18–19, 1999.

Stolberg, Sheryl Gay, and Jeff Gerth. "How Companies Stall Generics and Keep Themselves Healthy." *New York Times*, July 23, 2000, 1.

Stoller, Nancy. "Innovative Models of Chronic Care: Lessons for Aging from Grassroots Movements." *Critical Issues in Aging* no. 2 (1998): 15–17.

Svetkey, L. P., et al. "Black/White Differences in Hypertension in the Elderly." *American Journal of Epidemiology* 137, no. 1 (1993): 64–73.

Swift, Jonathan. *Gulliver's Travels*, edited by Robert A. Greenberg. New York: Norton, 1961.

Tagliabue, John. "Taking on Dementia with the Experiences of Normal Life." *New York Times*, April 25, 2012, A12.

Talbot, Margaret. "The Placebo Prescription." *New York Times Magazine*, January 9, 2000, 34–39.

Tappan, Frances M., and Patricia J. Benjamin. *Tappan's Handbook of Healing Massage Techniques*. Stamford, CT: Appleton and Lange, 1998.

Taylor, Anne L. "Coronary Heart Disease in Women." In *Serving Minority Elders in the 21st Century*, edited by May L. Wykle and Amasa B. Ford. New York: Springer, 1999.

Teaster, Pamela B., Karen A. Roberto, and Tyler A. Dugar. "Intimate Partner Violence of Rural Aging Women." *Family Relations* 55 (2006): 636–48.

Temin, Christine. "The Faces of Alice Neel." *Boston Globe*, October 13, 2000, C1.

Tesh, Sylvia Noble. *Hidden Arguments: Political Ideology and Disease Prevention Policy*. New Brunswick, NJ: Rutgers University Press, 1988.

Thomas, Vicki. "Overdosing on Drug Ads." *Aging Today* 20, no. 5 (1999): 7–8.

Thompson, April. "Inside the Brain: New Research Prescribes Mental Exercise." *Aging Today* 20, no. 4 (1999): 8.

Thompson, Neil. Review of *Ageism, the Aged, and Aging,* by Ursala Adler Falk and Gerhard Falk. *Ageing and Society* 18 (1998): 379–80.

Toner, Robin. "Mother: Free, Equal, and Not at Home." Review of *Care and Equality* by Mona Harrington. *New York Times Book Review,* August 29, 1999, 29.

Tornstam, Lars. *Gerotranscendance.* New York: Springer, 2005.

Torres, Sara. "Barriers to Mental-Health-Care Access Faced by Hispanic Elderly." In *Serving Minority Elders in the 21st Century,* edited by May L. Wykle and Amasa B. Ford. New York: Springer, 1999.

Torres-Gil, Fernando M. "Immigrants Aging in America." Presentation at the American Society on Aging/National Council on Aging annual meeting, Washington, DC, March 28, 2008.

Tournier, Paul. *Learn to Grow Old.* Translated by Edwin Hudson. New York: Harper and Row, 1972.

Townsend, Peter. "Ageism and Social Policy." In *Aging and Social Policy: A Critical Assessment,* edited by Chris Phillipson and Alan Walker. London: Gower, 1986.

Trager, Ellen Lutch. "Cheaper RXs for Seniors." *Boston Globe,* January 4, 1999, A13.

Trawinski, Lori. "The Foreclosure Crisis: Ending the Nightmare for Older Americans." AARP/Public Policy Institute presentation, July 23, 2012.

Trease, Judy. "Immigrants Aging in America." Presentation at the American Society on Aging/National Council on Aging annual meeting, Washington, DC, March 28, 2008.

Tripp-Reimer, Toni. "Culturally Competent Care." In *Serving Minority Elders in the 21st Century,* edited by May L. Wykle and Amasa B. Ford. New York: Springer, 1999.

Trollope, Anthony. *The Fixed Period.* Edited by R. H. Super. Ann Arbor: University of Michigan Press, 1990 [1882].

Tronto, Joan. "Age-Segregated Housing as a Moral Problem: An Exercise in Rethinking Ethics." *In Mother Time: Women, Aging, and Ethics,* edited by Margaret Urban Walker. Lanham, MD: Rowman & Littlefield, 1999.

Tulle, Emmanuelle. "Rethinking Agency in Later Life." In *Old Age and Agency,* edited by Emmanuelle Tulle. New York: Nova Science, 2004.

Tuokko, Holly, and Fiona Hunter. "Using Age as a Fitness-to-Drive Criterion for Older Adults." Report prepared for the Law Commission of Canada, 2002.

Turkle, Sherry. "Technology and Conversation." *New York Times,* April 22, 2012.

Twigg, Julia. "The Body, Gender, and Age: Feminist Insights in Social Gerontology." *Journal of Aging Studies* 18, no. 1 (2004): 59–73.

———. "Clothing, Age, and the Body: A Critical Review." *Ageing and Society* 27 (2007): 285–305.

———. "Fashion and Age: The Role of Women's Magazines in the Constitution of Aged

Identities." In *Representing Ageing: Image and Identity*, edited by Virpi Ylanne. Houndmills, Basingstoke, Hampshire: Palgrave Macmillan, 2012.

"Two MetLife Studies Reveal the High Cost of Caregiving." *Aging Today* (November–December 2006): 4.

Tyrrell, Mary O'Brien. *Become a Memoirist for Elders*. St. Paul: Memoirs, Inc., 2012.

Tyson, Ann Scott. "Old Women and Retirement: A Luxury They Can't Afford." *Christian Science Monitor*, July 17, 1998, 8.

Verbrugge, Lois M. "Disability in Late Life." In *Aging and Quality of Life*, edited by Ronald P. Abeles et al. New York: Springer, 1994.

_____. "Gender, Aging, and Health." In *Aging and Health: Perspectives on Gender, Race, Ethnicity, and Class*, edited by Kyriakos S. Markides. Newbury Park, CA: Sage, 1989.

_____. "The Twain Meet: Empirical Evidence of Sex Differences in Health and Mortality." In *Gender, Health, and Longevity*, edited by Marcia G. Ory and Huber R. Warner. New York: Springer, 1990.

Verbrugge, Lois M., and Deborah L. Wingard. "Sex Differentials in Health and Mortality." *Women and Health* 12, no. 2 (1987): 103–43.

Villa, Valentine M. "Aging Policy and the Experience of Older Minorities." In *New Directions in Old Age*, edited by Janie S. Steckenrider and Tonya M. Parrott. Albany: SUNY Press, 1998.

Villa, Valentine M., et al. "Hispanic Baby Boomers: Health Inequities Likely to Persist in Old Age." *Gerontologist* 52, no. 2 (2012): 166–76.

Vincent, John A. "Globalization and Critical Theory: Political Economy of World Population Issues." In *Aging, Globalization and Inequality: The New Critical Gerontology*, edited by Jan Baars, Dale Dannefer, Chris Phillipson, and Alan Walker. Amityville, NY: Baywood, 2006.

_____. *Inequality and Old Age*. New York: St. Martin's, 1995.

_____. "Science and Imagery in the 'War on Old Age.'" *Ageing and Society* 27 (2007): 941–61.

Vinton, Linda. "Working with Abused Older Women from a Feminist Perspective." *Journal of Women and Aging* 11, nos. 3–4 (1999): 85–100.

"Vitamin D Deficiency Is a Major Factor in Half of Women's Falls." *Aging News Alert*, May 4, 1999, 10.

Wade-Gayles, Gloria. "Who Says an Older Woman Can't/Shouldn't Dance?" In *Body Politics and the Fictional Double*, edited by Debra Walker King. Bloomington: Indiana University Press, 2000. Reprinted in *Fierce with Reality: An Anthology of Literature on Aging*, edited by Margaret Cruikshank. Topsham, ME: Just Write Books, 2007.

Wadsworth, Nancy S., and Stephanie J. FallCreek. "Culturally Competent Care Teams." In *Serving Minority Elders in the 21st Century*, edited by Amasa B. Ford and May L. Wykle. New York: Springer, 1999.

Walford, Roy. *Maximum Life Span*. New York: Norton, 1983.

Walker, Alan. "Re-examining the Political Economy of Aging: Understanding the Structure/

Agency Tension." In *Aging, Globalization, and Inequality: The New Gerontology*, edited by Jan Baars et al. Amityville, NY: Bayview, 2006.

Walker, Alice. "In Search of Our Mothers' Gardens." In *In Search of Our Mothers' Gardens: Womanist Prose*. New York: Harcourt Brace, 1983.

Walker, Barbara. *The Crone: Women of Age, Wisdom, and Power*. San Francisco: Harper and Row, 1985.

Walker, Margaret Urban. "Getting Out of Line: Alternatives to Life as a Career." In *Mother Time: Women, Aging, and Ethics*, edited by Margaret Urban Walker. Lanham, MD: Rowman & Littlefield, 1999.

_____. *Moral Contexts*. Lanham, MD: Rowman & Littlefield, 2003.

_____. ed. *Mother Time: Women, Aging, and Ethics*. Lanham, MD: Rowman & Littlefield, 1999.

Wallace, Steven P. "The Political Economy of Health Care for Elderly Blacks." In *Critical Perspectives on Aging*, edited by Meredith Minkler and Carroll L. Estes. Amityville, NY: Baywood, 1991.

Wallace, Steven P., and Elisa Linda Facio. "Moving beyond Familism: Potential Contributions of Gerontological Theory to Studies of Chicano/Latino Aging." *Journal of Aging Studies* 1, no. 4 (1987): 337–54.

Wallace, Steven P., and V. M. Villa. "Caught in Hostile Crossfire: Public Policy and Minority Elderly in the United States." In *Minorities, Aging, and Health*, edited by K. S. Markides and M. R. Miranda. Thousand Oaks, CA: Sage, 1997.

Wallack, Lawrence. "Japan's Health Sacrifice." Letter to the Editor, *New York Times*, January 7, 2000, A22.

Wallis, Velma. *Two Old Women: An Alaskan Legend of Betrayal, Courage, and Survival*. Fairbanks, AK: Epicenter Press, 1993.

Ward-Griffin, Catherine, and Jenny Ploeg. "A Feminist Approach to Health Promotion for Older Women." *Canadian Journal of Aging* 17, no. 2 (1997): 279–96.

Warren, Lorna, and Amanda Clarke. "'Woo-hoo, What a Ride!' Older People, Life Stories and Active Ageing." In *Valuing Older People*, edited by Ricca Edmondson and Hans-Joachim von Kondratowitz. Bristol: The Policy Press, 2009.

Weg, Ruth. "Beyond Babies and Orgasm." In *Growing Old in America*. 3rd ed. Edited by Beth B. Hess and Elizabeth Markson. New Brunswick, NJ: Transaction Books, 1986.

Wei, Wenhui, et al. "Gender Differences in Out-of-Pocket Prescription Drug Expenditures among the Elderly." *Research on Aging* 28, no. 4 (2006): 427–53.

Weil, Andrew. *Healthy Aging*. New York: Knopf, 2005.

Weintraub, Arlene. "Selling the Fountain of Youth: How the Anti-Aging Industry Made a Disease out of Getting Old and Made Billions." In *Aging Concepts and Controversies*. 7th ed. Edited by Harry R. Moody and Jennifer R. Sasser. Los Angeles: SAGE, 2012.

Weiss, David, and Frieder R. Lang. "'They' Are Old but 'I' Feel Younger: Agegroup Dissociation as Self-Protective Strategy in Old Age." *Psychology and Aging* 27, no. 1 (2012): 153–63.

Welch, H. Gilbert, Lisa Schwartz, and Steven Woloshin. "What's Making Us Sick Is an Epidemic of Diagnoses." *New York Times*, January 2, 2007.

Wendell, Susan. "Old Women out of Control: Some Thoughts on Aging, Ethics, and Psychosomatic Medicine." In *Mother Time: Women, Aging, and Ethics*, edited by Margaret Urban Walker. Lanham, MD: Rowman & Littlefield, 1999.

Wenger, G. Clare. "Dependence, Interdependence, and Reciprocity after Eighty." *Journal of Aging Studies* 1, no. 4 (1987): 355–77.

Wheeler, Helen Rippier. *Women and Aging: A Guide to the Literature*. Boulder, CO: Lynne Rienner, 1997.

Whitbourne, Susan Krauss. *The Aging Individual: Physical and Psychological Perspectives*. New York: Springer, 1996.

Whitehouse, Peter, and Daniel George. "The Aesthetics of Natural Elderhood." *Journal of Aging, Humanities and the Arts* 4 (2010): 292–301.

Whitfield, Keith E., and Tamara Baker-Thomas. "Individual Differences in Aging Minorities." *International Journal of Aging and Human Development* 48, no. 1 (1999): 73–79.

Whittaker, Terri. "Gender and Elder Abuse." In *Connecting Gender and Ageing*, edited by Sara Arber and Jay Ginn. Buckingham: Open University Press, 1995.

Wierenga, Christina E., and Mark W. Bondi. "Dementia and Alzheimer's Disease: What We Know Now." *Generations* 35, no. 2 (2011): 37–45.

Wilkinson, Jody A., and Kenneth F. Ferraro. "Thirty Years of Ageism Research." In *Ageism*, edited by Todd D. Nelson. Cambridge, MA: MIT Press, 2002.

Willett, Walter C., Graham Colditz, and Meir Stampfer. "Postmenopausal Estrogens: Opposed, Unopposed, or None of the Above." *Journal of the American Medical Association* 238, no. 4 (January 26, 2000): 534–35.

Williams, Angie, and Howard Giles. "Communication of Ageism." In *Communicating Prejudice*, edited by Michael L. Hecht. Thousand Oaks, CA: Sage, 1998.

Williamson, John B., and Sara E. Rix. "Social Security Reform: Implications for Women." *Journal of Aging and Social Policy* 11, no. 4 (2000): 41–68.

Winakur, Jerald. "Frankenfolks and the Rise of Ageism." *Health Affairs* 30, no. 5 (May 2011): 995–97.

Winker, Margaret A. "Managing Medicine." In *The Practical Guide to Aging*, edited by Christine Cassel. New York: New York University Press, 1998.

Wohlrab-Sahr, Monika. "Atheist Convictions, Christian Beliefs, or 'Keeping Things Open.'" In *Valuing Older People*, edited by Ricca Edmondson and Hans-Joachim Kondratowitz. Bristol: The Policy Press, 2009.

"Women Face Challenges Ensuring Financial Security in Retirement." U.S. Government Accountability Office Report, October 2007.

Woo, Jean, Athena Hong, Edith Lau, and Henry Lynn. "Tai Chi and Resistance Exercise in the Elderly." *Age and Ageing* 36, no. 3 (2007): 262–68.

Wood, January. "'Productive Aging' Highlights Strengths." *National Association of Social Workers News* (February 2001): 12.

Woodward, Kathleen. "Against Wisdom: The Social Politics of Anger and Aging." *Cultural Critique* no. 51 (2002): 186–218. Reprinted in *Journal of Aging Studies* 17, no. 1 (2003): 55–67.

————, ed. *Figuring Age: Women, Bodies, Generations.* Bloomington: Indiana University Press, 1999.

————. "Telling Stories: Aging, Reminiscence, and the Life Review." *Journal of Aging and Identity* 2, no. 3 (1997): 149–63.

————. "Tribute to the Older Woman: Psychoanalysis, Feminism, and Ageism." In *Images of Aging: Cultural Representations of Later Life,* edited by Mike Featherstone and Andrew Wernick. London: Routledge, 1995.

Wray, L. A. "Health Policy and Ethnic Diversity in Older Americans: Dissonance or Harmony?" *Western Journal of Medicine* 157, no. 3 (1992): 357–61.

Wyatt-Brown, Anne, and Janice Rossen, eds. *Aging and Gender in Literature: Studies in Creativity.* Charlottesville: University of Virginia Press, 1993.

Wylie, Alison. "Afterword: On Waves." In *Feminist Anthropology,* edited by Pamela L. Geller and Miranda K. Stockett. Philadelphia: University of Pennsylvania Press, 2006.

Yee, Barbara W. K. "Gender and Family Issues in Minority Groups." In *Gender and Aging,* edited by Lou Glasse and Jon Hendricks. Amityville, NY: Baywood, 1992.

Yee, Barbara W. K., and Gayle D. Weaver. "Ethnic Minorities and Health Promotion: Developing a 'Culturally Competent' Agenda." *Generations* 18, no. 1 (1994): 39–44.

Yee, Donna L. "Preventing Chronic Illness and Disability: Asian Americans." In *Serving Minority Elders in the 21st Century,* edited by May L. Wykle and Amasa B. Ford. New York: Springer, 1999.

Yeo, Gwen. "Ethnogeriatrics: Cross-Cultural Care of Older Adults." *Generations* 20, no. 4 (1996–1997): 72–77.

Yeo, Gwen, and Nancy Hikoyeda. "Asian and Pacific Islander American Elders." In *The Encyclopedia of Aging.* 3rd ed. Edited by George L. Maddox. New York: Springer, 2001.

Yeo, Gwen, and Melen McBride. "Cultural Diversity in Geriatrics and Gerontology Education." *Annual Review of Geriatrics and Gerontology Education* 28 (2008): 93–109.

Yorck von Wartenburg, Marion. *The Power of Solitude: My Life in the German Resistance.* Lincoln: University of Nebraska Press, 2000.

Zeilig, Hannah. "The Critical Use of Narratives and Literature in Gerontology." *International Journal of Aging and Later Life* 6, no. 2 (2011): 7–37.

Zuess, Jonathan. *The Wisdom of Depression.* New York: Harmony Books, 1998.

찾아보기